Discussion on
Civil Code of China

中国民法典争鸣系列

总主编　王利明
执行主编　柳经纬

中国民法典争鸣

赵 万 一 卷

赵万一 著

厦门大学出版社
XIAMEN UNIVERSITY PRESS

国家一级出版社
全国百佳图书出版单位

图书在版编目(CIP)数据

中国民法典争鸣. 赵万一卷/赵万一著. —厦门:厦门大学出版社,2018.2
ISBN 978-7-5615-6568-1

Ⅰ. ①中… Ⅱ. ①赵… Ⅲ. ①民法-研究-中国 Ⅳ. ①D923.04

中国版本图书馆 CIP 数据核字(2017)第 151484 号

出 版 人	郑文礼
策划编辑	施高翔
责任编辑	甘世恒
装帧设计	李夏凌
技术编辑	许克华

出版发行 厦门大学出版社

社　　址 厦门市软件园二期望海路 39 号

邮政编码 361008

总 编 办 0592-2182177　0592-2181406(传真)

营销中心 0592-2184458　0592-2181365

网　　址 http://www.xmupress.com

邮　　箱 xmupress@126.com

印　　刷 厦门集大印刷厂

开本 787mm×1092mm　1/16

印张 18.5

字数 410 千字

版次 2018 年 2 月第 1 版

印次 2018 年 2 月第 1 次印刷

定价 102.00 元

本书如有印装质量问题请直接寄承印厂调换

厦门大学出版社
微信二维码

厦门大学出版社
微博二维码

总　序

　　民法典被誉为"社会生活的百科全书"，是市场经济的基本法，是保护公民权利的宣言书，也是解决民商事纠纷的基本依据。编纂民法典有助于解决我国民事立法中存在的相互矛盾、不协调、缺乏体系等问题，保障创新、协调、绿色、开放、共享的"五大发展理念"的落实，推进中国特色社会主义法治体系不断完善和国家治理体系、治理能力现代化，为全面深化改革、全面依法治国、实现"两个一百年"奋斗目标和中华民族伟大复兴的中国梦奠定坚实的制度基础。

　　我国民法典编纂始于清末民初对大陆法系国家民法典的继受（移植），标志性的成果是 1929 年至 1931 年间颁行的"中华民国民法典"。1949 年 9 月，中国人民政治协商会议第一次会议通过的《中国人民政治协商会议共同纲领》明确宣布废除国民党的"六法全书"。从 20 世纪 50 年代开始，我国历经四次民法典起草，即 50 年代中期（1956—1958）、60 年代前期（1962—1964）、70 年代末至 80 年代初（1979—1982）以及 21 世纪之初（2002）。然而，由于社会经济条件不成熟以及理论准备不充分等原因，四次起草均半途而废，民法典成为我国法律体系的一大缺失。2014 年 10 月 23 日，中共十八届四中全会通过的《中共中央关于全面推进依法治国若干重大问题的决定》，明确提出了"编纂民法典"的立法任务，加快了民法典编纂的进程，这是我国民事立法的一个重要里程碑。

　　步入 21 世纪的中国正处在一个重要的历史阶段。我们要制定的民法典是 21 世纪的民法典，必须要回应 21 世纪的时代需要，彰显 21 世纪的时代特征。如果说 1804 年的《法国民法典》是 19 世纪风车水磨时代民法典的代表，1900 年的《德国民法典》是工业化社会民法典的代表，今天我们要制定的民法典应当成为 21 世纪互联网、高科技时代的民法典的代表，这样我们就必须充分反映时代精神和时代特征，真正体现法典与时俱进的品格。进入 21 世纪以来，互联网技术、人工智能、生物技术的发展，全球化的生态环境保护，人类社会面临着前所未有的问题。民法作为社会生活的百科全书，无法回避人类社会发展的新问题。

　　我们要制定的民法典必须立足于中国国情，向世人展示我们依法治国的新形象和我国法制文明的新高度。在全面依法治国的新时期，这部民法典应当吸收我国立法、司法和理论研究的成果，总结法治建设经验，真正成为一部具有中国特色的、屹立于世界民法之林的法典。我们要制定的民法典必须反映改革成果、推进并引领改革进程。改革开放的伟大实践，创立了一条中国特色社会主义的发展道路，这是一条不同于其他法典化国家或地区的发展道路。民法典作为时代精神和民族精神的立法表达，不能忽视这样一个特殊的社会经济条件。但如何充分反映中国特色社会主义这一社会经济条件，是我们所面临着的前所未有的问题。民法典的编纂，应当凝聚改革的共识，确认改革的成果，为进一步改革提供依据，从而推动改革进程，引领改革发展，实现国家治理体系和治理能力的现代化。

从民法法典化的历史来看，我国民法典编纂所面临的新问题是其他已经法典化的国家或地区所未曾有过的，这也决定了我国民法典编纂问题的复杂性和难度。编纂这样一部民法典，不只是立法机关的任务，也是民法学界的任务。民法典编纂所面临的问题，需要民法学者认真进行深入的研究，积极提供有力的理论支持。成就一部伟大的民法典，是我国民法学界几代人的夙愿。早在20世纪50年代，老一辈民法学者就以极大的热情投入民法典的起草工作。改革开放以来，随着法学教育和学术研究的恢复，民法学者围绕着民商事立法和民法典编纂问题进行了广泛而深入的研究，取得了丰硕的成果，也为民商事立法提供了有力的理论支持。从民法通则到合同法、物权法、继承法、婚姻法（修订）、侵权责任法，从公司法、合伙企业法、个人独资企业法到保险法、证券法、信托法等商事特别法，民法学者都做出了积极的理论贡献。尤其是进入21世纪以来，民法学者围绕着民法典编纂问题，掀起了一波民法典理论研究热潮，民法典研究成为我国民法学乃至新时期法学研究一道亮丽的风景线。

当前，民法典编纂工作正在进行，在许多问题上尚未达成共识，又有许多新的问题尚待研究。民法典编纂仍需全体民法学人持续地努力。值此之际，厦门大学出版社组织出版"中国民法典争鸣系列"丛书，诸位学者将他们多年来民法典研究的心得汇集出版。这对于促进我国民法典的学术研究，无疑具有重要的理论价值。我坚信，无论民法学者的研究成果是否被立法机关所采纳，但其对于推进我国民法典的编纂工作都将起到积极的作用，他们的研究无愧于这个时代。

让我们为编纂一部新时代的民法典而努力奋斗！

中国民法学研究会会长　王利明

2017 年 5 月 26 日

目录

前言：中国需要一部什么样的民法典

在中国民法典的编纂被写入《中共中央关于全面推进依法治国若干重大问题的决定》之后，这一工作事实上已经超越了单纯的法律汇编和文本加工而蝶变为一种凝聚法治理念，弘扬法治精神，强化法律威权的重大国家政治行为。因此，如何最大限度地凝聚社会共识，科学提取能够造福于大多数人利益的规则公约数，并使基于这一要求而制定的民法典既能引领世界民事立法的发展趋势，又能最大限度地实现民法的固有价值，这既是我国作为世界第一大人力资源提供者和第二大经济体对世界法律文明应尽的义务和责任，同时也是践行公平、正义、民主、自由等人类共同至理价值的必然要求。

150 年前的英国哲人梅因在其传世名著《古代法》中曾有一个精辟论断：刑法和民法在一国法律体系中的比重，直接决定了该国文明程度的高低。因此刑法规制范围的克制和缩限，民法适用空间的扩拓和张扬，不但是法律制度演进的必然归宿，同时也是人类文明进步的必然结果。从这种意义上说，民法典的制定对一国法制建设来说无论怎样评价其意义都不为过。但另一方面我们也不能不清醒地看到，民法相对于其他法律来说固然非常重要，但绝不是可以布雨露于万物，救生民于水火的全能神祇。每个法律都是整个法律体系中的一个组成部分，法律也不过是社会管理手段的诸多选项之一而已；每个法律都有其无可罔替的使命和职责；每个法律也都有自己界域清晰的适用范围和调整对象；每个法律都有自己独特的价值标靶和制胜要诀；每个法律也都有自己力所不逮的命门和软肋。法律不是万能的，民法更不可能是包打天下的万能神器。尽管民法应当并且能够统摄整个私法制度，但一部容量有限的民法典不应当而且事实上也无法包揽所有私法之内容。换言之，民法固然是私法的核心，是私法中的基本法，但这并不意味着民法可以担负起调整所有个人和个人之间以平等自决为基础的法律关系之重任，也不意味着民法典能够完全涵盖所有的物质性的和非物质性的市场交易关系。笔者一直认为，民法应定位于公民身份的确认法和公民权利的保障法，民法的主要作用也仅在于为公民的基本生存提供法律保障，充分满足人的尊严感，努力助推人的全面发展和自我意志与健全人格的全面升华。在这种语义下，民法典绝不是一些冷冰冰的条文堆砌，它既是人类生活经验的总结，同时也是引导人类趋善避恶的坚矛利器。 这里的善主要表现为对人的生命和意志的尊重，强调人的价值、人的尊严是唯一真理和最高价值。民事立法的目的也并非在于限制人的自由，压制人的生存空间，而是在于充分保障人的权利，通过消弭束缚人性解放的不合理身份限制和不公平人格歧视，努力使人活得更有尊严，更有价值。

要理解民法的真谛，就必须了解民法的历史及其传承，了解影响民法进步的本因和基础元素。 纵观各国特别是西方发达国家的民法发达史我们不难发现，民法既是人类文化的重要组成部分，同时也是人类文明（特别是制度文明）的主要记载者，是社会传统的重要承继者。 民法的发展势态和呈现性状不仅表现为制度的进化和规则的演变，更多反映的是社会制度的优化、社会观念的嬗变和社会传统的承继与改良。 30 多年前在中国发起的经济体制改革运动，不但将现代中国社会深深打上了现代化的烙印，而且将现代法治理念引入了我们的生活。 时至今日，民法制度对中国国民性的塑造和对国民行为选择所产生的深刻影响恐怕已是一个不争的事实。 但民法所体现的独特精神和价值并没有得到社会的普遍承认，民法对社会道德的引领功能也没有得到有效发挥。 因此中国民法典制定的目的绝非是简单地填补法律体系上的缺失和空白，更重要的还是利用民法典自身的丰厚文化基因和强大辐射功能，提振中国的法治文化和法治精神。 因此未来将要颁行的民法典一定要成为洋溢人性美德和人文关怀的先进文化的代表，其基本规定必须与公众对法律的理解和预期保持高度的一致性。质言之，民法是精神的贵族，因此其灵魂深处应满含贵族的精神、贵族的气质、贵族的骨气和贵族的气派。 同时，民法又是生活中的平民，因此其权利与行为的抽象与归纳和规则的具体设计应契合民众的生老病死，衣食住行，世故情欲，喜怒哀乐。 相反，如果在民法典的编纂中忽视了民法的这种独特价值追求，或是从根本上违背了法律的人性基础，那么在此基础上制定的法律也将失却民法中最具意义的价值引领和法治精神凝聚功能，这样的民法典也将沦落为徒具法典外壳的法律僵尸。 此外，如果我们过于注重对外国法律的移植，过分追求法律的体系性和技术性而使民法具体规则的设计超出社会公众的理解能力或预期畛域，其结果必然会受到社会公众的普遍抵制。 这样的民法典不仅不可能成为引领社会发展方向的有代表性的民法典，而且甚至可能成为阻碍社会进步和人文主义复兴的藩篱和桎梏。

按照笔者的理解，典型意义的民法典并不是一种简单的文本设计，而是一种理念、一种精神、一种文化，是抽象提炼的一些适用于所有社会主体的带有基础性的普适性规则。 凝聚其间的是破障消芜，除弊兴善，引人以大道，启人以大智的"葵花宝典"，而非琐屑事务定章立制的淫巧奇技。 民法典应是公民权利的圣经，是公民基本行为的路引与航标，是一国民族精神和民族文化的体现和升华，是国家现代法治的主要载体。 因此民法典的制定必须有明确的法律精神、法律理念和法律价值作支撑。 成功的民法典一方面要求民法的基本理念应当具有涵摄制度整体功能的意蕴，另一方面要求民法典中的所有内容应该前后连贯且与民法的基本原则、基本价值和基本理念保持高度一致性。 民法典的内容应以基本性、人本性、普遍性、典型性、重大性、稳定性和代表性等核心法则作为设定条件。 为此首先要明确民法的价值定位，找准民法在整个法律体系中的位置；同时应最大限度地纯化民法典的内容，将不具有基本性、代表性、普遍性的内容摒除在民法典的体系之外。 不仅如此，民法典的结构和内容绝非外来制度的简单嫁接、杂糅和拼装，而应是一国民族精神和民族文化的体现和升华，也就是萨维尼所说的法律如同民族的语言那样，应该而且也只能是民族精神的浓缩和发散。 因为只有最具民族化情怀的民法典才是最有生命力的民法典；也只有独具特色的民法典，才有可能成为具有标杆意义的民法典。

作为笔者长期坚持的观点之一，笔者一直反对民法典是市场经济基本法的说法。 如果非要和基本法挂钩的话，我们可以说民法是公民权利的基本法，甚至可以说是商品经济的基本法，但唯独不能说是市场经济的基本法，因为只有商法才有可能真正承担起调整市场经济关系的重任。 按照笔者的理解，正是在基本价值取向上对公平结果的孜孜追求，才铸就了民法的独特价值旨趣，并据此划定了与以效益为导向的商法制度进行有效界分的价值鸿沟。 民法赖以形成的以内心感知和良心确认为依托，充满道德皈依感和民族传统痕迹的伦理性规则设计，与商法所尊崇的以效益为导向的技术性、机械性、文义性的复杂规则设计之间形成强烈的视角对比和机制反差。 民法典是净化人类心灵的道德过滤器，而不是计量财富多寡的点钞机。 即使是在财产领域，民法的作用界域也仅局限于对现有财产归属关系的肯认和满足人类生存基本物质条件的保障，其本身并不负有创造社会财富的历史性重任。 因此民法应当而且也必须与市场经济保持适当的距离，甚至在某种程度上说民法典的设计理念和设计内容应与市场经济恪守必要的隔离要求。 相反，如果民法和市场经济之间保持过分紧密联系的话，那么市场经济中的逐利性染色体就会肆无忌惮地吞噬民法所固有的人文主义和人本主义领地，市场经济的自利性魔障将会蒙蔽我们的良善本性，民法规则中流淌的将不再是充满人性关怀的道德血液，而是赤裸裸的利益质子。 换句话说，民法因具有高贵的血统，所以应具有高贵的品行和超凡脱俗的优雅气质。 理想样态的民法应当是孤傲冷艳的圣女，至少应当是端庄淑雅、冰清玉洁的大家闺秀，而不是匍匐在国家政治权力脚下卑贱的婢女，更不是搔首弄姿，唯利是图的风尘女子。 质言之，民法的作用效用并不在于为市场经济提供运行规则，而在于通过其所特有的人文性、道德性、抽象性、本源性的理念、原则和规则，对充满逐利性、吸附性、销蚀性和扩张性的市场经济活动进行必要的谦抑和疏导，以防止肆虐漫溢的市场经济洪流冲垮我们的秩序，摧毁我们的道德，甚至侵蚀我们的灵魂。 按照笔者的理解，民法的主要作用机理一方面在于恪守民本主义的底线，用充满人文主义思想的自由意志和自治性规则对抗国家强权的欺凌，同时划定政府不能介入市民生活的边界，以防止政府权力对个人财产权利和人身权利的肆意侵害；另一方面则是高举人本主义思想的大旗，以充满人性关怀的伦理性规则抗拒市场经济的侵蚀，尽量减少市场经济的逐利性要求对人伦关系特别是对婚姻家庭关系、继承关系、人身关系的异质性渗入，从而在奉等价交换为圭臬的市场经济红尘之中，打造一方公序良俗优先的人世净土。 进一步言之，如果说道德感是人类区别于动物的试金石的话，那么价值导向正确且完备合理的民法制度则是区分野蛮社会和文明社会的标志性制度载体。 因此，一部不以人性为基础而以利益为导向的民法规则集合体，在缺乏道德的敬畏教化和宗教的强力约束的状态下，会自动把所有的社会主体都统统驱赶至尔虞我诈、唯利是图的利益角斗场，其结果将会严重撕裂人与人之间特别是家庭成员之间的脉脉温情，整个社会也将会因此而陷入物欲横流的魔界地狱。 这是我国民事立法应竭力避免的理念歧路和规则陷阱，也是笔者一直极力呼吁的理性立法的价值要旨和制度旨归。

从社会文化学的角度来说，人类既可以通过感官接触来理解物质世界，更应当通过精神映射和文化反哺来改造物质世界。 民法典文化作为一种文化积淀，只有当它深入人的心髓，并演化为社会大众的一种无意识自觉行为时，这种文化才能真正成为一种成熟的文化样态，也才能真正对改造我们的世界起到无可替代的推动作用。 笔者期待在未来民法文化高度发达的昌盛文明社会，人们闲聊时将不会再关注明星的新闻八卦，也不会把宣泄对社会的不满作为闲谈的调味佐料，那时的人们见面时常说的一句话可能是：让我们来聊一聊民法典吧！

让我们共同期待这一天的早日到来并为之而努力奋斗！

第一编

民法总则与民法典基础理论编

中国民法典编纂中应处理好的几个关系①

《中共中央关于全面推进依法治国若干重大问题的决定》特别指出"加强市场法律制度建设,编纂民法典"。作为实现中国梦的必要举措,编纂民法典既是完善社会主义法律体系的基本要求,也是践行社会主义核心价值观的重要手段。同时我们也应当清醒地看到:民法典的编纂并不是一个简单的法律条文的设计过程,而是一个重大的国家政治行为,担负完善国家法治体系、实现国家繁荣富强的历史使命。因此,在民法典立法工作已经实质启动的背景下,如何最大限度地凝聚社会共识,科学提取能够造福于大多数人的最大规则公约数,是立法部门和理论工作者必须慎重思考并妥善解决的基础命题。为实现这一基础命题所指向的目标,我国民法典编纂过程中应当着力处理好以下八个方面的关系。

一、时代性与稳定性的关系

德国著名政治经济学家和社会学家马克斯·韦伯曾提出见解,认为法律驱动着经济活动,法律规则质量越好,经济表现越好。但不容忽视的是,经济的活跃程度远远高于法律的活跃程度,市场实践中的创新往往推动着法律的前进。随着高新科技和信息网络的快速发展,传统民法所赖以产生和延续的市民社会基础已不可同日而语,社会功能急剧分化,社会结构更加复杂,这种根本性的社会基础变革对新时代背景下编纂的民法典提出了全新的要求。民法典必须能够代表21世纪的发展趋势,以整合性的市民社会观来适应分散性的社会结构,以个体性的规则设计论来适应耦合性的社会关系。唯有如此,民法典才能通过充分反映社会发展的时代特征及其现实需求,为经济前行保驾护航。

但是,仅具时代性的民法典未必能够引起社会的共鸣。因为一部制定良好的法律,至少应当是一部相对稳定的法律,很难想象缺乏内在延续性的法律可以获得社会的普遍认同。纵观世界各国立法的成功典范,无论是法国民法典还是德国民法典,其之所以能够长久不衰,根本原因就在于制度设计的合理性和内容的普适性。肇端于简单商品经济时代的民法制度之所以能在现代后工业社会依然具有强大生命力,其主要原因在于连接古代社会、近代

---

① 本文系与赵吟博士合作完成的作品,原标题为《民法典编纂应处理好八个关系》,发表在《人民司法·应用》2015年第21期。

社会和现代社会间有相同的制度基础,这个共同制度基础就是商品经济。正是基于商品经济的一些内生性要求才产生了最基本的民法制度。按照马克思的说法:"民法不过是所有制发展的一定阶段,即生产发展的一定阶段的表现。"①我国民法典的编纂同样需要考虑规范内容的历史积淀和规则技术的普遍认识,必须把满足人的基本需要和商品经济的需要作为民法典制度设计的基础。诚如德国著名民法学者卡尔·拉伦茨所言,民法调整那些原则上每一个"市民"都可参与的法律关系,它是关系到全体人的法。民法典不是单纯的文本规定,而是抽象提炼的一些适用于所有社会主体的带有基础性的普适规则,其实施结果会使社会主体基于法律规范的要求而从事的行为升华为人们的一种习惯性选择并最终固化为一种生活方式。为了使基本生活方式不至于因经济社会的日新月异而随时改变,民法典应当还原其私法一般法的属性,以市场经济前置性法律的地位自居,为社会主体参与经济活动提供主体资格和行为能力方面的基础和条件。换言之,民法典应坚守人本主义,与物本主义的市场经济保持适当的距离,将诸如营业等无法创设出相应规则的领域交由私法特别法来调整,通过划定边界来实现持续调整功能所要求的法律稳定性。

二、国际性与民族性的关系

在经济全球化的浪潮中,法律制度的竞争已经不限于特定领域内,而是拓展至世界范围内的竞争。各国在法律领域的沟通交流日益频繁,相互之间的制度借鉴普遍存在。之所以如此,是因为各国需要寻找一种法律制度共识,通过在本国立法中落实该种共识,达到提升制度竞争力、增强制度辐射力的目的。有鉴于此,民法典必须具有一定的国际视野,这既是人类文化传承的必然结果,也是产生制度影响力的必然要求。民法典的编纂必须充分借鉴国外民事立法在价值理念和立法技术层面的先进经验,必须充分考虑国外的立法例和国外的民法实践经验,必须符合制度设计上的国际共识要求。

追寻国际共识固然重要,但这并不否认民法典应当体现民族精神的论断。早在德国民法典制定之初,著名民法学者萨维尼就在《论立法与法理学的当代使命》一书中深刻阐明了法律来源于民族精神的观点,认为只有在细致考察法律的发源之后,人们才能创设一部公正对待民族特性的综合性法典。民族精神是一个民族在长期历史发展中形成的群体意识、风貌和特征,是一个民族集体人格的体现和其区别于其他民族的精神特质的总和。各国民法典之所以在编纂体例和编纂内容上表现出巨大的差异,很大程度上是因为作为民法典制定基础的民族精神存在重大的差异。不同的民族精神显现出不可替代的独特发展轨迹,同时显现出不可通约的精神特征。正因如此,法国民法典只有在充斥浪漫精神的法国才能产生,而逻辑严密、结构谨严、概念烦琐的德国民法典也只有在以抽象思维见长的德国才能出现。当然,民族精神中也具有一定的普世性内容,由此决定世界各国民法典内容的可借鉴性和可

---

① 马克思.哲学的贫困[M]//马克思,恩格斯.马克思恩格斯全集:第4卷.北京:人民出版社,1958:87.

承继性。为了使引进的制度能够适应本国的经济社会土壤,我国在编纂民法典的过程中必须清醒地认识到不同国家在经济发展水平、社会习惯、社会传统等方面的差异,以充分尊重本国的民族精神、风俗习惯和道德传统为基础,适当借鉴发达国家的法律规定,通过最大限度地融合我国法律与国际条约、惯例和发达国家的法律规定,实现法治精神与法治环境的同步吸收。

三、技术性与观念性的关系

民法典作为人类理性思想的典型代表,无疑是立法技术登峰造极的产物。从法典形式的角度来讲,民法典的技术风格主要表现为三种:一是以德国民法典为代表的抽象体系,规则的编排遵循由抽象到具体的结构逻辑。二是以普鲁士邦法为代表的详尽体系,以面面俱到的法律调整为特色。三是采取折中立场的弹性体系,对于抽象性规范说明裁决的考量因素及其权重。无论采取哪一种形式,各国民法典的编纂皆以构建一个逻辑自然且用语规范的规则体系为目标。我国民法典的编纂亦不例外,必须强调技术性,注重民法规范的严密性。考虑到抽象体系存在不确定的风险,而详尽体系又难获适应性,因此我国民法典的编纂选取折中立场为宜。一方面,民法规范的内容应尽可能地全面详尽,不存在明显的规则疏漏,同时内容必须明确肯定,造句用词贴切准确,不存在含义模糊和可能引起误解的词句。另一方面,民法典又必须为经济社会的发展留足空间,将未能预见的和变数较多的事项交由法官在抽象性规范的指引下自由裁量,借此保持法典的长久生命力。

除了技术层面的要求外,民法典的长久生命力还有赖于观念层面的引导和推进。与其他一些法律部门如商法、诉讼法、国际法等主要体现为制度和规则的集合体不同,民法更多蕴含的是一种法律意识,体现的是以公平、自治、诚信为核心的法治精神和法律文化。而作为民法制度和理念集大成的民法典则既是人类文化的重要组成部分,同时也是人类文明(特别是制度文明)的主要记载者。即便是以概念法学闻名于世的德国民法典,其精巧设计的制度中仍然弥漫着浓厚的人文主义气息。法律程序和法律规范在此只不过是社会的工具,它们与法律内在的目的有着紧密联系。这足以说明,民法典的编纂不是单纯的规则汇编,不是现有不同法律制度的形式固定,而是对于文化积淀和人类文明的法律解读。民法典的编纂必须以一定的思想和理念作为指导,必须有明确的法律理念和法律价值作为支撑,包括理性、平等、公平、私法自治、私权优先的观念,以及以人文主义、人本主义、民本主义和人道主义为代表的各种法律精神。实际上,民法应当具有非常强的正义性品质,不但通过设定具体制度的方式将民法的基本价值追求显现出来,而且通过法律原则实现了对个人本位思想和权利本位思想的法律确认,并因此担负起提升人的存在价值,促进人的全面发展的历史重任。这种对法律精神和法律价值的强烈追求是任何其他法律部门都难以企及的。

四、统合性与特殊性的关系

就本质而言,民法是对基本权利提供法律保护和对基本行为提供价值导引的法律制度,以重大性、基本性和必要性为规则设定前提。在民法的视野里,个体特征并不被重视,剥离个性之后的共性才是法律关注的焦点。民法立足于抽象公平,关乎人之所以为人的日用常行,将安身立命之术囊括其中,因此而成为"生活的百科全书"。作为人类社会生活的基本准绳,民法主要规范那些能够体现私法基本理念和基本要求的内容,与公民的基本生存条件密切相关的内容,与人的尊严相关的内容,能够促进人的发展与进步相关的内容以及那些有关公民基本权利救济的法律规范内容。因此,民法典的编纂要充分考虑民法典对整个私法的统领作用,要将私法活动的行为准则最大限度地体现在法典中,通过一般性的规则架构,突显平等自决调整模式的精髓。民法典不是内容越庞杂越好,也不是规定越详尽越好。成功民法典的根本标志是:一方面民法的基本理念应当贯穿于民法典的所有内容,另一方面要求民法典中的所有内容应该前后连贯且与民法的基本原则、基本价值和基本理念保持高度一致性。为此首先要明确民法的价值定位,找准民法在整个法律体系中的位置;同时要最大限度地纯化民法典的内容,将不具有基本性、代表性、普遍性的内容排除在民法典体系之外。

尽管民法典应当且能够统摄整个私法制度,但其不应且无法包揽其他私法内容。诚如日本学者山本敬三所言,民法中的规定,有的用以构成私法关系的基本框架,有的则用以解决这一构成的法理依据。也就是说,民法是私法的核心,是私法中的基本法。但这并不意味着民法可以担负起调整所有个人和个人之间以平等自决为基础的法律关系之重任,也不意味着民法典具备涵盖所有以各类主体和行为为调整对象的私法制度之能力。尤其是在市场交易行为和方式日趋复杂多变的情形下,基于抽象公平建立的民法制度对诸多如公司治理、证券交易、企业破产、保险合同、劳动合同、消费者权益保护等特殊领域往往无能为力,无法以调整共性的方式来有效解决因个性差异而引起的利益冲突与矛盾。即便现代民法越来越重视对动态安全的保护,但针对基本行为范式设定的规则依然无法满足市场经济主体日益繁杂多层次需求。因此,民法典的编纂应当定位于一般私法的规则架构,将突显效益价值及需要倾斜保护的其他领域交由特殊私法调整,从而更好地发挥民法的基础性保障功能,彰显自身独立的存在价值和存在意义。这其实也就是民法作为一般私法的个性之所在。

五、学理性与法律性的关系

立法活动和学术研究是不同的。学术研究是在对法律条文进行抽象、归纳、分析、演绎的基础上,结合该法的立法目的,总结、提炼、推导出法律的价值取向、立法原则和内在的逻辑体系。所以,民法的学理体系强调的是概念的准确性、理论的周延性、逻辑的严密性和内容的前后衔接性。在民法的学术研究中,研究某一问题的出发点通常是就该问题关键词的定位解读,进而确定该问题涉及的理论范畴。因为只有明晰用词的内涵,才能确保进一步研究的周延性,才能通过厘清与他项研究的差别来证明本研究的独特意义。同时,学术研究非常重视思路的清晰和条理的顺畅,要求所研究的内容具有前后的连贯性,并且能够自成一体。例如,在研究人身权问题时,必然会研究维护独立人格所必备的人格权和因特定身份而产生的身份权;在研究债的问题时,必然会涉及作为债之共通性规则的债法总论和以各种类型的债为内容的债法分论。

然而,在民法典的编纂过程中,人格权是否独立成编、是否设立债法总则编等在学理上看来毫无争议的问题却成了讨论的焦点。究其原因,与学术研究相比,立法更加关注规范内容的准确性和无争议性,其目的是为了便于实务操作。如立法活动中很少直接对规范对象下定义,也很少将一些抽象的原则上升为法律规定。翻遍各国的民法典,没有一个国家直接在民法典中定义出民法是什么,因为任何对民法的定义都会引起争议,都会出现内涵和外延上的瑕疵。即使是对具体的制度也鲜有定义出现,法律直接做出规定的通常是民法的适用对象、适用范围、调整方法、调整手段等。为了便于法律的适用,立法时通常会将某一类问题集中起来做出规定,有时也会将性质相同的问题分散规定在不同的部分中。另外,在立法时也不会考虑学科的划分和法律部门的划分,作为典型私法的各国民法典中都会或多或少地包含一些属于公法的内容。简言之,并非所有的学术问题都能上升为法律规定,立法体系也不能与学理体系保持高度的一致性。民法典的编纂应当考虑已经为社会公众所熟稔的话语体系,以一般方式描述法律事实,并且以一般方式描绘法律效果,借此提高法律的实效性。

六、封闭性与开放性的关系

民法是市民社会的基本法,其内容应限于与市民社会有关的法律制度,包括自然属性的人之生存发展和现有财产的归属利用。纵观各国民法典,无论是采用法学阶梯式的编纂体例,还是采用潘德克顿式的编纂体例,皆因基本定位的约束而形成一个相对封闭的规则系统,将那些不具有普遍适用性和稳定性特质的制度排除在外。正如有学者所言,对近现代各国民法典编纂影响深远的潘德克顿法学的一个最重要的贡献就是将罗马法构筑成了一个自成一体循环的概念体系,以《民法大全》为代表的罗马法则完成了民法体系由开放体制向封闭体制的转变。为了最大限度地纯化民法,民法典在结构体系上必须具有一定的封闭性,民法内容应当形成一个完整的闭合系统。作为一个严密的体系,民法所设定的广泛内容可以为公民的几乎所有日常生活提供答案,就像数学中的数字和抽象符号一样,只要依据一定的公式进行相应的逻辑演算就可以得到确定的结果。

但这并不是说民法的规范内容必须是一成不变的。实际上,随着社会的进步和社会关系的发展,民法的调整内容肯定会发生变化。因为实在的法律只能被了解为表示法律规则的一种方式,立法者并不创造法只是确认法。既然立法是一个发现规则而非创造规则的过程,那么所编纂的民法典就不可能产生一劳永逸的效果,只能说是期望在一定时期内能够较为稳定地作为社会生活的示范模式。当原本被排除在民法范畴之外的具有偶然性、临时性和易变性的内容,逐步显露出一定的必然性、长期性和稳定性时,民法典就不得不重新考虑是否将其纳入其中。如《德国民法典》较之于《法国民法典》来说在内容上就有较大的扩充和改变,最后一部具有代表性的民法典《荷兰民法典》与《德国民法典》相比也有不少变化。面对纷繁复杂且变化多端的实践活动,民法典需要适时而变,适当进行调整或更新,以使实然效果与应然效果尽可能地保持一致。不过,民法典的开放性相较于封闭性而言应当是相对的、第二性的。民法典必须具有适度的保守性,是对现有的已经成形的社会关系之规范,无论怎样变化都不会改变其保守性的特质。这是民法法典化的基础,也是民法生命力的保障。

七、集中性与分散性的关系

在"中国特色社会主义法律体系"宣告形成之际,我国民法已经呈现出实质意义上的规则体系,即以《民法通则》为基础,加上《合同法》《物权法》《担保法》《侵权责任法》《婚姻法》《继承法》等民事单行法和有关司法解释,以及散见于其他立法中的一些民事法律规范。这些规则共同构成适用于市民社会的民事法律规范体系,起到塑造社会主体基本行为习惯和生活方式的作用。在此情形下,缘何我国还需要一部形式意义上的民法典?学者将其归结为:法典化具有体系性、全面性、权威性、稳定性和统一性,因此是实现中国民法体系化的最佳途径。不可否认,相较于零散的民事单行法,编纂一部体系化的民法典不仅可以提高单行法的法律位阶,而且可以宣示民法的作用范围。萨维尼甚至认为,在民法典编纂完成之后,民法典将成为唯一的法源,其结果不但导致了对法典完备性的苛刻要求,而且使民法典的规范内容越来越庞杂。从这个意义上来讲,民法典作为民法制度的集大成者,必须包含民法的基本内容,必须尽可能地容纳民法的主要规范,集中肯认成熟行为和习惯行为。

但需要明确的是,民法典的内容不是越庞杂越好,也不是规定越详尽越好。这一方面缘于人类理性的有限性。任何人的认识都要受到时间、空间、物质载体、自身条件、所在职业等方面的限制,因此人的理性必然是不周严的、非至上的,包罗无遗的民法典只能是一种理论幻想。正像中国台湾学者苏永钦所言:"法典的理想永远和事实有段距离,即使条文数多达2769条的意大利民法典,也像它的历史标杆——罗马法大全一样,很快就必须面临单行法在法典之外自立门户的残酷事实。"①另一方面缘于民法典的稳定性。由于与每一个人的生活密切相关,在长期的法典适用过程中,民法典的规范内容会内化为人们的行为选择和生活方式,并据以联结成严密的社会秩序。如果民法典的内容经常处于变动状态,不但会扰乱人们的正常生活,而且会危及正常的社会秩序,故必须保持足够的稳定性。从理论上说,面对剧烈变动的外部环境,民法典的规范内容越复杂、越详尽就越不容易保持其稳定性。因此相对来说,可行的办法只能是由民法典确立基本原则和基本制度,同时辅之以一定数量的民事单行法对民法典的内容加以补充和完善。其原因正如梅利曼所言:"特别立法篇幅巨大,将

---

① 苏永钦.走入新世纪的私法自治[M].北京:中国政法大学出版社,2002:86.

其纳入法典将使法典膨胀而成为难以掌控的鸿篇巨制。因此,可行的方法是放弃编纂新法典的设想,而让法典继续保留其尊严,并援引其中有用的部分。"[1]这样做的好处是可以在保证民法典足够稳定性的前提下,使民法内容更能符合社会发展的需要,以实现民法的精准调整。

八、应然性与实然性的关系

作为私法的核心内容,民法在应然层面应当完整地体现私法的理念,包括私人自治、私权优先和自然权利。在应然民法典的框架下,社会主体有权按照自己的意愿生活,享受私人领域内极大的自由,且可以创造和争取更大的自由;当公权与私权发生冲突时,公权应服从或服务于私权,公法的规定不能有害于私人权利;主体有权享有基于生存与发展所需的各项权利,且获得平等的法律保护。更宏观地讲,民法典必须有理想有追求,必须符合民法的应然要求。这些应然要求包括:民法典的编纂应有助于我国基本核心价值观的形成,应能够实现对公民基本行为的指引,应是中国现代法治的主要载体。

应然层面的要求必然是民法典编纂的追求目标,但往往很难成为民法典编纂的现实结果。因为"自在之物"与"现象"之间有一道"彼岸"与"此岸"难以超越的鸿沟。正如我国台湾地区学者苏永钦教授所言,法典的理想永远和事实有段距离,即使条文数多达 2769 条的《意大利民法典》,也像它的历史标杆——罗马法的《民法大全》一样,很快就必须面临单行法在法典之外自立门户的残酷事实。吸取此类经验教训,《荷兰民法典》从一开始就放弃了全盘纳编的野心,将许多特别民法留在了法典之外。为了避免民法典膨胀成为难以掌控的鸿篇巨制,我国民法典的编纂必须将应然性和实然性有机结合起来,从应然层面出发,以实然层面为落脚点,通过矛盾分析求得两者的一致。民法典的编纂要契合民法的基本理念和基本要求,更要正视当下的国情,正视民法典赖以实施的制度环境和社会环境,从而使制定出来的民法典能够最大限度地发挥其应有的作用。在方式方法上,民法典的编纂既要充分提炼和升华现有的行之有效的制度规定,同时也要尽可能地借鉴外国的先进立法理念和法律制度。考虑到我国民法的发展为后发外启式,与其在对现有制度推倒重来的基础上制定一部全新的民法典,不如在充分总结《民法通则》适用经验的基础上对现有的内容进行扩充、改造和升级,将未来的民法典打造成《民法通则》的升级版。

30 多年前在中国发起的经济体制改革,不但将现代中国社会深深打上了法治的烙印,而且将自由、平等、权利等现代社会观念引入我们的生活。时至今日,民法对中国国民性的塑造和对国民行为选择所产生的深刻影响恐怕已是一个不争的事实。但对于民法所体现的人文精神却并没有得到社会的普遍承认,民法对社会道德的引领功能也没有得到有效发挥。造成社会对民法误解甚至不信任的原因是多方面的,既有民法立法价值上的迷失,更有社会

---

① 约翰·亨利·梅利曼.大陆法系[M].顾培东,禄正平,译.北京:法律出版社,2004:161.

公众对民法功能理解上的迷茫和法学理论工作者对民法本质的误读。因此未来中国民法典的制定一定不能重蹈某些法律的覆辙,而应充分把握民法在整个社会主义法律体系中的核心位置,充分认识民法所担负的特殊历史使命,将未来民法典的制定并不单纯作为一个制度规则的凝练归纳过程,而是作为展现我们的民族自信心,弘扬我们的优秀文化传统,扩大我们法律制度的世界影响力的重要抓手。唯有如此才能真正不负历史赋予我们的神圣使命,才能真正引领我们在纷繁复杂的现代法治治理模式中保持自己独特的存在价值。

中国民法典制定的应然与实然①

回顾 30 年来的中国法治发展史我们可以发现,在中国的法治发展进程中,民法无疑是改革开放后发展最为迅捷的法律部门,被称为朝阳学科的民法学的社会影响力被不断放大,以至于影响到其他学科的发展,甚至挤占了其他学科的生存空间,民法也由此一度被人冠之以"民法帝国主义"。但在民法学研究繁荣的背后,相关的民事立法却有脱离社会实践需要甚至有走向歧途的倾向。其主要表现是:民法学者野心勃勃,提出要制定一部具有划时代的,并能代表 21 世纪民法发展方向的民法典,并宣称要将市场经济发展的一些最新要求最大限度地在中国民法典中体现出来。与此形成巨大反差的是,社会公众对民法的认同感并没有得到相应加强,民法所体现的一些法律价值和法律精神也没有获得广泛的尊重和弘扬。造成这种状况的原因是多方面的,但其中关键一点无疑是,时至今日以自由、平等为核心的民法文化并没在中国获得足够的发展。而如果没有先进的民法文化做指导,没有深厚的市民社会思想观念做支撑,要想制定出一部能够体现民法本质的民法典是根本不可能的。

一、民法典的基本理念和基本要求——民法是什么?

民法之所以能在浩如烟海的制度规范中扮演重要角色,在现代法治中占有重要位置,其中最为重要的一点就是作为民法制度集大成的民法典体现了独特的价值追求,承载了延续人类文明的历史重任。因此对民法典定位的把握和理解必须深入到民法典的核心价值层面加以理解。

1.民法典应是一国民族精神和民族文化的体现和升华

民法典必须体现民族精神和民族文化,也就是萨维尼所说的法律如同民族的语言,应该而且也只能是民族精神的体现,因为只有最民族化的民法典才是最有生命力的民法典。民族是"在历史上形成的一个有共同语言、共同地域、共同经济生活以及表现于共同文化上的共同心理素质的稳定的共同体"②。而民族精神则是一个民族在长期历史发展中形成的在心理、观念、习俗、信仰、规范等方面的群体意识、风貌和特征。不但为民族成员广泛认同和接

---

① 原文发表在《中国政法大学学报》2013 年第 1 期。
② 斯大林.斯大林全集:第 2 卷[M].北京:人民出版社,1953:294.

受,而且维系和推动着民族的生存与发展。相对于其他国家和其他民族来说,民族精神又是一个民族的自我意识与自我认同,是一个民族的集体人格的体现和一个民族区别于其他民族的精神特质的总和。

最早论述民族精神的学者是18世纪法国启蒙思想家孟德斯鸠,他在《论法的精神》一书中说:"在不违反政体的原则的限度内,遵从民族的精神是立法者的职责。因为当我们能够自由地顺从天然秉性之所好处理事务的时候,就是我们把事务处理得最好的时候。"而这里的"民族的精神"是指"人类受多种事物的支配,就是:气候、宗教、法律、施政的准则、先例、风俗、习惯。结果就在这里形成了一种一般的精神"①。按照孟氏的理解,"法"是世界上存在着的"根本理性"同各种存在物的关系,而民族精神正是一种"法的精神"的体现。② 黑格尔则从其理性统治世界及世界历史的基本理念出发,阐发了"民族精神"概念并将其归入到他所强调的"绝对精神"体系之中,认为:"(世界精神发展的)每一个阶段都和任何其他阶段不同,所以都有它的一定的特殊的原则。在历史当中,这种原则便是'精神'的特性——一种特别的'民族精神'。民族精神便是在这种特性的限度内,具体地表现出来,表示它的意识和意志的每一方面——它整个的现实。民族的宗教、民族的政体、民族的伦理、民族的立法、民族的风俗,甚至民族的科学、艺术和机械的技术,都具有民族精神的标记。"③恩格斯对黑格尔的民族精神理论给予了高度评价,指出:"像对民族的精神发展有过如此巨大影响的黑格尔哲学这样的伟大创作,是不能用干脆置之不理的办法来消除的。必须从它的本来意义上'扬弃'它,就是说,要批判地消灭它的形式,但是要救出通过这个形式获得的新内容。"④但真正系统论述民族精神的是德国学者赫尔德,其最大贡献是从一般的人类精神引申到了"时代精神"和"民族精神",所以英国思想史学家以赛亚·伯林认为民族精神这个词是赫尔德发明的。⑤ 当代德国政治哲学家哈贝马斯(J.Habemas)评价19世纪中叶的德国民族主义思潮时说:"精神科学的世界观给出了一个视角,由此出发,我们可以把德国的政治统一看成是长期以来形成的民族文化同一性的进一步补充。文化和语言所确立起来的文化躯体,还需要一件合适的政治外衣。"而以赫尔德为代表的日耳曼的学者们"用民族精神解释上述原则"⑥。赫尔德主张每一个民族都有各自发展的权利,同时宣称"每一种文明都有自己独特的精神——它的民族精神。这种精神创造一切,理解一切"⑦。认为一个真正完整、持久的国家必须建立在民族的基础之上。要实现德国民族自救,就要回溯历史,回到民族传统文化的最初,回到民族情感的源头。他的这些论点成为当时和之后德意志民族主义者通过提倡民族文化和民族精神推动政治统一运动的先导,并为以《德国民法典》为代表的德国民族主义立法提供了深厚的

① 孟德斯鸠.论法的精神[M].张雁深,译.北京:商务印书馆,1961:305.
② 王希恩.关于民族精神的几点分析[J].民族研究,2003(4).
③ 黑格尔.历史哲学[M].王造时,译.北京:生活·读书·新知三联书店,1956:67.
④ 马克思,恩格斯.马克思恩格斯全集:第3卷[M].北京:人民出版社,1960:213.
⑤ 贾汗贝格鲁.柏林谈话录[M].杨桢钦,译.南京:译林出版社,2002:95.
⑥ 哈贝马斯.后民族结构[M].曹卫东,译.上海:上海人民出版社,2002:12.
⑦ 黑格尔.历史哲学[M].王造时,译.北京:生活·读书·新知三联书店,1956:79.

理论支撑。这方面最具代表性的是 20 世纪初的德国法学家萨维尼（Savigny），他把民族精神和民事立法结合起来，认为民族精神是"一个独特的民族所特有的根本的不可分割的禀性和取向"，是"这个民族的共同信念，对其内在必然性的共同认识"，①因此德国民法典的制定应当而且必须体现德国的民族精神。从各国民法典制定的实践来看，各国民法典之所以在编纂体例和编纂内容上表现出巨大的差异性，很大程度上是因为作为民法典制定基础的民族精神存在重大差异性。因为一个国家的民族精神与其他民族精神相比不但显示出不可替代的独特发展轨迹，而且体现出精神特征的不可通约性，也就是斯大林所说的"各个民族之所以不同，不仅在于他们的生活条件不同，而且在于表现在民族文化特点上的精神形态不同"②。因此，法国民法典只有在充斥浪漫精神的法国才能产生，而逻辑严密、结构严谨、概念烦琐的德国民法典也只有在以抽象思维见长的德国才能出现。因此从某种意义上说，德国民法典之所以具有里程碑意义，其缜密的思维和准确的概念无疑是一个重要因素，但其最根本的原因恐怕还在于德国民法典体现了德意志的民族精神，是一部"以德意志人的能力融会德意志的精神所制定的简单明了的国族法典"③。当然，由于民族精神具有一定的普世性内容，由此才决定了世界各国民法典内容的可借鉴性和可继承性。

2.民法典应是人类文明的结晶和人类文化传承的主要载体

在现有的法律体系中，民法无疑是文化积淀最为深厚、社会影响力最为深广的一个法律部门。与其他一些法律部门，如商法、诉讼法、国际法等主要体现为制度和规则的集合体不同，民法更多蕴含的是一种法律意识，体现的是以公平、自治、诚信为核心的法治精神和法律文化。而作为民法制度和理念集大成的民法典则既是人类文化的重要组成部分，同时也是人类文明（特别是制度文明）的主要记载者。"民法的法典化，从罗马帝国的国法大全开始，就显示了惊人的超越体制特质，事实上罗马法所发展出来的人法、物法和债法，从概念类型到基本规范，历经拜占庭式的统制经济、中古行会组织的手工业，乃至近代的国际贸易、重商主义和自由主义，在适用性上并无太大改变。继受罗马法而孕育于 19 世纪的法国、德国和瑞士民法典，同样也在 20 世纪出现的各种极端对立的社会体制下，成为民事立法的主要参考架构。"④不仅如此，民法典还是人类文明的倡导者，是社会传统的承继者。即便是以概念法学闻名于世的德国民法典虽然注重制度本身的精巧设计，但其整个概念的运用和制度设计仍弥漫着深厚的人文主义思想。究其原因在于作为德国民法典制定基础的德国古典哲学不但传承了德国本土的哲学思想，而且融汇了古希腊哲学和基督教哲学传统，并开启了"理性为自然立法"的历史性革命，其主要表现是以体系化的理性建构来探讨认识问题、自由问题以及历史规律问题，把知识可靠性问题、道德的基础问题、人的自由问题、历史发展问题以及人的未来问题变成理性本身的反思活动。而法律程序和法律规范，只不过是社会的工具，

① 萨维尼.论立法与法学的当代使命[M].许章润，译.北京：中国法制出版社，2001：7.
② 斯大林.斯大林全集：第 2 卷[M].北京：人民出版社，1953：294.
③ 萨维尼.论统一民法对德意志的必要性[M].朱虎，译.北京：中国法制出版社，2009：26.
④ 苏永钦.走入新世纪的私法自治[M].北京：中国政法大学出版社，2002：4.

它们与法律内在的目的有着紧密联系。① 不仅如此,民法的发展也不仅表现为单纯的制度进化和规则演变,而且更多反映了社会经济政治制度环境的优化、社会观念的嬗变和社会传统的继承和发展。按照黑格尔的观点,传统在历史的演进过程中具有重大的作用,它不像管家婆只保管交给她的财产,而是一个生动的过程,虽然它有时像小溪似的没有力量,但小溪也能汇成巨流。由于传统开辟了继承性和联系历史过程的道路,所以历史的发展具有继承性。但另一方面,历史的"每一阶段都和其他阶段不同,所以都有它的一定的特殊原则"。历史阶段特殊性的原因在于"每个时代都具有如此独特的环境"和"特殊的状态,以致必须而且也只有从那种状态出发,以它为根据,才能判断那个时代"②。因此民法文明既是现代文明的起点和发动者,同时也是现代文明中不可或缺的一个重要内容,社会文明的发展变化也必须在民法典中有所体现。具体到我国的民法典制定来说,为了加快民法典的立法进程,适当借鉴发达国家的法律规定,并最大限度地实现中国法律与国际条约、惯例和发达国家的法律规定保持适度的一致性无疑是非常必要的,但这种一致性并非以否认不同国家的经济发展水平、社会习惯、社会传统等方面存在差异性为代价,而是要求必须充分尊重本国的民族精神、风俗习惯和道德传统。囫囵吞枣式的大规模法律引进,只能引进外国的法律制度,却不能引进外国的法治精神,更不能引进外国的法治环境。

3.民法典应是人类社会生活的基本准绳

民法是市民社会的基本法,按照马克思的观点,"在过去一切历史阶段上受生产力制约同时又制约生产力的交往形式,就是市民社会","这个市民社会是全部历史的真正发源地和舞台"。③ 马克思主义唯物史观区别于以前时代唯心史观的重要标志就在于"从直接生活的物质生产出发阐述现实的生产过程,把同这种生产方式相联系的、它所产生的交往形式即各个不同阶段上的市民社会理解为整个历史的基础,从市民社会作为国家的活动描述市民社会,同时从市民社会出发阐明意识的所有各种不同理论的产物和形式,如宗教、哲学、道德等,而且追溯它们产生的过程"④。具体到市民社会的表现形式及其主要内容来看,按照马克思的观点:"市民社会包括各个人在生产力发展的一定阶段上的一切物质交往。它包括该阶段的整个商业生活和工业生活,因此它超出了国家和民族的范围,尽管另一方面它对外仍必须作为民族起作用,对内仍必须组成为国家。""真正的市民社会只是随同资产阶级发展起来的;但是市民社会这一名称始终标志着直接从生产和交往中发展起来的社会组织,这种社会组织在一切时代都构成国家的基础以及任何其他的观念的上层建筑的基础。"⑤市民社会观念不但直接诱发了资本主义制度的产生,而且改变了社会的生活方式和各国政治、法律制度的设计。"资产阶级在它已经取得了统治的地方把一切封建的、宗法的和田园诗般的关系都

① 沃森.民法法系的演变与形成[M].李静冰,姚新华,译.北京:中国政法大学出版社,1992:32.
② 黑格尔.历史哲学[M].王造时,等译.北京:生活・读书・新知三联书店,1956:104.
③ 马克思,恩格斯.马克思恩格斯全集:第1卷[M].北京:人民出版社,1995:87-88.
④ 马克思,恩格斯.马克思恩格斯全集:第1卷[M].北京:人民出版社,1995:92.
⑤ 马克思,恩格斯.马克思恩格斯全集:第1卷[M].北京:人民出版社,1995:130-131.

破坏了。""由于开拓了世界市场,使一切国家的生产和消费都成为世界性的了……过去那种地方的和民族的自给自足和闭关自守的状态,被各民族的各方面的互相往来和各方面的互相依赖所代替了。物质生产是如此,精神生产也是如此。"①市民社会既是一种思想观念,更是一种行为方式。市民社会的核心内容一方面在于最大限度地排除国家强权对私人权利和私人生活的干预,另一方面则在于培植和培育公民的自我行为选择和行为约束的规则意识。从历史发展来看,近代欧洲的市民社会理念和市民社会制度不但在形式上推动了完整市民法律体系的形成,而且直接影响了公民完整人格的塑造和行为模式的选择。更重要的是孕育出了一种崇尚自由、平等的私法精神,培养出了对私人权利尊重的良好法律意识。

二、中国民法典的应然状态——中国民法典的价值追求

中国民法典制定的目的并不应当是单纯地填补法律体系上的缺失,更为重要的目的应当是利用民法典自身的丰厚文化意蕴和强大辐射力,提振中国的法治文化和法治精神,使中国的法治建设更上一个台阶。

1.民法典的制定应有助于中国基本核心价值观的形成

虽然对中国社会主义核心价值观的理解在理论界并未获得共识,对社会主义核心价值观的形成机制和实现机制也是仁者见仁、智者见智。但有两点是肯定的:一是社会主义核心价值观必须体现作为人类文明成果总结的基本价值需要,包括平等、自由、诚信、法治等精神和理念;二是社会主义核心价值观必须通过法律特别是民法加以肯认和弘扬。在社会主义核心价值观的形成过程中,法律特别是作为私法基本法的民法具有不可或缺性。这一方面是因为法治本身就是人类制度文明的结晶,而法治的核心又在于通过严密的法律制度设计实现对公民权利的有效保护。而在对公民权利的保护方面,民法无疑会发挥着其他法律无法取代的独特作用。这既是因为民法本身就表现为民事权利保障法,促进和保障公民权利的实现是民法的核心内容。同时又在于民法制度的设计理念和社会主义核心价值观有着天然的联系,这不仅是因为民法制度本身就主要表现为伦理性制度,而且特定的社会伦理观念和伦理规则既是各国民法制度赖以建立的基础,同时也是评价民法制度优劣的主要标准。另一方面则是因为民法文化本身就是社会文化的有机组成部分,而法治本身就应当是社会主义核心价值观的固有内容。因此民法典必须负有促进社会主义核心价值观形成的历史重任。

2.中国民法典应实现对公民基本行为的指引

通过仔细研读各国的民法典我们不难发现,民法的主要作用对象是自然人,法人不过是自然人人格的放大或变异,"在近代民法中,只有像细胞一样分别存在的单个自然人,没有多数细胞聚合而成的组织器官。单个自然人是唯一的权利主体,一切民事关系不外是单个自

---

① 马克思,恩格斯.马克思恩格斯全集:第1卷[M].北京:人民出版社,1995:274-276.

然人之间权利和义务的牵涉。自然人的集合体(如公司或劳工团体)不能成为民事关系的主体"①。与此相适应,外国民法典的发展变化给我们的另一个启示是,不同时代的民法典不但体现了鲜明的时代特色,而且直接作用于公民的行为选择并强化了对公民行为的塑造。1804 年的《法国民法典》诞生于个人主义的自然法思想占主导地位的 19 世纪初期,由于该法典"扫清了封建制度的最后遗迹,并且在民法典中把古代罗马法——它差不多完满地表现了马克思称为商品生产的那个经济发展阶段的法律关系——巧妙地运用于现代的资本主义条件;它运用得如此巧妙,以致这部法国的革命的法典,直到现在还是包括英国在内的所有其他国家在财产法方面实行改革时所依据的范本"②。加之该法典的内容充分体现了"市民在法律面前的平等(特别是关于土地与继承法制),以及个人范围内的自由(尤其是契约与经济活动的自由)"的行为选择特质,因此该法典的实施不但改变了人的行为模式,而且使之"变成新社会形象活生生公理"。③此后的德国民法典、瑞士民法典、荷兰民法典等有代表性的民法典,无一不把塑造公民品格和规范公民行为作为自己的主要调整内容。因此未来中国民法典的制度设计其内容也应该体现的是一般社会生活的原则性规定,其作用主要在于为社会公众的基本市民生活提供基本的行为指引。

3.中国民法典应是中国现代法治的主要载体

将整个法律体系划分为公法和私法既是社会法治进步的表现,同时也是现代法治的基石。从立法原则来说,"公法则采取了一种与私法完全不同的观念。在公法范围内,完全否定私权自治的思想,政府的作用决不限于保护私权,相反,公法所特别关注的是国家行为在实现公共利益上的作用"。而"在私法关系中,当事人彼此平等,国家作为公断人,在公法关系中,国家作为公共利益的代表者,他是一方当事人,但具有高于其他任何个人的权威。公法、私法这两个极不相同的观念的发展进一步把这种区分牢牢地扎根于法律制度中"④。换言之,在庞杂的法律体系构造中,"私法是整体法律制度的一个组成部分,它以个人和个人之间的平等和自觉(私法自治)为基础,规定个人和个人之间的关系"⑤。与公法所崇尚的权力服从观念不同,作为私法精神的精髓主要体现为私人自治、私权优先(私法优先)和自然权利。所谓私人自治,是指各个主体根据他的意志自主形成法律关系的原则,其主要作用是"对通过表达意思产生或消灭法律后果这种可能性的法律承认"⑥。而私人自治主要是通过私人的意志自由加以实现的。私人意志自由意味着个人可以按照自身的意愿生活,在私人的领域享受极大的自由,不仅能够享受现有的自由,还可以创设、争取更大的自由。只有这

---

① 方流芳.近代民法的个人权利本位思想及其文化背景[J].法学家,1988(5).

② 恩格斯.社会主义从空想到科学的发展(英文版导言)[M]//马克思,恩格斯.马克思恩格斯全集:第3卷.北京:人民出版社,1972:395.

③ 维亚克尔.近代私法史[M].陈爱娥,黄建辉,译.上海:上海三联书店,2006:343.

④ 约翰·亨利·梅利曼.大陆法系[M].顾培东,禄正平,译.北京:法律出版社,2004:98.

⑤ 拉伦茨.德国民法通论[M].王晓晔,等译.北京:法律出版社,2003:1.

⑥ 迪特尔·梅迪库斯.德国民法总论[M].邵建东,译.北京:法律出版社,2000:142.

种个人生产和生活活动的自由自主才能赋予整个社会的生活和生产以生命活力、创造力和竞争力,而没有自由自主就没有竞争与创造,社会发展进步就会停滞。所以,一个体现为法律秩序的社会秩序,必然要赋予每一个个别的社会成员以意思自治的法律规定性和保障,而这个意思自治的核心思想就是每一个个人都可以按其自己的意志参与社会生活与生产活动。① 私权优先(私法优先)则主要体现的是权利本位思想,即在处理私权和公权、私法和公法的关系时公权应当服从或服务于私权,公法的原则和规定不能有害于私法所保护的私人权利。"私法中以之为前提条件的私法自治的载体……是自我约束的理性框架内的自我决定的男性,并且,下述观点也是无法接受的,即出于对政策正确性的考虑而使性别中性化,或者接受私法所定义的自由概念的信马由缰。"②因此,中国民法典的制定不应仅仅是对现有民法制度的简单归纳,更应是对中国法治进程的记载和固化。

三、中国民法典的实然状态——中国民法典应该怎样制定

中国民法典的制定除了要遵守民法典制定的基本理念和基本要求之外,同时还应考虑民法典赖以实施的制度环境和社会环境。因为只有在适宜的社会环境下民法典才能真正发挥其作用。

1.关于中国民法典的内容设定

在民法典制定的方式方法上,既要充分提炼和升华现有的行之有效的制度规定,同时也要尽可能地借鉴外国的先进立法理念和法律制度。但在处理民法典的创新和继承的关系上,笔者认为我们更应该偏重于对以《法国民法典》为代表的传统民法典的借鉴和继承,而不是一味地强调创新,因为只有"固守传统才是私法立于不败的不二法门"。③ 进一步言之,中国民法典内容确定的基本要求应是回归到《法国民法典》的概念和体系,因为只有《法国民法典》才是以自然人为中心而构筑的法律体系。诚如有学者所总结的那样,法国民法典的精髓在于确立了个人主义、自由主义和法律地位平等等主要的私法原则,因此它不仅成为第一部近代私法典,而且还成为一部展现自然人个人自由主义的私法典。④

(1)民法典应该规定什么内容。马克思在《〈政治经济学批判〉序言》中指出:"法的关系正像国家的形式一样,既不能从它们本身来理解,也不能从所谓人类精神的一般发展来理解,相反,它们根源于物质的生活关系,这种物质的生活关系的总和,黑格尔按照18世纪的英国人和法国人的先例,概括为市民社会,而对市民社会的解剖应该到政治经济学中去寻找。"⑤根据这一论述,不但法律本身要受制于特定的社会经济条件,而且只能也必须为特定

---

① 米健.法律交易论[J].中国法学,2004(2).
② 克尼佩尔.法律与历史——论德国民法典的形成与变迁[M].朱岩,译.北京:法律出版社,2003:4.
③ 赵红梅.私法社会化的反思与批判——社会法学的视角[J].中国法学,2008(6).
④ 叶林.私法权利的转型——一个团体法视角的观察[J].法学家,2010(4).
⑤ 马克思,恩格斯.马克思恩格斯文集:第2卷[M].北京:人民出版社,2009:591.

的社会生活服务。由于民法的根本作用一方面在于为人的生存提供基本的条件,另一方面则是为了促进人的全面发展和使人生活得更加有尊严,因此民法典的内容也可概括为以下几个方面:

①民法典应包含能够体现私法基本理念和基本要求的内容。民法是私法的基本法,私法的基本原则、基本要求、基本理念只能通过民法典加以确认。除此之外,有关民法与其他法律的关系,民事审判的法律适用原则等也应在民法典中有所体现。具体到立法技术层面而言,虽然在立法理念上法国民法典应作为我们主要的效仿对象,但在具体制度设计上,德国民法典、意大利民法典、荷兰民法典等具有代表性的外国民法典所采用的一些原则和做法仍值得我们借鉴和继承。因为"民法当然还是有它的意识形态,不是全然价值中立,上个世纪几部欧陆民法所创造的典范,与平等主义取向、实施民主政治、保障私有财产、开放市场的经济社会,无疑还是最为相容"①。具体来说,这部分的内容设计主要包括民法基本原则、民法与其他法律的关系、民事主体、民事权利及其实现等几个方面。

②民法典应该规定与公民的基本生存条件密切相关的内容。公民的基本生存条件包括财产(物质)条件和非财产(非物质)条件两个方面,其中的财产条件又包括财产的获取方式、财产的利用规则和对财产的处分限制等几个方面。与此相关联,民法的内容也主要表现为两个方面:一是有关自然人的生存条件保障的法律制度,这些制度主要包括所有权制度、合同制度和继承制度等。所有权是人类社会赖以正常运转的第一秩序,它不但界定了社会资源的归属和财富的归属,而且确定了整个社会的资源利用秩序并维系着一个社会生存共同体的生存边界。② 而合同制度则是对交易习惯和交易规则的法律肯认,也就是恩格斯所说的:"在社会发展某个很早的阶段,产生了这样一种需要,把每天重复着的生产、分配和交换产品的行为用一个共同的规则概括起来,设法使个人服从生产和交换的一般条件。这个规则首先表现为习惯,后来便成了法律。随着法律的产生,就必然产生出以维护法律为职责的机关——公共权力,即国家。在社会进一步的进程中,法律便发展成或多或少广泛的立法。这种立法愈复杂,它的表现方式也就愈益不同于社会日常经济生活条件所借以表现的形式。"③直至今日合同制度仍是民法的最核心内容之一。家庭是人类社会组成的最基本细胞,财富是家庭作为人格的定在(黑格尔语),家庭要承担社会再生产和人口再生产的双重职能,就必须以享有一定的社会财富为条件。而继承既是保证家庭延续的前提,同时也是实现社会财富积累的主要手段,因此在各国民法典中婚姻关系、家庭关系、继承关系都是必不可少的组成部分。值得注意的是人类的生存条件是随社会的发展和社会物质条件的变化而不断发展变化的。资本主义生产方式的出现和商品经济的发展,使人们的交往方式和个人的存在发生了革命性变化。手工工具和手工劳动为大工业机器体系所代替,地域性的、固定性的、直接性的交往变为世界性的、变动不居的、普遍的间接交往。马克思指出:"在前一种情

---

① 苏永钦.走入新世纪的私法自治[M].北京:中国政法大学出版社,2002:5.

② 高富平.物权法原论:上卷[M].北京:中国法制出版社,2001:3-10.

③ 恩格斯.论住宅问题[M]//马克思,恩格斯.马克思恩格斯选集:第2卷.北京:人民出版社,1972:538-539.

况下,即在自然形成的生产工具的情况下,各个人受自然界的支配,在后一种情况下,他们受劳动产品的支配。因此在前一种情况下,财产(地产)也表现为直接的、自然形成的统治,而在后一种情况下,则表现为劳动的统治,特别是积累起来的劳动即资本的统治。前一种情况的前提是,各个人通过某种联系——家庭、部落或者甚至是土地本身,等等——结合在一起;后一种情况的前提是,各个人互不依赖,仅仅通过交换集合在一起。"① 同时婚姻家庭继承关系又是民法典中民族性和伦理性特征表现最为明显的领域,因此,各国民法典中有关婚姻家庭继承的具体规范内容和制度设计也表现出较大的差异性。

③民法典应该规定能保证与人的尊严相关的内容。从一般意义上说,社会的发展史同时也是一部人的解放史,作为现代文明先驱的启蒙运动其核心就是"人的发现"和对完整人性的认识与揭示,强调人的理性与尊严。在这一背景下产生的近现代民法也成为人道主义立法的典范。所谓人道,从一般意义上来讲是指爱护人的生命、关怀人的幸福、尊重人的人格和权利的道德。② 尊严是人类区别于其他动物的特有属性,正是因为人具有道德,才使得人的尊严得以摆脱纯自然的生物性尊严,升华出人类社会所特有的具有道德性的尊严。这里的人的尊严是指社会中的每一个人仅仅基于其是一个人而无例外地享有的尊严,包括人性尊严和人格尊严。按照有学者的观点,人的尊严具有社会、自然和道德三种基本属性,③并具有不可替代性和不可剥夺性。人的尊严最为核心的是强调人的目的性价值,也就是康德所说的"人即目的"(formula of the end in itself),即人的客观存在就是目的本身,"无论是对你自己还是对其他任何人,在任何情况下都要把人永远作为目的,决不仅仅当作手段"④。按照康德的观点,人的尊严与人本身固有的价值相联系,所有的人都具有尊严,并且每个人都有保有自身尊严和维护人的尊严的义务。人通过意志自律成为自己的立法者。即"每个有理性的存在者的意志当做普遍立法的意志"⑤。任何权利或法律首先应是私人的,公共的权利或法律,只是为了能够更好地保障私人权利或法律得以实现,即其本身是为了补救私人自身权利实现能力的不足而设置的。因此,在私人权利(私法)和公共权利(公法)的关系上,康德的立场是私人权利(私法)优先于公共权利(公法)。⑥ 而"传统社会是公社式的、以身份为基础的社会,它们受传统确定的原则和实际活动支配"⑦。传统社会中人的身份地位具有先赋性、固定性、等级性、行政性等特征。⑧ 人被定格在不平等的社会关系之中,没有自己独立

---

① 马克思,恩格斯.马克思恩格斯选集:第1卷[M].北京:人民出版社,1972:103.
② 现代汉语词典[Z].北京:商务印书馆,1997:1062.
③ 韩德强.论人的尊严的基本属性[J].广西大学学报(哲学社会科学版),2008(3).
④ 康德.道德形而上学探本[M].唐钺,译.北京:商务印书馆,1959:43.
⑤ 康德.实践理性批判[M].北京:商务印书馆,1961:30.
⑥ 许小亮.先验方法论视阈下的法哲学体系——读康德的《法的形而上学原理》[J].比较法研究,2011(3).
⑦ 唐纳利.普遍人权的理论与实践[M].王浦劬,等译.北京:中国社会科学出版社,2001:83.
⑧ 张树义.中国社会结构变迁的法学透视——行政法学背景分析[M].北京:中国政法大学出版社,2002:134-138.

的人格和自主的意志,只是一个社会"样品"而已。① 从某种意义上说,现代民法区别于古代民法和近代民法的主要标志之一就在于更加强调对人的尊严的尊重和保护,人格歧视逐渐消弭(典型的如对非婚生子女继承的歧视性规定越来越少),同时利用各种法律制度(其中主要是民法制度)努力使人生活得更有尊严和更有价值。

④民法典应规定能够促进人的发展与进步相关的内容。人的全面发展既是社会制度演化的必然要求,也是实现人的价值的体现。马克思、恩格斯在《共产党宣言》中曾经宣称,在未来的社会中"代替那存在着阶级和阶级对立的资产阶级旧社会的,将是这样一个联合体,在那里,每个人的自由发展是一切人的自由发展的条件"②。在这个"联合体"中,"个人以整体的生活为乐事,整体则以个人的信念为乐事"③。在《资本论》中马克思进一步指出,社会生产力的发展,将为未来的社会奠定现实的基础,未来社会将是"一个把每一个人都有完全的自由发展作为根本原则的高级社会形态"④。"人的全面发展"作为一种理想、追求和信念,一方面体现了人性的内在本质,另一方面,则推动了社会的进步和发展。"全面发展"的实质是人在发展上的自由、自主、和谐、丰富以及流动和变化。在全面发展的状态下,人所感受到的是幸福和愉悦,是自我价值和尊严的实现和确立,而这些要求和民法视野下对人的理解具有高度的契合性。另外"人的全面发展"还包括人的"完整发展"和"自由发展"。⑤ "完整发展"强调的是人的发展的偏移不可逾越的底线,其基本要求是可偏移而不可偏废,即不能只发展人的能力的一方面而偏废了其他各方面。⑥ 但人的自由全面发展,决不意味着人们可以超越历史的和现实的条件而随心所欲地行为。人只能在特定的历史与现实所允许的范围内发展自己,获得那个时代所允许的自由。"人们只有为同时代人的完美、为他们的幸福而工作,才能使自己也达到完美。"⑦因为"只有在集体中,个人才能获得全面发展其才能的手段,也就是说,只有在集体中才可能有个人自由"⑧。同时,人的自由发展必须借助于法律的保障才能实现,因此民法典中必须包含保障人的自由发展的内容。按照黑格尔的政治哲学理论,国家决定市民社会,他认为:"人的自我意识在法律、道德、社会和政治制度中客观地展现自身。这些制度使精神获得完全自由,表现在家庭、市民社会和国家的系列组织中的社会道德使得这种自由的获得成为可能。家庭教育教人以道德自律,而市民社会则组织经济、职业和文化生活。只有社会组织的最高层国家(黑格尔称之为具体自由的实现),才能够把特定权利和普遍理性结合成客观精神发展的最后发展阶段。"⑨资本主义以前的各时代,由于生产力低下,

① 韩德强.人的秩序性尊严之构成——论尊严形态在不平等社会关系中的现实性[J].文史哲,2008(3).

② 马克思,恩格斯.马克思恩格斯全集:第1卷[M].北京:人民出版社,1995:294.

③ 马克思,恩格斯.马克思恩格斯全集:第1卷[M].北京:人民出版社,1995:217.

④ 马克思.资本论:第1卷[M].郭大力,王亚南,译.北京:人民出版社,1975:649.

⑤ 扈中平."人的全面发展"内涵新析[J].教育研究,2005(5).

⑥ 马克思,恩格斯.马克思恩格斯选集:第1卷[M].北京:人民出版社,1970:224.

⑦ 马克思,恩格斯.马克思恩格斯全集:第3卷[M].北京:人民出版社,1972:84.

⑧ 马克思,恩格斯.马克思恩格斯全集:第40卷[M].北京:人民出版社,1982:7.

⑨ 麦克莱伦.卡尔·马克思传[M].王珍,译.北京:中国人民大学出版社,2005:65.

生活资源的匮乏,追求满足生存条件和生活资料的竞争,成为支配个人一切行为的普遍现象,于是追求物质财富便成为每个人的人生目的,同时也成为法律的主要规范对象。[①]但"总有一天,人类的理智一定会强健到能够支配财富……单纯追求财富不是人类的最终的命运"。换言之,随着生产力的发展,以单纯追求财富为唯一目的的人类历史将会终结,而代之以以人本身的发展为目的的未来社会,"社会的瓦解,即将成为以财富为唯一的最终目的的那个历程的终结,因为这一历程包含着自我消灭的因素"[②]。

⑤民法典中应包含有关公民基本权利救济的法律规范。虽然法律部门的分野和细化是现代法治的表现,但这并不意味着不同法律部门之间的鸿沟绝对不可逾越。实际上程序法不但应当为实体法服务,而且其制度设计的理念和要求也必须能够满足实体法的立法目的。不仅如此,程序公正还是保证实体公正得以实现的必要条件,也就是罗尔斯在《正义论》中所说的:"存在一种正确的或公平的程序,这种程序若被人们恰当地遵守,其结果也会是正确的或公平的,无论它们会是一些什么样的结果。"[③]因此,有关民事权利实现的条件和程序,包括诉讼程序在内的基本制度,应当在民法典中有所体现。

(2)民法典与其他法律的分工与协调——民法典不应该规定什么内容。民法典作为私法的基本法,其所有的内容设计都应受民法基本理念的约束。诚如有学者所言:"《民法典》是一个如此典型的自由法律时代的产物,以至于它不能容忍新的法律思想在它那相互交叉的、不可思议的缜密结合处嵌入。"[④]因此民法典不是内容越庞杂越好,也不是规定越详尽越好。成功民法典的根本标志是:一方面民法的基本理念应当贯穿民法典的所有内容,另一方面要求民法典中的所有内容应该前后连贯且与民法的基本原则、基本价值和基本理念保持高度一致性。为此首先要明确民法的价值定位,找准民法在整个法律体系中的位置;同时要最大限度地纯化民法典的内容,将不具有基本性、代表性、普遍性的内容排除在民法典体系之外。具体说来,以下几方面的内容不应由民法典加以规定和调整:

①民法典不应该规定非基本性的法律制度。民法就其本质来说应当是对公民基本权利提供法律保护和对基本行为提供价值导引的法律制度,因此民法的规定应以重大性、基本性和必要性作为设定条件。凡不具备这些要求的制度就不应纳入民法典的规范内容。例如担保物权作为公民的一项基本财产权固然应当在民法中有所体现,但这绝不意味着有关担保的所有制度都应当规定在民法典中。其原因在于,不但就其内容来看担保本身就有民事担保和商事担保之分,其中的商事担保本来就不应当规定在民法典中。即使是民事担保,由于民事担保既有纷繁复杂的担保形式,又有内容各异的程序性规定,同时还有复杂多样的生效

---

① 叶汝贤.每个人的自由发展是一切人的自由发展的条件——《共产党宣言》关于未来社会的核心命题[J].中国社会科学,2006(03).

② 马克思,恩格斯.马克思恩格斯全集:第45卷[M].北京:人民出版社,1985:397-398.

③ 罗尔斯.正义论[M].何怀宏,译.北京:中国社会科学出版社,1988:55.

④ 苏永钦.走入新世纪的私法自治[M].北京:中国政法大学出版社,2002:5.

条件(典型的如我国《公司法》第16条①有关公司对外担保效力的规定),因此在民法典中有关担保的法律规定仅应限于担保的种类、效力和设计原则,至于担保的具体规定应当留待其他单行法加以解决。

②民法典不应当规定与市场经济联系过分密切的制度内容。民法是市民社会的基本法,其内容应限于与市民社会有关的法律制度,而市民社会只与商品经济有关,与市场经济之间则没有直接联系。其典型的表现是:民法上的人主要强调的是人的自然属性,所以单个的人通常被称为自然人;民法视野中的财产也主要针对的是现有财产的存在状态,主要规范的是财产的确认依据和财产的流转规则,而不是像商法那样强调财产的增殖属性,偏重于财产的创造机制。换言之,由于民法的作用机理主要局限于现有财产的归属和利用方面,其本身并不负有创造社会财富的功能,因此民法应当也必须与市场经济保持适当距离,甚至在某种程度上说民法典的设计理念和设计内容应与市场经济相脱离。因此,与市场运行和市场保护相关的法律规则应被排除在民法典之外。

③民法典不应该规定不具有普遍适用性的法律制度。民法规定的普遍性首先要求在适用对象上的普遍性,即民法典中所确立的权利或认可的行为应为所有社会公众所享有或行使,至少是所有的社会公众都具有行使或享有这种权利的可能性。如果某项权利或行为只为少数人甚至个别人所享有或行使,那么这种权利或行为就不应规定在民法典中,典型的如知识产权制度、商事代理制度等。民法规定的普遍性还要求作为民法典中所认可的制度,必须受民法基本原则的调整和制约。如果这些制度的设计依据是一些有别于民法典基本原则的理念和要求,那么这些制度就不应当出现在民法典中。典型的如以公司为代表的企业法律制度,由于该制度的设计初衷在于通过合理的规则和机制最大限度地促进社会财富的增加,即强调效益在制度设计中的引领作用,这与民法所推崇的公平优先原则明显不同,因此有关公司或企业的相关制度就不应出现在民法典中。

④民法典不应该规定不具有稳定性特质的制度。由于民法本身就负有塑造公民社会行为习惯和生活方式的使命,因此民法典的内容一方面应与公民的基本行为选择趋向保持高度的一致性,另一方面则要求其制度内容应是对公民成熟行为和习惯行为的法律肯认。这就要求民法的制度规定应具有适当的保守性和高度的稳定性。因此与时代发展联系过分密切的属于偶然性、临时性或易变性的制度或行为就不应当规定在民法典中。在这方面比较典型的例子是2002年生效的德国债法现代化法,该法不仅在债编中加入了有关保护消费者的有名合同,而且直接把消费者与企业写进民法总则中,使他们和自然人、法人一样成为私法关系的主体,其结果不但从根本上颠覆了民事主体的平等理念,而且其所谓的创新"对于

---

①　我国《公司法》第16条的原文是:"公司向其他企业投资或者为他人提供担保,依照公司章程的规定,由董事会或者股东会、股东大会决议;公司章程对投资或者担保的总额及单项投资或者担保的数额有限额规定的,不得超过规定的限额。公司为公司股东或者实际控制人提供担保的,必须经股东会或者股东大会决议。前款规定的股东或者受前款规定的实际控制人支配的股东,不得参加前款规定事项的表决。该项表决由出席会议的其他股东所持表决权的过半数通过。"

消费者的民事保护实质上并不会有所增益,但对德国民法典体系的破坏,也就是体系效益的减损,却难以估量"①。德国民事立法的这一教训值得我们深思和警惕。

2.中国民法典的逻辑结构

民法是最具有形式理性的法律,按照沃森的观点,所谓形式理性,意味着法律虽然以其自以为合理的制度形式存在着,但法律本身不是目的。德国著名哲学家卡西勒在《启蒙哲学》一书中说:"当18世纪想用一词来表述这种力量的特征时就称之为'理性'。'理性'成了18世纪的汇聚点和中心,它表达了该世纪所追求并为之奋斗的一切,表达了该世纪所取得的一切成就。"②在这个时代,人们不需要借助传统去判断什么是好的,什么是不好的,而只需要通过理性就能够计算、推理出来,一切都必须在理性面前为自己的存在做出辩护,因此这个时代才被称为启蒙理性的时代。民法典的形式理性要求我们在制定民法典的过程中必须充分借鉴以德国民法典为代表的现代民法典的制度设计原理,并与法国民法典的立法理念和立法原则相结合,即以德国民法典为体以满足民法典的形式理性,以法国民法典为纲以实现民法的本源价值。在具体逻辑安排上可以遵循人、人的权利、权利的实现与救济的逻辑结构。在具体的结构安排上,考虑到德国民法典的巨大影响力和我国的立法习惯,可以将民法典分为总则和分则两个部分。

3.民法典与现有法律的关系

由于民法所调整的社会关系十分庞杂,各国基于历史传统和现实需要的立法选择导致各国在民法典立法体系和具体规范内容上存在明显差异,加之我国近现代以来所固守的民商合一传统,由此引发对我国民法典具体规范内容取舍上长期处于纷争状态。学者们也贡献了数个民法典草案,不但其立法理念明显不同,其涵盖内容也存在诸多不一致之处。特别是对于现有的散见于众多单行法规中的民法内容如何处理,不同学者也给出了不同答案。有的认为应最大限度将现有民法内容统一整合在民法典中,以消除民法内部规范内容的不一致性。有的则主张精简民法典的内容,由民法典和民事单行法共同调整民事关系。如果将所有单独立法都纳入民法典中,不但会使民法典的体例杂乱无章,而且其内容也会因过于庞杂而不堪重负。但如果仅将部分单独立法纳入民法典中,选择的标准和依据却并不容易确定。正像台湾学者苏永钦所言:"法典的理想永远和事实有段距离,即使条文数多达2769条的意大利民法典,也像它的历史标杆——罗马法大全一样,很快就必须面临单行法在法典之外自立门户的残酷事实。"③比较说来,采取大而全的民法典立法模式弊端更为明显,诚如有学者所言,将大量的单独立法纳入民法典后,传统私法的思想理念、基本原则、体系结构受到冲击甚至遭受破坏。原来单独立法规定的具体制度、规范与民法典所固有的传统私法气

①　苏永钦.现代民法典的体系定位与建构规则——为中国大陆的民法典工程进一言[J].交大法学,2010(1).

②　E.卡西勒.启蒙哲学[M].顾伟铭,等译.山东:山东人民出版社,1988:3-4.

③　苏永钦.走入新世纪的私法自治[M].北京:中国政法大学出版社,2002:86.

质及概念化、法典化技术并不完全相融。① 也就是梅利曼所说的："法典之外的微观法律制度却反映了其自身的态度和价值观,而此种态度和价值观常常有悖于法典的态度和价值观:对法典进行零星的修订所涉及的是法典中较为容易的部分;对其修订以适应现代生活并无大碍。但是,将特别立法部分纳入法典本身的任何努力均会引发棘手的难题,即微观法律制度可能与法典本身的立场不相吻合。"②因此相对来说,可行的办法只能是由民法典确立基本原则和基本制度,同时辅之以一定数量的民事单行法对民法典的内容加以补充和完善。其原因正如梅利曼所言:"特别立法篇幅巨大,将其纳入法典将使法典膨胀而成为难以掌控的鸿篇巨制。因此,可行的方法是放弃编纂新法典的设想,而让法典继续保留其尊严,并援引其中有用的部分。"③这样做的好处是可以在保证民法典足够稳定性的前提下,使民法内容更能符合社会发展的需要,以实现民法的精准调整。这方面的例证是,在民法典编纂方面比较成功并为现在很多学者所推崇的"荷兰民法典的整编,从一开始就放弃了全盘纳编的野心,很多的特别民法还是留在法典之外"④。而"荷兰之所以放弃统一的尝试,是因为,很高的组织法和行政法的成分必须保留在劳动法和社会法中"⑤。荷兰民法典的编纂理念和内容取舍原则非常值得我们借鉴。

30 年前在中国发起的经济体制改革,不但将现代中国社会深深打上了法治的烙印,而且将市民社会观念引入我们的生活。时至今日,民法对中国国民性的塑造和对国民行为选择所产生的深刻影响恐怕已是一个不争的事实。但民法所体现的人文价值并没有得到社会的普遍承认,民法对社会道德的引领功能也没有得到有效发挥。造成社会对民法误解甚至不信任的原因是多方面的,既有民法立法价值上的迷失,更有社会公众对法律功能理解上的迷茫和法学理论工作者对法律本质的误读。因此未来中国民法典的制定一定不能重蹈某些法律的覆辙,而应努力使我们的法律规定与公众对法律的理解与预期保持高度的一致性。相反,如果我们因过分追求法律的完备性和先进性而使具体民法制度的设计内容超出社会公众的理解或预期,或是从根本上违背人的本性,其结果必然会受到社会公众的普遍抵制,这样的民法典不仅不可能成为受到普遍尊重和遵守的民法典,而且也不可能成为能够影响社会发展方向的有代表性的民法典。

① 赵红梅.私法社会化的反思与批判——社会法学的视角[J].中国法学,2008(6).

② 约翰·亨利·梅利曼.大陆法系[M].顾培东,禄正平,译.北京:法律出版社,2004:161.

③ 约翰·亨利·梅利曼.大陆法系[M].顾培东,禄正平,译.北京:法律出版社,2004:161.

④ 苏永钦.走入新世纪的私法自治[M].北京:中国政法大学出版社,2002:82.

⑤ 克尼佩尔.法律与历史——论德国民法典的形成与变迁[M].朱岩,译.北京:法律出版社,2003:298.

民法基本原则怎样在民法总则中做出准确表达①

  自从 1986 年颁布的《中华人民共和国民法通则》(以下简称《民法通则》)以法律条文的形式对民法的基本原则做出明确规定之后,民法总则中必须有基本原则的规定几乎成为理论界和各版本民法典建议稿的基本标配。但时至今日,对于什么是民法的基本原则,为什么要有民法的基本原则,哪些能够作为民法的基本原则等诸多理论问题,无论是立法机关还是学界都没有给出令人满意的答案。在民法典的立法活动被定性为一种重大的国家政治行为并被赋予记载和宣扬中国法治累积成果的特殊载体的特定历史场景下,如果对既有的民法基本原则采取急功近利式的全盘接受观点,而对其性质、使命和存在合理性缺乏足够的理性反思和价值重构,其结果不但会影响到未来民法典具体内容的设计和立法理念的梳理是否到位,影响到民法在整个法律体系中的定位是否准确,而且直接影响到作为中国梦有机组成部分的法治社会能够有效建立,甚至决定着本次民法典的制定能否达到预期目的。因此有必要对民法基本原则的相关问题进行冷静客观和深入细致的探讨。

一、民法总则中为什么要规定民法基本原则

1.什么是民法的基本原则

  虽然在现有的研究和现有的立法中民法基本原则已经被假定为一个无须定义的常识性概念,但事实上我们对这一概念还远没有达到高度统一的地步。而讨论民法基本原则的先决条件是必须要对其进行科学的定义。诚如著名社会学家迪尔凯姆所言:"任何科学研究都有一群符合同一定义的现象。因此,社会学家的第一步工作应该是界说他所研究的事物,以使自己和他人知道他在研究什么。这是一切论证和检验最不可缺少的首要条件。实际上,一种理论只有在人们确认了它所应解释的事实时才能对它检验。另外,由于科学的研究对象本身是根据这一基本定义规定的,所以这个对象究竟是不是科学所研究的,则随这个基本定义而定。"②按照学界普遍性的观点,所谓民法的基本原则是效力贯穿民法始终,体现民法的基本价值,集中反映民事立法的目的和方针,对各项民法制度和民法规范起统率和指导作

---

① 原文发表在《中国政法大学学报》2016 年第 6 期。
② E.迪尔凯姆.社会学方法的准则[M].狄玉明,译.北京:商务印书馆,1995:54.

用的基本原则。① 这一概念实际上是将民法基本原则的特点和作用进行了抽象和概括，并未触及概念的本质。另有些人则从工具论的角度将民法基本原则定义为："民法基本原则是其效力贯穿民法始终的民法根本规则，是对立法者在民事领域所行政策的集中反映，是克服法律局限性的工具。"② 还有的则进一步发掘了民法基本原则产生的基础和条件，认为"民法基本原则是集中反映民法之社会与经济基础，贯穿于民事立法、司法、守法及民法学研究始终，具有普遍适用效力和衡平作用的指导思想和基本准则，是高度抽象的民事行为规范和价值判断准则，是民法精神实质之所在"③。反观国外学者和我国台湾地区的学者则很少直接对民法基本原则下定义，而更多的是对其作用和特点进行描述。之所以会产生这种差异，一方面缘于中外思维方式的不同，中国人习惯于对事实和事物的抽象和定性，强调概念的简洁性和显示性，而外国人（特别是西方人）则专注于对事物或事实的罗列和描述，注重概念的完整性和周延性；另一方面则缘于确实很难从理论上对民法基本原则给出科学的定义。但按照中国人的思维习惯，名不正则言不顺，因此无论是不是强人所难，习惯上我们仍应对民法基本原则作一定义性的表述。我们认为要对民法基本原则进行科学的定义，首先必须厘清这一概念所要解决的具体问题和所应承载的特定使命。基于以上判断我们认为，首先民法基本原则并非主要是民事立法所应遵循的基本原则，更重要的是民事权利保护和民事活动所应遵循的基本原则。因为民事立法的基本原则应当适用于一般立法的基本原则，而对立法的基本原则，在 2000 年 3 月九届全国人大第三次会议通过的《立法法》中已做了明确的规定，即宪法原则、法治原则、民主原则、科学原则。因此，民法基本原则的主要作用是对民事活动进行指导，对民事司法进行规制，是判断民事活动合法性、有效性和分配权利义务的基本规则。其次民法基本原则应当是从社会活动中抽象出来的能够反映事物本质的原生性的规则。正是基于这一要求，所以《布莱克法律词典》将法律原则解释为"法律的基本性的公理或原理；为其他（指法律）构成基础或根源的全面的规则或原理"④。因此，那些民事活动中应当遵守的具体的、表面性的规则和要求就不能被定义为民法的基本原则。最后民法基本原则应当是能够反映各国民法所应共同遵守的且能够彰显民法独立存在价值的规则，或者说是能够反映民法本体性需求的规则和原则。基于以上判断，我们可以把民法基本原则定义为：能够彰显民法的独特法律价值，承担民法特有的历史使命，并对民事活动起指导作用的法律理念和法律原则。

2.为什么要有民法的基本原则——对民法基本原则存在合理性的简要分析

我国的民法总则中之所以要有民法基本原则的明确规定，主要是基于以下几个原因：

（1）彰显人类理性的需要。美国著名法学家庞德有一个著名论断："在法律史的各个经

---

① 魏振瀛.民法[M].北京：北京大学出版社，高等教育出版社，2013：20.

② 徐国栋.民法基本原则解释：诚信原则的历史、实务、法理研究[M].北京：北京大学出版社，2013：10.

③ 谭启平.中国民法学[M].北京：法律出版社，2015：50.

④ BLACK.M.A.Black's Law Dictionary(Fifth Edition)[M].St.Paul,Minn：West Publishing Co.,1979：462.

典时期,无论在古代还是近代世界里,对价值准则的保证、批判和合乎逻辑的适用,都曾是法学家们的主要活动。"①作为其例证,大陆法系国家大多深受理性主义的影响,非常推崇对包括民法典在内的各种法典的编纂,认为"一种理性的社会生活秩序的基础,或许可以通过一种全面的法律规则的新秩序予以有目的奠定"②。而作为法典编纂的前提是人类对自身理性的充分自信,认为相对于其他自然人的禀赋来说,"人类理性具有至上的地位,因此,凭借个人理性,个人足以知道并能根据社会成员的偏好而考虑到建构社会制度所必需的境况的所有细节"③。因此通过对人类理性的充分发掘不但可以对外部世界进行全面的认知和把握,而且可以人类的无序行为纳入到符合理性的规范发展轨道。从某种意义上说,法典的编纂既是人类借助于具象的介质检验理性对复杂社会关系进行干预和引导的理想试验场所,同时也是弘扬人类理性,凝聚社会共识的最适合载体。而要想制定出一部复杂灵巧的民法典,其前提是必须借助于一些基本的理念和原则作为实现制度统一的工具和手段,而民法基本原则就义不容辞地承担了这样一种消弭制度偏差的工具。因此从某种程度上说,民法基本原则的条文化设计既是法典编纂理性思维的集中体现,同时也是实现法典体系化后功能递增的必然要求。

(2)弥补成文法的局限性和法律的不周延性。相对于判例法来说,以法典化为表现形式的成文法存在天然的局限性,即以凝固的有限的认知试图对具有无限可能性的人类不确定行为作出预估和预判,并将其归纳抽象为一些具有相同的构成要素和相同表现外观的行为类型,这对法典的编纂来说几乎是不能承受之重。"可以想象,法典要作为唯一的法律权威,实际上就要包括对可能出现的每一案件作出的判决。人们经常认为:假如凭经验可能并且很方便地透彻了解一些特殊案件,就可以根据法典的相应规定对每一案件作出判决。但是任何认真研究过判例的人一看便知,这种做法一定要失败,因为千变万化的实际情况确实是无法限制的。事实上,在所有新法典中都放弃了企图取得这种材料完整性的全部幻想,而且没有找出任何代替的东西。"④为了克服法典化成文法的局限性,许多国家开始考虑将具体的法律制度进行抽象化的处理,即通过归纳整理出一些基本行为要求,引入一些带有道德评价性的概念,借助于一些模糊性的语言表述,软化法律条文的僵硬品格,从而给法律的适用预留尽可能多的自主空间。其中最为成功的做法就是通过引入基本原则的方式对法典的立法价值和历史使命进行揭示,以避免因对法律条文的机械适用而出现违背基本法律价值甚至社会常识的结果的出现。对此法国著名民法学者阿·布瓦斯泰尔曾评价说:"民法典尊重个

① 罗斯科·庞德.通过法律的社会控制——法律的任务[M].沈宗灵,董世忠,译.北京:商务印书馆,1984:55.

② 董茂云.比较法律文化:法典法与判例法[M].北京:中国人民公安大学出版社,2000:68.

③ 哈耶克.致命的自负[M].刘戟锋,译.北京:东方出版社,1991:71.

④ 法学教材编辑部西方法律思想史编写组.西方法律思想史资料选编[M].北京:北京大学出版社,1983:530-531.

人权利的最好和最重要的体现,是它对先于和高于实在法的法原则的承认。"①换句话说,民法典的主要价值不在于提供了多少具体的制度设计,而在于通过提炼基本原则的方式将民法的基本价值追求昭示出来,以实现民法作为私法基本法所应承担的提升人的存在价值,促进人的全面发展的历史重任。

(3)保证法律的统一。作为立法的一项普适性要求,任何立法都应当是内部和谐的统一体,其主要作用是防止因立法价值的冲突和制度设计上的不一致而导致的法律整体效用的减损。其主要原因在于:由于社会成员个人需求的复杂性和目标追求的多样性,从而使个人之间、个人与社会之间的利益冲突具有不可避免性。"在人类社会这个大棋盘上每个棋子都有它自己的行动原则,它完全不同于立法机关可能选用来指导它的那种行动原则。"②而法律在很大程度上就充当了社会主体间利益平衡和利益调和的调节器。"从法律的作用来看,它是为了满足、协调、调整这些重叠和经常冲突的请求、要求,或直接予以保障,或通过界定和协调各种个人利益加以保障,以便使最大多数人的利益或我们文明中最重要的利益有效果,同时使整个利益清单中其他利益的牺牲降低到最低程度。"③作为民法典制定的主要作用之一就是通过将散见于众多单行法中的复杂法律条文进行必要整理、归纳、增删、合并和调整的方式,消除制度设计之间的冲突和矛盾,以实现 $1+1>2$ 的整体增强效应。而要有效保证法律的内部统一,必须有一些既超脱于具体法律制度之上,又符合法律规范的基本要求的抽象规则,而民法基本原则就是这种抽象规则的最典型体现。因此在某种意义上,民法基本原则的有无及其设计是否合理,会直接影响到民法法典化的目标能否顺利实现,民法典的预设任务能否有效达成。

(4)路径依赖效应。路径依赖最先是生物学家用来描述生物演进路径的一种专业术语。生物学家在研究特种进化时发现,特种进化一方面决定于基因的随机突变和外部环境,另一方面取决于其本身存在的等级系数控制。生物学家古尔德(Could)较早地研究了生物进化的路径运行机制并明确提出了路径依赖概念。新制度经济学的代表人道格拉斯·C.诺斯(Douglas C.North)将其从生物学领域引入到经济学领域,用路径依赖来描述过去的机制对现在和将来的巨大影响力。诺斯认为:制度变迁过程与技术变迁过程一样存在着报酬递增和自我强化的机制。这种机制使制度变迁一旦走上了某一条路径,它的既定方向就会在以后的发展中不断得到自我强化。"一旦一条发展路线沿着一条具体进程行进时,系统的外部性、组织的学习过程以及历史上关于这些问题所派生的主观主义模型就会增强这一进程。"④换言之一个具有正反馈机制(Postive Feedback System)的体系,一旦在外部性偶然事件的

① 阿·布瓦斯泰尔.法国民法典与法哲学[M]//徐国栋.罗马法与现代民法:第2卷.北京:中国法制出版社,2001:290.

② 亚当·斯密.道德情操论[M].蒋自强,等译.北京:商务印书馆,1997:302.

③ 罗斯科·庞德.通过法律的社会控制——法律的任务[M].沈宗灵,董世忠,译.北京:商务印书馆,1984:89.

④ 道格拉斯·C.诺思.制度、制度变迁与经济绩效[M].刘守英,译.上海:上海三联书店,1994:132.

影响下被某一系统所采纳,那么便会沿着这一路径的发展方向继续演进,而很难被其他潜在的甚至更优的路径所取代。所以,人们过去做出的选择决定了他们现在可能的选择。① 而法律作为一种典型的制度设计,无论是基于历史传统,还是基于思维习惯,都同样具有极强的路径依赖倾向。具体说来,由于中国自晚清以来一直奉行大陆法国家的成文法优先理念,并将是否制定体系化的法典作为衡量法律完备程度的主要标志,因此成文法的法典化几乎成为一个无须反思和验证的前置性问题。在国外,自《德国民法典》以来,民法中必须有总则的规定也基本成为一个不证自明的立法公理性问题。我国自《民法通则》中以明确法律条文的方式对民法基本原则作出规定之后,民法总则中应该有基本原则的规定也几乎成为一个无须讨论的话题。

(5)实现对抽象社会调整和主体行为指引的需要。按照学界通说,民法调整的社会是抽象的社会,民法调整的人是假定为"中人"的抽象的人,即"对这个法律时代而言,人的类型不过是一个虚构,即不过是一个经验的平均类型"②。民法视野中的抽象的人具有相同的智力水平,相同的思维定式,相同的利害判别标准,相同的行为范式和行为目的,因此通过预先的法律设计,不但可以预设各种行为结果,也可以预知各种行为的结果。但由于社会中的人并不是抽象的存在,而是复杂的鲜活的个体,是具有完全不同的智力水平和利益趋向的人,从而导致"社会的需要和社会的意见常常是或多或少走在'法律'的前面的。我们可能非常接近地达到它们之间缺口的结合处,但永远存在的趋向是要把这缺口重新打开来"③。因此,为了最大限度地实现民法典的抽象规定对具体社会关系和具体人的调整,除了需要一些明确具体的法律条文给当事人的行为提供参照系之外,同时也需要一些原则性的,包容性更广的法律条文帮助民事主体进行行为选择。民法基本原则就事实上承担了这种民事行为选择标尺的角色。

3.民法基本原则的作用

民法基本原则不但有其存在的合理性,而且事实上也发挥了一些具体法律制度无法完成的独特作用。这些作用主要表现在以下几个方面:

(1)实现法律指导功能。美国著名法学家庞德曾经说过,在每一个历史时期,"人们都使各种价值准则适应当时的法学任务,并使它符合一定的时间和地点的社会理想"④。民法基本原则就是一些这样的价值准则,发挥着立法准则的功能,司法指导和司法援引的功能及民事主体行为合法性判断的终极功能。民法基本原则实际上是民法所体现的价值取向的条文化表述,其首要作用在于为立法、司法和守法活动提供基本的参照和指引,这也是学界所认

① 陈振波.试从制度变迁理论角度论体制转型期政府的作用[J].江西教育学院学报(社科版),1999(2).
② 古斯塔夫•拉德布鲁赫.法律上的人[M]//法律智慧警句集.舒国滢,译.北京:中国法制出版社,2001:147.
③ 梅因.古代法[M].沈景一,译.北京:商务印书馆,1995:15.
④ 罗斯科•庞德.通过法律的社会控制——法律的任务[M].沈宗灵,董世忠,译.北京:商务印书馆,1984:55.

可的最能够证明民法基本原则存在价值的论据之一。诚如著名学者王泽鉴先生在《民法概要》中所说:"民法,旨在实践若干基本原则,亦即民法基本目的或基本价值。此等原则或价值,乃历史经验的沉淀,社会现实的反映,未来发展的指标。"①

(2)强化社会公众对民法的价值认同功能。具体的法律制度必须通过一些共同的价值目标联结起来,以增强法律本身所追求目的的正当性和自身的神圣性。民法基本原则通过对法律价值的弘扬,立法理念的描述,立法目的的概括,法律适用标准的明示,可以最大限度地将隐藏于复杂条文之中的立法意图以简洁明了的语言呈现出来,从而加固社会主体对民法典本身的价值认同,以实现伯尔曼所说的:"在任何一个社会,法律本身都促成对其自身神圣性的信念。它以各种方式要求人们的服从,不但付诸他们物质的、客观的、有限的和合理的利益,而且还向他们对超越社会功利的真理、正义的信仰呼吁,也就是说,以一种不同于流行的现实主义和工具主义理论的方式确立法的神圣性。"②因此在某种意义上说,民法基本原则远较具体法律制度更好地充当了这种对法律价值进行固化认同的工具。

(3)加固对法律信仰的功能。按照伯尔曼的观点:"法律必须被信仰,否则它将形同虚设。"而法律被信仰的基础和前提是"它不仅包含有人的理性和意志,而且还包含了他的情感,他的直觉和献身,以及他的信仰"③。因此"除非人们觉得,那是他们的法律,否则,他们就不会尊重法律。但是,只有在法律通过其仪式与传统,权威与普遍性触发并唤起他们对人生的全部内容的意识,对终极目的和神圣事物的意识的时候,人们才会产生这样的感觉"④。由于民法基本原则大都以伦理性规则作为自己的生成基础,其内容既充分体现了人的理性、意志和情感,又升华了法律的理念和价值,具有较强的正义性品格,因此相较于具体民法制度来说,民法基本原则更能契合社会公众对法律正义性的信仰要求,更容易加固社会公众对法律信仰的观念基础。

(4)便利司法的功能。大陆法国家大多奉行法律万能主义思想,法律被假定为最具人类理性的和文明传承的制度设计,整个社会主要是通过繁杂无遗的具体法律制度进行治理的。在其司法体系中,法官被设计成机械适用法律条文的高级工匠。按照梅利曼的说法,大陆法系国家"法官的形象就是立法者所设计和建造的机器的操作者,法官本身的作用也与机器无异"⑤。但由于人类认知的局限性和社会关系的复杂性,法律事实上无法对所有未来的情况作出准确的预测并提供合适的法律应对,因此"明智的立法者承认,法律不可能制定得完美无缺,以使它可以严格地适用到属于法律规定范围之内的一切实际情况中去"。其有效的解决途径一方面是授予法官以"一定程度的自由裁量权,以缓和法律规定所固有的刻板性"⑥。

① 王泽鉴.民法概要[M].北京:中国政法大学出版社,2003:29.

② 哈罗德·J.伯尔曼.法律与宗教[M].梁治平,译.北京:生活·读书·新知三联书店,1991:44.

③ 哈罗德·J.伯尔曼.法律与宗教[M].梁治平,译.北京:生活·读书·新知三联书店,1991:28.

④ 哈罗德·J.伯尔曼.法律与宗教[M].梁治平,译.北京:生活·读书·新知三联书店,1991:60.

⑤ 约翰·亨利·梅利曼.大陆法系[M].顾培东,禄正平,译.北京:法律出版社,2004:37.

⑥ 彼得·斯坦,约翰·香德.西方社会的法律价值[M].王献平,译.北京:中国人民公安大学出版社,1990:83.

另一方面则通过制定抽象程度更高,适用范围更广的法律基本原则的方式,利用其概括性、模糊性和弹性,弥补具体法律条文的制度刚性和适用局限性。

（5）强化人类理性,打造法律共同体的功能。在法治社会的实现过程中,对法律作用和价值的广泛认同远比单纯地制定法律更为重要。要实现法律的认同,打造法律共同体,必须使法律的制定充分体现人类的理性。按照博登海默的观点,"理性是人类用智识理解和应对现实的能力。有理性的人能够辨识一般性原则并能够把握事物内部、人与事物之间以及人与人之间的某种基本关系。有理性的人有可能以客观的和超然的方式看待整个世界和判断他人"①。而"全部道德文化的主要目的是塑造和培养理性意志使之成为全部行为的调节原则"②。因此"法律不应只图方便;它应当致力于培养所有有关人员——当事人,旁观者和公众——的法律情感"③。根据理性主义的立法要求,"一旦把法律理解为积极的,活生生的人类进程,它也就包容了——正好比宗教包容了——人的全部存在,包括他的梦想,他的情感,他的终极关切"④。而民法基本原则作为人类理性的最高体现,义不容辞地担负起开启民智,培养法律情感,凝聚法律共识的独特功能。

4.外国民法典中为什么大多没有规定基本原则

在民法总则中直接以法律条文的形式将民法基本原则公示于众虽非中国的特产,但也并非通用的法典表达方式。通过检读有代表性的资本主义国家的民法典,我们大体可以梳理出这些国家在对民法基本原则的态度上主要采取了三种处理方式:一是根本没有关于民法基本原则的具体规定,典型的如《法国民法典》;二是仅将重要的或特别需要注意的民法基本原则通过条文体现出来,典型的如《德国民法典》;三是以民法适用的基本原则取代民法立法的基本原则规定在民法典中,典型的如《瑞士民法典》。以上几种立法模式的共同特点是在其民法总则或民法典中都没有像我国《民法通则》那样对基本原则做出严密系统的规定。这些国家之所以在民法典中对基本原则问题作这样的设计,主要出于以下原因:一是对基本原则抽象提炼的难度较大。作为概括性极强的民法基本原则较之具体民法制度来说其准确性要求较为严苛,因此对其进行定义的难度更大。这一方面因为概念的外延越大,适用的范围越广,其不周延性的可能性就越大,不确定性就越强。另一方面则因为任何确定性的概念和绝对的判断都可能存在不完整性和可争议性的瑕疵。二是没有必要。法典编纂的目的之一就在于通过系统化的条文设计消除彼此之间的矛盾。因此在法典编纂比较成功的国家,通过复杂的条文设计,事实上已将基本原则的要求和理念体现其中,如果再规定一些抽象性的原则未免有重复累赘之嫌。三是弊大于利。对民法基本原则进行过于抽象的条文化设计不但会大幅度降低法律所要求的准确性和可预期性,而且会过分扩大法官的自由裁量权,破坏法律的严肃性。四是出于法学研究和立法技术之间区别的需要。法学研究出于体系性和

① E.博登海默.法理学——法律哲学与法律方法[M].邓正来,译.北京:中国政法大学出版社,2001:454.
② 弗里德里希·包尔生.伦理学体系[M].何怀宏,等译.北京:中国社会科学出版社,1988.412.
③ 哈罗德·J.伯尔曼.法律与宗教[M].梁治平,译.北京:生活·读书·新知三联书店,1991:59.
④ 哈罗德·J.伯尔曼.法律与宗教[M].梁治平,译.北京:生活·读书·新知三联书店,1991:46.

逻辑性的需要一般强调对概念和事实的归纳、概括和提炼,而立法则侧重于满足解决现实法律问题的需要,强调对概念和事实的界定、描述和罗列。因此总结提炼民法的基本原则是法学研究的任务而非立法的任务。

二、民法基本原则确定的基本要求

顾名思义,所谓民法的基本原则应当是普遍适用于所有民法制度并能体现民法独特价值的那些原则。其特点被有的学者概括为"非规范性、不确定性、衡平性、强行性、强制补充性"①。我们认为,作为民法基本原则必须满足以下条件或要求。

1.民法基本原则必须是民法所特有的基本原则,而不是法律的基本原则

按照学界通识,民法基本原则应当是法律基本原则或法律原则的下位概念,因此应受法律原则的统帅和制约,但又应当有别于一般的法律原则。换言之,一个概念或范畴一旦被界定为法律的基本原则之后,它就不应该再被认定为民法的基本原则。典型的如合法性原则和禁止权利滥用原则,由于这些原则实际上是所有法律都应共同遵守的原则,因此不宜再成为民事立法和民事活动所应遵循的特有原则。当然法律的基本原则既可以表现为体现人类理性的公理性原则,即基于法律上之事理推导出来的法律原则,如正义原则、自由原则、罪刑法定等,这也是严格意义的法律原则;同时也包括那些特定条件下基于特定目的而制定的政策性原则,如我国在计划经济时代所要求的计划性原则,兼顾国家、集体、个人利益原则等。

2.民法基本原则必须是能够统率所有民法内容而非仅适用部分民法制度的原则

民法基本原则的精神和要求必须能够适用于民法的所有内容,即必须能够对所有民法制度起指导作用并能够贯穿民法的始终,凡不具备这一要求的规则和原则,都应被排除在民法基本原则之外。换言之,有些民法原则虽然非常重要,但由于其仅适用民法的某些方面或民法的某些特定制度,因此不能上升为民法的基本原则,而只能表现为民法具体制度的原则。典型的如合同自由原则、所有权绝对原则、过失责任原则等。

3.民法基本原则必须是符合抽象性和稳定性要求的原则

一方面民法基本原则必须具有足够的抽象性,这是保证其宏观指导意义的基本要求,同时也是民法基本原则区别于具体民法制度的标志之一。另一方面则要求民法基本原则必须具有足够的稳定性,必须是经过长期实践检验被证明为具有强大生命力的那些原则。凡不具有稳定性要求的规则和原则不应被定性为民法的基本原则,典型的如计划性原则。民法基本原则的稳定性要求首先来源于法律制度文明的传承性,其次受制于社会发展的连续性,最后则受制于民法本身的稳定性。诚如托克维尔所言:"在一个民族最不容易改变的事情当中,仅次于习惯的,就要数民法了。"②从某种意义上说没有民法基本原则的稳定性,就没有民

---

① 徐国栋.民法基本原则解释:诚信原则的历史、实务、法理研究[M].北京:北京大学出版社,2013:6.
② 托克维尔.论美国的民主[M].董果良,译.北京:商务印书馆,1988:51.

法的稳定性;而没有民法的稳定性,就没有社会关系的稳定性。

4.民法基本原则必须是具有明确的内涵界域和价值指向的原则

民法基本原则不但对民法具体条文的设计有规范、指引、弥合、补漏等项功能,而且对民事司法活动也有重要的指导作用。这种指导作用一方面体现在法官可以借助于民法基本原则洞悉具体法律条文的立法意图,明晰语义含糊的法律条文的真实含义;另一方面则是在具体法律条文无明确规定的时候,可以直接适用民法基本原则对当事人的行为效力作出判断,对当事人之间的权利义务关系进行界定和分配。为了实现以上目的,客观上要求民法基本原则的价值导引必须明确肯定,具体内涵必须清晰确定。

5.民法基本原则必须是能够满足中国社会需要,符合中国社会发展方向的法律原则

按照法国著名社会学家托克维尔的观点,"法学和民族志,一如航行术、园艺、政治和诗歌,都是具有地方性意义的技艺,因为它们的运作凭靠的乃是地方性知识"[①]。由于相对于其他法律来说,民法更具有典型的民族性,是一国独特的民族精神和民族文化的体现,因此任何国家的民事立法都必须具有鲜明的民族特色。这些民族精神和民族文化既可以通过具体的民法制度体现出来,又可以通过民法基本原则体现出来。从另一方面来说,也只有充分体现了民族精神和民族文化的民法制度和民法基本原则才能最大限度地反映民情,也才具有恒久的生命力,也就是托克维尔所说的:"法律只要不以民情为基础,就总要处于不稳定的状态。民情是一个民族的唯一的坚强耐久的力量。"[②]

6.民法基本原则必须是能够体现人类文明结晶和人类共同价值追求的原则

在现有的法律体系中,民法无疑是文化积淀最为深厚、社会影响力最为深广的一个法律部门。相对于其他一些,如商法、诉讼法、国际法等主要体现为制度和规则的集合体的法律部门不同,民法更多蕴含的是一种法律意识和法律理念,体现的是以公平、自治、诚信为核心的法治精神和法律文化。虽然大多数国家的民法典中并无民法基本原则的具体条文设计,但民法基本原则所体现的基本精神和价值追求已经深深根植在具体的制度设计之中。因此民法基本原则的设计既要考虑其特殊的适用环境,同时也要注重充分吸纳在民法发展过程中经过长期累积、沉淀而留存下来的一些能够提升人类文明发展程度的规则和原则。

值得说明的是,民法的基本原则并不是越多越好,而应以必要性为前提。其根本原因在于,民法的基本原则越多,则各原则之间冲突的可能性就越大,民法原则与具体民法制度之间协调的难度相应也就越大。因此不但无必要的冗法会影响法律的神圣性,而且没必要的民法原则同样会成为导致民法制度紊乱的诱致性因素。对此英国著名启蒙思想家霍布斯曾一针见血地指出:"没有必要的法律不是良法,而只是聚敛钱财的陷阱;这种法在主权者的权利得到承认的地方是多余的,在没有得到承认的地方则又不足以保护臣民。"[③]

① 克利福德·吉尔兹.地方性知识——事实与法律的比较透视[M]//梁治平.法律的文化解释.北京:生活·读书·新知三联书店,1998:73.
② 托克维尔.论美国的民主:上[M].董果良,译.北京:商务印书馆,1991:315.
③ 托马斯·霍布斯.利维坦[M].黎思复,黎廷弼,译.北京:商务印书馆,1985:271.

三、我国民法基本原则的具体内容
——哪些原则能够作为我国民法的基本原则

对于哪些原则可以作为我国民法的基本原则,不但以《民法通则》为代表的现有立法和立法草案中给出不同的规定,而且学者间也给予了不同的解读和设计。我国台湾地区著名民法学者王泽鉴先生曾将民法的基本原则概括为:"人的尊严""私法自治""私有财产""过失责任"和"两性平等"等 5 个原则。① 这种概括虽有一定的合理性,但既不全面,也不准确。笔者认为,按其设立目的的不同我们可以将民法基本原则区分为价值性原则和功能性原则。前者是指那些具有价值指引和价值冲突评判作用的原则;后者指的则是那些具有填补法律规定空白功能的原则。根据以上所分析的几个民法基本原则的入选条件,笔者认为以下几个原则可以而且应当被规定为民法的基本原则。

1.价值性民法基本原则

由于价值性民法基本原则的主要作用是对民事立法和民事司法起价值导引和价值判断功能,因此这种民法原则通常具有较强的抽象性、道德性和价值评判性。另外,由于价值性民法基本原则的主要功能在于彰显民法的独特存在价值并对具体的民事行为进行价值评判,因此其内容不宜太多。"每一个法律价值判断都是使价值体系走向现实的手段,同时又是可使价值体系在不断的发展变化中走向新的统一的要素。所以法律价值判断必须相互之间保持一定的联系,并成为统一法律秩序的一部分。"② 能够作为价值性民法基本原则的原则主要包括以下几种。

(1)私权优先原则。私权优先原则既是民法的首要原则,同时也是只有在民法典能够做出明确规定的价值性原则。

私权优先原则的法理基础在于私法相对于公法的优越地位即私法优先原则。按照权威观点,作为现代社会的法律理论和法律实践中的最重要区分之一是关于公法和私法之区分。③ 这种区分并非是单纯的理论推演,更重要的还缘于二者的法律要求和法律后果具有明显不同。公私法区分的最重要历史功绩就是划定了一个政治国家不能插手的市民社会领域,从而为市民社会构筑了一道防御外来侵犯的坚固屏障。公民完全沐浴在法律所编织的严密保护网络之中,法律不但是他抵御外来侵害的最有效手段,而且几乎是他的存在和生活的全部。换言之,在私法中,占据主导地位的通常是那些自由的、不需要说明理由的决定;而在公法中,占据主导地位的则是那些受约束的决定。④ 所以从某种意义上说,私法相对于公法来说更具有基础地位。其原因不仅在于孟德斯鸠所认为的"在民法慈母般的眼里,每一个

---

① 王泽鉴.民法概要[M].北京:中国政法大学出版社,2003:29—30.
② 川端武宜.现代化与法[M].申政武,等译.北京:中国政法大学出版社,2004:268.
③ 马克斯·韦伯.经济与社会:下[M].林荣远,译.北京:商务印书馆,1998:1.
④ 迪特尔·梅迪库斯.德国民法总论[M].邵建东,译.北京:法律出版社,2000:7.

个人就是整个国家"①；而且更主要的还在于作为万法之源的民法，其性质具有本源性，即其可以在不借助于其他法律授权的情况下直接为公民创设权利。正如有学者所言："在没有宪法之前，私法本身就是宪法，在有宪法以后，私法的基本观念、基本精神和基本制度成了宪法的基础和原型，并通过宪法这种根本法的形式得到了升华而被贯彻到其他一切法部门中。"②私法优先的核心要求是私法自治。私法自治被认为是市民社会的一项基础性原则。在西方国家，抽象地说私法自治，是指"各个主体根据他的意志自主形成法律关系的原则"，是"对通过表达意思产生或消灭法律后果这种可能性的法律承认"③。按照法国学者狄骥的说法是"承认个人在私法领域内，就自己生活之权利义务，能为最合理之'立法者'，在不违背国家法律规定之条件下，皆得基于其意思，自由创造规范，以规律自己与他人之私法关系"④。私法自治使公民的自由和权利得以充分实现。私法自治原则本身就意味着自由与权利。"私法自治给个人提供一种受法律保护的自由，使个人获得自主决定的可能性。"⑤

私法优先的另一层含义是公法应当为私法服务。"在私法范围内，政府的唯一作用就是承认私权并保障私权之实现，所以应在国家的社会生活和经济生活中竭力排除政府参与。"⑥这意味着公法行为不能改变基于私法而为的民事行为的效果。民事行为的效力虽然可能受制于行政行为（公权力）的影响，但对基于私法行为所产生的法律关系，行政部门不能直接基于公法的规定而加以改变。最典型的如无论是物权变更行为还是股权变更行为，即便该行为被相关的行政规定确定为无效，行政机关也不能直接基于行政命令而变更当事人间的物权关系或债权关系。

私权优先原则既是私法优先原则的必然要求，同时也是私法优先原则的具体实现方式。私权优先原则的本质在于赋予私权在权利（权力）束中的核心地位，确立公权服务于私权的理念。①私权优先原则的基本要求是公权力应当为私权服务。"在权利与权力的关系中，权利本位的法律精神意味着：公民的权利是国家权力的源泉，也是国家权力配置和运作的目的和界限，即国家权力的配置和运作，只有为了保障主体权利的实现，协调权利之间的冲突，制止权利之间的相互侵犯，维护和促进权利平衡，才是合法的和正当的。"⑦其具体含义是：第一，一切公权力都应当且只能来源于私权利，其存在的唯一价值就在于保护私权利免受不法侵害；第二，公权力具有协调私权利之间的冲突、维护和促进权利平衡的价值。②私权优先原则的第二层含义是私权保护优先。即当公权与私权发生冲突时公权应当让位于私权。私权保护优先不但是现代社会处理国家利益和私人利益冲突时普遍遵守的一项基本原则，而

① 孟德斯鸠.论法的精神：下册[M].张雁深，译.北京：商务印书馆，1997：190.
② 邱本.市场法治论[M].北京：中国检察出版社，2002：106-107.
③ 迪特尔·梅迪库斯.德国民法总论[M].邵建东，译.北京：法律出版社，2001：142.
④ 邱本.市场法治论[M].北京：中国检察出版社，2002：88.
⑤ 迪特尔·梅迪库斯.德国民法总论[M].邵建东，译.北京：法律出版社，2001：143.
⑥ 约翰·亨利·梅利曼.大陆法系[M].顾培东，禄正平，译.北京：法律出版社，2004：106.
⑦ 何增科.市民社会概念的历史演变[J].中国社会科学，1994(5).

且已得到我国部分民商事法律的明确肯认,典型的如我国《证券法》第232条就明确规定:"违反本法规定,应当承担民事赔偿责任和缴纳罚款、罚金,其财产不足以同时支付时,先承担民事赔偿责任。"与此相类似的还有我国的《公司法》,其第215条也明确规定:"公司违反本法规定,应当承担民事赔偿责任和缴纳罚款、罚金的,其财产不足以支付时,先承担民事赔偿责任。"这些规定虽然仅确定了私权保护的优先,远没有上升到私权优先的高度,但毕竟为我国确立私权优先原则提供了有益的尝试。③私权优先原则的第三层含义是私权独立,私权不依附于其他权利。在既有的理论和实践中,私权通常被定义为一种从属性的权利,要受制于公权力的影响。具体说来,当一个行为同时或一项权利同时受到民事、刑事或行政法律的调整时,民事行为效力的判断,民事权利的有无,往往要直接受制于相关的行政决定和刑事处理。典型的如证券投资者对证券违法行为的求偿权的有无就取决于证券监管部门(中国证监会)是否对该证券违法行为进行了认定,刑事判决对相关的民事纠纷具有充分的拘束力。这实际上是对民事权利独立和民事行为独立规则的否定。事实上民事关系和行政关系、刑事关系是分别依据不同的法律而创设的,其权利义务、效力判断规则、诉讼证据证明规则、证明义务分配规则等都具有明显的不同,因此彼此间应当有独立的行为效力判断规则和权利证明规则。换言之,民事并不应依附于行政或刑事而存在,行政处罚的效力和刑事裁判的效力不能当然及于民事审判的结果,行政处罚和刑事处罚也不能代替民事赔偿。④私权优先原则的第四层含义是公民权利(私权)无限原则。其基本内容是:公民的权利类型和权利范围不以明确的法律授权为条件,只要不是为法律所明确排除的权利(如土地所有权),都是公民可以享有的权利。⑤私权优先原则的第五层含义是公民权利救济无限原则。这又有两层含义:其一是,公民的任何权利受到侵犯时都能获得相应的法律救济,即有权利就有救济;其二是法律对公民的救济不以明确的权利赋予为条件,未上升为权利的法益受到不法侵害时同样可以获得法律的救济。⑥私权优先原则的第六层含义是公权不能与私权争利。从理论上说公权力不应有自己独立的可以超越私人利益或私人集合利益而存在的特殊利益,一切公权力都应当并且只能来源于私权利,公权力存在的唯一价值就在于保护私权利免受不法侵害。因此在处理国家公权力与私人权利之间的关系时,不但公权力应当服从和服务于私权利,而且不能与私权争利。典型的如国家不应介入充分竞争的行业和领域,以免国家利用自身优势损害其他竞争者的利益;国家不能借口实现国家利益和社会公共利益而任意剥夺私人利益。诚如有学者在总结国外处理国家和私人利益关系时所总结的那样:"剥夺所有权在任何情况下都不能是单纯地增加国家财产的手段,否则剥夺私人财产的行为为不正义行为。"①

(2)私权神圣原则。民法以创设和保障私权为己任,崇尚的是私权本位或私权神圣原则。所谓私权神圣原则是指任何私权,均受法律之平等保护,具有不可侵犯性,非依法律程序不能对公民的权利进行限制和剥夺。

---

① 孙宪忠.德国当代物权法[M].北京:法律出版社,1997:208.

①私权为什么应当神圣。民法之所以奉行私权神圣原则,主要是基于以下原因:首先,私人权利是一种自然权利。从历史上看,私人权利是人的自然权利的论断最初肇端于基督教化的罗马帝国早期,后经英国思想家约翰·洛克的系统化论述,由此成为解释私人财产权利正当性的经典表述。洛克的财产权理论以天赋权利为基础,通过阐释创造物是自己人格的扩张的思想,使私人财产权获得了正当的人权基础。也正是因为现代民法将自然法思想作为最终的权源基础,因此,民法才被视作人民权利的圣经和生命财产的基本安全保障,民法的理念遂成为各个社会阶段所追求的共同目标,民法也由此成为人类文明的重要组成部分并通过自身的不断完善推动了社会的进步。① 而"从最普遍的角度看来,权利之所以重要,是因为它借助法律地位或传统地位赋予人们以特殊的能力。这就是说,作为自己的地位的结果,人们可以拥有进行某种特殊行为的资格或机会"②。私权神圣的第二个原因在于私权是产生其他权利的基础,是万权之源。由于有自然法上的存在基础,因此私权的存在价值不需要借助于其他权利加以证明。不仅如此,基于私权还衍生出了其他类型的权利,包括公权力。与私权利不同,公权力由于缺乏自然法上的价值基础,因此其存在价值需要通过自然法上的本原性价值加以证明,也就是必须借助于对个人私权利的诠释来加以证明,更确切地说,公权力的存在必须是在能够更好地实现私权利的前提下才能证明其自身的存在价值。

②私权怎样神圣——私权神圣的含义。私权神圣主要表现为人格权神圣、生命权神圣和财产权神圣。所谓人格权神圣又称人格尊严原则,主要包括人格天赋原则、人格平等原则和人格尊严不受侵犯原则。

生命权神圣主要表现为生命权的不可替代性和不可剥夺性。生命权之所以必须神圣主要是因为生命权是公民享受其他权利的基础和前提。按照马克思的说法:"全部人类历史的第一个前提无疑是有生命的个人的存在。"③米尔恩认为:"生命权是一个人之所以被当作人类伙伴所必须享有的权利……生命权,如果说有什么权利算作人权的话,它就是。"④夏巴斯将生命权定位为"各个时期的最高权利、最重要的权利之一、所有权利中最基本的权利、原始的权利、所有其他权利的基础和基石、人权的不可克减的核心、所有其他权利的前提以及所有人权的基础"⑤。兰德也认为:"世界上只存在一种基本权利(所有其他权利都是其结果或推论),即个人拥有生命的权利。生命是一个自我维持和自我创造的过程。拥有生命就意味着有权利参与自我维持和自我创造的活动;意味着根据理性人的本性,他可以自由地实施所有支持促进、完成和享受其生命所需的行动。"⑥由此可见,在复杂的私人权利位阶中,生命权应居于顶端的位置。与此相适应,作为生命权神圣的应有之义是生存权优先,即生存权可以

① 周小明.信托制度比较法研究[M].北京:法律出版社,1996:35.
② J.M.巴巴利特.公民资格[M].谈谷铮,译.台北:桂冠图书股份有限公司,1998:22.
③ 马克思,恩格斯.马克思恩格斯选集:第1卷[M].北京:人民出版社,1995:67.
④ A.J.M.米尔恩.人的权利与人的多样性——人权哲学[M].夏勇,张志铭,译.北京:中国大百科全书出版社,1995:11,158.
⑤ 威廉姆·夏巴斯.国际法上的废除死刑[M].赵海峰,等译.北京:法律出版社,2008:9.
⑥ 安·兰德.自私的德性[M].焦晓菊,译.北京:华夏出版社,2007:92.

优先于其他类型的财产权利和人身权利。生存权在我国现有的民事立法中已得到部分确认,典型的如我国《合同法》第286条有关建筑工程优先求偿权的规定就是生存权优先原则的典型体现。因此有必要通过民法基本原则的方式进一步将这一权利加以固化和弘扬。

财产权神圣主要表现为所有权绝对原则。所有权绝对是自《法国民法典》以来近现代民法区别于古代民法的显著标志之一,其确立依据在于财产权是人类谋求生存、建立和拥有家园的前置性权利,是生命权利的自然延伸,是人类自由与尊严的必要保障。从最根本意义上来说,财产权与生命权、自由权一道,共同构成最基本的三项人权。[①]

(3)权利义务相一致原则。权利义务相一致原则又称利益平衡原则,是指法律在对当事人进行权利义务分配时应恪守衡平理念,并努力使分配结果保持大体均衡状态。由于自然状态下的每个人都有一种无限扩张自己权利的内在冲动,从而使当事人之间的权利要求会发生重叠和冲突,而"法律的主要作用之一乃是调整和调和种种相互冲突的利益"[②]。因此,合理分配当事人之间的权利义务,妥当协调当事人之间的利益冲突,不但是包括民法在内的许多法律的共同任务,而且在某种意义上决定了一国法律制度总体良善程度的高低。美国著名法学家博登海默在论述利益平衡原则对法律制定的重要性时曾指出:"一个法律制度之所以成功,是由于它成功地达到并且维持了极端任意的权力与极端受限制的权力之间的平衡。这种平衡不可能永久地保持。文明的进步会不断地使法律制度丧失平衡。通过理性适用于经验之上,然后又恢复这种平衡,而且也只有凭靠这种方式,政治组织和社会才能使自己得以永久地存在下去。"[③]相对于其他法律来说,由于民法直接以确定和分配当事人之间的权利义务为己任,因此权利义务相一致更有其特殊的要求和特别重要的意义。换言之,作为一项重要的价值性原则,利益平衡原则意味着虽然民法高度尊重当事人自由意志之表达,但如果当事人之间的权利义务配置发生严重偏差,那么法律就可以有条件地介入当事人的意思自治领域,对当事人之间的权利义务进行重新分配。典型的如民法中对显失公平的民事行为法律效果的否定,司法实践中对过高违约金或过高约定利息的调整等都属于这一原则的具体体现。

2.功能性民法基本原则

功能性民法基本原则的作用形式并不在于为民事立法和民事司法提供价值衡量和价值判断的依据,而在于为民事司法活动在无直接法律规定可供援引的情况下提供替代性的判断依据。功能性的民法基本原则主要表现为以下几个具体原则:

(1)诚实信用原则。自从《瑞士民法典》第2条将诚实信用原则作出明确规定之后,诚实信用原则应当作为民法的一项基本原则几成各国民事立法的通例,[④]该原则甚至被称作民法的唯一原则或帝王原则。诚实信用原则之所以能够并且应当作为民法的一项重要原则,一

---

① 刘军宁,王焱.自由与社群[M].北京:生活·读书·新知三联书店,1997:138-139.
② E.博登海默.法理学——法哲学及其方法[M].邓正来,姬敬武,译.北京:华夏出版社,1987:383.
③ E.博登海默.法理学——法哲学及其方法.[M].邓正来,姬敬武,译.北京:华夏出版社,1987:142-143.
④ 典型的如《日本民法》第1条之规定:"权利之使用、义务之履行,应依信义诚实为之。"

方面缘于这一原则的伦理性特质与民法制度的伦理性特点之间具有高度的契合性和道德的同源性,另一方面则在于这一原则具有道德的正当性和存在价值的先验性。"法律规则的正确与否,取决于背后的伦理共识。"①而"一个社会的健全的伦理道德准则是使社会稳定、经济制度富有活力的黏合剂"②。诚如德国学者施塔姆勒(Stammler)所言,诚实信用原则不但是人类社会的最高理想,而且是自然法的代名词。在法律效力的排序中,自然法由于体现了法的目的,因此应高于实在法,而实在法不过是自然法实现自己目的的手段而已。因此如果实在法违反了自然法而成为恶法,则有自然法将化作衡平法取而代之。③诚实信用原则就是这样一种典型的衡平法,其主要作用在于作为自然法的化身对实在法起到监督作用。但另一方面,也正是由于诚实信用原则承载了太多的道德义务要求,因此有许多人认为这一原则仅是一种具有倡导性价值的道德原则,而非一种具有法律约束力的民法原则。由于欠缺有约束力的制度作保障的法律原则是不能作为真正意义上的民法原则被遵守的,因此这一原则的应然性价值大大超越了它的实用性价值。这无疑是对诚实信用原则性质的误解,实际上诚实信用原则虽然以社会伦理观念为基础,但其并非单纯的道德要求,而是将道德进行法律技术化处理的结果。④作为其佐证的是,民法视野中的诚实信用原则不但表现为抽象性的法律原则,而且还通过一系列对当事人有一定约束力的制度表现出来。

(2)民事行为自由原则。民事行为自由原则又称法不禁止即可为原则,其基本含义是民事主体有权按照自己的意愿安排自己的行为,也就是伏尔泰所说的"自由就是做一切法律许可的事的权利"⑤。具体说来,民事主体从事民事活动的权利具有绝对性和天赋性,不需要经过特别的法律赋予作为判定行为是否合法的依据。法律所要做的是通过负面清单的方式罗列出民事主体不能做、限制做或需要经过审批才能做的行为或事项的种类,未列入负面清单的都是民事主体可以自主决定的行为。从理论渊源上来说,民法上的民事行为自由原则是公民行为自由这一法的基本原则在民法领域的具体体现。行为自由原则的哲学基础是席卷欧洲的人文主义思想。人文主义宣扬人的自由、人的平等和人的权利,反对君主专制、反对封建等级,并把人从对神的依附中解放出来,成为有独立人格和自由意志的人。康德认为:"人只有一种天赋的权利,即与生俱来的自由。自由是独立于别人的强制意志,而且根据普遍的法则,它能够和所有人的自由并存,它是每个人由于他的人性而具有的独一无二的,原生的,与生俱来的权利。"⑥按照黑格尔的观点,自由原则既是法的基本表现形式,同时也是法的本质之所在,"法的理念是自由,为了得到真正的理解,必须在法的概念及其定在中认识法"。"任何定在,只要是自由意志的定在,就叫做法。所以一般来说,法就是作为理念的自

① 冯象.政法笔记[M].南京:江苏人民出版社,2004:83.
② 道格拉斯·C.诺思.经济史上的结构和变革[M].厉以平,译.北京:商务印书馆,1992:55.
③ 史尚宽.债法总论[M].台北:荣泰印书馆,1978:319-320.
④ 杨仁寿.法学方法论[M].台北:三民书局股份有限公司,1987:171.
⑤ 北大哲学系外国哲学史教研室编译.十八世纪法国哲学[M].北京:商务印书馆,1979:39.
⑥ 康德.法的形而上学原理[M].沈叔平,译.北京:商务印书馆,1991:50.

由。"①"独立与自由的意志是人类最基本的动力之一,我们必须维护它,并且一天天地巩固下去。"②孟德斯鸠则认为:"在自由和政制的关系上,建立自由的仅仅是法律,甚至仅仅是基本的法律。但是在自由和公民的关系上,风俗、规矩和惯例,都能够产生自由,而且某些民事法规也可能有利于自由。"③约翰密尔认为,完全的个人自由和充分的个性发展不仅是个人幸福所系,而且是社会进步的主要因素之一。自由感驱使人类去从事那些旨在发展其能力和促进其个人幸福的有目的的活动。④ 民事行为自由的内容非常宽泛,既包括以合同自由为代表的一般民事行为自由,也包括针对特定商主体所赋予的营业自由;既包括财产性质的财产处分自由,也包括人身性质的姓名自由、婚姻自由等;既包括体现生存权的居住自由,也包括体现选择权的迁徙自由等。

(3)自己责任原则或私法自治原则。所谓私法自治,是指私法主体有权依自己意志实施私法行为,他人不得干预;私法主体仅对自己基于自由表达的真实意思而实施的私法行为负责;在不违反法律规定的前提下,私法主体自愿达成的协议优先于私法的适用。由于私法主要表现为民法,因此私法自治就主要表现为意思自治。意思自治是私法自治的核心和灵魂,是私法的最高理念,其核心是尊重当事人的选择,因而良好的私法应当以尊重意思自治原则的选择性或示范性条款为主,允许适用者自主选择而尽量避免规定强制性条款,由其根据自己的判断而行动。只有"在自己有意识的活动过程中,那种选择行为才能被称为自由"。⑤ 意思自治基于人类不可避免的无知这一事实而存在,正是认识的不确定性和可错性赋予了人们选择的自由和机会。英国学者戴维·赫尔德认为"自治"意味着人类自觉思考、自我反省和自我决定的能力。它包括在私人和公共生活中思考、判断、选择和根据不同的可能行动路线行动的能力。⑥ 只有人才有自由意志,才有天赋的自由权利;同时,由于人是理性的动物,有选择自己行为准则的能力,所以,人必须对自己所选择的行为负责。当然这里的行为自由业是有条件的,它要求行为人的行为必须限制在法律所设定的自由限度之内,符合制度本身的内生性要求,且不得损害他人的合法权益。⑦ 其次要求行为人必须对自己的行为选择负责,包括承担因实施该行为所产生的于己不利的法律后果。典型的如过错责任原则的适用。

(4)公序良俗原则。公序良俗原则作为现代民法的一项重要法律原则,是指一切民事活动不得有违于公共秩序和善良风俗,否则该行为将受到否定性评价。从具体词义来说,公序

---

① 黑格尔.法哲学原理[M].范扬,张企泰,译.北京:商务印书馆,1982:1-2,36.

② 路德维希·威廉·艾哈德.来自竞争的繁荣[M].祝世康,穆家骥,译.北京:商务印书馆,1983:38.

③ 孟德斯鸠.论法的精神(上册)[M].张雁深,译.北京:商务印书馆,1961:187.

④ E.博登海默.法理学——法律哲学与法律方法[M].邓正来,译.北京:中国政法大学出版社,1999:作者致中文版前言Ⅵ.

⑤ 康德.法的形而上学原理[M].沈叔平,译.北京:商务印书馆,1991:29.

⑥ 戴维·赫尔德.民主的模式[M].燕继荣,等译.北京:中央编译出版社,1998:380.

⑦ 根据美国著名制度经济学家诺思的观点,制度本身就是对个人权利或行为的一种限制,即"制度是一个社会的游戏规则,更规范地说,它们是为决定人们的相互关系而人为设定的一些制约"。参见道格拉斯·C.诺思.制度、制度变迁与经济绩效[M].刘守英,译.上海:上海三联书店,1994:3.

良俗是公共秩序和善良风俗的合称。一般认为"公序"是以国家的社会秩序为着眼点,而"良俗"则是以社会道德为着眼点的。与诚实信用原则相仿,公序良俗原则具有填补法律漏洞的功效。其主要区别是,善良风俗总是以道德要求为核心的。为了将公序良俗原则与诚实信用原则区别开来,公序良俗原则主要适用于非市场交易领域的行为,而诚实信用原则主要作为市场交易的道德准则。公序良俗原则是伦理性要求在法律上的主要表现之一,其之所以能够作为民法的基本原则,主要源于法律和道德在调整目标上的一致性。任何法律的制定都必须以符合道德性要求作为其合法性来源,"法律秩序发挥作用的前提是,它必须达到具有约束力的道德规范的最低限度。任何法律秩序都是以道德的价值秩序为基础的"①。从作用机理来说,法律和道德同为调整社会关系的主要手段,两者有相同的人性基础和社会使命。"道德不只是法的条件,也是法的目标。"②"法律反映但不决定社会的道德价值。一个公正合理的社会的价值,将在公正合理的法律中得到反映。"③实际上,任何国家的法律都必须把本国的一些优良传统习惯上升为法律,这也是区分善法和恶法的标准之一。但另一方面我们也不能不看到,基于社会治理的功能差异和对行为人行为约束标准的不同,法律和道德无论就其角色定位还是就其适用对象来看均有明显的区别,因此必须严格限定作为道德性原则的公序良俗原则的适用范围。"法律不曾也不能涉及道德的所有领域,若将一切道德的责任,尽行化为法律的责任,那便等于毁灭了道德。"④

(5)遵从习惯的原则。法律作为一种制度集合体,本身就是社会习惯不断演化的结果。"制度实质上就是个人或社会对有关的某些关系或某些作用的一般思想习惯;而生活方式所由构成的是,在某一时期或社会发展的某一阶段通行的制度的综合,因此从心理学的方面来说,可以概括地把它说成是一种流行的精神态度或一种流行的生活理论。"⑤按照伯尔曼对西方的法律传统的简要概括,西方的法律(尤其是早期的)主要不是出自国家的立法权,而是源于许多个人和群体在其日常的相互交往中创造的关系。"组成各种联合的人们、建立相应的权利和责任的雇主和雇员、彼此间订立协议的商人们、把孩子们抚养成人的父母们——他们建立了各种民间(unofficial)法律关系,创造了可以被恰当地称作习惯法的制度。"⑥而在习惯法的话语体系中,"人们可以不根据法律本身,而根据自己的良知意识,也就是根据自己的评断来判断事物合法与否"⑦。习惯法之所以可以构成民法的基本原则,主要原因不仅在于民法规则主要源于对社会习惯的抽象,典型的如合同制度就不过是将每天重复着的产品交换活动通过法律的形式加以固定,即"交换的不断重复使交换成为有规则的社会过程"⑧,"这种

---

① 伯恩·魏德士.法理学[M].丁晓春,等译.北京:法律出版社,2005:180.
② 伯恩·魏德士.法理学[M].丁晓春,等译.北京:法律出版社,2005:181.
③ 格兰特·吉尔莫.美国法的时代[M].董春华,译.北京:法律出版社,2009:174.
④ 马多佛.现代的国家[M]//肖金泉.世界法律思想宝库.北京:中国政法大学出版社,1992:402.
⑤ 凡勃伦.有闲阶级论——关于制度的经济研究[M]//凡勃伦.有闲阶级论.北京:商务印书馆,1964:139.
⑥ 哈罗德·J.伯尔曼.法律与宗教[M].梁治平,译.北京:中国政法大学出版社,2003:178-179.
⑦ 霍布斯.利维坦[M].黎思复,黎廷弼,译.北京:商务印书馆,1985:267.
⑧ 马克思,恩格斯.马克思恩格斯全集:第23卷[M].北京:人民出版社,1963:106.

经济交换和在交换中才产生的实际关系,后来获得了契约这样的法的形式"①,从而使习惯法获得了恒久的生命力。而且更在于习惯法通常最大限度地反映了民情。由于"民情是一个民族的唯一的坚强耐久的力量"②,因此以此为基础的"法律不仅是世俗政策的工具,而且还是生活终极目的和意义的一部分"③。纵观各国的立法经验我们不难发现,这些传统道德和习惯"或者是通过立法突然地和公开地进入法律,或者是通过司法程序悄悄地进入法律。在这些制度中,如美国,法律效力的最后准则明确地包含了正义原则或重要的道德价值;在其他制度中,如英国,对最高立法机关的权限没有形式上的限制,可是它的立法还是毫不含糊地符合正义或道德"④。因此,从某种意义上来说,人类的整部历史就是一部由习惯法上升为国家法的历史,因而习惯法不但构成国家制定法的重要渊源,而且习惯也表现为民法适用的基本原则。在这方面最为成功的做法如《瑞士民法典》第1条(法律的适用)第2款的规定:"如本法无相应规定时,法官应依据惯例;如无惯例时,依据自己作为立法人所做出的规则裁判。"遵从习惯原则的另一层含义是,即使对于那些不太合理的习惯,也应该通过引导,通过潜移默化加以改变,而不能通过法律强行废止。"一个君主如果要在他的国内进行巨大的变革的话,就应该用法律去改革法律所建立的东西,用习惯去改变习惯所确定的东西;如果用法律去改变应该用习惯去改变的东西的话,那是极糟的策略。"⑤

四、民法基本原则的排除
——哪些原则不应作为基本原则规定在民法总则中?

1.我国《民法通则》中的哪些原则不应继续作为民法的基本原则

在《民法通则》中,民法基本原则的内容集中体现在第3条至第7条的相关规定之中,⑥这些原则也被学界普遍认为是我国民法的基本原则。根据以上规定,《民法通则》中所确立的基本原则可以概括为:平等原则、自愿原则、公平原则、等价有偿原则、诚实信用原则、合法性原则、公序良俗原则、计划性原则。这些原则在确立民法在法律体系中的地位和利用法律手段促进社会经济的发展等方面都曾发挥了重大作用,甚至对于开启民智和树立依法治国的理念也是功绩昭彰。但另一方面我们也不能不看到,由于这些原则是在中国改革开放后

---

① 马克思,恩格斯.马克思恩格斯全集:第23卷[M].北京:人民出版社,1963:423.
② 托克维尔.论美国的民主:上[M].董果良,译.北京:商务印书馆,1991:315.
③ 哈罗德·J.伯尔曼.法律与宗教[M].梁治平,译.北京:生活·读书·新知三联书店,1991:43.
④ 哈特.法律的概念[M].张文显,等译.北京:中国大百科全书出版社.1996:199.
⑤ 孟德斯鸠.论法的精神:上册[M].张雁深,译.北京:商务印书馆,1963:310.
⑥ 我国《民法通则》第3条规定:"当事人在民事活动中的地位平等。"第4条规定:"民事活动应当遵循自愿、公平、等价有偿、诚实信用的原则。"第6条规定:"民事活动必须遵守法律,法律没有规定的,应当遵守国家政策。"第7条规定:"民事活动应当尊重社会公德,不得损害社会公共利益,破坏国家经济计划,扰乱社会经济秩序。"

不久即匆忙确立的,因此其无论是对民法制度的理解,还是对民法理念的把握,都存在相当的历史局限性。具体来说,在《民法通则》中,国家和集体相对于个人仍具有天然的优越地位,人文主义思想和人本主义精神还没有取得合法的地位,更不可能被摆到神龛的位置;私有经济和私权理念仍是作为公有制经济的附庸而处于婢女的地位,计划经济的痕迹在很多制度中隐隐显现;民意和法律之间还没有找到合适的载体,法律还仅是被作为工具而被使用,还没有完全洞悉民法的文化价值和教化功能。从具体设计来说,在以上诸项原则中,计划性原则由于具有较为浓厚的计划经济色彩且与我国 1992 年开始确立的市场经济体制明显不符而已被理论和实践所抛弃;等价有偿原则由于具有明显的适用局限性因此一般也被学术界排除在民法基本原则之外。目前,理论学界普遍认可的经由我国《民法通则》传达的基本原则主要包括平等原则、自愿原则、公平原则、诚实信用原则、合法性原则和公序良俗原则。笔者认为,以上诸项原则中有些原则确属民法的基本原则,因此应予保留;有些则是法律的普遍性原则,还有些则属于比基本原则更为抽象的法律理念。这些普遍性的法律原则和理念应被排除在民法基本原则之外。具体说来,民法通则中所确立的以下概念和原则不应继续作为民法的基本原则。

(1)公平原则或公平理念。公平是民事立法的基本价值取向,是相较于民法基本原则更为抽象、更为基础的概念,或者说是指导民法基本原则的原则。古希腊哲学时期,理念一词特指理智的对象或理解到的东西。黑格尔则把哲学上的理念与世俗中的法律结合起来,认为法的理念,即是指法的概念及其现实化。① 现代法学理论上也把"法律制定及运用之最高原理,谓之法律理念"②。法律理念主要解决的是立法价值的取向和行为选择的价值判断问题。按照美国著名法学家庞德的观点:"价值问题虽然是一个困难的问题,但它是法律科学所不能回避的。"③由于价值本质上具有多元化倾向且不可化约为任何单一的价值,其结果决定了价值冲突的不可避免性,从而也使得价值选择变得重要和必要。法律理念的主要作用就是为了解决不同法律原则之间的价值冲突和价值选择问题。正是由于法律理念的差异,决定了不同法律的服务对象和立法目的,并由此奠定了法律部门划分的必要性和合理性。与商法偏重于效益,刑法偏重于社会正义,经济法偏重于社会利益不同,民法的立法理念趋向于公平。即公平要求在民法中实际扮演了法律理念的角色,是民法中的最上位概念。恩格斯在其经典著作《再论蒲鲁东和住宅问题》一文中曾高度评价了公平对财产法的最终指导意义:"衡量什么算自然法权和什么又不算自然法权的标准,则是法权本身最抽象的表现,即公平。"④具体说来,在民法的视野中,公平原则能够对法律规则起指导和校正作用;公平原则

① 黑格尔.法哲学原理[M].贺麟,张企泰,译.北京:商务印书馆,1996:1.

② 史尚宽.法律之理念与经验主义法学之综合[M]//刁荣华.中亚法律思想论集.台北:汉林出版社,1984:259.

③ 罗斯科·庞德.通过法律的社会控制——法律的任务[M].沈宗灵,董世忠,译.北京:商务印书馆,1984:55.

④ 马克思,恩格斯.马克思恩格斯选集:第 2 卷[M].北京:人民出版社,1972:539-540.

既是解决民法原则之间价值冲突的最高裁判者,同时也是判定民法基本原则合理性的基本尺度;在公平与具体民法规则的关系上,所有的民法制度和民法原则都应服从和服务于公平原则,都应当符合公平的要求,而不是公平原则屈从于具体民法规则。"公平愈是屈从于规则的逻辑,官方法律与老百姓的正义感之间的差距也就愈大,从而,在老百姓的眼中,法律就会渐渐失去自身的可理解性和合法性。"①

公平原则之所以能够充当民法基本原则价值冲突的裁判者,其原因在于:公平原则符合法律的最高理性和最高价值,既是人类理性的体现,同时也是人类理性思维的结果;公平原则符合人类生存的基本要求,是人类最敏感的要求之一,即"不患寡而患不均,不患贫而患不安"(《论语·季氏篇》第十六);民事活动本身就是社会伦理生活的一部分,具有强烈的社会趋同性,伦理规则的主要特点之一是很难用精确的法律语言加以描述的,而公平原则无疑是最具有伦理性的法律价值判断之一;公平原则有利于充分调动民事主体的积极性,充分发挥其潜力。

从民法的历史发展来看,在民法昌盛的所有历史时期,公平原则在民法的制定和实施中都占有十分重要的地位,以至于"人们往往把公平看作是法律的同义语",法院也被称为"公平之宫"。② 与其他民法原则相比,作为民法基本理念的公平原则具有高度抽象性、概括性和模糊性,因此需要借助于其他具体民法原则来体现,即公平原则可以具体外化为平等、私权神圣、意思自治等较为明晰的原则和要求。换句话说,在与其他民法原则的关系上,公平原则是比其他民法基本原则更为基础、更为原则的原则。因此,在具体立法上,公平不应当规定在民法基本原则中,而应当规定在基本原则之前,可以将其在民法总则中概括表述为:当事人权利义务的分配应当符合公平要求,国家公平保护所有民事主体的权利和利益。

(2)作为调整对象的平等原则。平等原则之所以不应作为民法的基本原则主要有两个理由:其一,平等原则是现代法治的基石,是法律的基本原则而非民法的基本原则。按照恩格斯的说法:"权利的公平和平等,是十八、十九世纪的资产者打算在封建制的不公平、不平等和特权的废墟上建立他们的社会大厦的基石。"③卢梭更是把平等原则视为立法的终极目的,"我们如果探讨应该作为一切立法体系最终目的的'全体最大的幸福'究竟应该是什么,我们便会发现它可以归纳为两大主要目标:自由和平等……,这是因为没有平等,自由便不能存在"④。正是在这个意义上有学者才说"平等原则在西方是个宪法原则而非民法原则"⑤。

其二,平等主体是民法进行调整时对当事人地位的预先假设,是民法的适用范围和调整特点,而非民法的基本原则。并且民法上的平等假定和法律对待的平等之间具有一定的脱

---

① 罗伯托·曼加贝拉·昂格尔.现代社会中的法律[M].吴玉章,周汉华,译.北京:中国政法大学出版社,1994:191.

② 彼得·斯坦,约翰·香德.西方社会的法律价值[M].王献平,译.北京:中国人民公安大学出版社,1990:74.

③ 马克思,恩格斯.马克思恩格斯全集:第21卷[M].北京:人民出版社,1965:210.

④ 卢梭.社会契约论[M].何兆武,译.北京:商务印书馆,1980:69.

⑤ 徐国栋.平等原则——宪法原则还是民法原则?[J].法学,2009(3).

节性。哈耶克曾引述英国政治思想家霍布豪斯的话，"从人们存在着很大差异这一事实出发，我们便可以认为，如果我们给予他们以平等的待遇，其结果就一定是他们在实际地位上的不平等，而且，将他们置于平等的地位的唯一方法也只能是给予他们以差别待遇。因此，法律面前人人平等与物质的平等不仅不同，而且还彼此相冲突；我们只能实现其中的一种平等，而不能同时兼得二者"①。

其三，民法调整对象中关于平等的描述，事实上已经解决了当事人之间的平等关系问题。如果再用规定民法基本原则的方式对平等问题加以强调，难免有重复累赘之嫌。因此，理想的处理方式是，仍维持民法调整对象中关于平等的表述，取消平等作为民法基本原则的规定。

（3）合法性原则。又称"禁止权利滥用原则"或"正当性原则"，是指民事关系的参与人在民事活动中应当遵循该项权利的设立宗旨，不得利用该项权利从事损害社会或他人利益的行为。由于合法性原则是所有法律对行为人的基本要求，并不为民事行为所特有，因此合法性原则应是包括民法在内的所有法律的共用性原则。

2.《中华人民共和国民法总则（草案）》中规定的哪些原则不应作为我国民法的基本原则

2016 年 6 月，第十二届全国人大常委会第二十一次会议初次审议了《中华人民共和国民法总则（草案）》（以下简称《民法总则（草案）》）。其第一章就直接命名为"基本原则"，其第 4 条至第 10 条详细列举了民法的各项基本原则，计有自愿原则（第 4 条），公平原则（第 5 条），诚实信用原则（第 6 条），交易安全原则（第 6 条），人与自然和谐发展原则（第 7 条），公序良俗原则（第 8 条），合法性原则（第 9 条），权利、义务、责任并重原则（第 9 条），尊重习惯原则（第 10 条）。以上各项民法基本原则系以《民法通则》为基础，在总结我国成功的实践经验和理论研究的基础上，对既已实行的各项民法基本原则所进行的必要提炼、增补、删减和归纳，从而进一步地提高了民法基本原则的科学性和先进性。但另一方面我们也不得不指出，由于过分强调立法的继承性和连续性，因此《民法总则（草案）》在对民法基本原则进行概括和定义时，几乎完全承受了《民法通则》中既有规定，而没有进行必要的扬弃和创新。其结果是《民法总则（草案）》所总结的各项民法原则不但没有超越《民法通则》对民法基本原则进行概括的既有思维定式，而且也没有真正反映民法所特有的最为本质的一些原则，如私权优先、私权神圣等，从而极大削弱了民法典作为私法基本法所应弘扬的基本私法理念和应承担的历史使命。不仅如此，出于创新的考虑，《民法总则（草案）》还创设了一些既不能反映民法本质需要，也不具有司法实践指导意义的鸡肋原则，这些原则不可能也不应该作为民法的基本原则。笔者认为《民法总则（草案）》中的以下原则应在今后的正式立法中予以剔除：

（1）交易安全原则。《民法总则（草案）》第 6 条规定："民事主体从事民事活动，应当遵循诚实信用原则。民事主体从事民事活动，应当自觉维护交易安全。"这一条款实际上包含了两个民法基本原则，即诚实信用原则和交易安全原则。其中的诚实信用原则继承了《民法通

① 哈耶克.自由秩序原理:上册[M].邓正来,译.北京:生活·读书·新知三联书店,1997:104.

则》的既有规定,其合理性前已述及。而另一个原则即交易安全原则之所以不能作为民法的基本原则,主要基于三个方面的原因:①各国民事立法从来没有把保护交易安全作为民法的主要立法目标。民事立法在对民事交易的效力进行判定时,首先不是考虑交易的可靠性和安全性,而是尤其重视行为人的真实意思表示,行为人的权利能力和行为能力,法律对行为所作的限定等,其中的任何一项法律行为前置要件的欠缺或存在瑕疵,都会影响到行为的效力和交易的安全。正是基于这一原因,所以民法才创设了各种各样的无效民事行为和可撤销民事行为,才有了虚构的、伪装的、显失公平的、乘人之危的、未尽告知义务的、名为联营实为借贷的等种类繁多的效力受影响的民事行为。因此,如果说商法由于崇尚外观主义原则而有条件地实行了交易安全原则的话,那么在民法的视野当中交易安全绝对不可能也不应该被视为一个非常重要的基本原则。②退一步说,即使交易安全原则的重要程度已经上升到可以作为民法基本原则的地步,那么交易安全原则也不能成为民法的基本原则。因为无论是从语义学的角度还是从逻辑学的角度,民法中的交易安全原则并无独立的调整内容,其基本要求已经完全至少部分体现在合同自由原则或自愿原则的应有含义之内,因此没有必要再为其创设一个单独的原则。③更退一步说,即使交易安全原则能够作为一项民法原则,那么这一原则也仅仅是一个只能适用于合同法领域的制度性原则,而非适用于所有民法制度的基本原则。由此可见,无论基于何种考虑,都不能把交易安全原则升格到民法基本原则的位置。

(2)人与自然和谐发展原则。《民法总则(草案)》第7条规定:"民事主体从事民事活动,应当保护环境、节约资源,促进人与自然和谐发展。"这一原则通常在学理上被定义为"人与自然和谐发展原则"。"人与自然和谐发展原则"之所以不能作为民法基本原则,主要有以下几个理由:①这一原则是公法的原则或社会法的原则,而非作为私法的民法的基本原则。民法调整的是私人之间的权利义务关系,而无论是保护环境、节约资源,还是促进人与自然和谐发展,都不是发生在私人之间,而是发生在个人与社会之间,是个人对社会、对后代应尽的义务。换言之,虽然保护环境、节约资源,促进人与自然和谐发展的义务主体可以是个人,但其权利主体却很难具体到个人头上。我们不能因为这一原则重要就将属于其他部门法所调整的个人与社会之间的关系纳入民法的调整范围。②这一原则是一个无法得到法律强制和法律救济的原则。即使当事人从事了不节约的行为(浪费行为)和不和谐的行为,民法很难有具体的制度和措施对这些不当行为加以矫正,因此,人与自然和谐发展原则更多的是一个倡导性的原则,而非一个具有一定强制力的原则。而一个没有法律强制力做后盾的制度既不能形成民法上的权利,同样也不能作为民法的基本原则。③这一原则是一个外延和内涵都无法予以明确界定的原则。首先从法律规范的属性来看,人与自然和谐发展原则到底是一个义务性规范,还是一个倡导性规范?是一个强制性规范,还是一个任意性规范?从字面来看,由于有"应当"字样,理论上说应属强制性规范。但就其具体内容表达来看,节约资源和促进人与自然和谐发展恐怕很难通过对民事主体课以相关义务加以实现。其次,就其具体含义来看,对于什么是危害环境的行为?什么样的行为是节约资源的行为,什么样的状态是人与自然和谐发展的状态,不但法律上无法给出明确的界定,即使在科学上也无法给予明确的回答。而一个外延和内涵都不确定的概念事实上是无法作为基本原则加以使用的。④这一原则是一个无法通过具体民法制度加以细化和表达的原则。如果说保护环境的要求还可以通过环境侵权加以实现的话,那么对于节约资源这一要求则无论如何是无法在民法制度中得到准确表达的。因为我们既无法判断哪些行为是节约资源的行为,哪些是浪费资源的行为,同时也无法对这些行为的合理性作出准确的法律判定。

五、民法基本原则在民法总则中的表达方式

1.民法基本原则在民法总则中进行表达的基本要求

无论是民法的具体制度,还是民法的基本原则,其立法要求既有共性,也有个性。其共性表现在:在法律人的视野中,法律"不只是一整套规则",而且"是在进行立法、判决、执法和立约的活生生的人。它是分配权利与义务,并据以解决纷争,创造合作关系的活生生的程序"①。按照美国著名法学家考默萨的观点:"法律是什么、能够是什么,以及应该是什么,又都取决于制定、解释和实施该法律过程的特性。这些过程之间的互动决定了法律的供给与需求。"②立法者在进行相关立法包括民法基本原则立法时,首先必须遵循所有立法的基本要求,即充分满足特定社会关系的需要,补齐法律理念的短板,正如马克思所说的:"法律应以社会为基础。法律应该是社会共同的、由一定物质生产方式所产生的利益和需要的表现。"③因此:"立法者应该把自己看作一个自然科学家。他不是在创造法律,不是在发明法律,而仅仅是在表述法律,他用有意识的实在法把精神关系的内在规律表现出来。如果一个立法者用自己的臆想来代替事情的本质,那么人们就应该责备他极端任性。同样,当私人想违反事物的本质恣意妄为时,立法者也有权利把这种情况看作是极端任性。"④这些要求对我国民法基本原则的立法来说同样适用。其次要求包括基本原则在内的民事立法应当是良法。因为只有良法才能获得公众的普遍支持。所谓的"良法就是为人民的利益所需而又清晰明确的法律"⑤。其基本标志是必须具有公正性,能够满足人的基本要求,能够实现人的全面发展,能够符合人们对法律的感觉和预期。"法律必须靠原则的公正以及国民对它感兴趣才能获得支持。"⑥也就是马克思所说的:"只有当法律是人民意志的自觉表现,因而是同人民的意志一起产生并由人民的意志所创立的时候,才会有确实的把握,正确而毫无成见地确定某种伦

---

① 哈罗德·J.伯尔曼.法律与宗教[M].梁治平,译.北京:生活·读书·新知三联书店,1991:38.

② 泥尼尔·K.考默萨.法律的限度——法治、权利的供给与需求[M].申卫星,王琦,译.北京:商务印书馆,2007:3.

③ 马克思.对民主主义者莱茵区域委员会的审判[M]//马克思,恩格斯.马克思恩格斯全集:第6卷.北京:人民出版社,1961:292.

④ 马克思,恩格斯.马克思恩格斯全集:第1卷[M].北京:人民出版社,1995:347.

⑤ 霍布斯.利维坦[M].黎思复,黎廷弼,译.北京:商务印书馆,1996:271.

⑥ 托马斯·潘恩.潘恩选集[M].马清槐,等译.北京:商务印书馆,1991:265.

理关系的存在已不再符合其本质的那些条件,做到既符合科学所达到的水平,又符合社会上已形成的观点。"①再次,任何立法都必须考虑特定的社会环境,特定的民族文化和历史传统,特殊的调整对象和特定的立法目的。对此恩格斯曾精辟地指出,虽然法律的最终决定性因素是现实的经济条件,但其他因素如政治、文化、民族、历史传统等同样也对法律的形成发挥着重要作用。因此,要是有人歪曲"说经济因素是唯一决定性因素,那么他就把这个命题变成毫无内容的、抽象的、荒诞无稽的空话"②。最后,民法基本原则必须对作为人类文明重要组成部分的各国民法制度进行充分的吸收和提升。民法基本原则作为民法典中最能体现民法精神和民法价值的部分,其本身就应当是人类文明的结晶和人类文化的重要组成部分。因此我国的民法基本原则无论就其内容还是就其表现方式而言,都应当将为现代各国民法所认可的最能体现民法精神和价值的那部分内容充分予以吸收并加以发扬光大。

2.民法基本原则在民法总则中的表达方式

在未来的民法总则中对民法基本原则可以选择采取以下方式中的一种或几种进行具体的表达:

(1)罗列式表达。所谓罗列式表达是指对所有的民法基本原则都通过明确的法律条文确定下来。其好处是清晰明了,不容易出现异议。其缺点是由于民法基本原则就其性质来说更多是一种理论概括,因此要想用非常准确的语言将其表达出来难度较大。并且囿于概念本身的固有缺陷,任何对民法基本原则的概括都不可能穷尽其内容,对于哪些原则可以作为民法的基本原则也很难取得社会共识。我国现行的《民法通则》和《民法总则(草案)》基本上就是采取的这种立法例。

(2)说明式表达。即不但罗列民法基本原则的概念,而且详细说明每个民法基本原则的立法理由及其基本含义。这种表达方式不但为以霍布斯为代表的一些古典法学家所推崇,而且为部分学者建议稿的民法典所采纳。例如霍布斯就认为:"法律是否明确与其说在于法律本身的词句,还不如说是在于将制定法律的动机与原因予以公布,也就是向人民说明立法者的意图。"③这种立法例的好处是可以使社会公众明了立法者的立法意图,从而增强法律规定的说服力。其缺点是立法者取代了法学研究者的工作,将法学研究者可以自由探讨的内容上升为限制人们思考的规范性表达。其结果不但禁锢了理论上的创新思维,而且会从实质上削弱民法基本原则的观念指导功能。

(3)选择性表达。即在立法时并不把所有的对民事立法、司法和守法有指导意义的法律原则都凝练成相应的法律条文,而只是把最具有民法特色、最具有稳定性和最具重要意义的民法原则规定出来。典型的如《瑞士民法典》的立法体例。在《瑞士民法典》中,明确规定为基本原则的只有诚实信用原则,这也是很多学者据此认为诚实信用原则是帝王原则的主要论据之一。

---

① 马克思,恩格斯.马克思恩格斯全集:第1卷[M].北京:人民出版社,1995:349.

② 恩格斯.致约·布洛赫[M]//马克思,恩格斯.马克思恩格斯选集:第4卷.北京:人民出版社,1995:696.

③ 霍布斯.利维坦[M].黎思复,黎廷弼,译.北京:商务印书馆,1996:271.

（4）分层式表达（区分性表达）。以上几种民法基本原则的表达都是一种并列式的表达，即将所有的民法原则都视为规范效力上处于平等位阶的法律原则，彼此之间既没有效力的高下之分，也没有从属关系。这种表达方式的缺点是显而易见的，主要表现在：如果诸多的民法基本原则在作用要求和价值目标导向上具有完全的一致性，那就意味着对民法基本原则的区分没有实际意义；如果各项民法基本原则之间在作用要求和价值目标导向上具有明显的差异性，那么当两个以上的原则同时作用于一个行为、一个事实或一项权利时，可能会对当事人产生完全不同的义务和要求，并会产生不同的效力判断标准，从而不但会导致当事人面对法律的不同要求而无所适从，而且也会使权利冲突不可避免。分层式表达或称区分性表达的主要好处就是将不同的民法基本原则按其重要性进行了排序，将其区分为主导性或基础性的基本原则和附属性或辅助性的基本原则。在效力层次上位阶高的基本原则对位阶低的基本原则具有指导作用，最基本的民法原则对于其他的民法基本原则具有最终的价值评判功能和决定意义。笔者过去曾一直主张要对民法的基本原则进行效力的层级化设计，并将公平原则定位为具有民法最终价值取向功能的最根本的原则。①

（5）分散式表达。即按照民法基本原则适用范围的大小和适用对象的不同分散规定在不同的部分中。例如将民法基本原则区分为可以适用于所有民法制度的所谓全涵盖式的基本原则和仅能适用民法部分内容的有限覆盖式基本原则。前者主要规范的是有关民法的一般性要求，因此可以规定在民法总则中，如私权优先原则；后者则是针对较为具体的民法制度所设定的一些原则，如针对权利的基本原则（如物权法定原则，物权优先于债权原则），针对行为的基本原则（如契约自由原则），针对责任的基本原则（如过错责任原则），针对身份的基本原则（如婚姻自由原则），这些原则应当分散规定在分则的相应内容之中。值得说明的是，这种区分并不是一种单纯的理论推演，事实上可以落实到具体立法之中。可资借鉴的典型立法例是《瑞士民法典》，在《瑞士民法典》的总则②中就既规定了民事行为的基本原则（基本要求），又规定了民法适用的基本原则。③ 但遗憾的是在其各编的内容中仍和其他国家一

---

① 赵万一.论民商法价值取向的差异及其对我国民商立法的影响[J].法学论坛,2003(6).

② 值得说明的是，在实行民商合一的国家，其民法典中并无关于民法总则的规定；只有在实行民商分立的国家，如德国、日本等国，才在民法典中规定了总则的内容。与其他国家不同，实行民商合一的《瑞士民法典》中虽然有总则的规定，但其总则内容与以《德国民法典》为代表的大陆法主流国家的民法典所规定的内容明显不同。严格说来《瑞士民法典》中的总则只是民法适用的要求和原则，而并不包含民法总则的完整内容。实际上我们通常所认为的典型的民法总则的内容并没有规定在民法总则中，而是主要规定在"债编"的总则中。因此我们现在的民法典既要实行民商合一，同时又要规定总则，这实际上是我国民事立法的不能承受之重。

③ 《瑞士民法典》第2条的条目为"诚实信用的行为"，具体内容是："（一）任何人都必须诚实、信用地行使其权利并履行其义务；（二）明显地滥用权利，不受法律保护。"第3条的条目是"善意"，具体内容为："（一）依照本法以善意所进行的行为，其法律上的效果，应推定为善意存在。（二）就其具体情况，凡未达到一个善意人应该达到的程度的人，无权援用善意。"第4条的条目为"裁判"，具体内容为："依本法所作的裁判，或判断具体状况，或认定重要原因是否存在时，法官应根据法理公平裁判。"基于以上规定可以看出，《瑞士民法典》在第2条至第4条分别确立了诚实信用原则、禁止权利滥用原则、善意原则、公平原则。

样,并未涉及法律原则的内容,看起来这一缺憾只能由中国民法典加以弥补了。

结语

民法基本原则作为民法文化的重要组成部分,担负着开启民智,庇佑众生的神圣历史使命,其所承载的理念性价值远比具体民法制度的设计更为复杂和更为高端。著名美国民权活动家马丁·路德·金有一句名言:"一个国家的前途,不取决于它的国库之殷实,不取决于它的城堡之坚固,也不取决于它的公共设施之华丽,而在于它的公民的文明素养,即在于人们所受的教育、人们的学识、开明和品格的高下,这才是利害攸关的力量所在。"[①]而民法基本原则就恰恰承担着培养合格公民的先导性义务,承担着对公民的主体意识、法治意识、权利意识进行启迪和培育的历史重任。通过观察我国现行的民事立法活动可以看出,我们欠缺的并不是对具体规则的设计技巧,而是缺乏对法律理念的归纳,对法治精神的尊重,对法律神圣性的敬畏。国外法治发达国家的成功经验给我们的启迪是:现代法治的精髓并不能从冷冰冰的抽象条文中解读出来,而是主要体现为对法律本体的高度信仰和对法律内涵价值的充分肯认。诚如伯尔曼所言:"所有的法律制度都不仅要求我们在理智上承认——社会所倡导的社会美德,而且要求我们以我们的全部生命献身于它们,所以正是由于宗教激情、信仰的飞跃,我们才能使法律的理想和原则具有普遍性。"[②]因此,如果没有先进的民法基本原则,就不可能有良好的民法制度设计;同样,如果没有以体现现代法治理念的良善型民法基本原则做支撑,那么要想制定出一部具有重大社会影响的并能够引领世界社会发展方向的民法典来只能是痴人说梦。

---

① 转引自塞缪尔·斯迈尔斯.品格的力量[M].刘曙光,等译.北京:北京图书馆出版社,2003:1.
② 哈罗德·J.伯尔曼.法律和宗教[M].梁治平,译.北京:生活·读书·新知三联书店,1991:4.

信用权制度在我国民法典中的地位①

信用权是信用主体通过交易活动或职业生计活动而从社会获得公正评价并以此取得相关利益的权利。在立法上,我国目前的民事立法对信用权未做明确规定。在实践中,是根据对自然人、法人名誉权的规定来间接保护信用利益。然从全球观之,世界各国或地区对信用权的保护,无论在方式上,还是力度上都存在很大不同。这些不同与不同国家经济发展水平以及社会政策密切相关。通过对不同国家信用权保护的立法模式进行分析,可以为我国信用权保护提供借鉴。

一、民法典保护模式分析

民法典中是否将信用明定为权利,在很大程度上代表了立法者对信用权的认知水平,也反映了不同国家金融经济发展水平。在大陆法系国家或地区,就民法领域有关信用立法保护,有七种不同模式。

1.智利—德国模式。该模式以智利、德国和奥地利为代表,不明定"信用"是否为权利,但对侵害信用的行为提供民事救济。1855 年颁布的《智利民法典》第 2331 条将名誉与信用并列,这表明了该法典对信用侵害独立地位在法权上的承认。②《德国民法典》第 824 条第 1 项规定:"违背真相主张或传播适于妨害他人的信用或对他人的生计或前途造成不利益的事实的人,即使其虽不明知,但应知不真实,仍应向他人赔偿由此而发生的损害。"③但是《德国民法典》并没有在人格权中确立信用权的地位,而仅是在侵权行为中对信用损害做出了规定。后世学者们之所以认为是《德国民法典》对信用权做出了规定也是基于此。此后,《奥地利民法典》第 1330 条第 2 款规定和《葡萄牙民法典》第 484 条也追随德国立法对信用权加以保护。

2.俄罗斯模式。该模式以俄罗斯为代表,立法明确规定保护商业信誉。《俄罗斯民法

---

① 本文系与胡大武博士共同完成,原文以《信用权保护立法研究》为题发表在《现代法学》2008 年第 2 期。

② 智利民法典[M].徐涤宇,译.香港:金桥文化出版有限公司,2002:434.

③ 德国民法典[M].陈卫佐,译.北京:法律出版社,2005:265.

典》第 152 条第 1 款至第 6 款规定了公民的名誉、尊严和商业信誉。商业信誉与名誉、尊严处于同序列。这表明,《俄罗斯民法典》已经将公民的商业信誉作为名誉权外的一种独立权利类型加以保护。该法典第 152 条第 1 款至第 6 款规定了公民的名誉、尊严和商业信誉的保护。第 7 款对法人商誉明确规定适用公民。在债编第 59 章因损害所发生的债中专门规定了经济损害的补偿。可见,《俄罗斯民法典》已经就消费性信用权和商业性(或为经营性信用权)做了区分。显然,对于消费性信用权的保护与经营性信用权的保护可能存在学理上的差别。尽管如此,《俄罗斯民法典》均认为自然人和法人的商誉都应当加以保护并于同一条款中加以规定,这表明了商誉权主体亦可包括自然人在内。①

3.法国模式。该模式以法国和比利时为代表。《法国民法典》第 1382 条和第 1383 条被认为是世界上最开放的、最有争议的,也是最自由的侵权责任条款,任何类型的损害,在理论上均可导致他人侵权损害责任的产生。因为,在法国民法中侵权责任构成的重要因素是致损事件,而不是原告特定法定权利的性质及其种类。② 就信用权保护而言,有学者指出"在意大利,法院在一般条款之下塑造和论证信用权。在比利时和法国,对于企业信用的危害,不过是一般条款所调整的内容,并没有被特别强调"③。

4.荷兰模式。在该模式下,信用权的保护被纳入数据库的民事侵权保护之中。根据《荷兰民法典》第 167 条第 1 款规定"依据本章之规定,在某人对他人因不确切、不完整或误导性公布其事实性质的数据而负有责任之情形,依该他人之请求,法官得判令行为人以法官确定的方式发表更正声明"④。《荷兰民法典》之规定,可以说已经具备自己的特色。具体表现在其已经跨越了民法本身有关信用保护传统,而更注意将信用保护同数据保护结合起来。如果比较《荷兰民法典》第 167 条和 2000 年颁布的《荷兰个人数据保护法》的规定,我们发现《荷兰民法典》与《荷兰个人数据保护法》责任的民事救济保持了一致。然而,其内容显然承袭了《德国民法典》第 824 条之相关内容。只不过力图用数据的方式将信用权益加以保护。

5.日本模式。该模式以日本和西班牙为代表。我国目前也采用该模式。在该模式下,信用权属于名誉权的子权利。《日本民法典》并没有明确信用为一种权利,但是采取以扩张名誉权的方式对信用权益加以保护。对于信用权,日本司法中尽管没有专门使用"信用权"概念,但是,在司法判决中对于信用毁损等行为,仍给予救济。《日本刑法典》第 233 条规定了信用毁损、业务妨碍罪。尽管有学者认为因信用毁损而被侵害利益并不是能够称为"权利"那种程度的稳固的对象,没有必要规定信用权,⑤信用毁损行为的违法性非常强的时候才可能被追究刑事责任。然而,对于刑法对侵犯私主体信用行为的追究显然表明民事主体享

① 俄罗斯联邦民法典[M].黄道秀,李永军,鄢一美,译.北京:中国大百科全书出版社,1999:77-78.

② 张民安.因侵犯他人纯经济损失而承担的过失侵权责任[M]//梁慧星.民商法论丛:第 4 卷.香港:金桥文化出版有限公司,2002:9.

③ 克雷斯蒂安·冯·巴尔.欧洲比较侵权行为法(上)[M].张新宝,译.北京:法律出版社,2004:62.

④ 荷兰民法典[M].王卫国,等译.北京:中国政法大学出版社,2006:204.

⑤ 于敏.日本侵权行为法[M].北京:法律出版社,2006:176.

有信用权。逻辑上,如果没有信用权利的存在,怎么可能产生信用利益呢? 对信用利益的享有乃至保护恰恰是信用权的内容。日本大审院 1911 年 4 月 13 日载有一有关信用权的判例。B 等同谋将写有官厅的御用商人 A 有不正当的盘剥暴利行为的诬告信以不同名义多次邮送给 A 的交易地的官厅,在这一事件中,B 被追究了《刑法》第 233 条信用毁损、业务妨害罪的责任。同时,A 以附带私诉向 B 等请求损害赔偿,大审院认可了因信用毁损的抚慰金。对于金融信用信息数据,日本学者也主张设立信用权来加以保护。日本学者长尾治助在论及银行保守顾客秘密的问题时认为应将该问题作为保护个人隐私权、名誉权和信用权的保护的问题来对待。①

6.意大利模式。意大利采取民商合一立法,其有关信用权的保护与其他国家不同,司法实践并不完全遵从立法规定。一方面,立法将其他国家中有关专利、不正当竞争和商标中对特殊场合特殊主体的特殊信用权给予的保护纳入《意大利民法典》之中,即信用权保护内容放在民法典康采恩的不正当竞争的相关条款中,法典把信用权的保护纳入名誉权之中。该法典第 2598 条第 2 项规定,"散布对竞争者的产品和活动的信息与评价,足以使之名誉扫地,或者诋毁竞争者产品或企业优点"。但是,对于该行为的损害赔偿,法典没有对其做出详细的规定。另一方面,意大利的司法实践中还是将此作为信用权进行保护。不过,《意大利民法典》对信用权的保护很有限,其仅在有关特殊标记和专利保护规定中才涉及。② 尽管该法典第 2043 条规定了一般性的不法行为的损害赔偿责任,但是该法典第 2059 条所规定的非财产损害却只有在法律有规定的情况下进行赔偿。这表明《意大利民法典》没有直接为公民信用侵害提供救济。

7.中国台湾地区模式。该模式以我国台湾和澳门地区为代表。该模式立法明文规定"信用"为权利,将信用作为人格权内容加以保护,同其他人格权相并列。台湾地区"民法"第 195 条第 1 款规定:不法侵害他人之身体、健康、名誉、自由、信用、隐私、贞操,或不法侵害其他人格法益而情节重大者,被害人虽非财产上之损害,亦得请求赔偿相当之金额。其名誉被侵害者,并得请求恢复名誉之适当处分。该条为 2000 年修订,其修订理由为:"本条第 1 项原为配合'民法总则'第 18 条规定而设,原规定采列举主义;惟人格权为抽象之法律概念,其内容与范围,每随时间、地点及社会情况之变迁有所不同,立法上自不宜限制过严,否则受害者将无法获得'非财产上之损害赔偿',有失清法之平,反之,如遇于宽泛,则易于启动人民好讼之风,亦非国家社会之福,现行条文第 1 项仅列举规定人格权之范围,仅为身体、健康、名誉、自由四权,揆诸现代法律思潮,似嫌过狭,爰参照西德 1967 年公布之《损害赔偿规定修正补充草案》民法第 823 条、第 847 条修正规定,斟酌台湾地区传统之道德观念,扩张其范围,修正本条第 1 项之规定。"而台湾学者廖正豪则认为:"台湾'民法'虽然无类似德国第 824 条

---

① 长尾治助.个人信用情报与私生活保护[J].法学家杂志,第 742 号.转引自李凌燕.消费者信用法律研究[M].北京:法律出版社,2000:235.

② 意大利民法典[M].费安玲,丁玫,译.北京:中国政法大学出版社,1997:676-512.

'损害信用'之规定,但'民法'第18条有关人格权保障之规定原就将信用损害之情形包括在内。"①

二、单行法保护模式分析

许多有大陆法传统的国家或地区除了在民法典中对信用加以保护外,往往还通过单行法律对特定领域之特定主体的信用权益加以保护。美英等普通法传统国家则更是通过颁布单行法律加强对信用权的保护。

1.通过消费者信用保护法对信用权加以保护。尽管在英国、美国没有明确的信用权概念,但是他们通过对信用信息征信过程中隐私权的保护,来保护权利主体的"信用权"。② 以美国为例,美国属于普通法国家,自然没有作为法典形式的民法的存在。美国的信用权,作为一种民事权利,存在于相关的法律之中,如《公平信用报告法》(*Fair Credit Reporting Act*)、《公平债务催收作业法》(*Fair Debt Collection Practice Act*)、《平等信用机会法》(*Equal Credit Opportunity Act*)等法律中的。其中《公平信用保护法》是专门规范并保护消费者个人信用信息在借贷机构之间流通的法律。这些法律,不仅仅确定了信用权,更主要的是规定了信用权的行使,征信机构的规范,从而建立了完整的信用法律体系。

2.商标法和专利法对信用权的保护。《日本专利法》第106条"信用恢复措施"规定,"对因故意或过失侵害专利权或专用实施权损害了专利权人或专利实施权人业务上的信用者,法院得根据专利权人或专用实施权人的请求,可代替损害赔偿,或与损害赔偿共同,命令采取为恢复专利权人或专用实施权人业务上信用所必要之措施"。我国台湾地区"商标法"第63条第3项规定:"商标权人之业务上信誉,因侵害而致减损时,并得另请求赔偿相当之金额"。我国台湾地区"高等法院"2001年度上易字第663号民事判决:"上诉人受林明文之委托仿制被上诉人公司所生产之无熔线断路器外壳,足以使该仿冒品与被上诉人公司所生产之真品相混淆,且仿冒之断电器易导致火灾,足证被上诉人之业务上信誉,确因上诉人之侵害行为而致减损,且与上诉人之侵害行为间有相当因果关系,是被上诉人另依商标法第66条第3项请求赔偿相当之金额,亦应准许。兹审酌被上诉人系属知名公司,上诉人侵害其信誉之情节,与被上诉人因此所受损害之程度等一切情状,认被上诉人请求业务上信誉因上诉人侵害行为而减损之损害,以100万元为适当。"

3.反不正当竞争法对信用权的保护。在台湾地区和德日等国,反不正当竞争法多采取禁止性规范,并以商誉权作为保护对象。除了对违反禁止性规范的行为给予刑事处罚或行政处分外,受害人还可以请求民事赔偿。例如,《匈牙利禁止不正当竞争法》规定,"禁止以制

---

① 廖正豪.名誉权保护之研究[M].台北:典章企业有限责任公司,1996:80.
② 戴维·麦迪尼.美国及欧盟国家征信系统的法律框架[M]//中国人民银行征信管理局.征信与中国经济国际研讨会文集.北京:中国金融出版社,2004:23.

造或散布虚伪事实,或对真实事件进行歪曲,或通过其它行为破坏或者危害竞争者的名声或信誉"①。此外,在德国《反不正当竞争法》题为"毁谤"的第 14 条的规定中,也使用了"商业企业和商业企业主信用"的概念。在日本 1934 年《不正当竞争防止法》第 1 条第 6 项的规定中,明确采用了"营业上的信用"概念,②日本 1993 年《反不正当竞争法》第 1 条第(1)项第 11 款规定"告知或者散布损害有竞争关系的他人经营上信用的虚假事实的行为"为不正当竞争行为。不过,日本学者小岛庸和强调该类权利是一种反不正当竞争权,仅具有禁止权效力,并不能构成独立的权利类型。③

4.个人数据保护法对信用权的保护。在大陆法系国家,除了通过民法典对信用权加以保护外,国际上许多国家也颁布了有关数据的保护法律制度,对包括信用信息在内的数据加以保护。从而有关数据保护的法律与民法典一起构成了信用权保护的两驾马车。但是,民事法律对信用权保护往往强调的是侵害信用权行为的成立要件以及与之有关的权利救济措施,而"个人信息保护"则往往强调如何调整信息权利主体与作为信息处理者的公共部门和非公共部门之间的关系,乃着力于事前对信用权设置一定的保障措施。数据保护法与民法分别从事前和事后对信用权加以保护,共同构成了权利主体的保护屏障。对"数据"的保护目的是多方面的,其中对信用权的保护仅是其中一个目的,除此之外,还包括对个人隐私、知情权、对公私权益的平衡等。数据保护法对信用权的保护原理在于:通过保护数据的准确性从而保护所传播信用信息的真实性,或者禁止某类信息的传播,确保数据被正确合理公开。

三、我国对信用权保护立法现状分析

目前,我国有关信用保护的法律包括"三法两解释":第一,《反不正当竞争法》。该法第 14 条有关于"商业信誉、商品声誉"保护的规定。第二,《刑法》。《刑法》第 221 条有关于"损害他人的商业信誉、商品声誉"犯罪制裁的规定;第 246 条有关于侵害自然人信用犯罪制裁的规定。第三,《商标法》。该法第 1 条开宗明义地宣示"维护商品信誉",并在第 16 条认可了"信誉"属于商品地理标识的重要指标。不过,尽管我国《商标法》对信用权利保护有所涉及,但却是宣示性的,并无实质内容。第四,除了三部法律外,最高人民法院两次发布司法解释通过对名誉权进行扩大解释加强信用权的保护。首先,法发〔1993〕15 号《最高人民法院关于审理名誉权案件若干问题的解答》规定:"公民、法人因名誉权受到侵害要求赔偿的,侵权人应赔偿侵权行为造成的经济损失;公民并提出精神损害赔偿要求的,人民法院可根据侵权人的过错程度、侵权行为的具体情节、给受害人造成精神损害的后果等情况酌定。"该解释实际上有两个重要作用:一是认可了法人具有名誉权,也就是说司法上已经承认法人具有人

---

① 孙琬钟.反不正当竞争法实用全书[M].北京:中国法律年鉴社,1993:45.

② 《各国反垄断法汇编》编选组.各国反垄断法汇编[M].北京:人民法院出版社,2001:559.

③ 小岛庸和.无形财产权[M].东京:日本创成社,1998:43.

格权。二是肯定了公民精神损害赔偿权。尽管该解释明确了因名誉侵害给公民造成的经济损失的应该赔偿,但是,是否包括"纯经济损失"在内尚不明确。从逻辑上推断,有关社会道德水平的评价并不直接导致经济损失,只有在信用权受到侵害后,才可能产生经济损失,且侵害信用权所导致的经济损失主要表现为纯经济损失。从这个意义上说,最高人民法院逻辑上已经认可了信用权侵害所产生的纯经济损失赔偿。其次,法释〔1998〕26 号《最高人民法院关于审理名誉权案件若干问题的解释》规定:"消费者对生产者、经营者、销售者的产品质量或者服务质量进行批评、评论,不应当认定为侵害他人名誉权。但借机诽谤、诋毁,损害其名誉的,应当认定为侵害名誉权。"该条实际上是有关商品信誉的保护性解释。

尽管我国"三法两解释"在一定程度上保护了信用权,但是现有立法却存在如下不足:第一,立法明显滞后于时代要求。在民法上,采取名誉权涵摄信用权的方式不利于有效充分地保护信用受害人。有学者指出:"虽然信用权曾与名誉权属性相同,同属精神利益的范畴,是民事主体在法律上具有完全人格不可或缺的组成部分,但信用权已从以人格精神利益为主转化为以财产经济利益为主,其包含的财产因素、财产价值和财产后果使原有人格利益的内容退居到次要地位。名誉权其实已不能完全涵摄信用权,信用权的财产属性明显不是名誉权所能包含的。"[①]第二,保护不平衡。尽管我国《民法通则》涵摄了信用权的保护,为自然人和法人乃至其他组织信用权的保护提供了法律依据。但是,自然人和法人信用权的保护力度明显不一样。对于商事组织信用权保护有《反不正当竞争法》的特别规定。但是自然人信用权侵害时则只能借助名誉权的相关规定。第三,法律上缺乏有关信用权保护体系性安排,彼此之间缺乏协调。例如,刑法已经认识到了信用和名誉保护的差别性。但是民事法律却没有对此做出区分,刑事法律与民事法律对信用保护不协调。第四,未充分认识信用权财产属性,无法有效保护权利人的信用利益,且对信用权侵害的救济上以追究行政责任为主,轻视民事财产损害赔偿。

四、我国学者有关信用权立法模式的主张

通过立法来规范信用侵害问题,是 2002 年民法典草案最引人关注的内容之一。我国 2002 年民法典草案征求意见稿有关信用权条款有五条,主要内容包括:明确信用权的性质为人格权;明确主张对信用权加以保护;规定了信用信息的保护和利用等。草案将信用权单列,明确规定信用权是一种独立的权利,开创了信用权保护立法新模式。不过,自民法典草案公布以来,学术界和实务界对于信用权的研究进一步深入。从目前对侵权责任法的讨论看,学界对于信用权的人格权性质的认识比较一致,主张立法对信用权实行直接保护。但是,在民法典中如何安排"信用权"所处的位置,仍未形成一致的意见。

第一,有学者主张明确规定"信用权"相关内容。该主张以杨立新教授为代表,认为信用

---

① 杨冬风.信用权权利性质及其立法保护问题研究[D].上海:华东政法学院硕士论文,2004:26.

权属于人格权,应该纳入人格权法保护。然而,在大陆法系国家,由于人格权是否独立成编本身就是一个争议话题,更不用说在人格权编中单独列明信用权了。

第二,另有学者主张应该将信用权益作为一般人格权的一项内容加以保护,不需要单独列出信用权条款。该主张实际上支持采用台湾地区"民法"模式。毫无疑问,一般人格权与各种具体人格权相比,具有主体的普遍性、权利客体的高度概括性及权利内容的不可枚举性等法律特征。所以,现行立法中规定的具体人格权所不能包含的内容都可以归在一般人格权的内容之中。

第三,针对前两种方案,有学者提出了三种修正方案。第一方案,即移植到"侵权责任"章中,作为侵权的一种方式,不必直接列明是人格权还是财产权。该论实际上主张立法采《德国民法典》模式。例如有学者就认为:人格权固有的宪法性阻却了各国民法典编撰者对人格做出正面的赋权性规定并使之独立成编的任何企图。为了防止由于缺乏更高级别法律而使单行法之间发生冲突或遗漏,应借鉴德国民法典的经验,采用统一立法的形式对信用权进行保护。[①] 还有学者认为:应当从保护的角度而非设权的角度出发,在侵权行为法中规定侵害信用权的后果。这种模式既可以突出信用权人格利益的保护,又不会因为将其编入人格权法而削弱对其财产利益的保护。第二个方案,即移植到第一编"民事权利"中,列在人身权条款后面知识产权条款前面,避免信用权的法律属性争议。但该编因为属于原则性规定,信用权具体条文就要删除一部分。第三个方案,要对民法典权利体系动大手术。在财产权法(物权法/合同法)和人身权法(人格权法/婚姻家庭继承法)后面,设立兼具财产权人身权的"混合型权利"法——其他民事权利法:知识产权、信用权、股份权、物业业主权等新型民事混合权利。第四个方案,也可以暂不在《中国民法典》中明文规定。信用中国网、中国信用网认为信用权并非没有法律规定就不予承认的民事权利,只不过法律"不是最佳的直接保护方式",可以留给单行行政法规、司法解释来保护,这是个无奈的选择。[②] 而这种方案实际上就是我国现有的《反不正当竞争法》加司法实践的立法模式。

五、信用权保护立法模式之我见

只有在民法典中对信用权加以保护,信用权才能成为一项有效的权利。但是信用权在民法典中的位置如何确定,取决于两个因素,一是信用权保护体系中民法功能定位;二是在信用保护体系中,民法典的体系结构安排。

1.信用权保护体系中民法功能定位。从信用权保护体系的角度看,对于信用权的保护包括民法保护、单独特别法律对特定信用主体的特定范围的信用权利保护两类。将信用权纳入民法中给予明确规定立法选择,可以使信用权的保护获得具有一般总则性质上的立法

---

① 尹田.论人格权及其在我国民法典中的应有地位[N].人民法院报,2003-07-11.

② 王中.我国信用权立法诸问题研究兼谈律师信用权立法保护,"浙江企业信用网"[EB/OL].http://www.zjecredit.org/zjecredit/newsaction.do? GSJ.[2007-09-10].

支持,并建立起以民法规定为一般条款,以刑法、商标法、反不正当竞争法等为补充的保护体系。

第一,民法与宪法的关系。对民法与宪法之间的关系,学术界有两种不同的意见。通说认为民法是宪法的下位法律,另外有部分学者则认为,民法与宪法分别为私法的渊源和公法的渊源。首先,在民法与宪法为上下位关系架构下,民法只不过是贯彻实施宪法基本理念的法律。就作为人格的基本权利之意义看,宪法原则性强,即使列举部分权利加以明定,也不过具有总括之意义。在此种情形下,民法要真正贯彻落实宪法规范理念,通常有两种做法,若宪法明定权利,民法则具体落实保护性规范;若宪法没有明定,则按照宪法精神创设新权利并加以保护。即使是作为宪法性的基本权的人权,也要具体落实到民法、刑法等部门法规范中才能更有力地保护。信用权就是这种人权的具体内容之一。其次,在宪法与民法为同位法律之架构下,民法不仅要实现人格权利基本原则的宣示,而且要通过民事法律具体落实对人格权利的保护。但是,从法律之间的内在协调性看,即使民法与宪法为并列性关系架构下,民法仍需要注重同宪法和其他法律的协调。鉴此,民法不仅应该创设信用权,并且也应当对信用权加以保护。

第二,民法与反不正当竞争法、商标法、专利法、数据保护法、消费者权益保护法等之间的关系。反不正当竞争法、商标法、专利法、数据保护法等法律属于维护市场交易秩序法律,其侧重于行为"禁止",主要目的在于对禁止性行为给予行政处理。与民法给予权利保护,活络市场交易活动有很大的不同。当然,反不正当竞争法、商标法、专利法主要涉及对商事主体相关权利的保护;消费者保护法则从消费者弱者地位出发,给予信用维护权利;数据保护法则从确保数据的准确性、合理使用性和完整性等方面加强对数据的保护。然而,不管这些法律的侧重点是什么,其仅是信用权保护的一个侧面,均无法完整地对信用权保护给予基本原则和原理上的阐释和支撑。这一任务理所当然地由民法承担。

第三,民法与刑法的关系。刑法对侵害信用犯罪加以刑事处罚,其犯罪以主体具有恶意为条件。但是,侵害信用权的行为,刑法是否应该给予刑事处罚,要以社会的政治经济环境加以考虑,不能统一为之。我国刑法对侵害信用的行为规定了刑事处罚条款。尽管刑事处罚之目的与民事救济所体现的原则均不相同,但其对信用权的保护这一终极目标则是一致的。

2.我国信用权保护法律体系之构建。在我国,对信用权的保护法律制度体系应该是包括宪法、民法、刑法和其他专门法律法规等在内的相配套和协调的有机保护体系。具体而言,我国信用权保护立法应做如下安排:

第一,宪法保护层面。人格权作为人的基本人权,许多具体权利在宪法中都有体现。在现代法制社会,宪法是人格权利的最高法律渊源。作为人格权具体内容之一的信用权是人格发展并随着社会发展不断充实的结果。这种认识已经体现在《世界人权宣言》第12条。该条规定,"任何人对自己之私事、家庭、住居或通讯无受他人随意之干涉,而且其名誉、信用无受他人之攻击,任何人对于此等之干涉或攻击,均享有依法加以保护的权利"。而《香港人权法》第14条也规定,"任何人之私生活、家庭、住宅或通信,不得无理或非法侵扰,其名誉及信用,亦不得非法破坏"。在我国,宪法是母法。宪法是否将信用作为人权利益加以明确规定,值得探讨。不过,即使宪法不直接明确规定信用权,也必须为信用权救济提供依据,以便为信用法律制度体系建设提供原则和方向上的指导。

第二,民法、刑法层面。尽管许多自然人人格权是由宪法规定的基本权利,但是这并不排除民法对基本权利给予保障。对此,我国台湾地区学者谢哲胜指出:"宪法虽规定人权保障或具体人格权的保障,但何谓人格和人格权,仍需要加以明确化,不规定在民法,将人格权的内容巨无细致地规定在宪法中并不适宜。"①可见,民法对信用权做出规定很有必要,这也符合国际上对信用保护的趋势。实际上,宪法规范本身具有原则性,司法实践部门几乎不用宪法规则裁判。我国刑法已经有了侵害信用权规定的具体内容,民法和刑法在有关信用权保护方面需要进一步协调,以分清刑事责任和民事责任。

第三,单行法层面。国外对信用的立法呈现出"多层次,多点的特点"。英美法系国家多采用单行法律的形式,就信用交易活动的某些方面予以立法,如消费信用、借贷信用等,或就信用权行使中的某些环节性问题进行立法。采用这种立法模式,可以解决信用活动涉及面广,统一立法不便于灵活适用且难度较大的问题,但也容易导致各部门法之间冲突的发生。大陆法系国家的立法则更注重在现有制度的基础上完善对信用权的规定,信用权具有更高级别法律确定的效力,具体规定统一明确。但是笼统的规定缺乏较强的可操作性,难以适应不同场景下信用侵害的不同情况,有可能造成保护信用权规范变为一纸空文。因此,仅仅在民法中确立信用权的地位,对建立信用制度是远远不够的。例如,信用制度涉及权利本身,以及征信机构等等。对征信机构的设立、管理等,是民法所鞭长莫及的。

"个人权利的性质决定了有关的边际的宽度。这是因为,国内法上的差异有可能表明:个人利益的性质和重要程度仍处于被理解、承认和接受的过程中。"②因此,在转轨过程中,我国要切实做到保护信用权,显然,单靠民事法律制度是不足以使信用权得到完整的保护的。一方面,完善相关领域的有关信用权单行法。尽管我国已生效的《反不正当竞争法》《消费者权益保护法》《产品质量法》《商标法》和《专利法》等都在不同程度上为信用权提供了保护,但是,与发达国家相比较,我国最核心的《征信管理条例(草案)》自2002年人民银行开始起草到现在已届6个年头至今还没有出台,而有关数据保护的法律制度还未纳入相关部门的视野。应当说,我国民法典的起草者们已经看到了征信作为产业的存在对个人信用权维护带来的问题。因此,在单行法层面,我国应该借鉴美国的立法,建立完善的征信法律体系。另一方面,对侵犯信用权行为危害极大的,应该给予刑事惩罚。世界上有关信用权保护方式,有采民事保护方式,有采民事和刑事结合的方式。于前者,以美国为模范。然而,美国司法实践在对信用侵害进行救济的时候,法院可给予惩罚性赔偿金处断,在民事裁判中体现了刑事制裁目的。只不过该制裁仅限为经济处罚。于后者,以德国为模范,除民法提供救济外,

---

① 谢哲胜.中国民法典立法研究[M].北京:北京大学出版社,2005:81.

② 克莱尔·奥维,罗宾·怀特.欧洲人权法——原则与判例[M].何志鹏,孙璐,译.北京:北京大学出版社,2006:292.

于刑法中仍规定刑事处罚。然而,如何协调二者之间的关系,当需要统筹考虑。至于民法与反不正当竞争法之间的协调,因不正当竞争法仅针对特定重大之不正当竞争行为加以规范,若要以民法为基础,则需要考虑民法在信用权救济上的原则性和灵活性。

3.信用权条款在民事法律中的定位。王泽鉴先生指出:"关于信用的保护,民法、刑法和公平交易法各基于其立法目的,设立不同要件,加以规范,共同维护社会经济活动上不可或缺的信用。"①那么民法典中如何安排信用权条款的位置呢?从统筹的角度出发,大陆民法典的体系性、内在逻辑性安排均要求对信用权条款位置加以确定,并需要考虑侵权行为部分和人格权部分保护内容在法典中的位置,这两个部分具体位置的确定直接影响到信用权规范在民法典中的安排。

民法典中侵权行为部分和人格权部分是否成为独立章直接影响到信用权在整个民法典中的安排。将信用权保护究竟放置在哪一编中保护,不仅需要考虑今后的总则编和侵权行为编之间的内在逻辑问题,还要考虑民法与其他单行法之间的衔接。从简单的逻辑出发,如果侵权行为编中做出规定,则将来的总则或人格权编章中就不宜再规定。反之,亦然。从国际立法来看,信用权均规定在侵权行为法中,如《德国民法典》《智利民法典》等。信用权保护规范,有详规定和略规定两种选择。如果采取详规定方式,则可以涉及信用权的定义、主体、客体和内容。采取略规定方式则可以借鉴台湾地区"民法"的规定,仅明确信用权就可以了。

毋庸置疑,信用权条款要么规定在侵权行为部分,要么规定于人格权部分。正如前面所述,国际上有关信用权立法模式有七类。七类模式各有自身的独到之处。《意大利民法典》采取民商合一模式,并将有关信用权保护内容放置于不正当竞争条款中,不仅没有体现出宣示信用权独立地位的作用,反而使信用权内容过窄;日本模式与我国目前对信用权的保护模式一样,无可采之道理;荷兰模式尽管体现了数据保护同民法的对接,但是信用权保护规范毕竟不仅限于数据保护,还包括反不正当竞争、商标等法律在内,其也存在不足;法国模式采取一般条款形式保护所有的民事权利,司法部门可以随着时代的变迁做出灵活的解释,但是此模式不利于司法实践,可能导致信用权保护不力,对于中国之国情并不适当;俄罗斯模式将自然人和商事组织的商誉权一同规定在同一条款中,将具有实质同一内容的权利仅按照主体的不同而分别规定,当然不合概念确定之理。

智利—德国模式和台湾地区模式的相同之处在于,二者都将信用保护条款纳入侵权行为部分,在内部逻辑结构上都采取一般性条款加单独特别权利保护条款的模式。不同之处在于《德国民法典》是在一般条款之外,单独规定第824条"信用侵害"。该条突显了信用保护的重要性,不仅具有宣示信用权利保护作用,而且对信用权利侵害行为的救济给予具体规定。台湾地区"民法"尽管许多方面继受《德国民法典》,但是就信用权规定而言,并没有彻底采纳德国民法的做法。

从体系上考察,台湾地区"民法"第184条尽管也属于一般条款性质,但其乃统率整个侵

---

① 王泽鉴.人格权保护的课题与展望(三)——人格权的具体化及保护范围(5)——信用权[J].台湾本土法学杂志,2007(2).

权行为之总条。第195条是专门对侵害人身权的一般条款,并且该条专注于非财产上损害赔偿。台湾地区将信用权作为人格权条款之中一个具体权利列举,当然也具有宣示作用,在一定程度上表明了信用权的存在。然而,其将侵害信用的救济却与名誉权、肖像权等人格权利等同,没有体现出不同人格权利的特色。因此,我国民法中有关信用权保护总体思路上要采取一般加特殊的立法方式,分三个层面规定:一是在侵权法部分中必须有单独的一般性条款存在,即以《法国民法典》中的一般条款模式以涵盖所有权利或权益的保护,不单列任何独立的权利。二是要针对人身权的一般共性特征在人身权章部分列一概括性条款,且不列举具体的权利,以克服《德国民法典》第823条和台湾地区"民法"第195条既有一般性条款,又列举部分权益而带来逻辑上的弊端。三是要借鉴《德国民法典》第824条对信用权特别保护立法规定,将"信用侵害"单独列为一个条款,以强化对信用权的保护。

六、对《中华人民共和国侵权责任法草案建议稿》中信用权规定之评价

杨立新教授于2007年8月25日公布了《中华人民共和国侵权责任法草案建议稿》(第二稿)(以下简称"杨稿")。杨稿中有关信用权的规定实为大陆目前信用权研究成果的集中体现。然而杨稿却存在如下几个方面的不足。(1)杨稿认识到了信用权的精神人格属性,从而将侵害信用权行为置于"侵害精神性人格权的行为"节之下。然而,将信用权侵害行为定性为精神上的侵害,必然决定其救济方式采取精神损害救济为主,没有体现出信用权显著的财产特征。(2)割裂了信用权的完整性,使内涵确定性的信用权概念模糊化。对于法人信用的保护,杨稿拟定了"商业侵权"条款共两条,即"商业诽谤"和"妨碍营业",割裂了信用权的完整性,逻辑上将信用权分为自然人的信用权和商事组织的"信誉权"。就德国信用权保护法律体系而言,《德国民法典》第824条"信用侵害"对于信用权保护不仅具有权利宣示意义,更为信用保护准则之规范。可见,杨稿继承了德国法的一些概念,却混淆了德国民法信用保护的内在联系。此外,信用权和信誉权二者在内容上具有同一性,只不过权利主体不同罢了。例如,在征信机构提供错误信用报告而给个人造成损害的情形下与给商事组织造成损害的情形明显属于权利侵害的一个类型。显然,做这种"民商"分离的区分割裂了信用权作为一个概念的完整性。不过,要真正从立法上解决这种分割缺陷,那么我国侵权行为责任立法就要解决一个前提即法人人格权承认问题。要在承认商事组织人格权的基础上,统一信用权主体,抛弃按照自然人和商事组织分信用权和商誉权的立法方式。在这个问题上,台湾地区"民法"给我们提供了很好的借鉴。台湾地区"民法"第195条的人格权侵害中专门明确了信用,台湾地区的司法实践也承认商事组织的信用权。当然,尽管法律认可商事组织人格权,但并不代表其同自然人的人格权就没有区别。例如,法人不得享有精神损害赔偿请求权。因此,承认法人的人格性不仅理论上符合逻辑,而且也是立法技术之所需。(3)有关征信机构信用侵害责任规定不明确。在现代经济金融社会中,如果不对征信产业中出现的信用权侵害加以必要规范,那么信用权就没有存在的基础了。民法典对于此应该表明自己鲜

明的立场。(4)对于纯经济损失规定值得进一步完善。杨稿规定纯经济损失侵权责任的内容为:"以故意加害他人为目的,致使他人遭受不与身体伤害或者财产损害相关联的经济损失,应当承担相应的侵权责任。"①该条被放置于"商业侵权"节之前,这就表明只有在非商业侵权之场合才存在纯经济损失赔偿问题,商业侵权则不适用,这就存在逻辑上的错误。(5)与《德国民法典》第824条之规定相比,杨稿信用侵害责任构成要件规定值得商榷。德国法上信用侵害以具有重大过失或故意为要件,而草案却以"故意"侵害为要件。这反映了起草者看到了征信活动中侵害信用权的现实问题,但却忽视了非征信活动中信用侵权行为的存在。对于《德国民法典》第824条之第2款免除责任,杨稿也未周详考虑,仅涉及了征信机构除外责任。(6)杨稿既然在侵权一般条款下分了多类侵权行为,对侵权行为给予类型化,然则,对于侵害"精神性人格权"的共同特征却没有揭示。按照该逻辑,如果没有必要揭示共同特征,那么类型化就失去了意义。(7)杨稿第69条"侵害人格权的补救:反报道",存在两个方面的不足。一方面,该条将"刊登声明,消除影响,或者采取其他补救措施"作为广义信用侵害的救济办法,但其随后又提出"媒体机构拒不刊登声明、采取其他补救措施,或者继续刊登、出版侵权作品的,应当承担侵权责任"之规定,在语意上令人困扰。另一方面,对于反补救措施,仅涉及新闻机构之侵权,对于征信机构等侵权却不做涉及,似欠周全。(8)杨稿对信用权侵害内容的表述似乎受到《荷兰民法典》第167条的影响,其内容集中于信用信息保护方面。完全是从征信产业者的角度对信用侵害的分析。当然,现代征信产业的存在是信用权得以成为独立权利类型的驱动力,但是,信用权侵害行为还发生在非征信活动之中。因此,其表述未能涵括所有侵害信用权行为。

结 语

有关信用权保护的不同立法模式,反映了不同国家立法对信用保护的态度。总体上而言,一方面,对信用权保护相同之处在于:国际上大多数国家和地区均由多部法律共同完成。另一方面,对于信用权保护之不同之差异在于:各国或不同地区立法对于信用权保护的范围不一样。在立法技术上,世界各国和地区有关信用权保护的立法技术选择分为直接保护和间接保护两种。就直接保护方式而言,以《德国民法典》为代表,在侵权行为章中对侵害信用权的行为直接做出规定;而以台湾地区"民法"为代表的则采取在侵权行为部分专列人格权的保护方式,明确该权益,给予保护。就间接保护方式而言,又有多种不同路径。就我国而言,应该在借鉴德国和我国台湾地区信用权保护的基础上,克服目前有关建议草案之不足,承认商事组织人格权,将侵害商事主体商誉权行为和侵害自然主体信用权行为统一为一个条款,并表述为:危害他人信用,导致他人信用度降低,以及经济交易或职业生计上利益受损,行为人应当承担侵权责任。法律另有规定的除外。

---

① 杨立新.新版《侵权责任法建议稿》的特色与进步[EB/OL].中国民商法律网.http://old.civillaw.com.cn/article/default.asp? id=34138,2007-07-10.

第二编

民法典与宪法关系编

民法典编纂如何处理与宪法的关系①

宪法与民法作为一国法律体系中最为重要的两个法律部门，既有非常密切的联系，同时在调整对象、调整方法和调整理念上都有非常明显的差异。如何厘清两者之间的关系，淡化民事立法中的"政治化"倾向，对未来我国民法典的走向具有十分重要的意义。本文试从市民社会关系的视角对民法与宪法之间的关系进行冷静的审视，并对我国民法典的构建提出一些自己的观点和看法，以期对民法典的制定能有所裨益。

一、民法与宪法关系的基础——市民社会与政治国家的分野

1.市民社会概念的基本内容。"市民社会"一词来源于英文 civil society 一词，最早使用的人是古罗马哲学家亚里士多德。在亚氏那里，civil society（即 koinōnia politik）一词系指一种城邦，即"自由和平等的公民在一个合法界定的法律体系之下结成的伦理——政治共同体"②。后经西塞罗于公元 1 世纪将其转译成拉丁文 societas civilis，不仅意指"单一国家，而且也指业已发达到出现城市的文明政治共同体的生活状况。这些共同体有自己的法典（民法），有一定程度的礼仪和都市特征（野蛮人和前城市文化不属于市民社会）、市民合作及依据民法生活并受其调整，以及'城市生活'和'商业艺术'的优雅情致"③。这种含义的市民社会在 14 世纪的欧洲被广泛采纳。

近代的市民社会观念的产生源于政治自由主义的发现和市场经济的弘扬。主要表示的是以财产关系为核心的社会关系，即从物质生产和个人交往中产生和发展起来的一切社会关系和组织。④ 自由主义思想家的主要关注点是如何将国家权力限定在一定范围内，也就是如何使不同个人、群体和阶层的自由与政治秩序或国家的政治强力有机结合。英国经济学家和伦理学家大卫·休谟认为，人类社会最初结合的力量是男女两性关系，后来扩展到亲子

---

① 原文以《从民法与宪法关系的视角谈我国民法典制订的基本理念和制度架构》为题，发表在《中国法学》2006 年第 1 期。

② 何增科.市民社会概念的历史演变[J].中国社会科学,1994(5).

③ 戴维·米勒,韦农·波格丹诺.布莱克维尔政治学百科全书[M].邓正来,译.北京:中国政法大学出版社,1992:125－126.

④ 中国大百科全书:哲学卷[Z].北京:中国大百科全书出版社,1987:812.

关系,逐渐形成范围更大、关系更多的社会。人类的个体有不如动物的天然弱点和缺陷,因而只有借助于社会才能生存和发展。为了补救人类天性中的自私和贪欲的缺陷,人类社会缔结了稳定财物占有、互相约束、互相克制的协议,这些协议实际上就是"以社会的需要和利益为基础的人类的发明",[①]并认为市民社会和市场经济的生存和发展完全依赖于以上协议的严格遵守。亚当·斯密的最大贡献在于确立了市民社会与国家的严格分离原则:自由放任意味着作为经济领域的社会完全独立于作为政治领域的国家,后者不应干涉前者。提出市民社会有一种区别于政治、宗教和国家的经济生命。[②] 这种强调经济规律不受国家干预进而认为社会拥有区别于政治国家的经济内容的观点,基于对国家权力疆界的限定和市民社会原则上不为政治权力渗透的理念,打破了国家权力无所不为的政治专制思想,为使经济社会和人类自身获得政治上的解放提供了学理上的引导。此后对市民社会概念作出里程碑式论述的是黑格尔。"现代意义上的市民社会概念就是由黑格尔加以提出并由马克思加以完善的",[③]黑格尔认为,"市民社会"——或者毋宁说是社会的商业部分——既不同于家庭,也不同于国家。它是市场,是社会的商业部分,是市场得以运作以及其成员得以保护所必须的制度和机构。[④] 他指出,"市民社会是处在家庭和国家之间的差别的阶段",是家庭和国家之间的"中介的基地"。[⑤] 黑格尔的市民社会体系有三部分组成:需求的体系——市场经济、多元的体系——自愿组织(同业工会)、司法的体系——警察和司法机构。其中最为重要的是市场经济体系。认为"市民社会"一词主要有三个基本特征:第一,它是社会的一部分,不同于国家且独立于国家。第二,它构成个人权利,特别是个人财产权利的基础。第三,市民社会是由许多自主的经济单位或商业公司共同构成的集合体,这些经济单位或公司的行为独立于国家之外,且互相竞争。[⑥] 除此之外,市民社会还以政治权力和民事权利的完全分离,承认民法律制度属于市民社会的重要组成部分,充分尊重个人的自由意志等为主要内容。市民社会观念强调国家应严格限制自己的权力范围和权力界限,强调应充分关注个体利益和最大限度发挥个体的主观能动性和积极性,以实现社会效益的最大化和社会的公平正义。资产阶级启蒙学者关于市民社会的思想观念,对于推动资本主义制度的构建、自由经济的张扬和现代意识的形成发挥了很大作用。

2.市民社会制度与民法的关系。市民社会观念从其产生的那一刻起就与民事立法和民法文化发生了极其密切的联系。英国著名法学家梅因在其名著《古代法》中说:"罗马人认为

---

① 休谟.人性论:下册[M].关文运,译.北京:商务印书馆,1980:559.
② 邓正来,J.C.亚历山大.国家与市民社会——一种社会理论的研究路径[M].北京:中央编译出版社,1999:9-87.
③ 何增科.市民社会概念的历史演变[J].中国社会科学,1994(5).
④ 邓正来,J.C.亚历山大.国家与市民社会——一种社会理论的研究路径[M].北京:中央编译出版社,1999:35.
⑤ 黑格尔.法哲学原理[M].范扬,张企泰,译.北京:商务印书馆,1961:197.
⑥ 邓正来,J.C.亚历山大.国家与市民社会——一种社会理论的研究路径[M].北京:中央编译出版社,1999:36.

他们的法律制度是由两个要素组成的。经查士丁尼安皇帝钦定出版的《法学阶梯》（Insttutional Treatlses）中说，'受法律和习惯统治的一切国家，部分是受其固有的特定法律支配，部分是受全人类共有的法律支配。一个民族所制定的法律，称为该民族的民事法律，但是，由自然理性指定给全人类的法律，则称为国际法，因为所有的国家都采用它'。所谓'由自然理性指定给全人类的'这一部分法律，就是被假定为由'裁判官告令'带入罗马法律学中的元素。在有些地方，它被简单地称为'自然法'（Jus Naturale）；它的规定据说是受命于自然衡平（Naturalis &Quitas）和自然理性。"①同时，民法制度在其发展过程中也不断吸收市民社会思想中的先进理念。古典市民社会观念产生于古罗马城邦制国家中，其直接结果是带来了古罗马法律文化和法律制度的繁荣。伴随文艺复兴时出现的市民社会制度和市民社会观念的昌盛，则导致了罗马法的复兴和现代民法律制度体系的创立。此外，市民社会观念和民事立法还与商品经济和市场经济有着天然联系，并且以商品经济和市场经济作为其存在基础。在法与市民社会及经济基础的关系上，马克思指出："法的关系正像国家的形式一样，既不能从它本身来理解，也不能从所谓人类精神的一般发展来理解，相反，它们根源于物质的生活关系，这种物质的生活关系的总和，黑格尔按照 18 世纪的英国人和法国人的先例，概括为'市民社会'，而对市民社会的解剖应该到政治经济学中去寻求。"②作为市民社会存在基础的商品经济和市场经济是一种开放性的经济形态，它所要求的价值观、平等观、效益观、竞争观既是市民社会思想观念的主要内容，也必然会在民事立法上有所反映。民法在反映市场经济规律的基础上，会形成一系列以公平为核心的科学准则，如自愿、公平、等价有偿、诚实信用、无过失责任等原则。这些原则不但会在商品交换的领域里发挥作用，而且势必影响到社会的政治、经济、文化、道德及意识形态的各个方面，影响到市民社会的产生和发展。对此，马克思曾精辟地指出，平等和自由不仅在以交换价值为基础的交换中得到尊重，而且交换价值的交换是一切平等和自由产生的基础。可见，一定类型的民法不仅作为直接调整市场经济关系的规范形态而存在，而且还作为一种文化现象渗透于社会生活的各个领域。民法文化构成一定社会文化源流的重要组成部分。传统民法文化不过是市民社会人本主义思想和"天赋人权"思想在法律上的表现，是"私权神圣"原则的充分体现。

3.市民社会与政治生活的分野是现代宪法的产生基础。宪法是政治妥协的产物，其核心内容是以权利制约权力。按照洛克的观点，人类最初生活的处于自然状态的社会是一种完美无缺的社会，其间的人都是有理性的人；他们与生俱有生命、自由和财产三大权利，其中财产权最为根本。每个人都可以为了保护自己的权利而惩罚违反自然法的人。但自然状态依旧存在缺陷：第一是缺少一种确定的、众所周知的法律；第二是缺少一个按照既定法律来裁判一切争端的公允的裁判者；第三是缺少权力来支持正确的判决。为了克服上述缺陷，人们互相协议，自愿将一部分自然权利赋予国家。也就是说，"自然状态或自然社会由于有着

---

① 梅因.古代法[M].沈景一,译.北京:商务印书馆,1984:27.

② 马克思,恩格斯.马克思恩格斯选集:第 2 卷[M].北京:人民出版社,1995:32.

自身不可克服的种种弊端",因此"必然要过渡到市民社会或政治社会,而这种过渡是通过处于自然状态中的人们订立社会契约的方式让渡自己的部分或全部权利给国家以换得后者的保护而完成的"①。在这里国家对于市民社会而言,只具有工具性的作用,是手段而非目的。即如洛克所说,"政府除了保护财产之外,没有其他目的"②。国家或政治社会是基于人们的同意而建立的,人们通过社会契约赋予国家的并不是全部自然权利,而只是其中的一部分,因此国家的权力不是绝对的,而是有限的。并进而构建了"市民社会高于或外于国家"的构架,认为是市民社会决定了国家,而不是国家决定了市民社会。对公共权力的制约主要是通过确立市民社会的秩序和发展基础为自治来实现的。自治以自治共同体内个人权利的实现为取向,以互助为其运行规则,互助不仅能够满足共同体成员之间的同质性,而且还能满足共同体成员之间的异质性,自治的正义性来源于其对多样性的维护。市民社会自治的正义性来源于自治共同体的多样性,其对抗公共权力的正当性是通过自身的多样性以对抗公共权力的单一性。其有效性的逻辑首先依赖设定其为一种集体人权。自治是市民社会的权力和公共权力之间力量对比的反映,其重要的条件是均势的判断和代价的选择。公共权力总是在寻找机遇扩大对自治的影响。作为规范国家行为重要依据的近代宪法其产生渊源于诸多因素,但从政治角度来说,权利制约权力却是非常重要的一环。换句话说,权利制约权力内在地需要作为国家根本法的宪法。在许多国家,宪法之所以在法律上被赋予了高于普通法律的地位,是因为人们相信宪法有控制政府的能力,即宪法产生于对有限政府的信仰。在对政府施加限制的程度上,各国是不同的。有时,宪法限制行政机关或从属的地方机构;有时,宪法也约束立法机关,但仅就宪法修改而言;有时,宪法限制立法机关之立法,禁止它就某些主题或以某种方式或怀某种目的而制定法律。不管限制的程度和性质如何,它们都根植于一个共同的信仰,即政府必须是有限的,和必须由宪法施加这种限制。宪法之被设计,是要保障公民权利和自由,捍卫共同体的根本价值,给最高世俗权力机关施加限制的,这个最高权力机关,最初是国王,后来是行政机关,现在则是立法机关。③

人们之所以提出以权力制约权力的政治主张,是基于人们对人性的怀疑,人们不能绝对地寄希望于人性的善。同时,人们也不放心权力,且认为权力为必要的恶,1789年《人权宣言》第16条规定:"凡享受权利而无切实保障和分权未确定的社会,就没有宪法。"以权利制约权力的伦理基础来源于对人的不完善性的假设。人性本是一个纯粹的伦理学范畴,但对人性的预设构成了所有时代、所有国家根本政治制度的出发点。任何制度都是针对人设定的,都是建立在一定的人性假定基础上的。对人性的不同假定可能导致不同的政治路径。休谟认为,"政治作家们已经确定了这样一条准则,即在设计任何政府制度和确定几种宪法的制约和控制时,应把每个人视为无赖——在他的全部行动中,除了谋求一己的私利外,别

---

① 何增科.市民社会概念的历史演变[J].中国社会科学,1994(5).

② 洛克.政府论(下卷)[M].叶启芳,瞿菊农,译.北京:商务印书馆,1964:58.

③ 瞿小波.宪法是什么?[EB/OL].中国法学网,http://www.iolaw.org.cn/showNews.asp? id=2099,2003-11-27.

无其他目的"①。经验证明,从最坏处着眼设计的防范与对策措施往往是最有效的。《联邦党人文集》的作者也认为"如果人都是天使,就不需要政府了"。"用种种方法来控制政府的弊病,可能是对人性的一种耻辱。但是政府若不是对人性的最大耻辱,又是什么呢?"②这导出了人性预设与宪政的逻辑联系"宪政就是被设计用来弥补人的缺陷的"③,每一个政治制度都是针对某些恶而设计的。孟德斯鸠曾经断言:"一切有权力的人都容易滥用权力,这是万古不易的一条经验。"④然而,权力滥用和腐化的直接对象就是公民的权利和自由。因而为了权利和自由,就必须"以权利制约权力"。如果权利不能制约权力,国家机关权力的行使就会超越宪法设定的界限和轨道,权力就可能被个人的私欲或小集团的私利所支配。为了实现以权利制约权力,必须建立有限政府。路易斯·亨金认为,宪政"意味着一种有限政府,即政府只享有人民同意授予它的权力并只为了人民同意的目的,而这一切又受制于法治"。⑤ 这里的政府主要指行政机关。政府有限的基本要求是:第一,政府权力来自于人民的授予。人民授予的唯一合法方式是直接或间接的选举。第二,政府权力的实现须最终得到人民的同意,政府要直接或间接向人民负责。第三,政府权力的直接依据是宪法或法律,因此,政府拥有权力的范围和实现权力的手段都由宪法或法律明文规定,权力行使遵循"越权无效"的原则。第四,政府的任期有确定的期限并有届数的限制。因此,划定不同国家机关的权力界限,并使其相互之间保持一定的制约关系,是保障权力服务于权利的重要途径。⑥ 除公共利益需要及基于福利政策、有限宏观调控的考虑之外,公共权力逐步退出私权领域。

二、民法与宪法关系的表现——公法私法的划分

1.公法私法区分的意义。市民社会首先是作为一种思想观念而存在的,其次它又表现为一种社会制度结构。一定社会的市民社会观念是特定历史条件下的产物,其形成除了受生产力的发展水平和生产关系的社会性质所决定外,还要受社会习惯、民族心理、文化传统及地理环境的综合作用。就其产生和嬗变历史来看,市民社会与民法制度、私法理念和权利观念有着极其深厚的理论渊源。民法观念的发达和民法制度的完善对市民社会的发展和定型化发挥了重大作用,作为私法重要内容的民法律制度已成为现代市民社会赖以正常运转的一个非常重要的组成部分。但现代公私法的观念却与市民社会观念密不可分。大陆法系国家关于公法与私法的划分肇端于罗马法。这种分类方法最早是由古罗马法学家乌尔比安

---

① 斯蒂芬·C.埃尔金等.新宪政论——为美好的社会设计政治制度[M].周叶谦,译.北京:生活·读书·新知三联书店,1997:27-28.
② 汉密尔顿等.联邦党人文集[M].程逢如,等译.北京:商务印书馆,1980:264.
③ 刘军宁.保守主义[M].北京:中国社会科学出版社,1998:106.
④ 孟德斯鸠.论法的精神(上)[M].张雁深,译.北京:商务印书馆,1982:154.
⑤ 刘易斯·亨金.宪政·民主·对外事务[M].邓正来,译.北京:生活·读书·新知三联书店,1996:11.
⑥ 周叶中.宪法至上:中国法治之路的灵魂[J].法学评论,1995(6).

69

提出来的,其依据是查士丁尼《学说汇纂》的前言中选用了他的一句话:"有关罗马国家的法为公法,有关私人的法为私法。"①不过,罗马法虽然对公法、私法作出了划分,但其发展集中在私法,"几乎所有有关罗马法的文件都只涉及私法"②。在法学研究中,罗马法学家们把全部精力都集中在私法学上,罗马留给后世的遗产主要是罗马私法,以至于有人认为,"罗马法学实质上就是罗马私法学",③它的生命力在于它的大多数法权关系适应了现代的经济条件,"以至一切后来的法律都不能对它做任何实质性的修改"。而公法在罗马法中并没有实在意义,有学者指出,"公法只是在罗马法分为公法与私法的范围内才有意义,其自身无实体价值"④。公、私法的划分在中世纪通过一些法学家的著述得以承传,而当时著名的法典和法律汇编如《加罗林纳法典》《萨克森明镜》《波西瓦·克莱蒙特习惯法》等都没有对公法、私法作出划分。在 17、18 世纪,随着资本主义的兴起和中央集权统一国家的形成,市民社会(或私人领域)与政治国家(或公共领域)的分离,导致了两种不同的权利形态,一是私权,一是公权;并以此为调整对象分别形成了大陆法系国家法律制度特有的基本结构和相对独立的两大法律部门,即私法和公法。公、私法划分建立于社会分裂为相互对峙的公、私两域的基础之上,其要害在于为公、私两域确定不同的法律原则,以使二域既各自有序又趋于平衡。时至今日,正如梅利曼所说的,公、私法的划分以及公法、私法概念已经"成为基本的、必要的和明确的概念了"⑤。美浓布达吉甚至进一步认为,"公法和私法的区别,实可称为现代国法的基本原则"⑥。一般认为,公法是指宪法、行政法及刑法等。就私法而言,目前较为权威的解释,是《布莱克法律辞典》对 Private Law("私法")的表述:"私法是公法的对立词,它是指调整市民与市民之间关系的法律,或者是在权利附着的主体与义务联系的主体均为私的个人的情况下,有关定义、立法及权利实现的法律。"⑦公私法划分在大陆法系国家,是对整个法律材料所作的一个根本性的划分。人们不仅依公私法的划分来认识宏观的法律体系和微观的法律部门;而且自近代以来,法学家们还从公私法划分的依据、逻辑结构及思维模式,强化公私法各自的性质和固有逻辑,构建出公私法相互区别的叙述范式和理论原则,并以此为指导重建法律体系,革新法律部门。公私法划分的实质功能早在罗马法时代就已充分显示,它划定了一个政治国家不能插手的市民社会领域,罗马法学家们构筑起完备的私法体系,树立起

---

① 朱景文.比较法社会学的框架和方法:法制化、本土化和全球化[M].北京:中国人民大学出版社,2001:91.

② 朱景文.比较法社会学的框架和方法:法制化、本土化和全球化[M].北京:中国人民大学出版社,2001:91.

③ 何勤华.西方法学史[M].北京:中国政法大学出版社,1996:53.

④ 朱景文.比较法社会学的框架和方法:法制化、本土化和全球化[M].北京:中国人民大学出版社,2001:91.

⑤ 肖金泉.西方法律思想宝库[M].中国政法大学出版社,1992:528.

⑥ 肖金泉.西方法律思想宝库[M].中国政法大学出版社,1992:530.

⑦ 易继明.将私法作为一个整体的学问[M]//易继明.私法:第1辑第2卷.北京:北京大学出版社,2002:6.

了自然权利的权威,这实质上是为市民社会构筑了一道防御外来侵犯的坚固屏障。制约权力、保障权利的宪政精神在某种程度上正是来自于公私法的划分的传统。公私法的划分不仅孕育了宪政精神,而且使宪政精神得以实证化。因为从公私法各自的原则和法律规范模式看,公私法划分的目标正是:限制公共权力,保障公民个人权利。其基本要求是公法的规范不得由个人之间的协议而变更,而私法规范则是任意性的,可以基于当事人的意志而更改。我国长期不承认公私法的划分,不承认公、私法各有其特定的调整对象、调整方法和调整手段,不承认二者分别是政治国家和市民社会的重要组成部分。造成公权肆意践踏私权,个人自由意志经常招致国家权力的不适当干涉。实际上,民事活动的主体主要为私人,作为调整平等私人之间的法律,客观上就要求排除政治国家作为第三者利用行政权力恣意干预和介入;民法本质上属于以权利为本位的法,且在形式上表现为一系列授权性规范。① 这些都是私法的精髓之所在。可以说,没有私法观念就没有以公平、自由、意思自治为核心的民法制度。私法的基本要求是以私法自治作为基本指导思想,尽量排斥国家力量、国家行为对私人活动进行干预。也就是斯蒂芬•L.埃尔金所说的"宪政政体理论家们曾经宣称有必要在公共领域私人领域之间划出某种界线","这条分界线将在政体的法律中划出:人民只在公共事务中起作用,政治权力不得介入私人领域"。②

公私法划分对理顺宪法与民法的关系具有重要意义。(1)公、私法的划分使私法在私人领域的作用在某种程度上相当于宪法。在成文宪法没有产生之前,"私法被誉为真正的宪法"。③ 即使已经制定了成文宪法,法国民法典似乎仍是"最为持久和唯一真正的法国宪法","法国民法典也确实具有宪法意义;民法典的法律恰恰将政府的职能限制于承认并执行私人权利的法律领域"。④ (2)公、私法的划分特别是私法的内容和体系为宪法内容提供了规范的叙述方式。有人认为,古希腊、罗马法的产生过程即预示着未来宪法的某些内在因素,因为"古希腊、古罗马法主要通过氏族内部及贵族与平民之间的斗争而成长起来的,斗争是围绕着'权利'这个轴心而展开的,由于双方力量的抗衡和为了避免不必要的牺牲,最终形成的法便具有了妥协基础上的平等性和民主性"。⑤ 随着公、私法的划分,私法体系所透露出来的自由、平等及权利的优先性为宪法提供了素材。"罗马私法的原则和精神为中世纪后期城市法的完善和近代宪政法的发展,提供了丰富的营养,诸如宪政法中的自由、平等、人格独立等原则莫不受到罗马私法的启迪。"⑥

---

① 李开国.中国民法学教程[M].北京:法律出版社.1997:14-16.

② 斯蒂芬•L.埃尔金,卡罗尔•爱德华•索乌坦.新宪政论:为美好的社会设计政治制度[M].周叶谦,译.北京:生活•读书•新知三联书店,1997:157.

③ 刘楠.论公、私法二元结构与中国市场经济[M]//梁慧星.民商法论丛:第4卷.北京:法律出版社,1996:28.

④ 刘楠.论公、私法二元结构与中国市场经济[M]//梁慧星.民商法论丛:第4卷.北京:法律出版社,1996:65.

⑤ 张中秋.中西法律文化比较研究[M].南京:南京大学出版社,1999:103.

⑥ 张中秋.中西法律文化比较研究[M].南京:南京大学出版社,1999:115.

2.宪法的主要功能在于规范政府行为和保护人民的权利,且必须以尊重和实现公民权利自治作为其最高价值目标。从实质上看,宪法实际上是社会中人们之间的一种约定,是当事人必须平等地共同遵守的根本准则,"是统治者和被统治者、掌权者的权力和不掌权者的权利之间的关系,是一种契约关系"。① 宪法是规范政府行为的主要法律制度,其主要目的是为了限制政府行为,并最终实现对公民权利的有效保护。人与人进行交往,形成了人类社会,由此产生了诸多社会公共事务。只有很好地处理这些社会公共事务,正常而相对公平的社会秩序才能得以维持。也只有在这种秩序下,每个人的人权才能够得以保障。而处理这些社会公共事务的权力,可以将其称之为"社会公共权力"或者"公权力",以与个人所拥有的"私权利"相对应。基于人性的弱点,以及他们所行使的权力的特性,决定了人民需要对他们以及他们所行使的权力进行必要和有效的监督,才能达到国家权力存在和运行的目的。作为人类共同文明的结晶,发明了以法的形式去监督和控制国家权力及其行使者。人们把这种法称之为"宪法",人们运用宪法从以下四个基本的方面去监督和控制国家权力:第一,规定国家权力的范围。在有限政府观念的指导下,宪法去规定国家权力的活动范围,在法理上,规定就意味着限制。国家机关只能在规定的范围内、依据法定的程序行使权力,因此,国家权力的享有所采取的授权规则。其与公民个人所享有权利的规则是不相一致的,个人通常采用"法无禁止即自由"的规则。第二,将国家权力的作用进行适当的分立或者分离。无论是资本主义国家,还是社会主义国家,国家权力的作用都分为立法作用、行政作用和司法作用,而不是把所有的国家权力的作用都交给一个国家机关行使。这种国家权力作用的适当分离,使这些国家权力不能形成集中甚至专制,在它们之间事实上形成一种相互制约的关系。对于国家权力之间的分权的重要性,法国的《人权宣言》甚至说,在没有分权和人权没有保障的社会即没有宪法。而分权和人权保障之间又存在着一种因果关系,认为只有分权,人权才有保障。第三,关于公民权利的规定。宪法通常规定了一系列公民权利的目录或者清单,而判断或者衡量国家权力行使是否到位的标准,即是宪法规定的公民权利有无真正实现。因为宪法是针对国家权力所作出的规定,公民的基本权利即是国家的基本义务,而公民的基本义务即是国家的基本权力。同时,公民无论是集体行使这些公民权利,还是单个地行使这些公民权利,都是对国家权力的一种有效制约。第四,社会权利对国家权力的制约。除国家组织以外的社会组织,一方面行使一部分公共权力,另一方面行使由公民权利引申出来的社会权利,如由公民的表达自由而引申出来的新闻自由,也是对国家权力的强有力的制约。当然,其前提是国家组织要与这些社会组织分离,在行使的权力上也要进行分离。如果国家组织控制这些社会组织,并控制这些社会组织的权利,这些社会组织对国家组织的制约也就形同虚设了。

虽然宪法有诸项价值,但保障人权无疑是宪法的终极价值,宪法在根本上是一种人权保障制度。在美国宪法中,其第 1 条修正案即规定:"联邦议会不得制定法律规定宗教国立,禁

---

① 龚祥瑞.西方国家司法制度[M].北京:北京大学出版社,1993:949.

止宗教信仰自由,亦不得剥夺言论出版自由,人民和平集会以及为救济疾苦而向政府请愿的权利。"这一修正案体现出来的原则和思路则是:在国家与人民的关系中,人民是第一位的;而在人民之中,个人是第一位的。换言之,国家必须服从宪法,而宪法之所以高于国家,则因为它保障公民的基本权利。也就是说,作为个人的公民第一位,作为公民集合体的人民第二位,保障公民和人民基本权利的宪法第三位,由宪法派生的法律第四位,由宪法和法律授权的国会、行政机构和法院最后一位。① 宪政为公民提供了普遍的行为指导。宪政通过宪法宣示的一套正式的、规范的行为模式,为公民的行为提供了一种权威的指引。成熟的宪政社会,必然要求这套正式的、规范的行为模式成为公民的实际行为,因此,宪政应当成为人们的一种生活方式。西方宪政学者,一般都认为,宪政意味着一种生活方式。早在亚里士多德时期就曾把宪法同一种生活方式相联系。② 宪政主要通过如下方式实现对人权的保障:第一,宪法直接规定基本权利与自由;第二,对国家权力进行合理配置,使权力相互制衡,防止国家权力的滥用;第三,建立宪法保障制度,促进宪法充分、全面实施;第四,法律法规的执行。③保障人权是宪政存在的最终根据,是否以保障人权为目标是衡量真假宪政的道德标准,能否保障人权是判断宪政是否有效的重要标志。通过宪法控制国家权力的基本价值,即是在控制的前提下,通过保障和规范国家权力的有效运行,去保障人权的实现。因此,正是在这个意义上,马克思说,宪法是一部人权保障书;列宁说,宪法是一张写着人民权利的纸。法治的核心在于控权,因此,法治主要是宪治,或者说主体部分是宪治。除宪法外,法律也在一定程度上控制国家权力,但宪法对国家权力的规定或者限制是法对国家权力限制的基础,是总的界限。法律不过是在宪法规定的基础上对国家权力如何限制的具体化。④ 国家作为政权的组织者和社会经济活动的参与者,不可避免地会对社会经济关系进行干预。各国民法典中强调的个人私有财产神圣不可侵犯和契约自由,强调当事人意思自治和效益公平,均是以避免国家对个人权利的侵犯。即"在私法范围内,政府的唯一作用就是承认私权并保障私权之实现,所以应在国家的社会生活和经济生活中竭力排除政府参与"⑤。

  3.经济内容不是各国宪法的主体内容。虽然宪法的主体内容是规范政府行为,侧重于国家的政治生活安排。但并不是说宪法中不能有关于经济内容的规定。宪法对公民权利的规定其目的是为了防止政府非法侵夺公民的权利,主要关注的公民的政治权力。对公民财产权的规定是作为政治权力的基础来看待的,并非是为了确立和界定一种纯粹的财产权利。各国宪法中通常并不涉及具体财产制度,而是侧重于从权利维护的角度对公民的经济权利进行宣誓和保护事实上宪法对公民财产权的规定更多的是从权利保护的角度。宪政史上两个最早的宪法性文件——英国 1215 年的《大宪章》和 1628 年的《权利请愿书》,其中许多条

① 易中天.一部宪法和一个国家[J].书屋,2004(6).
② 沃尔特·莫菲.法律制度与宪政民主[J].外国法译评,1997(1).
③ 谢维雁.宪政基本价值论[J].社会科学研究,1998(6).
④ 胡锦光.宪法的精神[M]//王锴.公法论衡.北京:人民日报出版社,2004:代序.
⑤ 约翰·亨利·梅利曼.大陆法系[M].顾培东,禄正平,译.北京:法律出版社,2004:97.

文都与保护财产有关。如国王非经贵族的议会同意不得向人民征税和募债；非依法律和司法判决国王不得剥夺人民的土地和财产；承认贵族的封地继承权；不得强占民房等。① 其典型表现一是强调私有财产神圣不可侵犯；二是对公民的其他经济性权利进行保障。近代私有财产神圣不可侵犯原则直接起源于1215年《自由大宪章》开始的英国议会历史之中。《大宪章》第一次以成文法形式确立了被征税人不同意就不能征税的原则，限制了国王非法向臣民勒索财产的权力。"私有财产神圣不可侵犯"作为一个完整的原则是1789年法国大革命时期提出来的。在此之前，美国《独立宣言》将人权概括为"生命权、自由权和追求幸福的权利"。1789年法国大革命时发布的《人权和公民权宣言》，加进了财产权，把人权概括为"自由、财产、安全和反抗压迫"。法国《人权和公民权宣言》第17条还宣布："财产是神圣不可侵犯的权利。"1946年11月3日颁布的《日本国宪法》第29条：财产权不得侵犯。财产权之内容应由法律规定，以期适合于公共之福祉。私有财产，在正当的补偿下得收归国家。1947年制定的《意大利共和国宪法》第42条规定："财产分公有和私有两种。经济利益属于国家、机关或私人。"法律承认并保障私有财产，但法律为了保证私有财产能履行其社会只能并使其为人人均可享有，得规定获得与使用私有财产的办法，以及私有财产的范围。1949年通过的《德意志联邦共和国基本法》第14(1)条规定："财产和继承权利应得到保障。其内容与限制应被法律所规定。"1987年的韩国宪法第23(1)条规定："全体国民的财产权应予保障。其财产内容和范围由法律规定之。"除此之外，荷兰、比利时、委内瑞拉、玻利维亚、埃及、菲律宾、西班牙、秘鲁等国家也都规定私有财产不可侵犯。美国在1776年《独立宣言》和1787年《美利坚合众国宪法》中都没有私有财产权的规定，而仅在1791年的《宪法修正案》，即著名的《人权法案》的第5条规定："在任何刑事案件中不得强迫任何人自证其罪，未经正当法律程序不得剥夺任何人的生命、自由或财产。"

赋予公民广泛的社会和经济权利在素有世界宪法之称的《世界人权宣言》中有相当体现。比如说，它宣称"人人有权工作、自由选择职业、享受公正和合适的工作条件并享受免于失业的保障"。它还宣称"人人有同工同酬的权利"，"人人有为维护其利益而组织和参加工会的权利"，"每一个工作的人，有权享受公正和合适的报酬，保证使他本人和家属有一个符合人的尊严的生活条件，必要时并辅以其他方式的社会保障"的权利。在更广的意义上，该宣言还赋予"每个人"一项"享受为维持他本人和家属的健康和福利所需的生活水准，包括食物、衣着、住房、医疗和必要的社会服务；在遭到失业、疾病、残废、守寡、衰老或在其他不能控制的情况下丧失谋生能力时，有权享受保障"的权利。该宣言还规定了"受教育权"和"社会保障权"。现代许多宪法都采纳了人权宣言所创设的社会和经济权利。它们保障公民享有广泛的社会权利。比如罗马尼亚宪法中规定了休息权、工作权、同工同酬权，以及劳工保护和劳工安全的措施。叙利亚宪法宣布："国家承诺给所有的公民提供工作。"挪威宪法第110条还规定国家有责任"创造条件使得每个有劳动能力的人都能通过工作维持其生活"。保加

---

① 谢维雁."母法"观念释读——宪法与法律关系新解[J].四川大学学报(哲学社会科学版),2005(5).

利亚宪法规定了休假权、工作权、劳动安全权、社会保障权和免费医疗权。匈牙利宪法宣称："任何生活在匈牙利共和国领土内的人民都有获得最高水准的身体健康的权利。"它还规定："任何劳动者都有权获得与其工作的数量和质量相当的报酬。"秘鲁宪法第24条宣告："劳动者有权获得公平和充足的报酬,该报酬能够维持他和他的家庭过良好的物质和精神生活。"值得注意的是并不是每一部现代宪法都确认了此种权利;诸多当代的宪法根本没有规定这些权利。许多国家承认了这些权利,但在某种程度上只是将它们看作是一个目标而非权利。比如说瑞士宪法第41条认为"联邦和州努力确保"这些权利,包括社会保障权、必要医疗保护权等。印度宪法第四章第39条确认了一系列的民事和政治权利,同时还提出了"政府政策的指导原则",认为政府应该"指引其政策以确保"那些特定权利,包括充分的生活条件、男女同工同酬等。爱尔兰、尼日利亚和巴布亚新几内亚也采取了这样的策略。

三、民法与宪法关系的实质
——民法和宪法分别是调整经济生活和政治生活的基本法

1.宪法与民法的关系不是"母子"关系,民法不是宪法的实施细则。民法应当有自己的权利体系和确立原则。将宪法喻为"母法"、普通法律称作"子法",从而将宪法与普通法律的关系理解为所谓"母子"关系,是国人理解宪法与普通法律关系的一种基本模式。依通例,宪法属于公法。如此,宪法就不应约束私法领域,也不应为私法领域提供所谓立法依据。这一观点不论在理论上还是在实践中都非常有害。坚持宪法是"母法"的观念——即宪法既为公法提供立法依据,也为私法提供立法依据,将会导致公法与私法的混淆、抹杀了公域与私域的界限,导致了宪法与其他部门法的功能重叠,也模糊了宪法本身所固有的属性。[①] (1)"母法"观念导致宪法虚置。强调"只能规定立法原则,不能代替普通立法",似乎宪法存在的根本目的只是为立法机关提供立法依据。这对宪法产生了一种不当的自我限制,即宪法自身不能直接实施,而只能通过一般法律来实施。(2)"母法"观念不利于宪法的稳定。"母法"观念的核心在于,所有法律都必须依据宪法制定。现代社会日益复杂、多样,新的社会关系不断产生,其内容也愈加细密,这要求制定新的法律与之相适应。强调所有法律的制定都必须依据宪法,这势必使内容的完备性成为宪法的重要目标,任何社会的具体发展变化都直接要求对宪法进行修改。为减轻社会发展带来的修宪压力,保持宪法的形式稳定,制宪者总是力图在宪法中对未来进行预测并作出相应的规定。(3)"母法"观念导致宪法权威低落。"所有法律都依据宪法制定"在表面上似乎强调宪法的权威和至上性,但实际上却并非如此。因为,社会发展导致的频繁修宪将严重影响宪法的稳定性,而没有稳定性的宪法必然缺乏权威。另外,法律总是滞后的,社会关系总是先于法律而存在。"所有法律都必须依据宪法制定",为提供立法依据而对宪法的修改仅仅是对既存事实的确认,我们看到的只是宪法在被

---

① 谢维雁."母法"观念释读——宪法与法律关系新解[J].四川大学学报(哲学社会科学版),2005(5).

动地适应社会的发展变化——社会稍有变化即要求修宪,却很难看到宪法对社会的规范作用。(4)"母法"观念导致了宪法价值的失坠。宪法是一个与人权保障、权力制约等价值密切相联的概念。而"母法"却是一个中性词,并不包含这些价值内容。林来梵博士认为,苏联使用"根本法"而回避采用"宪法"的概念,体现了某种具有强烈意识形态的动机,因为"根本法"这一术语更具有技术性,没有特定的价值意味。"母法"一词在我国的流行也可能出于同样的原因。宪法价值的缺失,必然意味着其人权保障与权力制约功能的丧失。①

事实上,就其产生来源来看,法律可以分为两种:一种是以宪法为依据制定的法律,另一种是虽然没有宪法上的依据但却不违反宪法的法律。现代社会是不断发展的,作为调整社会关系的法律也是不断发展的,特别是现代社会日渐复杂、多样化,法律的种类也会不断增加,内容不断更新。如果要求所有普通法律都必须有宪法上的依据,则宪法必然也会不断修改、更新才能与此相适应。而允许第二种意义上普通法律的存在,在宪法与社会发展之间隔离出一个具有弹性的空间,可以消解宪法与社会现实的冲突。并不是所有的社会关系都必须体现于宪法之中,也并不是所有的普通法律都必须有宪法上的依据。宪法立足于现实或已经存在的东西,对未来则保持谨慎的态度,只要某种社会关系还没有出现,就不必考虑在宪法中作出规定。宪法是属于公法的范畴,它调整两种法律关系:一是国家机关与国家机关之间的关系;二是国家与公民之间的关系,后者主要是以确认公民的基本权利的形式表现出来的。所以,宪法中所确立的公民的基本权利实质上是公权,在理论上,这些基本权利是对抗国家的,而不对抗其他私法上的主体。② 和普通法律不同,宪法仅规定公民的基本权利,而不涉及次要的权利与义务。相对于后者来说,这些基本权利是相当稳定的,符合宪法由修宪程序所保障的稳定性;一般的权利与义务则应该随着社会需要的不断变化而获得普通法律的及时调整,不应受到宪法或宪政审查机构的严格限制,除非明显和宪法文字或精神相违背。尽管宪法对私法解释应当产生影响,但宪法毕竟被普遍认为是一门"公法",因而一般仅限于处理不同国家机构之间的权力分配或国家与公民之间的基本关系。这是宪法的主要目的所在。不错,宪法确实是一部基本法,宪法的精神必须被贯彻到法律体系的每一个部分。就此而言,宪法超越了公私法领域的传统分界。然而,要把宪法完全视为一部凌驾于普通公法与私法之上的囊括一切的法律,未免就抹杀了宪法的基本特点以及宪政与法治的区别。值得注意的是,几乎所有的宪政国家都承认宪法的公法特征,并把宪法的直接效力限制在政府行为的范围内。③ 当然也有学者对"宪法是公法"的观念表示了异议,认为宪法"既不是私法,也不属于公法"④,"宪法应当是与私法、公法对称的一个单独的类型,即根本法"⑤。"从

---

① 谢维雁."母法"观念释读——宪法与法律关系新解[J].四川大学学报(哲学社会科学版),2005(5).

② 王涌.论宪法和私法的关系[EB/OL].中国私法网,http://www.privatelaw.com.cn/Web_P/N_Show/? PID=7050,2004-06-08.

③ 张千帆.论宪法效力的界定及其对私法的影响[J].比较法研究,2004(2).

④ 孙笑侠.法的现象与观念[M].山东:山东人民出版社,2001:105.

⑤ 童之伟.法权与宪政[M].山东:山东人民出版社,2001:18.

宪法是一国法律体系中其他全部法律的立法依据这个事实或客观要求来看,宪法实为一国法律体系的缩影,其中不仅微缩着公法的内容,也微缩着私法(民法、商法等)的内容。"[①]但笔者认为私法和公法已经涵盖了所有法律的内容,如果承认有超越于这两种法律之外的其他法律类型,那么就应当对公私法划分这一命题本身进行重新审视。

不仅如此,民法的原则和具体制度还对宪法的生成产生了重要影响。民法的价值就在于通过确立主体平等、民事行为自由和私权神圣等原则,以肯定公民对私人生活的自治权,它要实现的是私人生活的自治,而民主政治的合理价值也恰恰在于肯定公民对社会生活的自治。两者在基本原则上是一致的。可以说,民法是实现民主政治的法律保障,而民主政治则是使民法得到有效实施的前提。只有民主政体才能熔铸民法的温床——自治的私人生活关系,民法的发达又可反过来增强这种民主政体。民法所倡导的私法自治原则对民主制度的生成产生了不可估量的影响。人之所以称其为人,最重要的一个标志是其能独立的思考,并决定其前往的方向。正基于此,每一个人都需要意思自治,只有这样他才能在自己的切身事物上自由地作出决定,表达其充分而真实的想法,并以自己的支配物来承担由此可能引发的责任。一个人也只有做到充分的意思自治,才能充分地发展其人格,维护其尊严与上帝赋予其与生俱来之力量。有民法学者指出:"私法自治具有民主的功能。"[②]私法自治对民主政治有极大的促进作用。(1)它有助于积淀公民自己为自己的行为决策并负责的民主观念(如社会契约论、平等观念等),养成民主习惯。(2)它有助于增强公民的独立和自主意识。私法自治的前提之一是市民社会中独立的公民个体,私法自治本质上是公民个体对自己生活的主宰。民主所体现出来的对公民个体的深切关注,在某种程度上是私法自治的逻辑在公法领域的延伸。(3)作为法治的一般要求,私法自治不仅完全排斥政治上的专制与独裁,而且还提出了对公共权力进行有效制约的要求。(4)它有助于形成民主制度。事实上,一些民主制度不仅与私法领域密切相关,而且还来自于私法领域,正如萨尔瓦多·吉内尔所说的,"现今所有民主政治的制度架构均源自于一些特定的市民社会,后者是在自由国家和市场经济中发展起来的"。[③] (5)私法关系由公民自主决定,使私法关系具有多元性、私法自治具有开放性,这最终会导致人们观念的变化及政治上的开放性,从而必然要求政治的民主化。由此,有学者认为,"私法自治实现着民主政治"。[④] 私法自治不仅促进了民主的生成,实现着民主政治,而且它本身就是民主进而是宪政的一般要求和重要内容。[⑤]

2.民法应当是调整市场经济关系的以权利为中心的基本法,民法对宪法而言更具有基础地位。公、私法划分的实质功能在罗马法时代已充分显示:它划定了一个政治国家不能插

---

① 童之伟."宪法司法化"引出的是是非非——宪法司法适用研究中的几个问题[J].中国律师,2001(12).

② 邱本.市场法治论[M].北京:中国检察出版社,2002:103.

③ 萨尔瓦多·吉内尔.市民社会及其未来[M]//何增科.市民社会与第三部门.北京:社会科学文献出版社,2000:153.

④ 邱本.市场法治论[M].北京:中国检察出版社,2002:88.

⑤ 谢维雁.宪政与公民社会[J].四川师范大学学报(社科版),2002(6).

手的市民社会领域,罗马法学家们构筑起完备的私法体系,树立起了自然权利的权威,这实质上是为市民社会构筑了一道防御外来侵犯的坚固屏障。即使已经制定了成文宪法,法国民法典似乎仍是"最为持久和唯一真正的法国宪法","从某种意义上讲,法国民法典也确实具有宪法意义;民法典的法律恰恰将政府的职能限制于承认并执行私人权利的法律领域。特别是在契约法领域,法国民法典以公共政策的名义规定了很少的规范"。① 有学者认为,"在没有宪法之前,私法本身就是宪法,在有宪法以后,私法的基本观念、基本精神和基本制度成了宪法的基础和原型,并通过宪法这种根本法的形式得到了升华而被贯彻到其他一切法部门中了"。② 宪法是公法的基本法,民法是私法的基本法,民法和宪法是分别调整私法领域和公法领域的基本法律制度:宪法的触角不能延伸到私人领域,宪法不能干涉纯粹的私人生活领域。也就是洛克所说的虽然因为国家的权力来源于人民,因此国家权力应受人民的制约,但国家权力原则上却不能渗透到市民社会的经济生活中。公民的非政治权利(主要是财产权、人身权、劳动权)体系是通过民法而不是通过宪法加以确立的。私法领域主要体现对公民权利的保障,其核心原则是"法不禁止即自由";而在公法领域则主要体现对政府权力的制约,奉行"越权无效"的原则。私法是对公民权利的直接保障,而公法对公民权利的保障具有间接性——它是通过对权力的限制、制约来实现的。一般认为,公法以国家公权力为支撑,而公权力较易获得保障。因此,可以说,公、私法划分的关键在私法,重心也在私法。正如有学者所认为的,"私法是公法的基础","私法价值统率公法价值"。③ 正是在这种意义上,有学者分别提出了在理论上要建立"以私法作为一个整体的学问"④体系和在实践中要"从公法主治走向私法主治"⑤的主张。私法以自治为其核心内容。私法自治是市民社会的一项基础性原则。在西方国家,抽象地说私法自治,是指"各个主体根据他的意志自主形成法律关系的原则",⑥是"对通过表达意思产生或消灭法律后果这种可能性的法律承认"。⑦ 法国学者狄骥对私法自治的界定则更为经典、明确:"承认个人在私法领域内,就自己生活之权利义务,能为最合理之'立法者',在不违背国家法律规定之条件下,皆得基于其意思,自由创造规范,以规律自己与他人之私法关系。"⑧私法自治使公民的自由和权利得以充分实现。私法自治原则本身就意味着自由与权利。"私法自治给个人提供一种受法律保护的自由,使个人获得自主决定的可能性。"⑨公法主要涉及消极自由,公法及公、私法的划分格局侧重对公民消

① 刘楠.论公、私法二元结构与中国市场经济[M]//梁慧星.民商法论丛:第 4 卷.北京:法律出版社,1996:65.

② 邱本.市场法治论[M].北京:中国检察出版社,2002:106-107.

③ 邱本.市场法治论[M].北京:中国检察出版社,2002:90.

④ 易继明.将私法作为一个整体的学问[J].私法,2002(1).

⑤ 邱本.市场法治论[M].北京:中国检察出版社,2002:73.

⑥ 迪特尔·梅迪库斯.德国民法总论[M].邵建东,译.北京:法律出版社,2001:142.

⑦ 迪特尔·梅迪库斯.德国民法总论[M].邵建东,译.北京:法律出版社,2001:142.

⑧ 邱本.市场法治论[M].北京:中国检察出版社,2002:88.

⑨ 迪特尔·梅迪库斯.德国民法总论[M].邵建东,译.北京:法律出版社,2001:143.

极自由的维护;而私法主要涉及积极自由,私法自治原则重在对公民积极自由作出界定和保障。

3.民法应当是以权利为中心的调整经济关系的基本法。按照人们惯常的理解,民法是人类社会发展到一定阶段的产物。物质资料的生产是人类最基本的实践活动,在自然经济状态下,人们进行自给自足的生活,没有交易,因此也就没有法律存在的必要。当人类社会的经济形态发展到商品经济时,剩余产品的出现使交易成为必要,每一个人都必须依赖其他人而存在。随着分工的发展和财富的不断积累,财产观念、占有意识和主体权利开始出现。原来的习俗已不能满足不断发展的社会关系的需要,社会规则必须经过一个理性化的过程。行为理性化的一个重要的因素,是用外在的、可量化的利害关系取代内心服从约定俗成的习俗。人类行为"理性化"的过程要求人们"在相互之间发展和维系双赢关系的路数,来构建人与人之间的关系秩序"。重复的经济活动所形成的共同规则首先表现为习惯,后来便成了法律。马克思认为,对于法的关系既不能从它本身来理解,也不能从人类精神的一般发展来理解,相反,它根植于物质的生活条件,"社会不是以法律为基础的。那是法学家们的幻想。相反地,法律应该以社会为基础。法律应该是社会共同的、由一定物质生产方式所产生的利益和需要的表现,而不是单个人的恣意横行"①。在古代希腊与罗马法时期,随着生产力的发展和城邦之建立,在一定之地域范围内,孕育了市民社会的雏形。罗马法作为"商品生产社会的第一部世界性法律",确定了"简单商品所有者的一切本质的法律关系"。但此时并未形成真正的近代民法意义上之市民社会,这种城邦中的市民社会之雏形是建立在奴隶制生产关系基础之上的社会形态,奴隶仍然为法律关系的客体,没有形成每个人都为独立个体的社会关系状态。在后来的封建社会,每个人都依附于另外一种力量而存在,并不存在独立、平等的主体,也更不可能产生平等市民社会的社会关系形态。随着资本主义生产关系的产生,人类进入了以契约社会为代表的近代市民社会,民法的作用也空前扩展。1804年之《拿破仑法典》确立了民法的四个最基本原则:主体平等、私有财产神圣、意思自治、过失责任。市民社会中的最主要法律观念是权利优先,"在权利与权力的关系中,权利本位的法律精神意味着:公民的权利是国家权力的源泉,也是国家权力配置和运作的目的和界限,即国家权力的配置和运作,只有为了保障主体权利的实现,协调权利之间的冲突,制止权利之间的相互侵犯,维护和促进权利平衡,才是合法的和正当的"②。对权利的渴望和对权利保护的渴求,是人的最基本的伦理要求,因此从某种意义上说,尊重人的权利就是尊重人的伦理选择,就是尊重人本身。权利是整个民法体系的核心。民法体系的许多组成部分都由权利派生出来,并受权利的决定和影响,权利在民法体系中起关键性和主导性作用。在对法律进行解释时,权利又是赖以凭借的准绳。对此我们可以通过对民法条文的剖析予以证实。在各国民法中,大多数的民法条文都是授权性的规范,这种规范完全有别于刑法规范、行政法规范的及

---

① 马克思,恩格斯.马克思恩格斯全集:第6卷[M].北京:人民出版社,1961:291-292.

② 张文显.二十世纪西方法哲学思潮研究[M].北京:法律出版社,1996:507.

其他一些法律部门的以限制性或禁止性为主的规范内容,其立足点仅在于确认和保护民事主体的自主意志,赋予其获益行为以法律上的依据,使商事主体能够按正常的经济关系实现自己的独立利益。并且分工和交换越发达,主体的这种相对独立性就越重要,对个人利益和个人意志加以法律调整的法律要求就越强烈,权利在民法体系中的地位和作用就越显著。民法的权利法特质既是对个人权利与意志的承认与尊重,也是促进社会经济发展的内在因素。"法律应该让人民自己照应各自的利益,人民是当事人,定然比立法者更了解自己的利益。"①法律只有对这种个人追求利益的合法性进行必要程度的确认,才能充分调动起民事主体的积极性和主动性,才可以促进社会经济的全面发展。

公民的权利是通过公民的资格授予而实现的,而"公民身份意味着公民权利"②。对政治国家而言,公民资格的意义在于确定归属于公民个体的那部分事物,即给予他应得的合法份额,在于确定一种合理、公正的利益分配、义务承担方案。公民资格意味着存在一套"先在"的关于公民权利与义务的规范体系,即一个国家或政治共同体在赋予其成员的身份即公民身份的同时,也"赋予了个人以责任和权利,义务和权力,限制和自由"。③ 公民资格是由这一套规范体系来确定的。依现代法治理念,这一套规范体系以权利为中心,即所谓权利本位。因此,公民概念象征着政治国家对公民个体的权利配置。公民概念假定了一种新的公民与国家关系模式,这种模式表现为公民与国家的对立格局。而这一两极对立格局正是宪政思想的逻辑前提,及一切宪政理论与制度建构的基础。近代西方启蒙思想家们正是凭借公民概念,以社会契约论为基础构建出现代国家和宪政制度的。在中世纪早期,欧洲就形成了这样一种观念:"统治者和被统治者之间的关系本质上是契约关系。"④依据这种观念,"尽管王权自身有着神圣起源,但特定君主取得王权的基础是他与人民的双方契约"⑤。社会契约论在赋予契约主体平等地位的同时,也设定了作为契约主体的公民与国家的两极对立格局。"将宪法视为调整保障自由的公共权力机关与以私法组织起来的经济社会之间关系的社会学宪法的逻辑前提是国家社会的二元划分,即承认存在着国家与社会、政治与经济的分离,及在此基础上形成的公共领域与私人领域的两立。"⑥

四、民法理念的重构与中国民法典的制定

1.市民社会与政治国家分离的二元社会结构是实现民法基础法地位的前提条件。为此需要对公权与私权进而对公法与私法进行明确界定,并确立各自不同的调整原则。在前资

---

①　亚当·斯密.国民财富的性质和原因的研究[M].郭大力,王亚南,译.北京:商务印书馆,1983:252.

②　蒋先福.契约文明:法治文明的源与流[M].上海:上海人民出版社,1999:158.

③　J.M.凯利.西方法律思想简史[M].王笑红,译.北京:法律出版社,2002:104.

④　戴维·赫尔德.民主的模式[M].燕继荣,等译.北京:中央编译出版社,1998:91.

⑤　戴维·赫尔德.民主的模式[M].燕继荣,等译.北京:中央编译出版社,1998:91.

⑥　郑贤君.宪法的社会学观[J].法律科学,2002(3).

本主义时期,公民社会与政治国家之间具有高度的同一性,二者之间没有明确的界限,政治国家就是公民社会,公民社会就是政治国家。随着近代工商业的发展,公民社会构成要素逐渐获得独立存在和发展的意义,公民社会开始同政治国家相分离。在公民社会与政治国家的分离过程中,市场经济起到了关键性作用,因为,市场经济造就了市民社会的主体,拓展了市民社会的活动空间,塑造了市民社会的意识形态,塑造了市民社会的自治体制,促进了适合于市民社会的法律理念和制度的形成。① 黑格尔认为,在市民社会中,人们不仅有追求私利的自由,而且有追求私利的可能,因为现代世界造就了古代世界所不知道的市场,一种受其自身规律调整的经济领域。市民社会的市场规定性还决定了市民社会中的一切有价值性的商品都可以通过契约并依据契约规则进行让渡和交换,这与以利他精神为主旨的宗法家庭制度有着明显区别。在社会主义国家,无论是法学研究还是法律体系均完全排除了公、私法的划分。史尚宽先生认为,"在社会主义社会,私法几全部溶解于公法之中"。② 其真正原因可从列宁在"十月革命"后制定苏俄民法典时阐述的"我们不承认任何私法,我们看来,经济领域中的一切都属于公法范围,而不属于私法范围"③的原则中得到解释。苏联科学院国家与法研究所所长维克多·M.特西契西茨等认为,"列宁的话被这样解释:在社会主义国家中不仅没有私法,也没有传统意义的公法。在以生产资料公有制为基础的社会条件下,不存在私人利益与公共利益的对抗,社会主义法取消公、私法的划分,不是因为公法取代了私法,而是因为这种划分失去了存在的基础"。④ 可见,社会主义国家不采用公、私法划分方法的逻辑前提是:社会主义建立在公有制基础之上,不存在任何私有制,缺乏公、私法划分的基础。在我国,市场经济已初具规模,这实际上已经在根本上消解了拒绝公、私法划分的上述逻辑前提。公、私法的划分具有普适性。普适性意味着公、私法的划分存在某种共通的、中立的价值内涵,因此,我们不能简单地以法的体系的本质及特点或法的阶级性作为拒绝进行这种划分的理由。公法与私法的划分及其在此基础上形成的"二元法律结构以其在实现法治秩序方面的种种功能,理应成为我国市场经济法治模式的理智选择"。⑤ 具体说来,在公权方面,要确立"越权无效"原则,这意味着,第一,法无明文规定的权力不得行使;第二,超越立法目的和法治精神行使的权力无效;第三,设立司法审查制度和国家赔偿制度对非法行使的权力进行校正和救济。而在私权方面,则要确立"法不禁止即自由"的原则。这和"越权无效"原则的含义正相反,只要法律没有明文禁止的权利公民都可以自由行使,而不需法律对权利进行列举。⑥ 但公私两大领域并非完全对立排斥的,而是要形成良性互动,并以此作为制定

① 陶鹤山.市民群体与制度创新——对中国现代化主体的研究[M].南京:南京大学出版社,2001:4-5.
② 史尚宽.民法总论[M].台北:正大印书馆,1980:3.
③ 列宁.列宁全集:第36卷[M].北京:人民出版社,1959:587.
④ 刘楠.论公、私法二元结构与中国市场经济[M]//梁慧星.民商法论丛:第4卷.北京:法律出版社,1996:54.
⑤ 刘楠.论公、私法二元结构与中国市场经济[M]//梁慧星.民商法论丛:第4卷.北京:法律出版社,1996:53.
⑥ 谢维雁.论宪政的平衡性[J].四川师范大学学报(社科版),2002(2).

我国民法典的基础。"民法一旦法典化,便构成一种相对稳定、安全、封闭的系统,故谓之'铁笼'。在铁笼内部,人们的行为受着预知的、协和的系统化的规则调整,因而其行为是相对自由的。民法典还具有市民社会监督者的作用,它用铁一般的法律防御着政府对私生活的不适当干涉。因而,人们追求私权是相对安全的。"①

2.确立财产法在民法中的中心地位是确立民法基础法地位的制度基础。在西方国家,财产(Property)概念的一个很重要的含义是指公民所享有的排斥政府权力不正当侵害的基本权利,所以,以宪法的形式明示政府权力与公民财产的界限,是现代文明社会的重要标志,也是政治文明的基本内涵。几乎每一个现代化国家,在进入经济与社会的高速发展之前,都奠定了这一基本制度,如美国的"权利法案"、德国的"基本法"及其相关的宪法审查制度,它保障政治国家权力之下的市民社会的空间和公民的基本权利。在民法的意义上和宪政的意义上,所谓财产权就是私有财产权。不存在其他的财产权概念。因为其他的财产权都是国家暴力的产物,私有财产权才是国家的源头。英国公法学家戴雪曾说,宪法"不是个人权利的来源,而是其结果"。他认为这是"法治"概念的根本含义。② 作为公民基本权利的财产权是指公民对私人财产的权利,亦即私人财产权。私人财产权既包括对私人所有的生活资料的权利,也包括对私人所有的生产资料的权利;既包括对公民个人财产的所有权,也包括对公民个人合法取得的公共财产,如土地等的使用权。公民的财产权是限制国家权力的最可靠和最有效的屏障,限制住了国家政府对公民财产权的侵害和剥夺,使公民获得了免受政治权力侵犯的权利。由于财产权本质上是一种对他人的限制和束缚,从这一意义上说,没有财产权就没有法治。不仅如此作为民法重要内容的财产权及其保障制度是建立法治、保障人权的基础。没有财产权,其他一切权利的实现都是不可能的或是非常困难的。财产权还使公民获得了自由发展的空间。每个人都可以按照自己的意愿自由行为,从而才有了自由地把自己的财产与他人的财产进行交换的前提和可能,从而才有了市场、有了与人平等、民主对话的条件,个人间的财产交换凭的是互惠和互利,拒绝的是强迫和专横,要求的是尊重和权利的承认,由此带来的是民主与社会的和谐、繁荣。在近代民法中,因为市民社会对绝对主义政治国家反抗之必要,亦因个人主义、绝对自由主义学说之盛行,在对人的财产权的保护中,其所有权保护和运用的绝对一面获得了发展,这是历史的必然,也确实推动了近代资本主义的自由发展。在现代民法中,民法因为经济、思想观念本身的否定而自我否定了,所有权行使相对的一面被予以了关注与发展,这是对所有权绝对性的一次扬弃。

3.对民法规范进行适当整合。所谓民法规范是指以实现公平行为为目的,按照一定程序制定出来的市民社会行为人必须遵守的行为准则。与其他社会法律规范相比,民法规范应充分体现公平和公正。民法规范的公平和公正要求法律规范的内容要为全体社会主体所接受,行为机会对每一个人来说都是均等的;民法规范应具有协调性。所谓民法规范的协调

---

① 李静冰.论制定中国民法典的积极意义与现实障碍[J].法律科学,1992(5).
② 王怡.私有财产凭什么"神圣"[N].21世纪经济报道,2003-03-14.

性,是指各项民法规范之间应是一个有机体,各项规则之间不存在冲突与矛盾。制订民法规范的主要目的,在于为市民社会行为人的行为设范定制,合理确定主体行为的适度界域,以引导市民社会行为人的正常行为;同时还要对行为者的越轨行为作出否定性的评价。这就要求不同民法规范在对待同一类行为上应彼此一致,至少不能存在互相矛盾的地方,否则行为人就会因民法规范的差异而无所适从;民法规范应具有严密性。所谓民法规范的严密性有三层含义:其一是说,行为规则应制定得明确具体,对行为人的行为有明确的判别标准。其二是说,民法规范的内容应全面详尽,不存在明显的规则疏漏。民法规范虽然不可能对千变万化的行为都作出明确的界定,但对民法规范却不能规定得过于原则,应以详尽实用为前提,将可以预见到的一切行为都尽可能地予以明确规定。其三是说,民法规范内容必须明确肯定,造句用词贴切准确,不存在含义模糊和可能引起误解的词句,民法规范应具有可操作性。衡量某一法律规则体系社会价值大小的标准,并非看它理论上如何完善,规定上如何合理,而是要看它在实践中是否具备实施条件,能否达到预期的调节效果,即是否具备实用性和可操作性。很显然,如果民法规范华而不实,虽然从表面看起来规定非常详尽,但却根本无法操作,那么市民社会行为人既没办法按规则的要求去做,组织者、控制者也无法按规则的要求去检验市民社会行为人的行为,民法规范也起不到规范行为人行为的立法目的。民法规范的可操作性应满足以下条件:第一,民法规范不仅要有定性的内容,而且要有定量的内容,只有这样才能精确地衡量行为关系中的行为人是否适当;第二,民法规范在现有的主客观条件下应有实施的可能性。

4.适应市民社会的要求,民法在作用机制上也应作相应调整和更新,使民法真正成为发展市场经济的保护神。与市民社会相适应的民法功能的内涵应包括规制手段和矫正手段两个彼此联系的部分。所谓规制性规范,又称导向性规范,是指以法律的形式确认一定的行为模式,设定行为活动的运作范式,规定行为主体的行为空间以及建立行为活动的一般原则等项规则体系的总和。规制性规范又可具体分为三种:一是引导性规范,指对市民社会行为人的行为提供运作方向和运作空间的规范。其实质在于将市场经济和行为关系的客观要求外化为明确的规范,以促使行为活动符合市场经济的客观要求。引导性规范的主要作用在于激发行为主体的自觉意识,引导和帮助市民社会行为人提高自身活动的优化程度,实施为国家所鼓励、所认可的行为,以便通过行为活动促进社会的繁荣与进步。二是行为性规范,指对市民社会行为人的行为具体作出规范化要求的规范。它主要是通过将若干重复性的行为活动中所形成的行为习惯和其他一般经验,上升为国家法律所认可的普遍性行为理性规则,并以此作为规范同类行为活动的基本依据。三是界定性规范,是指对社会主体的行为活动"设范定制"的法律规范。这一规范存在依据是在市民社会中,行为主体的自我行为意志感非常强烈,利益驱动机制相当明显,市民社会行为人的活动界域也非常宽泛,行为主体经常会有一种超越外来约束的内在冲动。这一规范的主要功能在于合理确定行为主体行为的适度界域,从而有效地实现国家对市场经济活动的宏观控制,并保证行为活力的正常发挥。所谓矫正性规范是指以维护和恢复正常的行为关系为目的,对民事活动中的逾常行为作出否定性的评价,并予以相应的法律上的处理的法律规范。矫正性规范主要包括保护性规范和淘汰性规范两个组成部分。所谓保护性行为规范,是指对行为关系中的通常行为直接作出否定性评价并作出相应处理的规范。它主要是以禁止性规范和制裁性规范的形式表现出来的。这种规范的主要作用是通过对不正当行为的强制矫正,以达到保护正当行为关系的目的;所谓淘汰性行为规范,是指以否认行为失败者的存在价值并取消其主体资格为内容的法律规范。淘汰性规范的主要目的就是通过法律手段,剥夺已经丧失存在意义的在行为中处于极度劣势的行为主体的合法资格,使之淘汰出市场主体和行为主体的范围,同时也从另一方面肯定了居于优势地位的行为主体的存在价值。

5.对民法的作用对象进行扩大。作为权利法学,民法不是"公民法"而是"市民法",其作用对象也不仅应适用于私人生活领域,而应广泛作用于国民经济的整个运行活动,作用于生产、流通、分配、消费等各个领域。在生产领域中,民法的作用对象首先在于作为生产前提的所有制关系。然而民法在这方面的作用应与旧有的计划经济体制明显不同。在原有模式下,无论是在理论上还是在实践中,生产资料公有制被当作社会主义所有制的唯一合理形式。因此民法在对所有制关系的调整中,侧重于对现实经济关系、现存公有制经济特别是国有制经济的特殊保护,而对其他的所有制形式则实行差别性待遇。新型经济运行模式引起了对所有制形式的重新选择,不仅使原有所有制的内在结构发生了重新组合和调整,而且原有公有制的成分也将随着国家与国有企业关系的重新确立以及私人所有制经济、股份制经济的大量出现而发生重大变化。除了要注重对国有财产的保护之外,更应对作为社会主义重要组成部分的非公有制经济进行严密的保护,使民法真正成为维护社会主义经济基础的强有力武器。在流通领域,民法的作用机制主要体现在以下几个方面。第一,确立商品交换活动所应共同遵循的准则,实现经济流转过程的有序化。具体说来就是通过合同制度,维护以自由、平等、等价为前提的交换关系,保护不同经济主体在商品流转中的正当利益。第二,加强对新型流通行为的法律规制,将新型知识产权贸易、电子商务、证券期货交易等行为纳入法律规范的轨道。第三,维护竞争秩序,保证正当的竞争活动。第四,推进银行的商业化和公司化改革,实行经济活动的票据化,确立和维护正常的信贷秩序,保护信贷双方的合法权益。第五,提升社会保险、劳动保险和商业保险在国民经济中的地位,扩大保险的适用对象和作用范围,加强对弱势群体的法律保护,完善社会保障机制和社会保险机制,以保障国民经济的均衡发展。在消费领域,民法的主要作用就是从立法的角度加强对消费者的保护,制止质次价高,不合标准的消费品的生产,提高消费质量。通过对产品质量的管理和产品责任的追究,保护消费者的合法权益。通过对垄断行为的排除,保护消费者。通过限制某些有害于人们身体健康的消费品的生产,引导人们逐步改善消费构成,促进民族身体素质的提高。

6.在立法技术上应实行法律移植与传统文化传承的有机结合。埃尔曼认为:"法律移植是将某些制度和规范从一种文化移至另一种文化。"①中国民事立法中对外国法律的移植除了要移植具体的法律规定外,更重要的应当是对民法所赖以发挥作用的市民社会制度和市

---

① 埃尔曼.比较法律文化[M].贺卫方,高鸿钧,译.北京:生活·读书·新知三联书店,1990:130.

民社会观念的移植。市民社会的私法乃是市民社会自身积淀的习惯、风俗、惯例等抽象规则长期进化的结晶,习惯法堪称私法的真正渊源所在。真正的私法只能从市民社会内部生发和成长,且主要由形形色色的习惯法演变而成。因而,任何无视本土的习惯法资源而由理性凭空臆造的所谓"私法",都很难真正与市民社会融为一体而注定缺乏生命力。① 法国著名社会学家涂尔干认为:"要想深刻地理解一种规矩或一种制度,一种法律准则或一种道德准则,就必须尽可能地揭示出它的最初起源;因为在其现实和过去之间,存在着密不可分的关联。毋庸置疑,由于这些规矩、制度或准则的运作方式已经发生了转变,所以从原则上讲,它们所依据的原因本身也会发生变化;但是这些转化仍然有赖于它们的发端。"②文化对于制度乃至社会结构的影响是关键的,也是最为持久、最为有效的因素。正如有学者所说,"在文化的诸多特点和规律中,最重要的就是它的不可逆性和它的民族性,而它的不可逆性又主要是通过它的民族性来涵载和体现的。所以,只有民族性才是文化的脊梁和灵魂,才是文化的价值所在,也才是文化能够存在并发挥积极作用的前提与基础"。③ 二是必须阐明制度的文化根据。这要求,我们在进行制度建设时,必须使制度的价值意义与文化意义保持一致。否则,我们的制度就与文化不协调,制度最终不为民众所认同。④ 我们所制定的民法典如果不注重对传统习惯和传统文化的吸收和继承,根本无视传统习惯对社会生活的巨大影响力,因此而制定出来的民法典只能是与社会公众的生活无涉因而不可能得到有效实施的民法典。当然对传统文化和传统习惯的尊重,并不是要对所有传统法律观念都毫无保留地予以继承。一个成功的现代化,特别是民事立法的现代化,都应当是有选择性的。这种选择性体现为一个双向的互动过程,即现代与传统的相互挑战和相互适应。任何社会中文明的进化包括法制文明的进化都不可能没有积累和继承。在对先进文化包括法制文化的吸收和引进过程中,我们不能一味地全盘否定传统法制的存在价值。文明的进化不可能没有积累和继承。一种法律传统特别是与公民基本生活攸关的民法文化传统和民事习惯之所以能够长期存在而经久不衰,必然有其历史合理性。至少,它为我们的立法模式和制度设计提供了更多选择的可能性。一个社会无论其发展变化多么迅速,它总是无法摆脱与传统的纽带联系,不可能与过去完全割裂。这种纽带联系反映了社会对一定秩序状态下的基本要求。同样法律传统也有着其不可忽视的存在价值,对民事传统来说尤其如此。完全脱离一定的法律传统和社会习惯而试图建立一个所谓与国际接轨的现代民法制度,这样的制度和体系注定是不能稳固和有效的。因此我们的民事立法所需要做的应当是,在传统文化和传统习惯与现代法制精神之间建立起一个可以沟通的桥梁,在扬弃和继承的基础上构建出一套既适应现代市场经济体制的要求又可得到广泛社会接受的社会主义民法典体系和相应的民法文化。

① 刘武俊.论市民社会与中国法治之路[J].唐都学刊,2003(4).
② 爱弥尔·涂尔干.乱伦禁忌及其起源[M].汲喆,付德根,渠东,译.上海:上海人民出版社,2003:3.
③ 艾斐.关于民族化与全球化——文化的一个时代命题[N].人民日报,2002-07-07(8).
④ 杨德平,尤广辉.现代民法的人文精神[EB/OL].http://www.lwlm.com/html/2004-12/7672.htm.2004-11-27.

对有关民法与宪法关系争议问题的澄清与驳议①

　　童之伟教授在《中国法学》2006 年第 6 期上以 20 余页的篇幅抒发了他对宪法与民法关系的了解(以下简称童文)。洋洋洒洒 3 万余字,激情地谱写了宪法民法关系的实像与幻影。作为一个著名的宪法学家,文中飘逸着作为根本法的大气。由于对本学科偏爱有加的缘故,童文在对宪法观念和宪法精神大加弘扬的同时,对作为私法基础法的民法则大有不屑一顾之态,将民法贬之为只能关注经济生活的屑小之法。② 但我们的专业背景决定了我们只能以我们的理解能力来对童文的对话邀请作出回应,希望通过这种发生于自然状态的呐喊,在自然人与公民之间进行一些必要的沟通。如何沟通呢? 作为以崇尚自由为己任的民法人或自然人而言,要想和已经与政治生活下混为一体的公民比逻辑能力,看来只能是自愧弗如。所以就以民法人自然散漫之习惯来行此文,兴之所趋,文之所致。

　　记得在 2002 年,徐国栋教授曾在西南政法大学作了三场讲座。其中一场便是"民法帝国主义"。如今细想,不由得不佩服国栋先生总是开先河的辟荆之气。不过,帝国主义却总是让人想起殖民主义。宪法民法关系之争,是否就是这两个学科都想对对方进行殖民,从而重新争夺学科地界,瓜分那些不叫利益的利益。这肯定有点以小人之心度君子之腹之嫌。正如童教授预设的互信方面而言:"每个学者都应该相信或推定,其他学科的学者花力气研究这个问题,主观上一定是为了求真、求真知,不是为本学科、本人争地位;而且,学者研究对象的重要性与本学科、本人的学术地位也没多少关系。"③既然如此,那就打消了我们心头的顾虑,秉着自然人言由心声的习气,尽量亮开自己的家底,看能否求得真知。

一、究竟何为事实?

　　童文在第 162 页指出,学者要注重事实,也要以事实为依据。如果某人认为宪法是以民法为基础或者根据的时候,他就应该能够有根有据地主动回答这样一些最基本的问题:如英

---

　　① 本文系与周清林博士合写,以《再论民法与宪法之间的关系——与童之伟教授商榷》为题,发表在《法学》2007 年第 4 期。人大复印报刊资料《宪法学》2007 年第 7 期转载。

　　② 童文认为,民法仅仅调整经济关系。童之伟.宪法民法关系之实像与幻影[J].中国法学,2006(6).

　　③ 童之伟.宪法民法关系之实像与幻影[J].中国法学,2006(6).

国 1215 年《大宪章》等宪法及其宪法性法律是以哪些民法为依据的。① 后从第 169 页到第 171 页引用大量历史资料阐述了宪法与民法产生时间的先后顺序,通过这些法律在制定上的先后顺序从而认定,"现在在中国有流行趋势的民法至上论在理论上、逻辑上有违常识,若付诸实践则不仅有害于建设法治国家的历史进程,也可能招致海内外嘲笑讥讽。现代所有法治国家的民法,都是以本国宪法为基础和根据形成的"②。通过仔细研读,我们不难发现童文的"事实"实际上指的是历史事件的时间顺序。可惜,这仅仅是事件,而非事实。正如斯特劳森所说,人、物、事件是在世界里面的东西,事实却不是,事实是陈述所陈述的东西,是半实体;事实并不是真在世界里的东西,因此命题也无从去和事实符合。③ 由此,事实是用作证据的,用来作论证的,所以,事实都是有关事实,或可能有关的事实。④ 若如此,童文的"事实"只不过是相关历史事件的堆集。可是,当它摆脱它的历史存在性从而进入文章变成童之伟教授论证框架内的材料时,很显然就脱离了历史事件本身的中立性,成了童教授价值目标体系内的一颗棋子。这样,这些无可置疑的历史事件在童文的高超运用下,已经变成了有关事实。于是,我们有理由怀疑的不是这些历史事件本身的真实性,而是童教授在运用这些事件时作依托的理论基础的可靠性。童文在引用这些历史事件时所依靠的逻辑思路是:宪法在时间上先于民法,所以宪法才是至上的,宪法才是最重要的。通过历史事件的时间认定,在没有价值体系支撑的情况下就匆匆地下了一个过于武断的结论,正如我们经历了前天、昨天和今天,在没有价值目标指引的前提下,就认定前天最重要,因为它发生在昨天之前。这是激情的诱惑,而不是理性思维的结果。即使按照童文所罗列的事件的发生顺序来说,宪法的产生也明显后于民法。有据可考的民法典发展历史至少可以追溯到古罗马的"万民法"和"十二铜表法"。而无论是"万民法"还是"十二铜表法",都已具备现代法典的基本构成要素。根据著名法律史学家梅因的考证,罗马人在这些民法典中就已经知道"人法"和"物法"之间的区分。罗马的"法学阶梯"不但对各种各样的所有权下了明确的定义,而且还探讨了"取得财产的自然方式"。⑤ 而古罗马之所以要进行民法的法典化工作,按照梅因的观点:"'十二铜表法'以及类似的法典赋予有关社会的好处,主要是保护这些社会使它们不受有特权的寡头政治的欺诈,使国家制度不致自发地腐化和败坏。'罗马法典'只是把罗马人的现存习惯表述于文字中。"⑥这也在某种程度上印证了宪法应当为民法服务,和"民法相对于宪法而言更具有基础地位"⑦的观点。即使就童文多次提到的英国《大宪章》和法国《宪法》而言,如果我们排除从历史事件的时间顺序出发,而更深入地探讨这些事件之所以可能的事实,我们同样

① 童之伟.宪法民法关系之实像与幻影[J].中国法学,2006(6).
② 童之伟.宪法民法关系之实像与幻影[J].中国法学,2006(6).
③ 陈嘉映.冷风集[M].北京:东方出版社,2001:171.
④ 陈嘉映.冷风集[M].北京:东方出版社,2001:190.
⑤ 梅因.古代法[M].沈景一,译.北京:商务印书馆,1959:139-171.
⑥ 梅因.古代法[M].沈景一,译.北京:商务印书馆,1959:11-13.
⑦ 赵万一.我国民法典制定的基本理念和制度构架——以民法与宪法关系为视角[J].中国法学,2006(1).

会发现事情展现的却是另一面。就英国《大宪章》的产生而言,这完全是僧俗贵族反对和抵制国王侵犯私有财产权斗争的产物。直至都铎时代,英国社会流行这样的一条重要的封建原则,那就是国王得"靠自己的收入过活"。从诺曼征服(1066 年)到《大宪章》的诞生(1215年)这段时间内,国王的正规收入可分为四类:王室领地收入,司法收入,作为封君从封臣那获得的收入,丹麦金。① 诺曼朝的建立,对英国的历史产生了重大影响,因为诺曼人将西欧大陆的封建制度引进了英国,威廉将在征服战争中夺来的大片英国土地,分封给诺曼将士。1086 年,威廉强迫英国的各级领主接受"索耳兹伯里盟誓",其内容的实质是,英国的各级封臣,无论是哪一级,除了宣誓效忠上一级领主之外,首先要向国王效忠。就这样,威廉大大加强了对王国的直接管理,加强了王权。然而,自诺曼征服后不久,英国经济发展却较为迅速,这主要体现在农业生产中三圃制和工业中超过其他行业而成为英国主要富源的羊毛业中。针对这部分利益,地方封建主与国王之间展开了激烈的争夺。而这些争夺直接指向的就是确保和限制国王收入的封建法规。如何使那些僵死的法规适应经济的发展,成了僧俗贵族与国王之间斗争的焦点之一。另外,12 世纪英国还发生了一系列重大的事件,如耗资巨大的对外战争和赎救理查德。② 这些重大事件和当时社会经济形势的发展,迫使英王室对国王收入做出调整。英王的财政机构在原有税种的基础上创设了几个新的税种,如免役捐、动产税和土地税。③ 这一系列税收政策的变化表明,国王的权力已经越过了固有的界限,形成了对私人财产权的侵犯。为此,围绕着对国王的非法征取和勒索,各级封建领主进行了程度不一的反抗。这一抗争的早期结果便是 1100 年亨利一世所颁布的著名的《自由宪章》。正如这篇作为《大宪章》前身的《自由宪章》的前言所说:"我知道,凭上帝之仁慈,凭整个英格兰王国之贵族们之共同商议,我已被加冕为本国之国王。"④这一成文性的宪法文件,名正言顺地成了贵族们反对国王暴虐的武器,也以书面的形式把王权对贵族们意见的依赖性固定下来。亨利一世的这一做法为贵族们抵制王权提供了成文法上的依据,致使国王很多企图增加国

---

① 赵文洪.私人财产权利体系的发展——西方市场经济和资本主义的起源问题研究[M].北京:中国社会科学出版社,1998:205.

② 自亨利二世开始,英国的对外战争频繁不断。当时英国的主要敌人有苏格兰、威尔士、爱尔兰和法国。另外,这期间的十字军东征,更是需要动员整个英国社会的巨大的战争。所谓赎救理查德指 1192 年理查德(当时的英国国王)在十字军东征返回途中,被神圣罗马帝国皇帝亨利六世俘获。约定以 15 万马克(后来未完全交付)赎回。后来理查德于 1193 年被赎回。请参见赵文洪.私人财产权利体系的发展——西方市场经济和资本主义的起源问题研究[M].北京:中国社会科学出版社,1998:207-209.

③ 最先征收免役捐的是亨利二世。1156 年,亨利二世要求不愿随他出征威尔士的骑士每人交 20 先令。最先征收动产税的目的是为十字军东征筹措军费。1166 年,亨利二世命令,以"收复圣地"的名义,对所有动产第一年每磅征 2 便士,以后四年每磅征 1 便士。1194 年,理查德正式按每海德 2 先令的税率征收土地税。请参阅赵文洪.私人财产权利体系的发展——西方市场经济和资本主义的起源问题研究[M].北京:中国社会科学出版社,1998:210.

④ 赵文洪.私人财产权利体系的发展——西方市场经济和资本主义的起源问题研究[M].北京:中国社会科学出版社,1998:214.

王收入的措施落空。^① 在英王约翰时代，由于僧俗贵族的强大压力，1213 年召开了一次全国性的代表会议。同年的 8 月 25 日又召开了一次会议，正式公布了亨利一世的《自由宪章》。1214 年 10 月，当约翰国王从国外回国准备召集北部男爵们时，这些男爵们却不听召唤而以朝圣的借口武装聚集起来了。他们发誓，如果国王再耽搁恢复法律和自由，他们将收回其忠诚，并与国王战斗，直至他以加盖印章的宪章形式确认它的让步为止。1215 年 6 月 15 日，约翰只好在男爵们拟好的以《自由宪章》为基础并对其内容作了充实和调整的《大宪章》上盖玺并公布。^② 从《大宪章》的产生可以看出，《大宪章》完全是在维护私人自由和财产神圣不可侵犯的基础上反抗王权的过程中产生的。这些私人的自由和财产权利，有些是习惯中形成的，有些是随着经济形势的变化而出现。《大宪章》的存在意图显然不是为国王服务，也不是为国王的封建王权的政治构架谋利的工具，而是限制国王横征暴敛、任意剥夺臣民自由的工具。所以，《大宪章》的主要目标在于控权，即通过成文法的方式严格限制国王手中那贪欲十足的公权力，而控权的目的显然是留出一块自由地，让臣民享受一种非权力的自然生活。由此看来，《大宪章》确实没有以哪些民事法律为依据，但是却是以实实在在的对民事权利和自由的保障为前提的。至于法国 1793 年宪法以哪些民事法律为依据，这里我们同样可以从1793 年宪法的产生时间顺序出发，来最为简单地看看这些事件背后的事实。1789 年，法国国民议会颁布了著名的《人权和公民权利宣言》，即《人权宣言》。《宣言》在第 2 条指出：任何政治结合的目的，都在于保存人的自然的和不可动摇的权利。这些权利就是自由、财产、安全和反抗压迫。^③ 后《人权宣言》成为 1791 年法国第一部宪法的前言。在内容稍加改变后，被用作 1793 年宪法、1795 年宪法序言。现行法国宪法序言称：法国人民庄严宣告，恪守1789 年人权宣言所规定的并由 1946 年的宪法的序言加以确认和补充的各项人权和关于主权的各项原则。^④ 我们认为这些都不言而喻地说明了宪法的目标在于确保私人生活的自然性。然而又是什么在诱惑着童文对这些历史事件进行这样的解读呢？

二、童文的贪恋和执念

诱惑是不可避免的，也是无处不在的，否则作为人类始祖的亚当、夏娃及其他们的子孙将永驻不食人间烟火的伊甸园，过着无忧无虑的非世俗生活，因之也没有五彩斑斓的缤纷世

---

① 这些如 1163 年亨利二世要求将平时每海德土地每年向郡长交 2 先令，以作为其行政和防务薪金的这笔钱转作王室岁入，这一举措遭到大主教贝克特的反对。1198 年理查德一世要求贵族们提供 300 名骑士，并供给每名骑士每日 3 先令，服役一年，遭到抵制而未遂。1207 年，约翰国王准备征收动产税，这首次引起非个人的阶层性抗议。

② 斯塔布斯.英国宪政史：第一卷［M］.转引自赵文洪.私人财产权利体系的发展——西方市场经济和资本主义的起源问题研究［M］.北京：中国社会科学出版社，1998：216.

③ 姜士林，陈玮.世界宪法大全：上卷［M］.北京：中国广播电视出版社，1989：760.

④ 董云虎.人权基本文献要览［M］.辽宁：辽宁人民出版社，1994：36.

界。正因为人类经不住诱惑,有许多利益需要去获取,因此才需要法律对人的欲望加以规范,需要对人的自由意志进行限制。当然,自由意志在它的行使之初,是以获取知识为旨趣的,而这种对知识的获取又是以没有知识作为基础的。当我们没有知识或者知识不足时,诱惑就会时刻降临。对此,我们只能说我们愿意这种诱惑,因为诱惑会带给我们真知。可是,现实的诱惑却是五花八门、万般变化。在这个消解形而上学的时代,每一个个体都是存在的始基,那么每一种诱惑展现的却是个体生存的展开。每一次个体的诱惑,都意味着对意欲对象的一种迷恋,由此即产生了困扰我们思维且挥之不去的各种贪恋和执念。那么,童文的贪恋和执念又是什么呢? 也许从下面的引述可以看出某些蛛丝马迹。在引用张友渔先生的法理学教材论及宪法民法关系时,[①]童文论述道:这些宪法民法关系学说,既反映了包括中国在内的所有实行成文宪法制度的法治国家的真实情况,也符合法治国家应然法律秩序的要求。[②] 也就是说,民法只是调整国家生活的某一方面的问题。但什么是国家生活呢? 显然,国家是政治文明的结果,可以说,国家生活完全等同于政治生活。置换一下,我们就得出这样的一个结论:宪法规范政治生活的基本原则,民法只不过是调整政治生活的一部分。这一点倒是符合我们中华文明几千年的现实。在"朕即国家"的封建社会,普天之下,莫非王土,率土之滨,莫非王臣。家国一体化的设置,使得个人根本上就没有生存的空间。所以,诸法合一而以刑法为主的法律架设,完全合乎这种统六合于宇内最终天人合一于帝王的政治制度构架。中国古代虽然也讲"人本、民本"。春秋时期齐国著名政治家管仲最早提出以人为本的概念。他在《管子》一书中指出:"凡治国之道,必先福民。""夫霸王之所始者,以人为本,本治则国固,本乱则国危。"《黄帝内经》的《经法·君正》篇也说:"人之本在地,地之本在宜,宜之本在时,时之用在民,民之用在力,力之用在节……节民力以使,则财生,赋敛有度则民富。"孟子更提出"民为贵,社稷次之,君为轻"(《孟子·尽心下》)。但这种人本或民本是在人治与德治礼治的框架下提出的,其目的是更好地维护其以皇权至上为核心的封建统治制度。新中国成立以来,我们扫除弊政,把政治的基础建立在工农联合的基础上,从而代表了最广大人民的利益。和计划经济一起,我们首次把政权建设推进了村落。经历过几次运动,即使再山高皇帝远的地方,再愚顽不灵的人,也都接受了政治的教化。政治文明之光,照亮了每一寸土地,也把每一个人的心灵彻底地袒露出来。这完全应验了亚里士多德那句"人是政治动物"的断言。在政治生活之外,人是没有存在余地的,没有自己的思想,没有自己的欲望,更没有自己的利益。20 世纪 70 年代末进行的改革开放,通过把计划经济首先转向商品经济进而转向市场经济,不但从根本上改变了社会经济体制、经济结果和经济模式,而且改变了人们的生活方式和思维模式。如果说计划经济是理性万能和政治万能的表现,因为在计划的每一个角落,都渗透着权力的力量。那么,经济模式的转变,则承认了理性的限度,破除了

---

① 张友渔先生是如此说的:"宪法是国家的根本法,是法制建设的基础";"宪法与其它部门法不同。它调整国家生活中的基本问题,而其它法只分别调整国家生活中某一方面的问题"。转引自童之伟.宪法民法关系之实像与幻影[J].中国法学,2006(6).

② 童之伟.宪法民法关系之实像与幻影[J].中国法学,2006(6).

权力的神话,把这种大一统的立体模式改造成平面化的多极模式。随着家庭已经完全不能承担古代那种接替政治教化的重任,个人在权力之外开始有了生存的空间。在这里,市民社会已脱离政治生活而独立存在。政治已不能再提供教化的标准,生存的意义开始放开由个体自身进行决定。这一切都表明,在市场经济条件下,个人权利在不断扩张自己的阵地,而权力则在逐步收缩自己的势力范围。随着社会主义市场经济体制改革的进一步深化,将会使政治生活的空间越来越有限化,而私人的场域将进一步得到扩展。可以这样说,市场经济模式对计划经济的取代,使得个人慢慢地走向了舞台,个人除了政治生活之外,私人的生活甚至成了最为重要的方面。他们生活的意义,主要不是在政治上得到实现,而是在自由自在的私人领域。经过改革开放的锤炼和思想革新的洗礼,我们终于欣喜地看到,在 20 世纪末期以来,在古老的华夏之邦,我们第一次认真审视个人在社会整体中的基础和核心地位,开始考虑国家权力的有限性。市民社会与国家的分野逐步成为可以为我们所接受的一种生活方式。我们开始认识到,市民社会所尊崇的民事权利必须以可以独立于政治权力的影响而存在,强调的是充分尊重个人的自由意志。主张国家应严格限制自己的权力范围和权力界限,强调应充分关注个体利益和最大限度发挥个体的主观能动性和积极性,以实现社会效益的最大化和社会的公平正义。随着个人独立人格的逐步显现,每个人都以神圣的面貌出现,甚至"每一个个人都是整个世界"(孟德斯鸠语)。在这个他可以自由支配的民事生活领域,个人无须再看权力的眼色行事,而是根据自己的判断力自主地决定自己的生活。民法正是对这个神圣而独立领域人的生活的一种写真。可是童文却认为,民法和宪法以及其他部门法一样,都是对政治生活的一种调整,即使这种政治生活被冠以"国家生活"的名义。这种对政治和权力的迷恋,正是童文意图的全部内核。也许,我们在政治下生活习惯了的缘故,从而也就习惯于这种权力生活了吧。几千年深重灾难式的积淀以至于让我们对这种非权力的生活还比较陌生。难道只有把我们的心灵和生活彻底暴露在政治文明的光照之下,我们才会有丝毫的生活意义吗?有这种迷恋是可以理解的,因为我们几千年都是这样过来的,问题是这种迷恋给我们带来了什么。这是一个去除宏大叙事的时代,任何如柏拉图哲人王式的鸿鹄之志,首先就要预设对善和 logos 的洞彻,还需要各类人等自动趋之若鹜。然而谁又能证明代表的就是善本身,谁又能说明他自身已被 logos 附体。生活的意义不在于他者的赋予,而是自身行动的结果。任何政治都不能提供一个理想的天国模式,任何权力都操持在理性有限而又充满欲望的个人或者集团手中。作为公共权力拥有者的政府,其主要特点之一是它总是在寻找一切机会扩大自己行使权力的范围,权力滥用和腐化的直接对象就是公民的权利和自由。如果权利不能制约权力,国家机关权力的行使就会超越宪法设定的界限和轨道,权力就可能被个人的私欲或小集团的私利所支配。既然如此,对这种权力的防范在理论上也是完全成立的。由此看来,民法正好是在政治生活压缩的地方,开始了自己的存在。这两个领域正好是此消彼长的。这涉及公域与私域的划分,当然也牵扯童文极力反对的公私法的二分问题。

三、公私法划分的意义

公私法的划分问题是童文预设的两个方法方面的问题之一。童文在第 162 页指出,当一个学者说区分公法与私法对于维护公民的个人权利是不可缺少的措施时,他就得对下面的现象提出合乎事实和逻辑的解释:为什么有的法治发达国家的法律界、法学界不区分公法和私法,其公民或个人私权利的保障状况比最热衷于对法律作公私法区分的国家还要好些?① 显然,这是置大陆法系和普通法系的区分于不顾。普通法系是法律家的法,来自于法律实践和生活习惯,其公域与私域的区分不是写在成文法里,更不是以宪章的形式体现,而是深深地铭刻在每一个实践中的公民心里。若遵循普通法的成文法形式,它们就没有以民法命名的法律,难道说它们就不需要民事生活了吗?英美宪政体制下有限政府的存在,正是展现了私域存在的逻辑优先性。所以,任何理解都必须建立在前理解的基础上,即作为一个历史存在的此在而言,我们对很多问题的理解不能摆脱历史性,也就是说,我们不能超越时空而以一个普遍的标准进行。童文的这种说法,是一种理解的权力意志。以普通法系的历史背景为基础,而统一对问题的理解。如果把理解置入我们的文化背景,从我们的当下性对问题进行梳理,就会发现我们根本就没有这种严格区分公私域的心理准备,更何况我们从清末以来就一直接受的是大陆法系的传统事实。即使是民法学界对这个问题的接受,也是经过了几十年的摸爬滚打。在制定第三次民法典的过程的前后,民法学界普遍接受的也是社会主义只存在公法,没有私法这种法律名称存在的可能性。典型的是民法学界的前辈人物陶希晋教授在《论我国社会主义民法的指导原则》一文中提出的看法。他认为,制定一部具有中国特色的社会主义民法应当贯彻以下基本原则:社会主义原则、民主原则、公法原则、法律与道德相结合的原则。② 为什么民法也要遵循公法原则呢?当时的思维观念认为,民法作为上层建筑,同样是统治阶级意志的表现。既然所有的法律都是统治阶级意志的体现,那么公法和私法的划分就没有任何必要。因为"如果说(资本主义的,笔者)公法是保护资产阶级的国家利益和公共利益的,那么,私法就是完全保护资本家利益的法律,也就是保护单个资本家私人利益的法律。"而在社会主义国家,实行的是生产资料公有制,公民的个人利益和国家的整体利益是一致的,因而不必要区分为公法和私法,"因为公法和私法并不是什么对立的东西"。③ 既然无须区分公法和私法,那么民法到底是什么性质呢?关键时刻,列宁的经典名言"我们不承认任何'私法',在我们看来,经济领域中的一切都属于公法范围,而不是私法范围"成了指路明灯。由此,"社会主义民法不是私法",就成了社会主义法制建设中的一个基本的指导思想。④ 由此看来,不承认公私法的划分,只有可能回到 20 世纪 80 年代的初

---

① 童之伟.宪法民法关系之实像与幻影[J].中国法学,2006(6).

② 陶希晋.论我国社会主义民法的指导原则[J].法学季刊,1984(1).

③ 陶希晋.论我国社会主义民法的指导原则[J].法学季刊,1984(1).

④ 陶希晋.论我国社会主义民法的指导原则[J].法学季刊,1984(1).

期,①那就是把一切生活场域都统一在公共权力的笼罩之下。对公法和私法的划分,并非单纯的理论推演,而是要从权力的光照下留出一片森林。也就是说,在私法中,占据主导地位的通常是那些自由的、不需要说明理由的决定;而在公法中,占据主导地位的则是那些受约束的决定。② 按照肯德根的说法,"私法主体的动机是一种禁忌。对于其行为的后果,主体充其量是对自己承担责任"。③ 与此相反,公法的情形就完全不同了。在公法中,对决策自由是要进行严格限制的。之所以要防范行政机关的决策自由,主要是基于以下两方面的理由:第一,国家因拥有权力工具,因此其实力远在单个的人之上。如果法律制度不对国家的这种超强实力进行限制,那么这种权力就会变得无法忍受("极权国家")。第二,公法不同于私法,公法中一般不存在将法律后果归属于决策者的现象。④ 概而言之,就公法和私法的关系而言,私法领域主要体现为对公民权利的保障,而在公法领域则主要体现对政府权力的制约。⑤进一步推导,之所以要对政府的决策自由进行制约,就在于政府本身不是政治构架的目的。政治的目的只能在于那单个的人的有尊严的生存。公法和私法划分的实益在于,确定私人生活领域在逻辑上的优位性,从而为政治设定一个目标,同时也为权力侵犯私人空间设定一个坚固的屏障。若不对公法和私法进行区分,我们对法律的理解又将回到是统治阶级意志表现这一曾经经典但现已不流行的提法当中去。这仅仅是柏拉图《国家篇》中塞拉西马柯"正义无非就是强者的利益"的翻版。⑥ 对赤裸裸现实世界的肯认,恐怕和童文主张的进行应然的理论研究是背道而驰的吧。既然如此,为什么我们还要说宪法是根本法,是一切部门法的"母法"呢?

四、究竟何为"根本法"之"根本"

在对宪法法律地位的研究方面,比较有见地的是谢维雁同志在这方面的卓越研究。在《"母法"观念释读——宪法与法律关系新解》一文中,谢维雁同志在简短地考察了我国自清

---

① 笔者认为,得出这样的观点有两个原因:其一为当时的社会环境所决定的。在改革开放刚刚起步的年代,我们的思想观念还没有从旧体制下转变过来。既然我们的经济类型是"公有制基础上的有计划的商品经济",那么,"社会主义的一切经济活动均必须接受国家计划的指导,即必须接受国家的干预,而不能把社会主义的民法当作资产阶级的'任意法'"。参见陶希晋.论我国社会主义民法的指导原则[J].法学季刊,1984(1).若真正地从他们所接受的传统马克思主义教育而言,这个推论也不能说没有道理。既然经济基础还是公有制基础,自然作为上层建筑的民法当然是"公法"。其二为学界的整体水平所决定。从笔者所接触的100多篇资料来看,不要说看到全新的视角,就是想从马克思原典中寻求马克思思想的都几乎没有。千篇一律地从把人自由自觉活动隐没的"经济基础决定上层建筑"这一个原理出发,而没有意识到马克思哲学体系的起点和目标。没有从一个更深层次的角度去引进马克思哲学。

② 迪特尔·梅迪库斯.德国民法总论[M].邵建东,译.北京:法律出版社,2000:7.

③ 迪特尔·梅迪库斯.德国民法总论[M].邵建东,译.北京:法律出版社,2000:8.

④ 迪特尔·梅迪库斯.德国民法总论[M].邵建东,译.北京:法律出版社,2000:9.

⑤ 赵万一.我国民法典制定的基本理念和制度构架——以民法与宪法关系为视角[J].中国法学,2006(1).

⑥ 柏拉图.柏拉图全集:第二卷[M].王晓朝,译.北京:人民出版社,2003:289.

末以来"立宪"和"宪政"如何跃然成为"母法"和"根本法"的这一过程之后,得出了一个出乎我们常识之外的结论。对此,我们也许有必要引用斯大林在1936年全苏维埃第八次(非常)代表大会上作的题为《关于苏联宪法草案》的报告中曾强调过的一句话:"宪法是根本法,而且仅仅是根本法。"①也就是说,宪法作为根本法只是形式意义上的。换句话说,把宪法定位为根本法,实际上只是弄一个神龛把它供奉起来,当然就彻底地从根本上取消了它的根本性。由此,"根本法"一词在我国主要是在政治的意义上被强调,而不是在规范的意义上被重视。既然如此,在我国缺乏违宪审查制度或者宪法诉讼机制作为保障其规范和合法性的一种最有效的法律技术手段就成为顺理成章的事情。虽然宪法仅仅起着宣示的作用,根本上没有起到"根本法"应有的效用,但是在学界宪法的"根本法"性质却被修辞化为"母法"。这种类比本来就植根于中国固有的家族伦理的生殖本质当中的。子由母出,因而母必然是子的源泉,是子的本质所在。所以,作为"母法"的宪法,对其他作为"子法"的普通法律而言,是其立法依据。这有点像泰勒斯的水,万物所从出而又复归于它。如果从我们民法学的角度来理解这种母子关系的话,就需要考虑子的行为能力问题。如果子是无行为能力,作为法定代理人的母就代行一切事物;如果子是限制民事行为能力人,那母只有在子超越其行为能力范围外享有代理权;如果子是完全民事行为能力人,那和母就没有法律上的监护关系。显然,在我们国家子法不可能是无或者完全行为能力者,只可能是限制行为能力人。可惜的是,在子法超越其行为能力范围之外,作为母法的宪法却无法提供救济。由此看来,母法由于没有赋予法定代理权,从而丧失了它应有的权威。那么必然的推断就是,宪法仅仅生育,但却没有保障子女的权力。按照郑贤君博士的看法,母子关系有两种:子因母出和母命难违。他认为,在宪法与普通法律关系上,如果不把重点放在"繁殖功能"上,而是放在"监护功能"上,则宪法的"母法"称谓是有价值的。② 其实,郑博士的这种理解仍然是建立在规范形式上来论述的。"母命难违"很容易让人想起"父母之命,媒妁之言"的婚姻强迫,只顾及家族香火的延续,而不考虑到子女个体的生存感受。在人格独立的时代,在由家庭走入市民社会的时代,我们不禁要问,母命为什么难违。从我们民法人的视角而论,之所以在行为能力制度当中赋予母亲监护权,其目的在于让她更有力地保障有限行为能力人的利益。也就是说,母命只是工具意义上的,子女的幸福才是真正目标所在。由此,我们有理由反问,宪法的根本性究竟在哪。这要从两个方面才能论述清楚。其一,在法律规范意义上宪法的根本性体现。且不说宪法根本性的意识形态动机,③作为万法之源的宪法为什么能体现其相对于其他部门法的巨大的优越性呢? 透过美国宪法也许能略知一二。美国实行的是成文宪法。这一成文宪法在美国同样具有根本法的地位,原因在于它是主权者人民在宪法会议上批准的。作为

---

① 斯大林.斯大林选集:下卷[M].人民出版社,1979:409.

② 郑贤君.宪法上的 civil rights 是公民权利吗——解读宪法 civil rights[J].首都师范大学学报,2004(4).

③ 按照谢维雁先生的说法,苏联使用"根本法"而回避采用"宪法"的概念,体现了某种具有强烈意识形态的动机,因为"根本法"这一术语更具有技术性,没有特定的价值意味。参见谢维雁."母法"观念释读——宪法与法律关系新解[J].四川大学学报(哲学社会科学版),2005(5).

主权者的人民通过把他们的意志确定在不变的文本中,从而授予政府权力,当然也限制着政府的行为。由于只有宪法是主权者意志的体现,对于立法机构的行为,只能被认定是人民意志的派生物,因而要接受宪法的审查,也就是接受主权者意志的认定。① 可见,即使在法律规范意义上,之所以认定宪法具有根本法的母法性质,并不是因为宪法在时间上优先于其他部门法这样的"客观事由",而是隐藏在这些规范现象背后的主权者意志和立法机构意志之间的关系。这已经超越了单纯规范意义上的法律形式之间的关系,实际上已经深入到了政治理论当中。其二,实质意义上宪法根本性的体现。既然宪法根本性的理念并不在法律规范的意义上,而是要探究政治构架的基础,那么我们有必要探入现代政治国家构建的理论假设当中去。洛克的《政府论》也许能够给我们提供一个范本。在《政府论》上篇,贤明的洛克通过驳斥菲尔麦神父的君权神授思想,从而抽调了现实权力欲充当政权根据的基础。紧接着,他预设了自然状况作为政府构架的基础。人民之所以需要政府,不是像霍布斯说的那样,自然状况使人民的生存存在问题,而是自然状况毕竟有不完备的地方,设定一个政府,更加有利于维护自然人的利益。而宪法正是人民这一目标的体现。如果政府的行为违背了他们的初衷,人民就享有革命的权利。可见,宪法之所以是根本的,就在于他体现了自然状况下人民的愿望。"与自然法论者而言,美国的成文宪法反映了一种更为宏大的道德真理。这种反映,其意深远。尤为显著的是,它意味着如果不求助于这些道德真理,美国宪法就不能得到适当的理解。道德世界因此成为宪法文本的本源,它既界定了适当的司法推理,亦界定了宪法文本的实质含义。"②既然如此,宪法的根本性的"根本"在于,宪法的价值诉求不在于作为规范文本的宪法本身,而在于政治构架基础的主权者意志。换句话说,宪法之所以根本,是因为它是工具,它反映了人民的意志,通过授予政府权力和限制政府权力,从而更加有利地实现人民的自由。如果谁单纯地从法律规范意义上去理解这种根本性,就有可能把宪法仅仅当作一个事件,而不是价值体系当中的有关事实。到头来,宪法就不知道成了什么的工具。可见,把宪法技术化的观念,从而把它固定在政治层面上,最终只能到权力那里寻找归宿。因此,作为公域基础的宪法,其根本性就在于通过授予和限制政府权力,从而确保私域自由的实现。

五、沉重的传统与难下的结论

行文至此,我们不禁想问,民法宪法关系之争,其争论的实质在哪? 从童文第 164 页来看,他认为:"历史联系是历史联系,现实关系是现实关系,不可以将宪法与民法、民事权利的

① 基思·E.惠廷顿.宪法解释:文本含义,原初意图与司法审查[M].杜强强,刘国,柳建龙,译.北京:中国人民大学出版社,2006:51.
② 基思·E.惠廷顿.宪法解释:文本含义,原初意图与司法审查[M].杜强强,刘国,柳建龙,译.北京:中国人民大学出版社,2006:27.

历史联系混同于宪法与民法的现实关系。"①亦即,童文要我们斩断历史渊源,断绝一切理论假设,只从当下的宪法文本的规定出发来理解宪法与民法的关系,那才有可能导致正确的理解。通过这段话,我们也许知道了争论的实质在哪。民法学界的看法,不是从当下的法律规范现状出发,而是探讨这两个法律规范背后的应然关系。一个是从现状出发而终于现状,另一个则是从假设的理论基础和历史渊源出发,从而为现实的政治生活设定一个界碑。这两者的争论本来就在两个不同的维度上。尽管如此,我们仍诚心地愿为这两个维度之间搭一座桥。为此,我们从以下两个方面来阐发。其一,民法意欲何为?童文仍然遵循"经济基础决定上层建筑"的看法,认为民法也只不过是调整经济关系的表现。这一点在该文第 166 页反映无遗:民法就是一幅单独、全面、具体地反映现存社会的经济景观的图画,而宪法却调整经济景观、政治景观、社会景观和科技文教景观。宪法要反映现实的市民社会即经济关系的内容和特点,它会直接去反映,不会依赖民法记载的关于市民社会的信息间接地去反映市民社会;那种以为宪法反映现实市民社会要求的平等、自由原则来源于民法的思想是不切实际的,是重大误解。② 其实,如果童文坚持这种上层建筑反映经济基础的法律观的话,他实际上就是在上层建筑的范围内探讨这个问题了。上层建筑主要是由政治主导的领域,而一切政治生活的开启都是由宪法设置的。如果单纯就法律规范论而言而不涉及法律规范之所以产生的生活基础的话,那当然是先有宪法,然后根据宪法产生了立法机构,而民法只不过是立法机构产生的一个普通法而已。若仅仅是求助于这样的历史事件的顺序,这种探讨是没有意义的。若能深入到价值层面,即使根据经济基础决定上层建筑这样的经典原理,即会发现,既然民法调整的是经济关系,那么显然民法就应当在其他任何法律之上。当然这仅仅是一种反驳,没有任何建构性意义。我们要说明的问题是,民法调整的不是政治生活领域的事,而只是私人在市民社会中的一些日常关系而已。所以,民法不是宪法设置的立法机构创造出来的,更加不是统治阶级意志的体现,而应当是每一个自由人在权力之外自主决定自己生活的关系的总和。其二,宪法的目的又是什么?宪法是政治生活的蓝图。一切政治的构架都源于它。那么,是否宪法就成了本质和目的了呢?当然不是。这涉及政治生活本身的目的。近代西方宪政理论都预设了自然状态和社会状态的分离。在为英美宪政奠定基础的洛克的著作里,政治生活并不是以自己为目的,而是指向自然状态下每个自由人有尊严的生存的。所以,政治生活的出现,不是要去取代自然生活,相反却是更加好地维护这种自由而美好的自然生活的。说到这里,我们想结论自然就出来了,那就是民法由于调整对象的前提性,自然是政治生活的基础,当然也是宪法的根本。我们不想为民法争取什么地位,我们只不过是为中国以前没有过而现在正在徐徐出现的那种自然人的生活而呐喊和欢呼。

---

① 童之伟.宪法民法关系之实像与幻影[J].中国法学,2006(6).

② 童之伟.宪法民法关系之实像与幻影[J].中国法学,2006(6).

再论民法典与宪法的关系①

拙文《从民法与宪法关系的视角谈我国民法典制定的基本理念和制度架构》(以下简称《制度架构》载《中国法学》2006年第1期)发表后,在学界引起广泛关注,有人对该文表示赞赏,也有人对此提出批评意见。近日发表在《安徽大学法学评论》2008年第2辑的《驳民法宪法新同位论》(以下简称《同文》)一文,对拙文进行了较为系统的批驳。该文洋洋洒洒一万余言,且资料翔实,论证充分。但对文中的一些观点,笔者实感难苟同。特写此文以回应该文的诘难并兼答其他一些批评意见。

一、关于民法与宪法关系的实质

1.宪法的地位和作用:民法的规定是否都必须直接以宪法为依据。对于民法与宪法的关系,《同文》认为"宪法权利规范蕴含着两层含义:其一,它是宪法权利,既是相对于国家权力做出的。其二,在规范延伸的意义上,它是民事权利以及其他权利正当性和合法性的基础,在表现形式上,前者是显性的、确定的,后者是初始化的、泛化的;在内部功能上,前者是主要的,后者是次要的"。在这里《同文》作者将宪法作为一切法律产生的最终依据和合法性基础。这既是对宪法作用的异化,也是对法律本身合法性基础的误解。宪法是控权法和成文法,"宪法的目的是限制武断的权力"。② 这应当是在理论界达成共识的一个观点。纵观近代宪法的产生和发展过程,虽然各国的历史背景和政治条件都不同,但产生宪法的目的和功能是相同的,即在人权保障和民主的基础上,通过权力约束,实现法律对国家权力的控制。"古代和近代共和国的历史使我们认识到,这些共和国所遭受的许多不幸,都产生于缺乏某种为明智的行政所不可缺少的制衡和相互控制的力量。"③因此有必要通过宪法对政府权力加以限制。从宪法作用的内容来看,宪法作为公法的基本法,主要调整两种法律关系,一是国家机关与国家机关之间的关系,二是国家与公民之间的关系。后者主要是以确认公民的基本权利的形式表现出来的,其主要存在价值是为了对抗国家,而不是为了对抗其他私法上

---

① 本文以《再谈民法与宪法的关系》为题,发表在《清华法学》2009年第2期。
② 美国宪法学家史特朗语,转引自白钢,林广华.宪政通论[M].北京:社会科学文献出版社,2005:108.
③ 肯尼思·W.汤普森.宪法的政治理论[M].张志铭,译.北京:生活·读书·新知三联书店,1997:106.

的主体。从立法层面观之,宪法主要立足于现实或已经存在的东西,对未来则保持谨慎的态度。通过考察各国的立法情况可以看出,从产生来源来看,法律可以分为两种:一种是直接以宪法为依据制定的法律,主要是各种行政法规和经济法规。"通观整个《宪法》,规定立法必须以宪法为依据的只有行政措施、行政法规及行政命令和决定。"①另一种是虽然没有宪法上的依据但却不违反宪法的法律。现代社会日趋复杂化和多样化,因此调整社会关系的法律的种类和立法内容也会渐趋复杂化和多样化。如果要求所有的普通法律都必须有宪法上的依据,其结果则会导致宪法经常处于不断修改、更新的状态之中。诚如有的学者所言:"宪法要成为其他法的依据,前提是有一部方方面面都兼顾到的作为总章程或总纲领的法。从法律逻辑上说,一个社会不可能存在一部涵括社会生活一切方面并为社会的一切阶层都接受的纲领性的法,并以此作为其他法的依据。即使是作为控制国家权力的法,它也不能涵盖一切方面。"②与此相反,如果允许第二种意义上普通法律的存在,在宪法与社会发展之间隔离出一个具有弹性的空间,则可以消解宪法与社会现实的冲突。在实际操作中,宪法通常仅规定并且也只能规定公民的基本权利,这些权利以带有人权性的基本权利为主,而不涉及次要的权利与义务。由于一般的权利与义务需要根据社会发展变化的实际而及时进行调整,因此只能由以民法为代表的普通法加以确认和规范。换言之,虽然民法在基本经济制度架构上应当以宪法为基础,但并不是要求民法的每一项规定、每一个制度都必须找到相应的宪法依据,都必须与宪法保持高度的一致性。事实上,由于民法本身就具有创设制度和权利的功能,因此民法完全可以对宪法没有涉及或规定不明确的制度作出规定。以财产保护为例,在各国宪法中通常并不涉及具体财产制度,而是侧重于从权利维护的角度对公民的经济权利进行宣誓和保护。但具体的财产内容及其保护手段和保护方式,则是通过民法典加以规定的。换言之,宪法没有明确肯定的公民权利民法同样可以作出规定。

2.关于民法权利的来源。民法究竟是来自于宪法的授予还是来自于应然性的自然权利。这也是民法学者与宪法学者争议的焦点问题之一。民法内容固然不能直接与宪法规定相抵触,但民法中的大部分有关公民权利的规定并非直接基于宪法的授权,更不是来自于统治者的恣意妄为,而是来自于对人的自然权利的立法确认。按照马克思在《论离婚法草案》一文中对立法的精辟概括,立法并不是立法者随心所欲的恣意妄为,立法者不是在制造法律,也不是在发明法律,而仅仅是表述法律。他用有意识的实在法把精神关系的内在规律表现出来。如果一个立法者用自己的臆想来代替事情的本质,那么人们就应该责备他极端任性。同样,当私人想违反事物的本质恣意妄为时,立法者也有权利把这种情况看作是极端任性。③在《黑格尔法哲学批判》一文中,马克思再次地申述了这一观点:"立法者并不创造法律,它只是揭示和表述法律。"④虽然我们说任何公民权利都必须通过立法赋予这个程序,但

---

① 蒋德海.从宪法"不抵触"原则透视宪法与其它法的关系[J].华东政法大学学报,2008(1).

② 蒋德海.从宪法"不抵触"原则透视宪法与其它法的关系[J].华东政法大学学报,2008(1).

③ 马克思,恩格斯.马克思恩格斯全集:第 1 卷[M].北京:人民出版社,1995:347.

④ 马克思,恩格斯.马克思恩格斯全集:第 1 卷[M].北京:人民出版社,1995:316.

法律的赋予并不具有权利本源的作用,也不能据此判定权利赋予是否充分、权利设置是否合理。权利合法性的最终依据我们只能从人的需求本身去寻找,即从人之所以能作为民法上的人的基本要求和前提中去获取答案。《同文》一直批评我具有非常自然法思想。对此我并不否认,我始终认为民法本身就应当是自然法思想的产物。"现代的所有关于'基本权利'的讨论也发端于(古代希腊)。希腊人以两种方式揭示了对超越于实在法律的信仰,即:'自然'权利和财产,'自然法'和正义。"①实际上,法律的真实生命不是逻辑,而是它所要调整的社会现实。② 在这一意义上审视民法,我们发现民法是与人类社会、经济生活连接最为紧密的法律部门,作为市民要求的反映,民法的理念、原则、规范集中体现了人类社会文明、进步的生活的基本规则和社会成员对权利的向往和追求。民法之谓"法",其实是将这些基本规则和追求赋予了法律的成分,而其营养源泉,则是深深植根于人类文明的发展之中。民法的许多理念几乎不需经过任何加工即可成为法哲学的研究对象,成为整个法学发展的向导。③

从历史上看,民法权利是人的自然权利的论断最初是在基督教化的罗马帝国的早期提出的。英国思想家约翰·洛克是资产阶级自由主义的著名代表。他将自然权利学说系统化和理论化,并运用于财产权理论之中,成为财产自然权利理论的经典代表。在《政府论》中,洛克设计了这样的自然状态:早在国家和法律产生之前,自然法统治一切,人们享有普遍的天赋权利,即生命、自由和财产,这些权利是与生俱来的,任何人都不能侵犯。"自然状态有一种为人人所应遵守的自然法对它起着支配作用;而理性,也就是自然法,教导着有意遵从理性的全人类:人们既然都是平等和独立的,任何人就不得侵害他人的生命、健康、自由和财产。"④而"人们联合成为国家和置身于政府之下的重大的和主要的目的,是保护他们的财产"。⑤ 相应地,"政治社会本身如果不具有保护所有物的权力,从而可以处罚这个社会中的一切人的犯罪行为,就不成其为政治社会,也就不能继续存在"⑥。在论证财产权的正当性的同时,洛克指出:既然人可以通过一种方式从万物中划归一部分作为个人财产来享用,那么应当是一种什么样的方法呢? 洛克认为是"劳动"。人以"劳动"为中介物获得了个人的财产权。在自然状态下,人只拥有一种财产,那就是自己的身体,任何人都对自己的身体拥有绝对的所有权,身体是自然状态下唯一不应有疑义的财产。人通过自己的双手、身体,以劳动的方式作用于原初物,从而改造了原初物,改变了其原有的价值形态。由于加入了劳动,加入了新的价值,被作用物就脱离了其原初的共有状态,成为一种特定物,排斥了其上的共有权利。因为人拥有自己的身体和体现自己身体价值的劳动,所以人对其劳动的结果享有财产权也是正当的,是符合理性的。这样,洛克以自我拥有论为前提理论,把劳动作为划分共

---

① J.M.凯利.西方法律思想史[M].王笑红,译.北京:法律出版社,2002:19—20.

② 周小明.信托制度比较研究[M].北京:法律出版社,1995:35.

③ 苏号朋.民法文化:一个初步的理论解析[J].比较法研究,1997(3).

④ 洛克.政府论(下篇)[M]叶启芳,瞿菊农,译.北京:商务印书馆,1964:6.

⑤ 洛克.政府论(下篇)[M]叶启芳,瞿菊农,译.北京:商务印书馆,1964:77.

⑥ 洛克.政府论(下篇)[M]叶启芳,瞿菊农,译.北京:商务印书馆,1964:53.

有物与私有物的标准,为私有财产权的存在找到了具有说服力的论据。[①] 有学者将洛克的财产权理论的主要贡献归纳为三个方面:其一,天赋权利的学说倡导一种权利本位,成为财产个人主义、所有权绝对思想的基石;其二,劳动价值学说为财产权找到了合法性基础,并确立了社会发展的核心价值;其三,扩张了人格权(创造物是自己人格的扩张),使财产权具有了人权基础。[②] 正因为有这种明显的自然法思想作为最终的权源基础,因此,民法才被视作人民权利的圣经和生命财产的基本安全保障,民法的理念成为各个社会形态所追求的共同目标,民法已是人类文明的重要构成并通过自身推动了社会进步。[③]

同时,自然法思想也是判断法律制度优劣的主要标准。亚里士多德在其名著《政治学》中曾经指出:"法治应该包含两重意义:已成立的法律获得普遍的服从,而大家所服从的法律又应该本身是制订得良好的法律。"[④]作为良法的基本要求之一就是它不但要求符合人类理性,而且必须不违背基本的人类价值。现代西方法的根基是罗马法,在古罗马那里,法这个词就是正义 Lustus。法被杰尔书定义为"善良和公正的技艺",乌尔比安提出法的定义是:"诚实生活,不犯他人,各得其所。"[⑤]梅因在《古代法》中讲道:"罗马人认为他们的法律制度是由两个要素组成的。经查斯丁尼安皇帝钦定出版的'法学阶梯'(Institutional TreaA tises)中说:'受法律和习惯统治的一切国家,部分是受其固有的特定法律支配,部分是受全人类共有的法律支配。一个民族所制定的法律,称为该民族的'民事法律',但是,由自然理性指定给全人类的法律,则称为'国际法',因为所有的国家都采用它。'所谓'由自然理性指定给全人类的'这一部分法律,就是被假定为由'裁判官告令'带入罗马法律学中的原素。在有些地方,它被简单地称为'自然法'(Jus NatuA rale);它的规定据说是受命于自然衡平(naturalis Equitas)和自然理性。"[⑥]因此从某种意义上说,如果没有自然法思想,我们就失去了判定法律制度优劣的基本依据。

二、关于财产权与其他权利的关系

1.为什么财产权是民事权利的核心。《同文》认为:"公民财产权是限制国家的最有效和最可靠的屏障,是经济自由之根,是政治自由之根。这只是说明财产权的重要性,并不能证明财产权比其他的民事权利重要。只有通过对财产权和其他民事权利的比较,才能判断出哪个或哪些权利应在民法中居于中心的地位。"实际上财产权不但在民法中非常重要,而且

---

① 宫建新,李瑜青.财产权合理性的哲学基础——自然权利论与工具主义论的交锋[J].江苏行政学院学报,2002(4).

② 易继明,李辉凤.财产权及其哲学基础[J].政法论坛,2000(3).

③ 周小明.信托制度比较研究[M].北京:法律出版社,1996:35.

④ 亚里士多德.政治学[M].吴寿彭,译.北京:商务印书馆,1983:199.

⑤ 彼德罗·彭梵得.罗马法教科书[M].黄风,译.北京:中国政法大学出版社,1996:4—6.

⑥ 梅因.古代法[M].沈景一,译.北京:商务印书馆,1959:27.

它还是其他民事权利赖以发挥作用的前提和基础。在某种程度上说其他民事权利都是基于财产权而产生的。

财产权利之所以重要的第一个原因在于它是公民赖以生存的基础。"我们首先应该确立一切人类生存的第一个前提也就是一切历史的第一个前提,这个前提就是:人们为了能'创造历史'必须能够生活,但是为了生活,首先就需要衣、食、住以及其他东西。"①也就是说,人必须首先拥有财产才能参与民事活动,财产是人类生存的第一要义。财产权不是实现人格的手段,在某种程度上,它本身就是人格和理性力量,就是一种人格权。②"功利主义者们用实际产生的愉快或满足来衡量一件物品或一个行动的价值。对功利主义者来说,财产制度的目的是使得自物质或其他资源的愉快或满足的总量最大化。"③边沁将财产定义为对功利的一种渴望,而"财产不过是渴望的基础",由于我们与财产保持的关系,因此我们所渴望的拥有的财产的总效用最大化的目标便构成我们评价财产规则的标准。④ 黑格尔把财产和自由联系起来,把财产视为个人的自我表现,强调人们拥有财产的目的就是为了通过财产将自然转化成对人之存在的表现,并通过这一转化使自然世界变得完美。⑤ 洛克在其《政府论下篇》中用"生命、自由和财产(estates)"来界定财产。他质疑国王的所谓神圣权利,他指出,财产权是先于政府而存在的人的基本权利,是属于某种道德的或"自然"的权利。每个人都有权保护自己的财产免受侵犯,也都有义务克制自己不去伤害他人,除非是行使自卫之正当权利。因而,只要人人都坚持不侵犯他人的基本原则,人人皆可同样自由地追求他或她的幸福。因而,自由依赖于对于比较宽泛意义上的财产的道德权利,而正义则依赖于将暴力之使用——不管是个人还是集体——限制在保护生命、自由和财产的界限之内。正义与结果无关,而仅涉及规则:要实现正义,就必须平等地适用规则,且不能违犯我们拒绝干预的基本权利。⑥

财产权利之所以重要的第二个原因在于:社会主体对财产权的追求促进了社会的发展与进步。在《古代社会》一书中,摩尔根指出:"财产的观念在人类心灵中是慢慢形成的,它在漫长的岁月中一直处于初萌的薄弱状态。它萌芽于蒙昧阶段,并需要这个阶段和继起的野蛮阶段的一切经验来助长它,使人的头脑有所准备,以便于接受这种观念的操纵。对财产的欲望超乎其它一切欲望之上,这就是文明伊始的标志。"⑦这种对财产追求的欲望构成推动社

---

① 马克思,恩格斯.马克斯恩格斯全集:第 3 卷[M].北京:人民出版社,1960:31.

② 谢鸿飞.财产权神圣与民法中对财产权的剥夺[EB/OL].http://www.civillaw.com.cn/weizhang/default.asp? id=8536,2008-9-8.

③ 罗伯特·考特,托罗斯·尤伦.法和经济学[M].张军,等译.上海:三联书店,上海人民出版社,1994:160.

④ Jeremy Bentham. Throry of Legislation:Principles of the Civil Code[M].London:Trubner & Co,1931:111-113.

⑤ 罗伯特·考特,托罗斯·尤伦.法和经济学[M].张军,等译.上海:三联书店,上海人民出版社,1994:163.

⑥ James A.Dorn.财产权在自由宪政秩序之本:中国应该记取的经验教训[EB/OL].秋风,译.古典自由主义思想网站.www.sinoliberal.com. 2004-5-11.

⑦ 路易斯·亨利·摩尔根.古代社会[M].杨东莼,马雍,马巨,译.北京:商务印书馆,1977:6.

会进步的主要动力。"人们以财产代表积累的生活资料而对它产生占有的欲望,这在蒙昧社会是完全没有的事,但由无到有,到今天则已成为支配文明种族心灵的主要欲望。"①恩格斯在借鉴摩尔根的研究成果的基础上,论证了私有制和国家的产生,在其经典著作《家庭、私有制和国家的起源》一文中,以欧洲的经验为根据分析了三种典型的国家产生形式,即雅典的、罗马的和德意志国家的产生形式。而无论是哪种方式产生的国家进而产生的国家所有权,都是人性恶的缩影和反映,德意志方式产生的国有财产,则是人性恶极端的表现。由此可见,所有权的产生与人性恶有极为深刻的渊源关系。正是由于人的本性陷在恶里,这才导致了人们在社会中的对抗,而正是这种对抗唤醒了人的全部力量,实现了人类历史由野蛮到文明的发展。正如有的学者所言,所有权的产生是人们无可奈何的选择,源于人性恶,也是为了遏制人性恶,因为生存是人的第一本能。为了公众生存,必须有超强制的公共权力把人的行为控制在规则许可范围内。对取得财产、使用财产的规则便演变成为所有权制度。② 而对私有财产的追求,对个人利益的获取是推动社会进步的主要原动力。

财产权利之所以重要的第三个原因在于财产权是民事主体人格要素的基本构成部分,是实现民事主体自由意志的主要形式。黑格尔认为,私有财产"不是国家乃至社会创造的",而是"与人格不可分离的条件"。他在《权利哲学》中认为财产在本质上是作用于客体的个人意志的产物,基本的例子是第一个占有者占有先前不属于自己的事物的行为,其推论在于转让的权利和通过契约获得的权利,这些权利的效力来自两个意志的作用。换句话说,黑格尔的思路在于从人的自由的角度提出财产权的合理性和必要性:第一,是确定自由意志的存在。自由意志是绝对,人就是自由意志的体现(或定在),但这种意义上的人只具有主观纯粹性,为了扬弃这种主观纯粹性,人们就必须把自己的意志体现于外在的物,这也就是私有财产权。在黑格尔的眼里,财产似乎仅是自由意志的一种工具而已。"人为了作为理念而存在,必须给它的自由以外部的领域,因为人在这种最初还是完全抽象的规定中是绝对无限的意志,所以这个有别于意志的东西,即可以构成它的自由的领域的那个东西,也同样被规定为与意志直接不同而可以与它分离的东西。"③第二,在确定自由意志的基础上,黑格尔论证,人通过对物的占有而体现了自由意志的外化和实现,就构成了所有权。"所有权所以合理不在于满足需要,而在于扬弃人格的主观纯粹性。人惟有在所有权中才是作为理性而存在。"④黑格尔不同意仅仅将对物的占有视为满足个人的需要手段。他认为,占有物,拥有财产,其本质在于实现了主体的自由。"……如果把需要看作是首要的东西,那么从需要方面看来,拥有财产就好像是满足需要的一种手段。但真正的观点在于,从自由的角度看,财产是最初的定在,它本身是本质的目的。"⑤黑格尔的财产理论是被纳入其哲学体系的一个整体,为私

---

① 路易斯·亨利·摩尔根.古代社会[M].杨东莼,马雍,马巨,译.北京:商务印书馆,1977:11.

② 张云平,刘凯湘.所有权的人性根据[J].中外法学,1999(2).

③ 黑格尔.法哲学原理[M].范扬,张企泰,译.北京:商务印书馆,1961:50.

④ 黑格尔.法哲学原理[M].范扬,张企泰,译.北京:商务印书馆,1961:54.

⑤ 易继明,李辉凤.财产权及其哲学基础[J].政法论坛,2000(3).

有财产神圣不可侵犯提供了理论论证。黑格尔的所有权依据的自由意志说有价值上的进步意义，它使人们认识到财产权是个人的独立、自由不可缺少的条件，从而有利于弘扬主体的自由。

　　财产权利之所以重要的第四个原因则在于私有财产不但是个人得到满足的需要，而且还可以使人产生足够的安全感。黑格尔承认财产权不仅仅是为了满足人的生理需求了，它还是个人自我确证自己的理性和能力的来源之一，认为人唯有在所有权中才是作为理性而存在的。① "把人和社会连接起来的唯一纽带是天然必然性，是需要和私人利益，是对他们财产和利己主义个人的保护。"② 公有财产权主要与政治权力结合，是人们为了公共安全而"转让"了的权利。并且一旦公有财产权进入市场，它也同样适用私有财产权的交易规则。古典产权经济学派认为："单纯的市场交易必须以产权的私人所有为基础，因为对具有私人物品属性的自愿来说，产权的私人所有是使市场交易费用降到最低的唯一制度。"③ 而"人们联合成为国家和置身于政府之下的重大的和主要的目的，是保护他们的财产"。④ 因此尊重所有权就是尊重人的理性和尊重人本身。

　　2. 为什么私有财产权比其他权利更为重要。卢梭不但认为财产、自由和生命是人类生存的三个最基本要素，⑤ 而且他还认为，"财产权的确是所有公民权中最神圣的权利，它在某些方面，甚至比自由还重要"⑥。诺贝尔经济学者获得者米尔顿·弗里德曼则认为："财产权不仅是经济自由之源，它们也是政治自由之根。"⑦ 保护社会主体依法获得财产是民法的最基本作用之一，也是各国民法中的最基本内容。对此，孟德斯鸠认为，"政治法使人类获得自由；民法使人类获得财产。"⑧ 列宁在"什么是人民之友"一文中非常精辟地论述了商品生产与自由平等的关系，他指出："马克思屡次说明商品生产者的关系是法制国家公民权利平等和合同自由等等原则的基础。"⑨ 在其他论述中也一再强调"'资本论'一书已经证明，滋长自由平等思想的土壤正是商品生产"⑩。早在罗马法当中，极为浓厚的个人主义观念是以所有权为核心的财产权的基础，后来在欧洲经历了一千年的神学统治后，人们对于自由、平等和人格独立的渴望使得罗马法中的这一理念得到了空前的认可和迅速的发展，私人财产权更是得到了前所未有的推崇与尊重。它首先是一种消极性的排除恣意干预的权利，国家公权力

---

　①　罗伯特·考特，托马斯·尤伦. 法和经济学[M]. 张军，等译. 上海：上海三联出版社，1991：163.

　②　马克思. 论犹太人问题[M]//马克思，恩格斯. 马克思恩格斯全集：第1卷. 北京：人民出版社，1964：439.

　③　张军. 现代产权经济学[M]. 上海：上海人民出版社，1994：81.

　④　洛克. 政府论（下篇）[M]. 叶启芳，瞿菊农，译. 北京：商务印书馆，1964：77.

　⑤　卢梭. 论人类不平等的起源和基础[M]. 北京：商务印书馆，1982：132.

　⑥　卢梭. 论政治经济学[M]. 北京：商务印书馆，1962：25.

　⑦　Milton Friedman. Preface：Economic Freedom behind the Scenes[R]//James Gwartney, Robert Lawson. Economic Freedom of the World 2002 Annual Report. Fraser Institute：Vancouver, B. C. Xvii.

　⑧　孟德斯鸠. 论法的精神（下）[M]. 张雁深，译. 北京：商务印书馆，1963：189.

　⑨　列宁. 列宁全集：第1卷[M]. 北京：人民出版社，1955：129.

　⑩　列宁. 列宁全集：第1卷[M]. 北京：人民出版社，1955：428.

不仅不应当侵犯它，而且应当为它提供保护，防止它被任何主体侵犯。马克思认为："如果说经济形式，交换，确立了主体之间的全面平等，那么内容，即促使人们进行交换的个人材料和物质材料，则确立了自由。"①商品经济作为"天生的平等派"，它不承认任何特权，只承认一个权威即平等，它要求一切民事活动的参加者在法律上都受到平等的法律对待，都享有平等的法律地位。而这种平等的法律地位既是商品生产者进行民事活动的前提条件，也是实现民事主体自由意志的必要保障。

私人财产之所以应当受到特别保护主要基于以下原因：第一，私有财产是公有财产存在的基础和逻辑前提。在西方国家，财产概念的一个很重要的含义是指公民所享有的排斥政府权力不正当侵害的基本权利，所以，宪法的主要作用乃在于划定政府权力与公民财产的界限。第二，享有必要的私有财产是公民作为民事主体的基本要求。作为公民基本权利的财产权是指公民对私人财产的权利，亦即私人财产权。私人财产权既包括对私人所有的生活资料的权利，也包括对私人所有的生产资料的权利；既包括对公民个人财产的所有权，也包括对公民个人合法取得的公共财产，如土地等的使用权。公民的财产权是限制国家权力的最可靠和最有效的屏障。由于财产权本质上是一种对他人的限制和束缚，从这一意义上说，没有财产权就没有法治。第三，私人财产具有易受侵害性。公民的财产一旦受到来自包括国家在内的其他人的不法侵害和剥夺，除了借助于国家的公力进行救济之外，并无其他的有效的救济渠道。②

三、关于公法与私法的二元划分

1.公私法二元划分的理论意义和现实意义。对于公私法的二元划分，《同文》认为："首先，很多著名的法学家都否认公私法的划分。凯尔森认为，公法与私法的区别，只存在于实在的世界而不存在于价值的世界；凡法律关系都是权利义务关系，一切法都是国家法，故不必区分公、私法。奥斯丁认为，所有的法律都是立法的产物，因此所有的法律都是公法。戴雪认为法治国家不应存在公私法的划分，政府和公民应遵守相同的法律。威雅式认为法律的内在联系因公私法的划分而遭割裂，为理顺法律体系内部规范之间的呼应性，应放弃公私法的划分。其次，即使承认公私法划分的法学家也坚决反对将其绝对化。"并进一步罗列了公私法划分的局限性，即"其一，公私法的划分只是一种法理上的划分，从来没有上升到法律，也不可能上升到法律，成为实证法的概念；其二，公私法划分作为一种法理念的划分，与社会实践有较大的差异，操作性不强；其三，公私法的划分也只是对法律的一种分类，还有按照法律部门的分类等；其四，公私法划分的标准难以统一，也难以包容兼具有公法和私法性

---

① 马克思,恩格斯.马克思恩格斯全集:第 46 卷(上).北京:人民出版社,1979:197.

② 当然,私人也可以通过私力救济的方式保护自己的权利。但这种私力救济方式在任何形式的现代国家其作用都具有有限性,都不可能作为主导的救济形式。

质的法律;其五,英美法系并不存在明显的公私法划分"。

这里有几个问题需要澄清:为什么要进行公私法划分? 社会主义国家有无进行公私法划分的必要? 公私法划分是否仅具有理论意义?

关于公私法划分的意义除我在《制度架构》中阐述的理由之外,尚可补充以下内容。即对公法和私法的划分,并非是单纯的理论推演,而更重要的原因则在于二者的法律要求和法律后果具有明显不同。换言之,在私法中,占据主导地位的通常是那些自由的、不需要说明理由的决定;而在公法中,占据主导地位的则是那些受约束的决定。① 按照肯德根的说法,"私法主体的动机是一种禁忌。对于其行为的后果,主体充其量是对自己承担责任"。② 与此相反,公法的情形就完全不同了。在公法中,对决策自由是要进行严格限制的。之所以要防范行政机关的决策自由,主要是基于以下两方面的理由:第一,国家因拥有权力工具,因此其实力远在单个的人之上。如果法律制度不对国家的这种超强实力进行限制,那么这种权力就会变得无法忍受;第二,公法不同于私法,公法中一般不存在将法律后果归属于决策者的现象。③ 概而言之,就公法和私法的关系而言,私法领域主要体现为对公民权利的保障,而在公法领域则主要体现对政府权力的制约。之所以要对政府的决策自由进行制约,主要在于政府本身不是政治构架的目的。政治的目的只能在于那些单个人的有尊严的生存。公法和私法划分的实益在于,确定私人生活领域在逻辑上的优位性,从而为政治设定一个目标,同时也为权力侵犯私人空间设定一个坚固的屏障。若不对公法和私法进行区分,我们对法律的理解又将回到是统治阶级意志表现这一曾经经典但现已不流行的提法当中去。这仅仅是柏拉图《国家篇》中塞拉西马柯"正义无非就是强者的利益"的翻版。④ 从历史上看,公、私法划分的实质功能在罗马法时代已充分显示:它划定了一个政治国家不能插手的市民社会领域,罗马法学家们构筑起完备的私法体系,树立起了自然权利的权威,这实质上是为市民社会构筑了一道防御外来侵犯的坚固屏障。可以说,此时已初步建立起了对峙式思维模式。近代市民阶级正是运用这种思维模式完成了公、私法划分从概念性分类到结构性分类的转变,并构建起了整个公、私法制度。⑤

关于社会主义国家有无进行公私法划分的必要,通常对此进行诘难的主要论据是列宁的经典名言:"我们不承认任何'私法',在我们看来,经济领域中的一切都属于公法范围,而不是私法范围。"⑥苏联科学院国家与法研究所所长维克多·M.特西契西茨等认为,"列宁的话被这样解释:在社会主义国家中不仅没有私法,也没有传统意义的公法。在以生产资料公有制为基础的社会条件下,不存在私人利益与公共利益的对抗,社会主义法取消公、私法的

①　迪特尔·梅迪库斯.德国民法总论[M].邵建东,译.北京:法律出版社,2000:7.
②　迪特尔·梅迪库斯.德国民法总论[M].邵建东,译.北京:法律出版社,2000:8.
③　迪特尔·梅迪库斯.德国民法总论[M].邵建东,译.北京:法律出版社,2000:9.
④　柏拉图.柏拉图全集:第二卷[M].王晓朝,译.北京:人民出版社,2003:289.
⑤　谢维雁.公、私法的划分与宪政[J].天府新论,2003(1).
⑥　列宁.列宁全集:第36卷[M].北京:人民出版社,1959:587.

划分,不是因为公法取代了私法,而是因为这种划分失去了存在的基础"①。可见,社会主义国家不采用公、私法划分方法的逻辑前提是:社会主义建立在公有制基础之上,不存在任何私有制,缺乏公、私法划分的基础。中国市场经济体制的确立及宪法对私有财产合法性的确认,表明在中国公、私法划分的基础仍然存在。不仅如此,历史已经证明,公、私法的划分具有普适性。普适性意味着公、私法的划分存在某种共通的、中立的价值内涵,因此,我们不能简单地以法的体系的本质及特点或法的阶级性作为拒绝进行这种划分的理由。② 正如梅利曼所说的,公、私法的划分以及公法、私法概念已经"成为基本的、必要的和明确概念了"。③ 美浓布达吉甚至认为,"公法和私法的区别,实可称为现代国法的基本原则"。④ 因此,公法与私法的划分及其在此基础上形成的"二元法律结构以其在实现法治秩序方面的种种功能,理应成为我国市场经济法治模式的理智选择"⑤。不承认公私法的划分,只有可能回到20世纪80年代的初期,那就是把一切生活场域都统一在公共权力的笼罩之下。

第三,公私法划分是否仅具有理论意义而不能进入实际立法层面。我们认为并非如此。不可否认,公私法划分首先是一种理论划分,但并不是说这种划分就不能进入立法和司法领域。就立法来说不但公法和私法在立法目的、立法原则和立法价值取向上具有明显不同,而且在具体条文设计上也表现出极大的差异性。典型的如民法中有大量的任意性规定,对这些规定行为人有较大的选择自由;而公法中则更多的是强制性规定,对这些规定行为主体则没有选择的余地。在私法领域,当事人的协议具有法律效力,而在公法领域主体之间却几乎没有协商的余地。在司法中,对私法规范采取的是法无明文禁止即为有效的做法,而对公法规范则通常采取的是只有法律明确规定或明确授权才为有效的原则。这种司法处理的不同态度会直接影响到不同案件的实际处理结果。

2.关于公私法的划分是否会影响到法治的统一。《同文》反对公私法划分的一个重要理由是这种划分会影响到法治的统一。《同文》论证道:"赵文认为民法和宪法分属于不同的法律体系,既不存在无高下优劣之分,也不存在统率与被统率之分。按照赵文的逻辑,一个国家内部就存在两个截然不同的法律体系,一个是私法法律体系,一个是公法法律体系。当私法规范和公法规范对同一主体的同一行为做出了相反的规定时,两者都可以适用,这就造成了法治的不统一,损害了法律的权威。"为了解决法治统一问题,《同文》给出的解决方案是"民事立法要在现行的宪政体制的框架下解决市民社会内部的结构和秩序,除非有充足的理由,指出现行宪法不再符合公平正义的要求。即使这样,也应当先修改宪法,改变现行的宪

① 刘楠.论公、私法二元结构与中国市场经济[M]//梁慧星.民商法论丛:第4卷.北京:法律出版社,1996:54.

② 谢维雁.公、私法的划分与宪政[J].天府新论,2003(1).

③ 肖金泉.西方法律思想宝库[M].北京:中国政法大学出版社,1992:528.

④ 肖金泉.西方法律思想宝库[M].北京:中国政法大学出版社,1992:530.

⑤ 刘楠.论公、私法二元结构与中国市场经济[M//梁慧星.民商法论丛:第4卷.北京:法律出版社,1996:53.

政体制。"这里有两个问题需要澄清：一是分别确立民法和宪法的基础地位是否会必然导致法治的不统一问题。二是民事立法是否有自己独立的立法价值问题。

对于第一个问题，我们认为由于民法和宪法具有完全不同的调整范围，民法主要调整的是平等主体之间的财产关系和人身关系，宪法主要调整的是国家、政府和公民之间的关系。因此除非是立法定位出现错误，故在一般情况下不可能出现"私法规范和公法规范对同一主体的同一行为做出了相反的规定"的情形。至于第二个问题即民事立法是否有自己独立的立法价值，我认为这是一个不需要争论的问题。任何立法都具有特定的目的性，都应当是为了实现特定的价值目标。法律部门的划分不但取决于调整对象和调整内容上的差异性，而且还取决于立法价值取向上的差异性。因为调整对象的差异固然可以直接界定不同部门法的独立调整范围，而价值取向的不同则会决定不同法律立法的最终追求目的。以民法为例。在任何国家的民法当中，民法所关注的首先是人的基本生存条件和基本权利，首先关注的是交易的公平性，效益仅仅处于次要地位。因此，从某种意义上说，离开了公平就没有民法和民法制度。不同法律在对待公平、效益、秩序等法律价值所采取的不同态度，既反映了不同法律在立法上的不同价值追求，同时也反映了不同法律部门在调整市场经济关系时所具有的不同作用和各自独特的存在价值。如果我们忽视这种价值取向的差异性，实际上就否认了法律部门划分的必要性。

四、关于如何理解宪法的根本法地位问题

关于宪法的地位，《同文》认为"宪法是公私法划分高级阶段的标志。一方面宪法划定了公私法的范围与界限，确立了两者的不同原则。私法的原则是法不禁止即自由，公法的原则是越权无效。另一方面，宪法本身又成了公私法各自领域层次最高的规范。无论是公法还是私法，都必须由宪法为其提供合法性"。这种观点实际上是"宪法母法论"的翻版而已。对于宪法在法律体系中的地位，斯大林在1936年全苏维埃第八次（非常）代表大会上做的题为《关于苏联宪法草案》的报告中曾强调过的一句话："宪法是根本法，而且仅仅是根本法。"[①]也就是说，宪法作为根本法只是具有形式上的意义。由此，宪法是"根本法"一词在我国主要是在政治的意义上被强调，而不是在规范的意义上被重视。虽然宪法仅仅起着宣示的作用，根本上没有起到"根本法"应有的效用，但是在学界宪法的"根本法"性质却被修辞化为"母法"。为此，我们有理由反问，宪法的根本性究竟在哪。这要从两个方面才能论述清楚。其一，在法律规范意义上宪法的根本性体现。且不说宪法根本性的意识形态动机[②]，作为万法之源的宪法为什么能体现其相对于其他部门法的巨大的优越性呢？透过美国宪法也许能略知一

---

① 斯大林.斯大林选集(下卷)[M].北京:人民出版社,1979:409.

② 按照谢维雁教授的说法，苏联使用"根本法"而回避采用"宪法"的概念，体现了某种具有强烈意识形态的动机，因为"根本法"这一术语更具有技术性，没有特定的价值意味。参见谢维雁."母法"观念释读——宪法与法律关系新解[J].四川大学学报(哲学社会科学版),2005(5).

二。美国实行的是成文宪法。这一成文宪法在美国同样具有根本法的地位,原因在于它是主权者人民在宪法会议上批准的。作为主权者的人民通过把他们的意志确定在不变的文本中,从而授予政府权力,当然也限制着政府的行为。由于只有宪法是主权者意志的体现,对于立法机构的行为,只能被认定是人民意志的派生物,因而要接受宪法的审查,也就是接受主权者意志的认定。① 可见,即使在法律规范意义上,之所以认定宪法具有根本法的性质,并不是因为宪法在时间上优先于其他部门法这样的"客观事由",而是隐藏在这些规范现象背后的主权者意志和立法机构意志之间的关系。这已经超越了单纯规范意义上的法律形式之间的关系,实际上已经深入到了政治理论当中。其二,实质意义上宪法根本性的体现。既然宪法根本性的理念并不在法律规范的意义上,而是要探究政治构架的基础,那么我们有必要探入现代政治国家构建的理论假设当中去。洛克的《政府论》也许能够给我们提供一个范本。在《政府论》上篇中,洛克通过驳斥菲尔麦神父的君权神授思想,从而抽调了现实权力欲充当政权根据的基础。紧接着,他预设了自然状况作为政府构架的基础。人民之所以需要政府,不是像霍布斯说的那样,自然状况使人民的生存存在问题,而是自然状况毕竟有不完备的地方,设定一个政府,更加有利于维护自然人的利益。而宪法正是人民这一目标的体现。如果政府的行为违背了他们的初衷,人民就享有革命的权利。可见,宪法之所以是根本的,就在于它体现了自然状况下人民的愿望。"与自然法论者而言,美国的成文宪法反映了一种更为宏大的道德真理。这种反映,其意深远。尤为显著的是,它意味着如果不求助于这些道德真理,美国宪法就不能得到适当的理解。道德世界因此成为宪法文本的本源,它既界定了适当的司法推理,亦界定了宪法文本的实质含义。"② 既然如此,宪法的根本性的"根本"在于,宪法的价值诉求不在于作为规范文本的宪法本身,而在于政治构架基础的主权者意志。换句话说,宪法之所以根本,是因为它是工具,它反映了人民的意志,通过授予政府权力和限制政府权力,从而更加有利地实现人民的自由。如果单纯地从法律规范意义上去理解这种根本性,就有可能把宪法仅仅当作一个事件,而不是价值体系当中的有关事实。因此,作为公域基础的宪法,其根本性就在于通过授予和限制政府权力,从而确保私域自由的实现。

五、对确立民法基础地位的理论意义和现实意义的思考

1.民法的地位为什么重要。民法在法律体系中的地位之所以重要,首要的原因是民法调整的是以公民形态存在的人与人之间的关系,并且主要是通过对公民赋权的方式实现社会关系调整的。而作为民法规制对象的公民个人是现代社会存在和发展的基础。那么构成

---

① 基思·E.惠廷顿.宪法解释:文本含义,原初意图与司法审查[M].杜强强,刘国,柳建龙,译.北京:中国人民大学出版社,2006:51.

② 基思·E.惠廷顿.宪法解释:文本含义,原初意图与司法审查[M].杜强强,刘国,柳建龙,译.北京:中国人民大学出版社,2006:27.

社会的基础为什么是个人而不是国家呢？根本的原因在于个人（自然人）之外的所有社会主体都不具有最终的目的性。如同所有的团体人格一样，国家作为一个主体，它的"人格"具有非自然性，它的"利益"具有非终极性，也就是说，国家本身并不具有自己独立的目的和价值。国家的利益存在于它的全体成员的利益之中，国家存在的正当性的基础乃在于取得了其成员的同意，在于其功能的发挥能够为它的成员带来福祉。当然，国家要实现它所负载的增进其成员利益的使命，就需要借助于具有强制力的公权力。赋予国家享有这样的公权力的理由在于成员对秩序的需求，其正当性基础也在于成员的同意。政府对社会的干涉主要包括两个方面："既包括执行由一切社会的性质产生的各种公共事务，又包括由政府同人民大众相对立而产生的各种特殊职能。"①恩格斯指出："政治统治到处都是以执行某种社会职能为基础，而且政治统治只有在它执行了它的这种社会职能时才能持续下去。"②国家立法的目的主要不是将国家的行政权力和行政行为法律化，而是使国家机关的行政行为界域明确，且行为规范化。因为"在私法范围内，政府的唯一作用就是承认私权并保障私权之实现，所以应在国家的社会生活和经济生活中竭力排除政府参与"③。

就民法而言，由于民法调整的不是政治生活领域的事，而只是私人在市民社会中的一些日常关系。因此民法不是宪法设置的立法机构创造出来的，更加不是统治阶级意志的体现，而应当是每一个自由人在权力之外自主决定自己生活的关系的总和。近代西方宪政理论都预设了自然状态和社会状态的分离。在为英美宪政奠定基础的洛克的著作里，政治生活并不是以自己为目的，而是指向自然状态下每个自由人有尊严的生存的。所以，政治生活的出现，不是要去取代自然生活，相反却是更加好地维护这种自由而美好的自然生活的。由此我们可以得出的结论是，民法由于调整对象的基本性，因此构成政治生活的基础，当然也成为宪法赖以发挥作用的根本之所在。

2.私权为什么需要公权提供救济。市民社会是以私权利为中心而构筑的一个制度体系，私权利在整个权利体系中具有基础和核心地位。另一方面，私权利又非常的脆弱，在一般情况下它无法利用自身的能力实现权利的自我保护。而不受保护的权利等于没有权利。虽然在某些情况下私权利主体仍可以通过自己的单纯之力实现对自己权利的保护，这种保护通常是通过私力救济（或称私力救助）的方式实现的。但在法治社会私力救济使用的空间非常小，各国都做了非常严格的限制。因此，必须借助于公权力的保护，私权利才能够实现预期的目的。人与人进行交往，形成了人类社会，由此产生了诸多社会公共事务。只有很好地处理这些社会公共事务，正常而相对公平的社会秩序才能得以维持。也只有在这种秩序下，每个人包括生存权在内的基本人权才能够得以保障。而处理这些社会公共事务的权力，可以将其称之为"社会公共权力"或者"公权力"，将这样的权力赋予成员同意的国家，也是个体所作出的理性选择。同时私权利又非常害怕和容易招致公权力的侵害。因此，可以说，国

---

①　马克思,恩格斯.马克思恩格斯全集:第 25 卷[M].北京:人民出版社,1972:432.

②　马克思,恩格斯.马克思恩格斯选集:第 3 卷[M].北京:人民出版社,1972:219.

③　约翰·亨利·梅利曼.大陆法系[M].顾培东,禄正平,译.北京:法律出版社,2004:97.

家公权利既是个人私权利的保护者,但往往又是私权利强大的侵犯者。在公权力与私权利关系定位中,如果不能实现私权对公权的有效制约,那么,国家公权力就可能会异化成强悍、多变、难以驾驭的魔杖,很容易受到权力行使者的操纵利用,常常服务于金钱和权势。

3.公权力为什么应当为私权服务。在英文中"权力"的对应词是"power",从词源上看它指的是一个人或物影响他人或物的能力,或者说是一种通过影响他人而取得一致行动,达至某种结果的能力。① 而在现代汉语中,"权力"一词通常意味着政治上的强制力量,或者说一种职责范围内的支配力。如果说个人的"权利"来自于"天赋人权",是维持个人生存与发展之必须,其价值不证自明,那么"权力"的存在价值又在哪里? 与私权利不同,公权力缺乏自然法上的价值基础,它所存在的价值需要通过自然法上的本原性价值来证明,也就是必须借助于对个人私权利的诠释来加以证明,更确切地说,公权力的存在必须是在能够更好地实现私权利的前提下才有其存在的价值。"在权利与权力的关系中,权利本位的法律精神意味着:公民的权利是国家权力的源泉,也是国家权力配置和运作的目的和界限,即国家权力的配置和运作,只有为了保障主体权利的实现,协调权利之间的冲突,制止权利之间的相互侵犯,维护和促进权利平衡,才是合法的和正当的。"②公权力的存在价值根源在于私权利的具体含义是:第一,一切公权力都应当且只能来源于私权利,其存在的唯一价值就在于保护私权利免受不法侵害;第二,公权力具有协调私权利之间的冲突、维护和促进权利平衡的价值。尽管个人是权利的主体,但是,如果一个人要安享他的权利,他还要依赖于他人对其权利的尊重。如果国家不能以公权力在法律上来保证个人权利不受他人侵犯,那么权利就很难得到实现。对权利的渴望和对权利保护的渴求,是人的最基本的伦理要求。也正是如此,人们才会自动地让渡一部分权利给国家并形成国家权力。在现代社会,权利冲突普遍存在,虽然我们可以从理论上说"一个人的权利边界就是另一个人的权利",但在许多时候,权利的边界并不清晰,权利冲突不可避免。由于在大多数情况下私权利之间的冲突不能通过权利主体之间的协商而解决,因此,借助于外在的强制力协调权利间的冲突也就当然成了权力所负的历史使命。第三,对公权力进行限制的目的也是为了实现私权利的需要。为了实现社会成员的总体利益,公权力必然要对私权利进行某种限制;同样,为了实现保护个体私权的目的,作为目的的私权对作为手段的公权进行限制也就具有了正当性和必要性。"限制权力的目的,自然是实现权利和自由。权力必须尊重权利及其法定界限;同时,权力的某些特性也使人们有理由相信,对权力进行恰当的限制是保障权利和自由的最好办法之一。"③我们尤其应当强调的一点是,国家和国家公权力的唯一正当性基础在于它能够为私权利提供有效救济,公权力主体并不是一个具有自身特殊利益和独立利益的客观存在,它的利益只能并且也仅仅应当存在于私人的利益之间。国家公权力只有在私权与私权、个体的私权与公共利益发

---

① 戴维·米勒,韦农·波格丹绪.布莱克维尔政治学百科全书[M].邓正来,等译.北京:中国政法大学出版社,1992:595.

② 何增科.市民社会概念的历史演变[J].中国社会科学,1994(5).

③ 程燎原,王人博.赢得神圣——权利及其救济通论[M].济南:山东人民出版社,1992:187—191.

生冲突的情况下，而私权主体无法通过自身的力量来解决时，才应该介入其中，并通过限制私权来实现公共利益。从这个意义上讲，公权力对私权利的限制在功能上具有辅助性。正如美浓布达吉所说："不错，在公法关系上，国家是站在有优越的意思力之主体的地位去对付对方的，但是那国家的意思力的优越性，只在对方不遵从国法而须以刑罚的制裁或行政上的强制执行手段临之的场合才发生作用；即是在对方不遵从法令时才发生的效果。"①

结语

最后还应当强调的一点是：法学研究的目的并不是对现行法律合理性的论证，而应更多地从理性的思考出发，论证法律的应然价值。对此著名法学家庞德曾告诫我们："在法律史的各个经典时期，无论在古代和近代世界里，对价值准则的保证、批判和合乎逻辑的适用，都曾是法学家们的主要活动。"②我们应当少些说教、多些理性。须知理性是人类经过漫长进化过程发展起来的高级属性，是制度设计合理性的基本保障。近代德国伦理学家包尔生在论证理性对人类发展所具有的作用时曾指出："全部道德文化的主要目的是塑造和培养理性意志使之成为全部行为的调节原则。"③只有依据理性思维对现有的制度和理论进行不断的检讨和反思，才有助于促进法学的繁荣和社会的进步。

---

① 美浓布达吉.公法与私法[M].黄冯明，译.北京：中国政法大学出版社，2003：72－73.

② 罗斯科·庞德.通过法律的社会控制——法律的任务[M].沈宗灵，董世忠，译.北京：商务印书馆，1984：55.

③ 弗里德里希·包尔生.伦理学体系[M].何怀宏，廖申白，译.北京：中国社会科学出版社，1988：412.

第三编

民法典与近邻法律关系编

民商法价值取向差异对我国民法典编纂的影响①

对于民法和商法应以何种标准进行区分和界定,在理论界一直聚讼纷纭。按照理论学界流行的观点,调整对象的不同是区分不同法律部门的唯一标准,正是由于法律所调整的社会关系的不同,由此才决定了划分法律部门的必要。笔者认为调整对象的不同并不是区分不同法律部门的唯一标准,除此之外,价值取向的不同也应当是区别法律部门的主要依据。例如作为刑法的最高价值取向是正义、作为诉讼法的最高价值取向是程序公正,而作为行政法的最高价值取向则应当是秩序和效率。正是由于价值取向上存在差异性,才决定了民法和商法在市场经济中分别具有不同的地位和作用,决定了民法和商法在调整手段和立法目的上不同。

一、立法价值取向的含义及其表现形式

所谓立法价值取向主要有两层含义,其一是指各国在制定法律时希望通过立法所欲达到的目的或追求的社会效果;其二是指当法律所追求的多个价值目标出现矛盾时的最终价值目标选择。价值取向主要涉及价值界定、价值判断和价值选择。价值选择又主要通过两种方式来实现:一是应然的法律价值是否为立法者所接受和接纳,即价值本身的优化;二是当存在多重价值目标时的价值取舍和价值目标重要性的排序。任何法律的制定都应当有明确的目的性,都应当有自己的价值目标和价值取向。价值取向既涉及价值界定也涉及价值判断。由于法律价值和价值取向主要体现的是社会主体的一种主观感受,因此它应当属于主观的东西,是人对法律功效的一种主观看法。当然这种主观的感受要受一定的客观社会经济条件的制约。换言之,价值观念取向强调的是法律的应然状态,即所谓的良法。作为实然状态的现行立法由于立法技术或是认识方面的原因可能会与应然状态的法律有一定差异,但这种差异的存在并不能作为我们否认各法律部门应具有不同的立法价值取向的理由。正是对这种应然状态法律的不断追求,才决定了法律所具有的不断进步性。立法价值取向

---

① 本文以《论民商法价值取向的差异及其对我国民事立法的影响》为题,发表在《法学论坛》2003 年第 6 期。

既反映了各国立法的根本目的,也是解释、执行和研究法律的出发点和根本归宿。价值取向最集中地体现在法律原则上。价值取向与法律原则的关系是:价值取向可以转化为或直接体现为法律原则,而法律原则所体现的精神又会具体体现为各项明确肯定的法律规范和法律制度。价值取向和具体法律规范之间是通过法律原则来进行连接的,在效力层次上,价值取向是法律原则的上位概念。而在法律原则与具体法律规范的关系上,法律原则又是制定具体法律规范的依据,它确定了立法的指导思想,体现了具体法律部门的所有法律规范之间应当具有统一的价值取向,从而避免了具体法律规范之间的矛盾,实现法律内部体系的和谐,保证法律规范功能的正常发挥。与具体法律规范不同,法律原则应当具有非规范性、不确定性、衡平性、强行性、强制补充性等特点。① 法律原则虽然是制定具体法律规范的依据,但它通常并不直接表现为具体的法律条文或法律规范,因此通常并不直接作为适用法律的依据。但法律原则作为法律具体规定的来源和根据,对具体法律规定有指导作用。因此在具体规范缺乏、不清晰或自相矛盾时,法律原则可以直接作为行为准则,不仅是法官解释具体法律规范的依据,而且是补充法律漏洞的基础。

民法和商法作为两个不同的法律部门,之所以能够为绝大多数大陆法国家所确认,其主要的原因不但在于民法和商法在调整对象和调整内容上具有明显的差异性,除此之外,民法和商法在价值取向上具有显著不同以及在产生基础上具有较大差异性,这也是区分民商法分属不同法律部门的重要原因。因为调整对象的差异固然可以直接界定不同部门法的独立调整范围,而价值取向的不同则会决定不同法律立法的最终追求目的,从而使性质各异的法律部门的划分成为必要。民法和商法在立法价值取向上的主要差异性表现在:在民法的诸项价值目标中,最基本的价值取向是公平,即当公平原则与民法的其他基本原则发生冲突与矛盾时民法首先会选择公平,在处理公平与其他民法原则的关系时采取的是公平优先兼顾效益与其他。当然公平作为所有法律共同追求的目标,在任何法律部门中都有所体现,但不同法律对公平的追求程度是不一样的,即公平在不同法律部门中所具有的地位和重要程度是有所不同的。另外,在现代社会,任何法律包括宪法在内都无一不打上市场经济的色彩,都体现了一定的效益要求,民法当然也不例外,现代民法也在根据市场经济的发展变化情况适时调整自己的作用内容,也会不断融入一些效益的规定,但这并不能因此而动摇公平原则的统治地位,离开了公平就没有民法和民事法律制度。而在商事立法中最高的价值取向则是效益,在处理效益与其他法律原则的关系时其基本原则和要求是效益优先兼顾公平与其他。民法和商法在对待公平与效益的关系与地位上所采取的不同的价值取向,既反映了民法和商法在立法上的不同的价值追求,也反映了民法和商法在调整市场经济关系时所具有的不同作用和各自独特的存在价值。

---

① 徐国栋.民法基本原则解释——成文法局限性之克服[M].北京:中国政法大学出版社,1996:3.

二、民法公平优先的含义及其产生原因

1.民法公平优先的含义、表现和意义。所谓公平按《汉语大词典》的解释,是"公正而不偏袒"①《管子·形势解》:"天公平而无私,故美恶莫不覆;地公平而无私,故小大莫不载。"法律上所说的公平有人认为就是正义,是法律的最高价值。② 这里的公平被作为法律的理想状态。有人认为"公平的含义也就是平等"。③ 有人认为公平就是分配正义④。实际上公平本为道德规范,主要是作为一种社会理念而存在于人们的观念和意识当中,其判别主要是从社会正义的角度,以人们公认的价值观和公认的经济利益上的公正、等价、合理为标准来加以确定的。公平主要强调的是权利和义务、利益和负担在相互关联的社会主体之间合理分配或分担,并强调这种分配或分担的结果能够为当事人和社会公众所接受。公平原则既体现了民法的任务、性质和特征,也反映了民法的追求目的,是民事立法的宗旨、执法的准绳和行为人守法的指南,是民法的活的灵魂。不仅如此,公平原则又与一切具体的民法原则不同,它具有对一切市民社会普遍适用的效力,且贯穿于整个民法的立法、执法和守法过程的始终。

与其他民法原则相比,公平原则具有高度抽象性和高度概括性,公平要借助于其他民法原则来体现,在与其他民法原则的关系上,公平原则是比其他民法基本原则更为基础、更为原则的原则。同时公平原则又具有极大的模糊性,通常要借助于其他具体民法原则来体现,即公平原则可以具体外化为平等、私权神圣、意思自治等较为明晰的原则和要求。以拿破仑法典为代表的早期资产阶级民法非常强调私权神圣,其主要原因乃在于立法者认为对私有权的充分保护可以导致公平结果的出现。此后的德国民法典等又对绝对的私权神圣进行适当限制,同样是基于对公平的追求。因此我们虽然不能说私权神圣必然会导致公平结果的出现,但至少可以说私权神圣是产生公平的必要条件。同样资本主义国家的民法之所以要确认意思自治,乃是在于按照资产阶级经济学家认为,在自由经济形态下,每个人都是自己利益的最好把握者。因此,对个人意志的尊重实际上就是对个人利益的尊重。每个人的逐利行为既会导致社会财富的最大限度的增加,也会实现社会的公平。由此可见,意思自治与公平原则有着十分密切的联系。自由是公平原则赖以实现的基础,也是公平原则的基本价值要求。公平原则还要受个人感受差异性的影响,即作为社会公众内心价值判断的基本依据,公平原则要受制于不同主体所采取的具体判断标准和个体对公平的主观感受的制约。也就是说任何一种行为都会因其判断人所采取的具体判断标准的不同而得出不同的公平要求和公平结果。当然,我们既要强调公平原则的个体差异性和标准的模糊性,即主观的公

---

① 罗竹风.汉语大词典(缩印本)[M].上海:汉语大词典出版社,1997:763.

② 孙国华.市场经济是法制经济[M].天津:天津人民出版社,1995:163.

③ 何怀宏.契约伦理与社会正义[M].北京:中国人民大学出版社,1993:120.

④ E.博登海默.法理学——法哲学及其方法[M].邓正来,姬敬武,译.北京:华夏出版社,1997:255.

平,但也不能因此而否认其客观结果的可观察性,即客观的公平。我们不能因强调公平的这种主观感受性而忽略它的客观性。实际上个体的公平感受也是以这种客观的公平为基础的,因此很难设想有完全脱离于客观公平而存在的主观公平。

另外我们还应当注意区分法律上的公平与经济学上的公平。经济学上的公平主要关心的是社会成员的分配份额,但法律上的公平虽然也讲分配份额,但份额并非唯一因素,除份额外,法律上的公平更加强调当事人的主观感受。其主要原因在于法律和经济在基本要求上是不一样的。经济学强调的是一种理想状态,即应然状态,研究问题时通常要将某一社会制度放到比较纯净的经济状态中,比较典型的如亚当·斯密等人的完全竞争理论就是舍弃了一切可能影响竞争发生作用的社会经济条件。而在法律领域则要考虑法律的有效实施性,即法律主要体现的应是一种已然状态,法律的制定要考虑纷繁复杂的社会关系。因此从某种意义上说任何法律都是各种利益和矛盾平衡和协调的结果。另外,经济学特别是现代经济学除了要注重定性分析外,特别注重定量分析。法律的制定当然也有定量性的规定,但在很多情况下主要还是定性的规定,具体量的关系则主要委诸法官的自由裁量。从法律角度说根本无法对公平所内含的份额要求作出非常准确界定,而只能依赖于当事人和社会的主观判断。

应当注意的是,公平原则作为隐含于社会公众内心的一种基本价值评判标准还具有历史性,其内容和要求会随社会发展的变化而变化,古代的公平和现代的公平无论就其表现形式还是就其具体含义都有较大的差异性。例如在早期的古罗马法中只有作为家长的罗马市民才具有法律人格和行为能力,而非罗马市民、家妻和家子等并不具有完全法律人格和行为能力,按照当时的法律观念,认为这样规定是很公平的,但现在看起来这种规定是非常不公平的。所以正是由于公平内容的历史性才决定了不同时代的民法内容具有一定的差异性。在处理个体公平与社会公平的关系上,民法虽然也强调社会公平,但更加注重个体公平和相互之间的公平。从一般意义上说,个体公平的存在必须根植于社会公平的土壤,社会公平也应当表现为个体公平的集合。但个体公平并非在任何情况下都和社会公平绝对一致。无论是从立法技术上说,还是从立法目的上说,民法所关注和强调的都主要是个体公平和前提条件的公平。换言之,民法所倡导的公平理念仅局限于经济个体之间的公平和平等,它仅仅是形式上的公平和机会上的平等,而不能从社会整体利益出发去追求实质的公平和平等。在前提公平与结果公平的关系上,民法虽然追求的也是社会公平和结果的公平,但这种公平的假设是个体公平的确认会导致社会公平的产生,前提公平的保证也会导致出现结果公平。因此民法规范主要是对前提条件的公平进行确认,是对个体公平进行法律保障,即民法只是从市场规则角度对市场主体的行为予以规范,在市场经济中,只要市场主体沿着民法规定的竞争规则去追求自身利益最大化,民法对于追求的结果予以承认并加以保护,至于由此产生的诸如社会不公问题,民法是无能为力的,即传统的民法难以担当起维护社会公共利益的重任。即民法只能是个人利益的本位法和个人权利的维护法,如果硬要牵强附会地将民法建立在社会公共利益基础上去实现个人利益最大化，那只能是民法的异化。解决社会公平和结果公平的重任不应由民法而应由作为社会法的经济法来承担。

2.公平优先的体现及意义。公平原则体现在民法制度的各个方面，贯彻于民法规定的始终。无论是资产阶级民法的三大基本原则"人格平等、私有财产神圣不可侵犯、合同自由"，还是我国民法的基本原则都体现了公平。人格平等原则强调的是要对市场主体的资格提供一视同仁的标准，私有财产神圣不可侵犯则反映了民法对市场主体财产的公平保护和绝对保护；合同自由以尊重行为人的意思自治为前提，是公平原则实现的方式之一；权利义务相一致原则则主要强调的是权利和义务的相匹配性，既是公平原则的要求，也是公平原则的基本追求。就制度层面而言，公平作为民法的最高价值取向，贯穿于民法的始终。不但在民法债权、所有权和民事主体中要讲公平，而且在民法的其他部分中同样也讲公平。民事行为的无效和可撤销制度的实施目的则在于矫正受到威胁的公平。以表见代理制度、即时取得制度等为内容的保护善意第三人制度的出现也是出于实现公平的目的；继承关系中对遗产的平均分配同样体现了公平，而遗产分配中的权利义务相一致原则则是对这种公平原则的必要补充；婚姻法非常注重自由，婚姻自由是婚姻法的最基本要求，但我们并不能因此而否定公平的作用；不但婚姻自由本身就体现了公平，而且婚姻法的一些基本原则如夫妻双方法律地位平等、夫妻共同财产分配时的平均分配等无疑都属于公平的范畴；在侵权行为中，过错责任原则本身就是公平的最好体现，因为过错责任强调每个人应当对也只能对自己的过错致害行为承担责任，法律不能要求行为人负担自己不能预见、不能控制的不利后果，法律不能惩罚无过错的行为。而民事赔偿中的公平责任无论就其表述，还是就其内容也体现了公平原则。另外，无过错责任虽然就其内容来说可能对加害人来说有失公平，但由于加害人与受害人之间的不平等性，以及加害人所从事行为的高度危险性，出于社会公平的考虑，无过错责任有其存在的必要。但无论如何，过错责任都应当是整个侵权行为责任的基础，没有过错责任就没有现代侵权行为法，无过错责任仅仅是对过错责任的必要补充。尤其值得一提的是，公平原则作为一项最基本原则不但在大陆法国家的民法中具有至高无上的地位，即便在英美法国家中也具有非常重要和非常独特的地位。比如在作为英美国家基本法律渊源的衡平法中，公平就是一个最基本的价值评判标准。即是说，公平原则既是衡平法原则的基本价值追求，也是衡平法矫正普通法法律适用偏差的一种主要判断依据。进一步说，在英美法国家，衡平法的出现是为了弥补普通法适用中所出现的种种不公平现象，本身就是公平原则法律适用的结果。对此，因为衡平法本身就是"当法律因其太原则而不能解决具体问题时对法律进行的一种补正"[①]。而英美法国家的衡平法又主要是适用于民事法律领域。由此可见，公平原则虽然不能说是仅仅适用于民法制度，但至少可以说是以民法作为其主要适用对象。可以说，公平原则在民法中的地位无论我们怎么进行评价都不会过分。

民法不但以公平作为其最高价值取向，而且不断根据社会公平观念的变化而调整其内

---

① E.博登海默.法理学——法哲学及其方法[M].邓正来，姬敬武，译.北京：华夏出版社，1997：11.

容,建立了比较完善的公平保障与矫正机制。典型的如在英美法国家,除签字蜡封的合同以外要求合同的成立和有效必须以对价为条件,即"无对价即无合同"或"无对价的合同不受法律保护"。很显然这一原则的立足点在于保证合同的公平性。但在实际生活中有些合同虽然没有对价,但宣布其无效却会损害另一方当事人的利益,导致不公平现象的出现。如在无对价的赠与合同中,接受赠与的一方当事人已经根据赠与方的承诺进行了某些准备工作,并花费了某些费用。如果以"无对价的合同不受法律保护"为由而否认该合同的效力,则对受赠方显失公平。因此在衡平法中就确立了"禁反言"或称"不得出尔反尔"的原则。其目的在于矫正法律适用中的不公平。

民法公平优先原则的确立具有十分重要的意义:公平优先符合法律的最高理性和最高价值,是人类理性思维的结果;公平优先符合人类生存的基本要求,是人格平等的基本要求;公平原则有利于充分调动民事主体的积极性,充分发挥其潜力。民法以授权性规范为主的规范体系,强调的是个人生活的自治,确认的是权利主体地位的平等、民事行为的自由和私权神圣等诸项原则。这就可以使个人潜能的发挥获得必要的法律保障,从而可以最大限度地促进生产力潜能的释放。因此一国民商法的发达与否不仅反映了一国立法上的价值取向,而且还直接影响到一国经济发展的迅缓。

3.公平优先的产生基础。民法之所以以公平作为其最高价值取向,有其复杂的经济社会原因和思想观念基础。具体说来这些基础和原因主要包括:

(1)经济基础——商品经济。民法是和商品经济紧密结合在一起的,有商品经济就应当有法律,就应当有调整商品经济的基本法律——民法。商品经济的存在必须有两个前提条件:一是由于社会分工使每一个社会主体都不能生产出自己所需要的所有商品,从而使商品交换成为必要。"互相对立的仅仅是权利平等的商品所有者,占有别人商品的手段只能是让渡自己的商品。"① 二是由于财产分属于不同的人所有,使每个人都不能无偿地占有他人的劳动产品,而必须承认对方的财产所有权,并进行等价劳动交换。与此适应,就产生了作为民法核心内容的所有权制度和合同制度。合同不过是将每天重复着的产品交换活动通过法律的形式加以固定。"交换的不断重复使交换成为有规则的社会过程。"② "这种经济交换和在交换中才产生的实际关系,后来获得了契约这样的法的形式。"③ "每一方只有通过双方共同的意志行为,才能让渡自己的商品,占有别人的商品。可见,他们必须彼此承认对方是私有者。这种具有契约形式的(不管这种契约是不是用法律固定下来的)法权关系,是一种反映着经济关系的意志关系,这种法的关系或意志关系的内容是由这种经济关系本身决定的。"④ 而商品经济又是"天生的平等派",它不承认任何特权,只承认一个权威即竞争,它要求一切经济关系的参加者在法律上都享有平等的法律地位。这种平等的法律地位既是商品经营者

---

① 马克思,恩格斯.马克思恩格斯全集:第 19 卷[M].北京:人民出版社,1963:422-423.
② 马克思,恩格斯.马克思恩格斯全集:第 23 卷[M].北京:人民出版社,1963:106.
③ 马克思,恩格斯.马克思恩格斯全集:第 19 卷[M].北京:人民出版社,1963:423.
④ 马克思,恩格斯.马克思恩格斯全集:第 23 卷[M].北京:人民出版社,1963:102.

进行公平行为的前提条件,也是实现经营者自由意志的必要保障。

(2)公平优先的理论基础——私权神圣和意思自治。民法属于典型的私法范畴,私法不同于公法的最基本的一点在于私法特别注重对私人权利的保护。民法是市民社会的基本法,按照资产阶级思想家的观点,市民社会是社会的一部分,不同于国家且独立于国家。市民社会以政治权力和民事权利的完全分离,以充分尊重个人的自由意志为主要内容。市民社会观念强调国家应严格限制自己的权力范围和权力界限,强调应充分关注个体利益和最大限度发挥个体的主观能动性和积极性,以实现社会效益的最大化和社会的公平正义。因此,各国民法典中强调的个人私有财产神圣不可侵犯和契约自由,强调当事人意思自治,均是为了避免国家对个人权利的侵犯。"在私法范围内,政府的唯一作用就是承认私权并保障私权之实现,所以应在国家的社会生活和经济生活中竭力排除政府参与。"①

(3)公平优先的主体基础——适用主体上的广泛性。与商法等其他法律制度相比,民法的适用主体具有广泛性,可以适用于一切社会大众,是所有市民主体的基本权利保障法。因此民法就其基本属性而言,应当最大限度地满足社会主体的最基本生存要求。而社会大众的最基本要求就是生命、财产、个人尊严和公平对待,也就是说只有满足了社会主体的公平要求之后社会才能够和谐发展。"不患寡而患不均""等贵贱、均贫富"等思想或口号的提出,都在一定程度上反映了这种社会大众对公平的需要。

(4)公平优先的规范基础——强烈的伦理性。从社会学角度观察,法律条款无非包括伦理性条款和技术性条款两大类。与商法比较侧重于技术性规范不同,民法规范具有强烈的伦理性。其原因在于,民法规范为市场经济提供了一般性规则,这些规则是对整个市民社会及其经济基础的抽象和概括,是人们理性思维的结果,一般较为稳定。换言之,民事活动本身就是社会伦理生活的一部分,具有强烈的社会趋同性,而伦理规则是很难用精确的法律语言加以描述的。正是由其所调整的社会关系及本身的性质所决定,民法条款绝大多数属于伦理性条款,即凭社会主体的简单伦理判断就可确定其行为性质,并不需要当事人必须有丰富的法律专业知识和专业判断能力。而公平原则无疑是最具有伦理性的法律价值判断之一。正是基于民法规范的高度概括性和极强的伦理性,由此才决定法律的适用必须以公平性的伦理原则和能够为所普遍接受的民事习惯为指导,并依据各种事实关系与法律规定的内容进行对照,然后对行为人的行为作出相应的价值判断。对此,《瑞士民法典》第1条规定:如果法官于制定法中不能发现相应的明确规定,则必须根据习惯法作出判决,而在没有相应习惯时,"则根据如果他作为一个立法者应采取的规定"。我国台湾地区"民法"第1条也规定:"民事法律所未规定者,依习惯,无习惯者,依法理。"不仅如此,《法国民法典》第4条还禁止法官以法无明文、含糊不清、不尽完善为借口拒绝受理案件。因为在这种情况下他可以通过研究民法的精神对法律进行明智的和合理的适用。②

---

① 约翰·亨利·梅利曼.大陆法系[M].顾培东,禄正平,译.北京:法律出版社,2004:97.
② 格伦顿,戈登,奥萨魁.比较法律传统[M].米健,等译.北京:中国政法大学出版社,1993:81.

三、商法的效益优先及其产生原因

1.效益与效益优先的含义。效益就其本质含义来说是指对经济利益的追求和经济利益的实现。效益原则强调必须对个人利益进行尊重和保护,要求社会主体必须注重投入和产出、成本和效益。对个人利益的追求是推动社会进步的主要动力之一。在阶级社会,利益是联系各主体之间的主要纽带,整个人类社会表现为一个利益互动的社会。马克思指出:"人们奋斗所争取的一切,都同它们的利益有关。"[①]市场主体同时就是经济人,经济需要对于形成个人一定的要求具有决定性影响,对利益的追求是推动人类活动的最重要的力量,"把人和社会连接起来的唯一纽带是天然必然性,是需要和私人利益,是对他们财产和利己主义个人的保护"[②]。效益原则是以经济自由主义为基础的,民商法上的自由原则或意思自治原则不过是经济自由原则的法律体现。古典重农学派认为,人类社会和物质世界一样,都存在着不以人的意志为转移的客观规律,这就是自然秩序。人身自由和私有财产是自然秩序所规定的人类的基本权利,是天赋人权的基本内容。自然秩序的实质在于个人利益和公众利益的统一,而这种统一只能在自由经济体制下才能得以实现。作为古典经济学思想集大成的经济学家亚当·斯密将这种经济自由主义思想进行了发挥和完善,将个人主义作为"天赋自由经济制度"的基础。认为个人是其本人利益的最好明断者,明智的做法就是让每一个个人在经济活动领域中自主地抉择自己的道路。在这种一切听其自然的社会中,其规律性力量是由市场这只"看不见的手"来进行调控的。无论是自由放任原则还是看不见的手的观点,其最根本的贡献在于确立市民社会与国家的严格分离:自由放任意味着作为经济领域的社会独立于作为政治领域的国家,后者不应干涉前者,其根本原因在于,经济领域受制于一只看不见的手的控制和支配,是一种服从于自身规律运动和变化的独立经济体系。意即市民社会乃是由一个由诸多相互关联的生产、交易和消费行为构成的总和,拥有自身的内在动力和不受外界影响的规律,从而独立于政治和国家,市民社会有一种区别于政治、宗教和国家的经济生命。[③]这种强调经济规律不受国家干预进而认为社会拥有区别于政治国家的经济内容的观点,基于对国家权力疆界的限定和市民社会原则上不为政治权力渗透的理念,打破了国家权力无所不为的政治专制思想,为使经济社会和人类自身获得政治上的解放提供了学理上的引导。法律上的效益也与经济学上的效益有所不同,经济学上的效益无疑比较强调投入产出,但法律上的效益除了要考虑整个社会的投入产出比例之外,还要强调对个人利益的尊重和保护。法律的主要作用也体现为为社会主体的逐利行为创造良好的条件,并对其逐利结果的合法性进行充分肯定。当然,商法中也有不少公平的体现,这主要是基于两个原因:一是商法是以民法为基础的,因此民法的基本原则和基本价值取向包括公平原则当然

---

① 马克思,恩格斯.马克思恩格斯全集[M].北京:人民出版社,1963:82.

② 马克思.论犹太人问题[M]//马克思,恩格斯.马克思恩格斯全集:第1卷.北京:人民出版社,1963:439.

③ 邓正来,J.C.亚历山大.国家与市民社会——一种社会理论的研究路径[M].北京:中央编译出版社,1999:79-87.

会影响到商法的规定,可以说商法的公平直接来源于民法的公平要求。二是公平和效益并不是水火不容绝对排斥的,效益优先只是强调效益在商法中的特殊地位,但并不因此而否认公平原则的适用,只不过说,和公平原则相比,在商法中效益原则所占的地位更加重要。

2.效益优先的体现。效益优先体现在商法原则和商法制度的各个方面:首先是将商事主体的范围进行了扩大,即将主体范围延伸到了公司。公司制度的出现不但使主体范围由单纯的自然人扩及到了不具有自然思维能力的社团组织,使主体资本的筹集超出了单个自然人的能力和财力的限制,使主体人格不再依附于自然人的寿命而可以具有永久存续性,而且更为重要的是公司是完全以营利为目的的经济组织,是地地道道的经济人。就行为来说,商事交易完全以营利为目的,为实现这一目的,必须力求交易的迅速完成。因为只有交易迅捷,从事商事交易之人才能通过多次反复交易而实现其营利目的。因此在商事法上为了实现商事交易之迅捷要求,采取了很多具体制度,包括短期消灭时效主义、交易的定型化、权利证券化、行为的要式性和强调行为的外观效力等。

商法不但以效益作为其最高价值目标,而且为了实现效益甚至在某种程度上会牺牲公平,典型的如有限责任制度和票据无因性制度。有限责任制度的出现主要是为了鼓励社会财富的拥有者积极进行投资行为,通过对这种个人逐利行为合法性的肯定和保护,以实现个人财富增加基础上的社会财富的不断增值。但这一制度却以出资人的有限责任来对抗债权人的无限求偿权,实际上是将出资人的部分生产经营风险转嫁给了债权人。就债权人而言,在既不能参与出资人的生产经营活动甚至是不能监督其生产经营活动,自己又无任何过错的情况下承担别人的经营风险,显然有失公平。有人认为公司中有限责任作为法律平衡债权人利益与债务人利益的结果,与其说是效益战胜了公平不如说是公平战胜了效益。有限责任是利益平衡的结果这个说法非常正确,但据此来否定有限责任的效益性恐怕有些牵强。通过分析有限责任制度我们可以看出,这一制度设计的主要目的是为了鼓励资产所有人积极进行投资行为,将其手中的恒定财产转化成具有极强再生能力的活跃资本,最终实现社会财富的不断增值。但这一制度实施的直接后果是牺牲了公司债权人的合法权益。也就是说有限责任制度的实施及其投资人利益的保护是以牺牲债权人的财产请求权为代价的。因此这一制度虽然对投资人和社会来说不无公平成分,但对债权人毫无公平可言。根据以上分析我们可以看出有限责任制度的设计无论就其立法本旨还是就其实施后果来看,都主要考虑的是效益而非公平。票据无因性出现的目的也是在于通过将票据关系与产生票据关系的基础关系严格区分开来,认为引起票据关系产生的民事基础关系和票据关系属于性质不同的法律关系。票据关系的出现和成立虽然有赖于一定的基础关系的存在,但票据关系一旦产生其效力则主要取决于票据的记载本身,而与票据基础关系的牵连关系则被切断。这一立法的目的显然也是为了加速票据的流转,并充分发挥票据作为信用工具、流通手段、支付手段等项作用。但由于票据基础关系和票据关系的当事人具有牵连性,票据义务的履行通常是作为基础关系的对价而存在的。因此在票据基础关系被宣告无效或被撤销或没有履行的情况下,要求票据义务人单方面履行义务,对票据义务人显然有失公平。

3.效益优先的保障措施。商法不但以效益作为最终价值目标,而且还采取了许多强制性的法律规定来保障这种效益的实现。表现为以强制性规定为内容的大量公法化规定。传统民商法理论认为,商法与民法一样,同属于私法范畴,偏重于商事个体间的权利义务对应关系,强调商事主体的意思自治和商事行为的营利性,因而商法规范具有很强的任意性和选择性。为尊重各类商事主体的自由意志,培养其在商事活动中的积极性和创造性,鼓励自由竞争,国家对其活动通常不作干预,这些使得商法的私法性质十分显著。但与民法不同,为了防止私人的逐利行为危及社会的安定和秩序,商法中的许多规范都具有相当的国家强制性,从而使当事人的自由意志受到了限制,使商法自身具有了公法性的特征。如公司法中对公司注册与公告的规定、票据法中对签发空头支票的刑事处罚条款、证券交易中对证券欺诈犯罪的规定等,均具有强烈的公法性。不仅如此,广义商法包括商事公法和商事私法。这就是说,本质属于私法的商法,其中却不可避免地包含有相当多的公法内容的规定。例如,各国公司法中关于公司登记的规定,破产法、公司法及保险法中的罚则,海商法中对于船长的处罚规定,以及票据法中对违反票据法的制裁规定等,都属公法性质。但是,商法公法化并不意味着"商法已经属于公法化",而是表明商法是一个渗透着公法因素的私法领域。商法仍然属于私法范畴,受私法原则和精神所支配,公法条款始终处于为私法交往服务的地位。

4.效益优先的产生原因和产生基础。商法的效益优先不但有其具体表现,而且还有其复杂的社会经济原因,具体说来这些原因主要包括:

(1)效益优先的经济原因——市场经济。市场是商品交换的固定场所,它既是商品生产的必然产物和实现商品价值的必要条件,也是市场经济的重要组成部分,是社会分工和商品交换的伴生结果。对此,列宁曾指出:"哪里有社会分工和商品生产,哪里就有市场。"① 所谓市场经济就是以市场机制调节社会资源的配置和调节市场行为的一种经济运行方式或经济运行模式。市场必须有一定的构成要素,包括人的要素、物的要素和行为要素几个方面。其中人的要素即市场主体是纯粹的经济人。市场中的物的要素是货币资本,货币资本不同于单纯的货币,它具有强烈的逐利性趋向。马克思曾引用英国登宁勋爵的话形象地形容资本:"一旦有适当的利润,它就保证到处被使用;有百分之二十的利润,它就活跃起来;有百分之五十的利润,它就铤而走险;为了百分之一百的利润,它就敢践踏一切人间法律;有百分之三百的利润,它就敢犯任何罪行,甚至冒绞首的危险。"② 对资本的拥有者资本家来说,"他们活着就是为了赚钱,除了快快发财,他们不知道还有别的幸福,除了金钱的损失,也不知道还有别的痛苦"③。值得注意的是,市场经济与商品经济不同,商品经济是与自然经济相对应的形态,强调的是产品的交换属性,要求生产者必须依赖于其他生产者而生存,任何生产者都只能通过交换而获得他人的产品。商品经济的法律调整就产生了最初的民法,产生了作为民法基本制度的所有权制度和合同制度。因此可以说有商品经济就应当有民法。与市场经济

---

① 列宁.论所谓市场问题[M]//列宁.列宁全集:第1卷.北京:人民出版社,1963:83.

② 马克思.资本论:第1卷[M].北京:人民出版社,1975:829.

③ 马克思,恩格斯.马克思恩格斯全集:第2卷[M].北京:人民出版社,1963:564.

相对应的是计划经济,主要强调的是一种社会资源的分配方式,即以市场机制调节社会资源在全社会范围内的配置。主要是从经济运行方式或经济模式的层面上来进行定义的。市场经济和商品经济有重合的一面,市场经济必须依赖于商品经济而存在。但市场经济并不是随商品经济而同时产生,它必须在商品经济发展到一定阶段之后才能产生。两者在作用的内容上也是不一样的。和商品经济相比市场经济更具有现代性,而商法的产生和作用内容都与市场经济有十分密切的联系。

(2)效益优先的法律规范原因——大量的技术性规范。商法最早起源于"商人法",从它产生伊始就具有专门性及职业性,而后虽经多次进化,"商人法"发展成为"商行为法",但商法的基本特质并没有变化,商法始终是对市场经济的直接调整,可以说市场经济的基本内容、基本规则及基本运作方式翻译成法律语言就构成了商法规则。正是由于商法规范为市场经济主体的营利性活动提供了具体的规则,而这些具体规则又是对市场经济活动及其实践方式的直接表现,因此市场经济的一些基本要求和基本内容都和商法规范具有直接的联系。有什么样的市场交易方式和市场交易内容,就相应有什么样的商法规范进行调整。由此决定了商法规范必然具有很强的操作性、技术性,即商法规范中必然包含有大量的技术性规范,这些技术性规范的设计大多是出于对主体营利性行为的保护,并且对这些技术性规范并不能简单地凭伦理道德意识就能判断其行为效果。商事法律的这种技术性规范特点,使其与民法中比较偏重于伦理性规范的特点迥然不同。商法的技术性既体现在其组织法上,也体现在其行为法中。商法规范中通常不仅有定性规定,更多的是定量规定,例如公司法中公司形式的设计,权利、利益的配置,资本的运动,股票市场的操作,责任的追究,票据法中关于票据之文义性、要式性、无因性规定,关于发票行为、背书行为、承兑行为、票据抗辩、追索权之行使等规范条款,均具有强烈的技术性色彩。另外,商法的技术性原则不仅体现于其规范的具体方面,也表现于整体上不同规则之间的协调,若没有大量技术性规范的间接调整作用,商法的营利性和商法宗旨均难以实现。

(3)效益优先的适用对象基础——特定的商人。从一般意义上说,商法是调整商人及其行为的法律规范的总称。作为商事主体,商人最主要的特征在于他是以营利为目的的经济组织。亚里士多德曾经说过:"人就其本质而言,都是政治动物。"但人同时又是经济动物即经济人。政治人和经济人虽然具有不同的功能,但无论是经济人还是政治人,都无时不在既定约束条件下以最小代价去获取最大收益。从这个意义上说,政治人无非是活动在政治领域内的经济人。市场经济中的主体不同于一般民事主体,它是以从事营利性活动为其唯一存在目的的经济人——商人。所谓经济人,按照资产阶级古典经济学家穆勒的观点就是会计算、有创造性、能寻求自身利益最大化的人,[①]并且要求这里的人必须是具有理性的人。所谓人的理性是指每个人都能通过成本—收益或趋利避害原则来对其面临的一切机会和目标及实现目标的手段进行优化选择。人是趋利避害的动物,《管子》说:"见利莫能勿就,见害莫

① 亨利·勒帕日.美国新自由主义经济学[M].李燕生,译.北京:北京大学出版社,1985:24.

能勿避。其商人通贾,倍道兼行,夜以继日,千里而不远者,利在前也。渔人之入海,海深万仞,就彼逆流,乘危百里,宿夜不出者,利在水也。故利之所在,虽千仞之山,无所不上;深源之下,无所不处焉。"人在行为中本性和基本价值取向是——两利相权取其重,两害相权取其轻。《墨子·大取篇》说:"断指以存腕,利之中取大,害之中取小也。""利之中取大,非不得已也。害之中取小,不得已也。"人们在多重行为选择时的基本行为特征是具有排列和择优的倾向和能力。这种多中取优的价值取向可以导致自我利益最大化的实现。亚当·斯密说:"我们每天所需的食物和饮料,不是出自屠户、酿酒家或烙面师的恩惠,而是出于他们自利的打算。我们不说唤起他们利他心的话,而说唤起他们利己心的话。"[①]

四、价值取向对我国民商立法模式选择的影响

由于社会关系具有复杂性和多样性,因此对社会关系的法律调整也必须依赖于众多的法律部门的综合作用。在任何一个现代法制国家,对整个社会关系的法律调整客观上都需要诸多的法律部门,这些法律部门从不同的角度和不同的方面对社会关系进行调整,从而形成了一个有机联系的法律系统即法律体系。将法律按其作用内容不同而划分为不同法律部门并明确界定各个法律部门的作用领域是现代法制的标志之一,也是法律科学成熟化的重要体现。而划分法律部门的最基本标准又是法律规范所调整的社会关系以及与之相适应的调整方法的客观差异性。除此之外还要考虑立法价值取向的差异性和法律所调整的某一类社会关系的重要性、广泛程度以及相应的法律法规的数量。一般而言,调整某一类社会关系的法律法规能够达到一定的数量,本身也就表明该类社会关系的重要性及其广泛程度已经达到一定水平。另外,法律部门的划分也不完全等同于立法体例的选择。因为法律部门的划分主要考虑的是理论的严整性,而立法体例的选择则是在尊重法律部门的基础上主要考虑的是现行法律的协调问题。同样道理,没有部门基本法也并不能作为否认法律部门独立性的依据,行政法就是一个很好的例子。我们认为虽然民法和商法在价值取向上存在重大差异性,这是在进行民商立法时必须予以高度关注的问题之一。但这种价值取向的差异性并不足以构成民法和商法绝对分离的理由。无论是基于中国现实的立法现状还是基于建立社会主义市场经济体制的发展目标的需要,都决定了我国目前应采取"民商合一"的立法体例。综观我国近年来的立法实践,很明显也是朝着民商统一的立法方向发展的,一些商事法通过立法者的行为已经或者正在完成它的民法化。典型的如新颁布的统一合同法就是将传统的"商事合同"与"民事合同"融为一体,统一纳入民法调整的范围之内。因此我们选择民商合一,并不是基于一时的理论冲动,而是基于民法和商法在调整内容调整方法上存在大量的相同点。具体说来,我国现阶段之所以要采取民商合一的立法体例,主要是基于以下几方面的原因:(1)商法和民法在基本价值追求上具有重合性。作为私法,民法和商法有许多相

---

① 亚当·斯密.国民财富的性质和原因的研究[M].郭大力,王亚南,译.北京:商务印书馆,1981:14.

同的价值取向,这些价值取向包括公平价值、效益价值、平等价值、诚实信用价值、合法性价值等。这些相同价值取向的产生主要基于以下原因:民法和商法具有相同的调整内容——商品经济和市场经济,都是对市场运行的基本规则和运行条件进行的法律确认。二者都是以社会经济关系作为其调整对象,都有赖以存在的相同的经济基础和经济实现方式,都是调整市场经济的基本法律制度,都属于市场经济的运行法;二者有相同的调整手段——以尊重当事人意思自治为特征的任意性规范为主要内容;有相同的制度观念基础——市民社会制度观念,民商法都符合市民社会的基本要求,都是基于市民社会的发展需要而产生的。在调整手段和调整方法上也有明显的相同之处。民法的公平与商法的效益在目的追求上有相互交融的一面,并且有较强的趋同性。现代社会公平的满足也应是建立在对效益的追求和效益实现的基础上的公平;而效益的实现也越来越有赖于公平原则的制约。也就是说当商法所追求的效益有违于公平达到一定程度时,公平原则就会主动站出来对效益原则进行干预和矫正。典型的如公司人格否认制度就是公平干预效益的一个非常显著的例子。(2)民法和商法在调整对象上具有不可区分性。民法和商法都调整市场主体及其活动。市场经济必须有赖于商品经济而存在,以承认和实施商品经济的基本要求为条件。现代社会的商人和一般社会主体之间已没有实质性区别,已不存在严格的商人阶层,传统商法的调整内容事实上已适用于普通的社会主体。人的普遍商化,使传统商法上的商人及其阶层,已很难与民法上的法人及自然人相区别,作为自然人的商人和作为法人的商人也难与其他人相别。商业职能与生产职能逐步融合。随着经济社会化与专业化的发展,商业职能已从交换过程向生产领域深入,商业职能与生产职能的融合趋势,导致了立法上民事法律行为与商事行为难以区分,民法关于商品经营的一般准则,完全可以适用于商事行为。(3)民商分立必须以民法的高度发达为条件,商法是在高度发达的民法因其自身条件的限制无力对现行社会经济关系作出全面调整时而产生的一个法律部门。目前我国的情况是,民法无论就其法典化还是就其理论研究本身尚有待完善和深化,民法的一些基本观念如公平、诚实信用等也有待于进一步弘扬。在民法制度和理论本身尚有待进一步发展的条件下来实行严格的民商分离,不但不利于民法制度的完善和私权观念的确立,而且只会延缓我国民事立法的进程。(4)我国有民商合一的立法传统和深厚的群众思想意识基础。光绪二十九年(1908年)曾颁布过一个所谓的《大清商律》,但其内容仅有通例9条和公司律131条,内容异常简单且并未产生较大影响。其后虽于宣统二年(1911年)拟就了内容较为完备的大清商律草案,但未经实行清朝即告覆亡。民国三年(1914年),当时的北洋政府曾将大清商律草案略加修订后予以颁布,但由于其后长期的军阀混战使这一法律并未得到认真实行。民国十八年(1929年),当时的国民政府立法院在进行法律改制,特别是在编纂民法典时,曾在是采取民商合一还是采取民商分立的立法模式上发生过争论,后法典起草者提出民商合一的提案,并论证了实行民商合一的立法理由。解放后我国立法主要受苏联立法的影响,而苏联在民商立法的关系上亦采用的是民商合一的模式。直至我国《民法通则》的颁布,民商合一的立法体制也没发生变化,由此可见民商合一主义的合理性在我国不但经历了历史的检验,而且其实施也有较为深厚的思想理论基础。

　　对于民商合一在立法上应采取何种模式,世界各国有不同做法:一是在民法典中直接包含商事法规,该模式属于传统模式;二是在民法典外另订商事单行法以作为民法的特别法,该模式属于现代模式。两种模式的共同点是坚决维护民法与商法在私法本质上的统一,反对以两法分立为特征的民商分立。但是,前者偏重要求将商法内容全部纳入民法典,既固守实质合一,又坚持形式合一,其缺点是会造成理论的僵化和封闭。而后者可以做到将民法典与作为民事特别法的商事单行法有机结合,既坚持民商法的实质合一,又能适应商法变动性要求,具有开放性。这也是目前各国采取的主要模式之一,对我国具有较大借鉴意义。①坚持民商合一的精神实质,以民法典为基本法以一系列单行法为特别法,无疑是我国商事立法形式的理性选择。

　　要强调的一点是,我们主张民商合一并不是说要将商法完全融入民法之中,而是以承认民法和商法之间存在价值取向上的重大差异为条件的,即承认商法在现行法律体系中的相对独立地位,民商合一这个概念本身就表明商事并不完全等同于民事。商法作为调整商人和商行为法律规范的总称,是调整平等的商事主体之间的商事关系的法律规范。公司法、票据法、信托法和保险法等均属于传统商法的重要内容。从这个意义上说,商法在法律体系中应是一个相对独立的法律部门。所谓独立,就是说商法有自己相对独立的调整对象,有自己丰富的调整内容和独立的法律体系。这些调整对象和调整内容与民法之外的其他法律部门之间有质的区别。所谓其相对性,是指商法不能完全脱离民法而存在,商法内容必须受民法原则的制约。在法律体系中,商法与民法一道共同构成了民商法律的完整体系,即民商法律系统。在具体立法上应是在制定一部统一的民法典之外通过另外制定若干商事单行法规的方式完成对社会经济关系的综合调整。这样一来,既能够保证民法典的相对稳定性和原则性,又能保证商事法规的相对灵活性和具体性,从而使民商立法体系达到稳定与灵活、原则与具体的统一。在法律的适用上,商法应以民法基本原则作为最基本的原则,商法适用是对民法原则一般适用的有效延伸。另外,商法作为民法特别法,依照特别法优先于普通法的适用原则,凡有关商事的事项,应首先适用商法的特别规定。只有在商法未予明确规定的情况下,才适用民法的有关规定。

---

① 覃有土.商法学[M].北京:中国政法大学出版社,1999:53.

民法典编纂中的民法商法化与商法民法化问题①

　　民法与商法的关系无论在理论上还是在实践中都是一个富有争议的问题，它不但影响到我国民商法学科的发展前景，而且也决定了我国民法典制定的理念和思路。本文试从民商关系的角度对我国民法典的编纂体例提出自己的一些看法，以求教于各位同人。

一、传统民商分离的历史功绩及其局限性

　　1.民商分离的含义及其历史沿革。民商分立又称民商分离，它有两层含义：一是就立法体系而言，在民法典之外另定单独商法典；二是就法律运行机制而言，由民法和商法共同实现对经济关系的调整，民法和商法各自独立而又相互依存。从大陆法系主要国家民商法律制度的历史沿革来看，"民商分立的模式之所以至今仍占支配地位，不仅由于传统，而且还有某些理论依据"②。

　　如果追溯民商分离的发展历史可以看出，虽然商事习惯和商事规则很早就已出现，但商法真正作为一个法律部门而独立存在却是近代的事情。商事关系的产生是生产力发展和社会分工的结果。罗马法作为商品生产社会的第一部世界性法律确定了简单商品所有者的一切本质的法律关系。但随着商品经济的发展和市场范围的扩大，面对纷繁复杂的商品经济关系，以民法为基本内容的罗马法开始有捉襟见肘之感。对此，伯尔曼认为："无论是重新发现的罗马市民法，还是仅仅残存的罗马习惯法，包括万民法，都不足以应付在 11 世纪晚期和 12 世纪出现的各种商业问题。"③由此产生了对商法的需求。而在商法制度的构建和商法体系的完成方面，商人无疑发挥了重大作用。商人们在长期的交易中摸索出一套规则，即商业习惯。商业习惯在商人们之间有类似于法律的效力，商人自治团体按照已经发展起来的商业习惯解决商人间的纠纷，并发展起自己的司法系统——参与裁判制的商事法院。因此，在某种意义上说，"作为那个时期的特征，商法最初的发展在很大程度上——虽不是全部——

---

　　① 本文曾以《论民法的商法化与商法的民法化——兼谈我国民法典编纂的基本理念和思路》为题，发表在《法学论坛》2005 年第 4 期。

　　② 沈宗灵.比较法总论[M].北京：北京大学出版社,1987：123.

　　③ 哈罗德·J.伯尔曼.法律与革命[M].贺卫方,等译.北京：中国大百科全书出版社,1993：414.

是由商人自身完成的"①。作为最早出现的意大利商人习惯法主要根据的是罗马法,运用了罗马法的法律术语和权利义务观念,并吸收了教会法的善意、公平交易和信守合同的道德观念,它构成了近代商法的基础。中世纪末,特别是 16 世纪以后,随着商品经济的进一步发展,欧洲的一些国家封建势力逐渐衰落,中世纪占统治地位的寺院法开始被废弃,统一民族国家逐步形成。随着国家干预商事事务的强度不断增大,商事习惯法逐渐被国家的商事法所取代,从而导致在欧洲大陆相继出现了 1807 年的《法国商法典》、1817 年的《卢森堡商法典》、1829 年的《西班牙商法典》、1888 年的《葡萄牙商法典》、1838 年的《希腊商法典》、1838 年的《荷兰商法典》、1850 年的《比利时商法典》、1865 年和 1883 年的《意大利商法典》、1900 年的《德国商法典》等,并由此形成了所谓的民商分离立法模式。

2.民商分离的历史功绩。民商分离既是一种科学的法律体系划分,带有较多的主观色彩,同时也在一定程度上适应了社会经济发展的需要。从理论上说,将民法典与商法典分立的体例,是一种符合经济生活对法律调整的不同需求的体例,这不仅使民法与商法各自发挥其应有的效用,而且使商法的调整对象、调整方法、基本原则及其特有的立法技术全方位地为人们所了解、知晓并加以应用,这对树立重商扬商的法律观念具有重大意义。② 具体说来,民商分离的作用主要体现在以下几个方面:

第一,民商分离极大地促进了社会经济的发展,从法律上对资本主义经济关系进行了巩固和加强。商法与市场经济密切相联。与民事主体不同,市场经济主体是以从事营利性活动为其唯一存在目的的经济人——商人。经济人必须具有理性,能通过成本—收益或趋利避害原则来对其面临的一切机会和目标及实现目标的手段进行优化选择。营利是商人据以从事经营活动的终极目的,是商人的根本价值追求,是商法调整的市场经济的价值基础,也是评判市场主体经营活动是否合乎市场经济本质要求的标准。在这个意义上,一切商法制度的设计都应当而且必须考虑商事行为的营利性这一要求,尽可能减少市场运作过程中的交易成本和制度成本。就立法实践来说,整个商法制度的设计都是为了满足商事主体的营利性要求。整个商法的运行过程也表现为对各种利益关系的平衡、选择和取舍,并通过权利和义务对各种利益进行规范和调整。如果说民法对商品交换的一般性调整为商事关系的调整提供了基础的话,那么,商法则对营利性的经营活动形成的经济关系予以专门性调整,营利调节机制是它特有的方式。商法把营利视为自己的宗旨,创造了自身的价值体系和新的原则。③

第二,民商分离促进了整个社会立法技术的提高。一般而言,民法规范为商品经济和市场经济提供了一般的行为规则,这些一般行为规则是对整个市民社会及其经济基础的抽象和概括,是人们理性思维的结果,一般较为合理也较为稳定。正是基于这种调整对象的性质和特征以及调整手段的特点,民法条款绝大多数属于伦理性条款。不仅如此,自罗马法特别

---

① 哈罗德·J.伯尔曼.法律与革命[M].贺卫方,等译.北京:中国大百科全书出版社,1993:414.
② 王景.中国商法的立法模式再研究[J].法律适用,2003(Z1).
③ 殷志刚.商的本质论[J].法律科学,2001(6).

是德国民法典之后,民法非常注重对概念的使用及对概念的界定。但民法概念却具有相当的弹性和不确定性,典型的如作为民法基本要求的公平和诚实信用、判断行为效力的善意和恶意、确定行为人是否承担责任的过错等概念,都具有相当的灵活性。而商法则不然,商法规范则要求所使用的概念应具有明确肯定性和不可产生歧义性。商法最早起源于"商人法",从它产生伊始就具有专门性及职业性,而后虽经多次进化,"商人法"发展成为"商行为法",但商法的基本特质并没有变化。商法始终是对市场经济的直接调整,可以说,市场经济的基本内容、基本规则及基本运作方式翻译成法律语言就构成了商法规则。有什么样的市场交易方式和市场交易内容,就相应有什么样的商法规范进行调整。由此决定了商法规范必然具有很强的操作性、技术性,并且这些技术性规范不能简单地凭道德伦理意识就能判断其行为效果。可以说,若没有大量技术性规范的有效调整,商法的营利性和商法宗旨均难以实现。

第三,民商分离促进了法律规范的国际化运动。从历史渊源方面来看,早期商法在西欧中世纪商人习惯法时代就具有一定的国际性。商法本属于国内法,它所调整的对象主要是国内商事法。但是随着科技的进步,国际交往的加强和国际贸易的发展,许多商事关系中都涉及国外主体或其他涉外因素。不仅如此,商法所调整的市场经济本身就具有良好的成长性和显著的跨地域性,一国市场经济的发展离不开他国经济的发展,任何一国要想采取闭关锁国的政策不依赖其他国家而独立发展几乎已不可能。因此,国内商法也就不能再局限于本国的领域内,而要顾及有关的国际公约和国际惯例。另外,与其他法律制度相比,商法的国际统一性要求有着较好的客观基础。一是商法的大多数规定都是技术规范,既不像刑法那样具有强烈的政治色彩,也不像民法那样有着浓厚的民族色彩和伦理色彩,这就为实现商法的国际统一化奠定了良好的法律技术基础。二是商法的内容大多源于中世纪的商人自治法,这些自治法主要来源于在商事活动中所形成的各种商事惯例,而这些惯例在各国制定成文商事法时都曾广泛地加以借鉴,即各国商法就其主要内容而言具有同源性。因此,商法的每一个部门法在具体操作上都具有易于统一性。从目前多数国家的法制现状来看,商法中有关票据、海商、国际货物买卖和商事仲裁的国际一体化发展实际上已经是无法逆转的趋势。

第四,民商分离强化了对交易安全的维护。与民法比较注重当事人意思自治要求不同,商法中对当事人的意思自由做了较多的限制。商法中包含有较多的涉及刑法、社会法等与经济活动有关的公法规范,这些规范具有明显的国家强制性。在法律适用上,公法规范具有优先效力,这种优先效力主要体现在以下几个方面:一是当事人的行为只有在符合法律规定的情况下才被认为是有效的,单纯的不违反法律规定并不构成行为合法的当然理由;二是在法律适用上公法规范可以排斥私法规范而单独发生效力;三是对于带有公法性的规定,当事人不能通过协议或章程而改变其内容。就商法本身来说,为了突出对交易安全的维护,商法在商行为的法律控制方面实行了强制主义和严格主义。通过商业登记、消费者保护、不正当竞争之禁止、商业垄断之限制等一系列规则调整商主体的行为。不仅如此,商法还比较注重商事行为的独立性,强调每一行为的有效与否仅仅取决于该行为是否符合法律规定的形式要件和实质要件,而与其他行为的效力无关。与此相关联,商法非常强调对信赖利益的保护,强调行为的外观效力,公示于外表的事实纵与真实的情形不符亦确认其行为效力,而不需要探究行为人的内心真实想法。以上这些制度对于维护正常的社会经济秩序,保障交易安全具有非常显著的作用。

第五,民商分离扩大了交易习惯和交易规则的适用范围。在商法制度创立的初期,为了有效调整商人之间的商事关系,特别是跨地区、跨国境的商事关系,以保护自身的合法权益,促进商事贸易关系的正常发展,商人们根据商事交易的实际需要,创造出一些习惯做法和惯例。即使在现代社会,习惯仍然是各国商法的重要渊源之一。交易习惯由于反映当事人的意思自治,因此为交易主体所主动遵守,并对交易主体的行为形成必要的约束,具有较强的确定性和确信性。交易习惯在市场经济关系中具有非常重要的作用:它可以提高市场的自律水平,降低法律的运行成本;可以填补法律的空白,解释法律的含义,使法律得以更加合理的施行。

3.民商分离的历史局限性。民商分离虽然适应了现代社会经济发展的需要,也在一定程度上促进了现代经济关系和经济秩序的形成。但由于商法从一开始便带有商人习惯法的局限性,是实用主义和折中主义的产物,其立法过程缺乏类似于民事立法那样的理论准备,因此在缺乏理论准备下建立起来的欧洲各国商法体系,随着经济生活的发展,其内容被不断修改和补充,从而成为发展最快、变化最为迅速,但同时又缺乏必要理论指导的法律部门。[①]随着现代生活的发展,民商分立的一些先天不足也逐步暴露出来。

首先,我们无法从理论上对民法和商法作出明确界定,其原因在于:(1)民商法有相同的价值取向,包括公平价值、效益价值、平等价值、诚实信用价值等;(2)都是以社会经济关系作为其调整对象;(3)都有赖于现存的相同经济基础和经济实现方式;(4)在法律属性上同属于私法范畴等。

其次,商法的内容和原则要受民法基本原则的指导和制约。由于民法和商法在本质上是一致的,都是市民社会的法律表现,都属于私法范畴,因此,民法和商法在基本原则上具有相通性。不仅如此,相对于商法的基本原则,民法原则更具有基础性,在性质上属于根本性规则。民法基本原则的根本规则属性有两层来源,一是其内容的根本性,二是其效力范围的广阔性。由于"民法准则只是以法律形式表现了社会的经济生活条件",[②]因此,民法的基本原则主要表现为从事商品生产和商品流转所必须遵循的一些基本准则,是对整个市民社会基于主体平等和意思自治而建立的各种社会关系的法律调整,具有抽象性和系统性。就对市场经济的法律调整而言,民法提供的是一般规则,商法提供的是具体规则,所以民法是一般私法,而商法则是特别私法。民法是纯粹私法,有着完备的自治体系;商法为混合私法。

---

① 董安生.中国商法总论[M].吉林:吉林人民出版社,1994:14.

② 马克思,恩格斯.马克思恩格斯选集:第 4 卷[M].北京:人民出版社,1972:248-249.

因此,民法的基本原则通常可以适用于商法规定。

最后,商法的产生存在先天不足。这主要表现在以下几个方面:就商法的体系来说,商法本身的体系纷繁芜杂,难以形成共同的法律原则,各组成部分之间没有充分的内在联系。从德、法等国商法典形成的历史因素来看,商事规则本来就是民法的"弃儿",商法典是对游离于民法之外的"散兵游勇"的收容,故其内在联系性远远不如民法。不仅如此,商事法律规范本身还缺乏必要的共同性,"民法和商法的分立并不是出于科学的构造,而只是历史的产物"①。商法规范没有形成完全独立的调整方法,它的方法仍然是建立以权利为内容的法律关系;没有独立的调整对象,它的对象仍然是平等主体之间的关系。商法内容主要是对民法规范的变更、补充或排除。② 从历史发展来看,法、德、日等国的商法典不但制定较早,而且在形式理性上也远不如民法典完美,无论是商法典的结构与内容,还是商法典在法律体系中的地位,都不能与民法典同日而语。由于商法没有民法那样坚固的基石和传统,没有一套严密精深的商法理论和商法学说来影响欧洲各国的法律制度和立法活动,因此注定了它的出现不但不能动摇民法的传统地位,而且面对民法强大的扩张性和包容性,还有逐步丧失自己独立的危险。③

二、民商合一与商法的民法化

为了弥补民商分离的理论缺失,在理论上主张民商合一的呼声渐趋高涨。民商合一论者的主张按其含义不同又可以分为两派:一派主张"商法民法化",另一派主张"民法商法化"。前者以商法较之于民法是个性小于共性,民法原理足以解决所有商事问题为由,主张将商事规范纳入民法中而不必另定商法典,用民法取代商法。后者以现代社会更加强调商事活动对社会经济的促进作用,商事交易及商法上形成的制度与思想已逐渐成为整个民商事法律的基本制度和基本原则为由,主张构建以商法为主要内容的民商事法律制度,用商法原理统帅民法,将民法制度融于商法之中。④ 在这两种观点中,主流是商法的民法化。从实行民商合一立法体例国家的实际情况看,也都是以商法民法化作为其立法模式的。因此,通常意义上的"民商合一"指的就是商法民法化。随着近几年来我国民法典制定研讨的深入,民法学界有人明确提出制定民商合一的民法典的主张。认为民商合一的实质是将民事生活和整个市场所使用的共同规则集中制定于民法典,而将适用于局部市场或个别市场的规则,

---

① 梁慧星,王利明.经济法的理论问题[M].北京:中国政法大学出版社,1986:124.
② 史际春.社会主义市场经济与我国的经济法——兼论市场经济条件下经济法与民商法的关系问题[J].中国法学,1995:3.
③ 李永军.论商法的传统与理性基础——历史传统与形式理性对民商分立的影响[J].法制与社会发展,2002(6).
④ 赵万一.商法基本问题研究[M].北京:法律出版社,2002:108.

规定于各个民事特别法和商事特别法。就立法实践来看,瑞士是首先采用民商合一立法体例的现代国家,1911 年 3 月 30 日,瑞士通过了统一的债务法典。原先采用民商分立制的意大利在 1942 年制定了一部包括民商法在内的综合性的新民法典。土耳其 1926 年新的民法典也接受了瑞士民法典的合一体例。泰国、匈牙利、南斯拉夫、俄罗斯等国也相继采取民商合一制。因此有学者断言:"民法法系的现代趋势是朝着法典统一,包括商法典和民法典统一方向发展。"[①]

民商合一论的主要理论是建立在对作为传统商法立法基础的商人和商行为的否定基础上的。即认为商品经济的发展导致人的普遍商化,人的普遍商化导致人人都是商人,人人都是商人导致商主体与民事主体的融合,因此商法应融入民法。不仅如此,商品经济的发展导致商业职能与生产职能的融合,商业职能与生产职能的融合导致民事行为和商事行为的融合,因此商法应融入民法。以上推理颇有牵强附会之感。所谓商品经济发展导致人的普遍商化,只不过是指商品经济高度发达后,绝大多数人都被卷入了市场和参与市场交换,但这并不意味着所有从事商品交换活动的人都是商人,商事行为的本质在于资本的营利活动,因此,商人仅仅应当界定为资本的人格化身。因此,不能认为现代商品经济条件下,诸多的民事主体都卷入了市场、参与了商品交换,就认为民事主体已经与商事主体相融合。商人仍是独立存在的与一般民事主体不同的主体,商法仍然表现为现代商人的身份法。只不过传统商法的商人身份特性是建立在商人特权基础之上的,而现代商法的商人身份法的特性是建立在现代民法的具体人格基础上的。商事主体区别于民事主体的显著表现是商事主体将其范围延伸到了公司。公司制度的出现不但使主体范围由单纯的自然人扩及到了不具有自然思维能力的社团组织,使主体资本的筹集超出了单个自然人的能力和财力的限制,使主体人格不再依附于自然人的寿命而可以具有永久存续性,而且更为重要的是,公司是完全以营利为目的的经济组织。而"有效率的经济组织是增长的关键要素;西方世界兴起的原因就在于发展了一种有效率的经济组织"[②]。不仅如此,商业职能与生产职能的融合只表明作为"商"的资本活动的范围的扩大,但并不表明商事行为与民事行为的融合。现代意义的商法已不再是单纯的属人法,而是以一切商事活动和商事关系为调整范围的法律部门,商事行为并非只有职业商人才能为之,相反,任何实施了商事行为的人,都会受到商法的管辖,如公司行为、票据行为、证券行为、破产行为、商买卖行为等。商法尽管脱胎于民法,却有了完全不同于民法的法律原则、制度,有了完全不同于民法的理论依据,有了完全不同于民法的调整方式,而绝不是民法基本原则、制度在商事领域的具体化和特殊化。[③] 商事活动的营利特殊性使得民法中平等自由等原则经过商法的改造,变成为具有新的内涵的商法原则。

① 沃森.民法法系的演变及形成[M].李静冰,姚新华,译.北京:中国政法大学出版社,1992:206.
② 诺斯,托马斯.西方世界的兴起[M].厉以平,蔡磊,译.北京:华夏出版社,1989:1.
③ 刘凯湘.论商法的性质、依据与特征[J].现代法学,1997(5).

三、民法商法化与我国民法典的制定

1.民法商法化及其立法实践。民法的商法化主要表现为民法对商法内容、商法原则和商法规则的吸收和借鉴。所谓"民法商法化",其意义有二:一是由商事交易及商法上所形成之思想或制度,为民法逐渐采用;二是原属民法上的制度或法律关系,后渐归商法所支配。这一理论并不主张商法复归传统民法规则,而主张相互吸收。我国在制定合同法时就采取了民法商法化的立法模式,确立了以商事合同为常态、以民事合同为例外的立法格局。从而实现了民法和商法的有机结合,并为我们提供了一个民商合一的典范。当然,我们强调民法与商法的相互渗透与同化,主要是表明两者的内容相互交叉和接近,两者调整社会经济关系的差别日益缩小,两者的功能日益趋同。但是,这并不是说民法与商法已融为一体,彼此不再独立存在。虽然民法已经日益商事化,但商事化后的民法将具有更强的生命力和适应性,而不可能变成商法。

2.我国民法典编纂的基本理念和思路。笔者认为,我国民法典编纂的基本理念和思路应当是:在正确界定和承认民法和商法差别的基础上以商法编的方式对民商法进行统一立法。在现代社会,尤其是在实行市场经济体制的国家,民法是调整商品经济的基本法,是商品社会的"宪法"。民法的产生与发展是社会生活诸条件互动作用的结果,创造法律同创造历史一样,"并不是随心所欲的创造,并不是在他们自己选定的条件下创造,而是在直接碰到的、既定的、从过去继承下来的条件下创造"①。21世纪民法将在20世纪民法的基础上继续向前发展,它将面临一些有待解决的、更具挑战性的难题。世纪之交的民法无疑正处于一种统一化与多元化、自由主义与社群主义对立发展的态势中。② 我们应对传统民法做成功的现代转化:适应整个现代社会,制定一部民商混合的法典,即在正确界定和承认民法和商法差别的基础上,以商法编的方式对民商法进行统一立法。当然,采取民商统一立法,有两点是不能忽视的。一是商事活动的某些特殊要求,必须在未来的民法制定中加以满足,统一不能漠视不同的主体和不同的活动的差异性;二是要追踪新时期商事活动的变化,使我们的法律不至于与现行的商业条件不相关联,成为一种不合时宜的法律。

我国现阶段之所以要采取民商统一立法体例,主要是基于以下几方面的原因:首先,民法和商法在调整对象上具有不可区分性。民法和商法都调整市场主体及其活动。市场经济必须有赖于商品经济而存在,以承认和实施商品经济的基本要求为条件。商业行为与一般的民事行为在司法实践中没有明确的界限,都会产生一定的权利义务关系,民商分别立法可能引起适用法律上的困难。其次,法律性质和属性上具有相同性。民法和商法在性质上都属于私法范畴,在规范内容上都属于权利法。完全实行民商分立有人为割裂同一法律关系之嫌,既有害于私法体系的统一性,也不利于私法理论的深入发展。最后,民商分离的立法条件在我国并不具备。在我国发展的所有历史阶段,商人都没有形成一个独立的阶层,而是

---

① 马克思,恩格斯.马克思恩格斯全集:第1卷[M].北京:人民出版社,1972:603.
② 齐树洁、王建源.论20世纪民法的发展趋势[J].厦门大学学报:哲社版,1999(1).

依附于其他主体而存在,现在的商人仍没有形成一个独立的阶层,因此中国缺乏民商分离的主体基础。不仅如此,一般言之,民商分立必须以民法的高度民主发达为条件,是在民法发展到一定阶段后现有的民法规范无力调整纷繁复杂的社会经济关系时才产生对商法的渴求。目前我国的实际情况是,民法本身尚有待完善和弘扬,民法观念也有待于进一步深化。在民事立法尚待进一步发展特别是民法典尚付阙如的情况下实行民商分离,无异于在沙滩上修建摩天大厦。

笔者始终认为,民法虽然是主要调整财产(经济)关系,但民法就其产生和演变来说,对人(其中特别是公民)自身的价值、人的法律地位、人的权利的关注远胜于对财产的关注。这也是民法区别于商法的表现之一。因此,对民法来说,只有人本身才是目的,而财产仅仅是实现人的目的的手段。如果本末倒置,把规范财产关系作为民法的主要着眼点和核心内容,而不注重对人类理性的提升和确认,那么因此而制定出的民法典只能是对民法本质的歪曲和异化。① 因此,对市场经济的法律调整主要应当是由商事法律规范来实现的。我国目前所采用的单行商事立法的模式,虽然具有灵活、简便等优点,但弊端也是显而易见的:单行商事立法的模式,由于缺乏一部总纲性的法律协调,使各个单行法律变成了孤立、单一的法律,不能形成商法体系内在应有的联系,致使商事法律杂乱无章,缺乏统帅,不成体系。这不利于对我国市场经济关系的统一规制,亦无助于对单行商事法律原则、制度和规则的全面理解,更不利于对单行商事法律的贯彻实施。② 由于没有一部总纲性的商事立法,我国到目前为止还没有形成完整的商事法律基本理论,没有形成系统的商事法律理论,没有实现商法学体系和内容的科学化。通过商法编的方式对商法内容进行梳理和整合,明确规定我国商法的基本原则,并把单行商事法规中带共同性的东西以商法原则和商法规范的形式固定下来,不但有利于我国独立商法体系的形成,也有助于对单行商事法规的统一理解,更有助于其有效实施。

由此可见,民商统一立法并不是简单地将商法并入民法,或是将商法完全融入民法,或是完全由民法取代商法,而是以承认民法和商法各有其独立的调整内容为条件,在充分承认民法和商法各有其特殊性的基础上,将民法内容和商法内容进行充分整合,以民法典(或称民商法典)为载体,分别以民法编、商法编、知识产权法编和家庭法编为各自所属法律类别的统帅,以一系列单行法为特别法的一个系统完整的民商法规群,从而最大限度地实现民法和商法对经济的共同调整。

---

① 赵万一.论民法的伦理性价值[J].法商研究,2003(5).

② 石少侠.我国应实行实质商法主义的民商分立——兼论我国的商事立法模式[J].法制与社会发展,2003(5).

任尔昕.《我国商事立法模式之选择及〈商事通则〉的制定》[M]//《中国商法年刊》:2004年第4卷.黑龙江:黑龙江人民出版社.2005:171-183.

民法典编纂中如何处理与商法的关系①

引言

　　民法典作为保障民事主体的基本权利和调整社会主体基本行为样态的基础性法律,其制定既是完善社会主义法律体系的基本要求,同时也是实现中国梦的主要载体。但民法典的编纂并不是一个简单的法律条文设计过程,而是一个重大的国家政治行为,任何国家的民法典制定都毫无例外地承载了特定的历史使命,具有显著的时代特征。我国民法典的制定同样应当担负完善国家法治体系,实现国家繁荣富强的历史使命。在民法典的编纂已被写入《中央关于全面推进依法治国重大问题决定》并已实质上启动民法典立法的前期准备工作的时代背景下,如何最大限度地凝聚社会共识,科学提取能够造福于大多数人的最大规则公约数,成为摆在立法部门和理论工作者面前的一个神圣而艰巨的历史使命。而其中如何妥善处理商事立法与民法典制定之间的关系又成为决定民法典制定成败的至为关键的因素。

一、民法是什么

　　民法典制定的前提是必须准确把握民法作为万法之母的原因及其精神实质,充分理解民法作为私法基本法的意义和价值。民法绝不是一些零散制度的简单拼接,而是一种有明确价值追求和深厚理念支撑的先进制度集合体,充盈其中的是深邃的人类理性之魂,制度背后荡漾的是平等自由的人文精神和彰显人自身价值的普适性现代文化。通过研读民法制度的发达史我们不难看出,作为人类文明结晶的民法具有如下一些作用和要求:

　　1.民法是调整商品经济关系的基本法律制度。民法产生于商品经济的土壤,民法的发展始终和商品经济保持着非常密切的联系。对此列宁曾精辟指出:"马克思屡次说明商品生产者的关系是法制国家公民权利平等和合同自由等原则的基础。"②古罗马由于地理条件的优越,曾一度成为欧亚非贸易的中心,商品经济的发展水平也远远高于世界其他地方。发达

---

　　① 本文曾以《中国究竟需要一部什么样的民法典——兼谈民法典中如何处理与商法的关系》为题,发表在《现代法学》2015 年第 6 期。

　　② 列宁.什么是人民之友[M]//列宁.列宁全集:第 1 卷.北京:人民出版社,1955:129.

商品经济造就了一部"简单商品生产即资本主义前商品生产的完善的法"①——罗马法。这部以民法为主的奴隶制法律,对简单商品生产的一切本质的法律关系,如买主与卖主、债权人和债务人、契约、债务等,都做了明确的规定,使其成为保障罗马商品经济发展的强有力武器。资本主义社会是商品经济占主导地位的社会,在这一社会中,商品经济获得了空前的繁荣和极大的发展。其触角几乎渗透到社会政治经济生活的各个方面。由于这种经济形态可以充分调动人们的竞争意识,可以最大限度地发挥各生产主体的生产积极性,因此极大地促进了生产力的发展。"资产阶级在它的不到一百年的阶级统治中所创造的生产力,比过去一切世代创造的全部生产力还要多,还要大。"②高度发达的商品生产,要求有相应的法律调整,从而出现了划时代的资产阶级民法典——《拿破仑法典》。这部"资产阶级社会的典型的法律全书"(恩格斯语),对商品生产者的利益,对商品生产的规则作出了详尽具体的规定,成为以后各资本主义国家在制定民法典时争相效仿的典范。可见,民法与商品经济是休戚与共、共消共长的,没有发达的商品经济就不可能有完备的民法制度。

2.民法是人类社会生活的基本准绳,是市民社会的基本法。马克思在《〈政治经济学批判〉序言》中曾指出:"法的关系正像国家的形式一样,既不能从它们本身来理解,也不能从所谓人类精神的一般发展来理解,相反,它们根源于物质的生活关系,这种物质的生活关系的总和,黑格尔按照18世纪的英国人和法国人的先例,概括为市民社会,而对市民社会的解剖应该到政治经济学中去寻找。"③相对于其他法律而言,由于民法"在本质上就是确认各人与各人之间的现存的,即在一定情况下是正常的经济关系"④,而民法的首要特点又在于其基础性,因此民法的主要作用在于划定了一个政治国家不能插手的相对封闭的自治性市民社会领域,从而为市民社会构筑了一道防御侵犯的坚固屏障,并且为社会成员的基本生活提供了充分的制度保障。按照孟德斯鸠所说的:"政治法使人类获得自由;民法使人类获得财产。"⑤因此,从某种意义上说,一个国家可以没有宪法,但必须有调整基本财产关系和人身关系的民法制度。

3.民法是人类文明的结晶和人类文化传承的主要载体。民法既是人类文化的重要组成部分,同时也是人类文明(特别是制度文明)的主要记载者,是社会传统的承继者。民法的发展不仅表现为单纯的制度进化和规则演变,更多反映的是社会经济政治制度的优化、社会观念的嬗变和社会传统的继承和发展。"刑法和民法所占的比重"不仅直接决定了法律的文明程度⑥,而且"罗马法尤其是罗马'契约法'以各种思维方式,推理方法和一种专门术语贡献给各种各样的科学,这确是最令人惊奇的事。在曾经促进现代人的智力欲的各种主题中,除了

① 马克思,恩格斯.马克思恩格斯全集:第36卷[M].北京:人民出版社,1974:169.
② 马克思,恩格斯.马克思恩格斯选集:第1卷[M].北京:人民出版社,1972:253.
③ 马克思,恩格斯.马克思恩格斯选集:第2卷[M].北京:人民出版社,2009:591.
④ 恩格斯.费尔巴哈与德国古典哲学的终结[M].北京:人民出版社,1959:43.
⑤ 孟德斯鸠.论法的精神:下[M].张雁深,译.北京:商务印书馆,1963:189.
⑥ 梅因.古代法[M].沈景一,译.北京:商务印书馆,1959:207.

'物理学'之外,没有一门科学没有经过罗马法律学滤过的。纯粹的'形而上学'诚然是来自希腊而不是来自罗马的,但是'政治学''道德哲学'甚至'神学'不但在罗马法中找到了表意工具,并且以罗马法为其最深奥的研究养育成长的一个卵巢。"①民法文明既是现代文明的起点和发动者,同时也是现代文明中不可或缺的一个重要内容,社会文明的发展变化应该也必须在民法中有所体现。②

4.民法是以法律的形式表现出来的公民生活习惯和行为习惯的总和,具有一定的民族性。这有两层含义:其一是说,民法规则本身就是对公民习惯的记载和提炼。民法的民族性首先表现为观念上的民族性(如各国对人权、生命健康权与财产权冲突的不同理解)。其次表现为制度上的民族性。最后表现为规则上的民族性。民族性是民法的精灵,是民法具有持续生命力的原因之所在。其二是说基于民法的适用会使改变和生成一些新的行为习惯。具体来说,民法典并不是一个单纯的法律规定,而是抽象提炼的一些适用于所有社会主体的一种带有基础性的普适性规则,其实施结果会使社会主体基于法律规范的要求而从事的行为升华为人们的一种习惯性选择并最终固化为一种生活方式。有鉴于此,民法与其说是一些制度设计,毋宁说是一种生活方式的塑造更为确切。也正因为如此,所以要求民法规范必须保持足够的内在稳定性。

二、市场经济为什么需要商法

1.商法产生的原因和意义。商事关系的产生是生产力发展和社会分工的必然结果。罗马法作为商品生产社会的第一部世界性法律,确定了简单商品所有者的一切本质的法律关系。但随着商品经济的发展和市场范围的扩大,面对纷繁复杂的商品经济关系,以民法为基本内容的罗马法开始有捉襟见肘之感。对此,伯尔曼认为:"无论是重新发现的罗马市民法,还是仅仅残存的罗马习惯法,包括万民法,都不足以应付在 11 世纪晚期和 12 世纪出现的各种商业问题。"③由此产生了对商法的需求。中世纪末,特别是 16 世纪以后,随着商品经济的进一步发展,欧洲的一些国家封建势力逐渐衰落,中世纪占统治地位的寺院法开始被废弃,统一民族国家逐步形成。随着国家干预经济事务的强度不断增大,商事习惯法逐渐被国家的成文商事立法所取代,从而导致在欧洲大陆相继出现了与民法典相并列的商法典,较为典型的有 1807 年的《法国商法典》、1817 年的《卢森堡商法典》、1829 年的《西班牙商法典》、1888 年的《葡萄牙商法典》、1838 年的《希腊商法典》、1838 年的《荷兰商法典》、1850 年的《比利时商法典》、1865 年和 1883 年的《意大利商法典》、1900 年的《德国商法典》等,并由此形成了所谓的民商分离立法模式。这一立法模式在一定程度上适应了社会经济发展的需要,不

① 梅因.古代法[M].沈景一,译.北京:商务印书馆,1959:191-192.
② 赵万一.中国民法典制定的应然与实然[J].中国政法大学学报,2013(1).
③ 哈罗德·J.伯尔曼.法律与革命.[M],贺卫方,等译.北京:中国大百科全书出版社,1993:414.

仅使民法与商法各自发挥其应有的效用,而且使商法的调整对象、调整方法、基本原则及其特有的立法技术全方位地为人们所了解、知晓并加以应用。① 具体说来,民商分离的作用主要体现在以下几个方面:第一,极大地促进了社会经济的发展。如果说民法对商品交换的一般性调整为商事关系的调整提供了基础的话,那么,商法则对营利性经营活动形成的经济关系予以专门性调整,营利调节机制是它特有的方式。商法把营利视为自己的宗旨,创造了自身的价值体系和新的原则。② 第二,促进了社会立法技术的提高。商法是对市场经济的直接调整,换言之,市场经济的基本内容、基本规则及基本运作方式翻译成法律语言就构成了商法规则。由此决定了商法规范必然具有很强的操作性、技术性,并且这些技术性规范不能简单地凭道德伦理意识就能判断其行为效果。第三,强化了对交易安全的维护。为了突出对交易安全的维护,商法在商行为的法律控制方面实行了强制主义和严格主义。通过商业登记、不正当竞争之禁止、商业垄断之限制等一系列规则调整商主体的行为。通过商行为的独立性规则和外观效力规则,强调对信赖利益的保护,从而有力地维护了正常的社会经济秩序,最大限度地保障了交易的便捷和安全。"商事安全是法治秩序理念在市场经济运行层面上的直接体现,也是实现商主体交易效率(益)的基本保障。相较于一般商品经济下的民事私法,运行于现代市场经济下的商法对交易保护和信赖保护的要求更高。"③第四,促进了法律规范的国际化运动。从历史渊源方面来看,商法的内容大多源于中世纪的商人自治法,这些自治法主要来源于在商事活动中所形成的各种商事惯例,而这些惯例在各国制定成文商事法时都曾广泛地加以借鉴,即各国商法就其主要内容而言具有同源性。另外,商法所调整的市场经济本身就具有强烈的国际趋同性,一国市场经济的发展离不开他国经济的发展。因此,与其他法律制度相比,商法的国际统一性有较好的客观基础。第五,扩大了交易习惯和交易规则的适用范围。不但早期的商法主要就来源于交易习惯,即使在现代社会,交易习惯仍然是各国商法的重要渊源之一。由于交易习惯深刻反映当事人的意思自治,因此较易为交易主体所主动遵守,从而对交易主体的行为形成必要的约束,具有较强的确定性和确信性。交易习惯的运用不但可以有效填补法律空白,消除法律疑义,而且可以提高市场的自律水平,降低法律的运行成本,从而使法律得以更加合理的施行。④

2.商法与市场经济的关系。对于商法与市场经济的关系,我们可以用一句话加以概括,即商法是市场经济的基本法,在市场经济法律体系中居于核心地位。

(1)商法直接产生于市场经济的发展要求,商法的主要作用乃在于构筑与市场经济相适应的法律制度。商法产生于市场经济并且直接服务于市场经济,商事法律规范是对客观经济活动的表述,反映市场经济的内在要求。从宏观的角度来看,商法和现代市场经济共生、

① 王璟.中国商法的立法模式再研究[J].法律适用,2003(Z1).

② 殷志刚.商的本质论[J].法律科学,2001(6).

③ C.W.卡纳里斯.德国商法[M].杨继,译.北京:法律出版社,2006:9.

④ 赵万一.论民法的商法化与商法的民法化——兼谈我国民法典编纂的基本理念和思路[J].法学论坛,2005(4).

共存、共融，并且通过不断博弈的过程达到最佳均衡状态，借此成就商法在现代市场经济法律体系中的核心地位。由于市场经济具有极大的吸附效力，它可以把一切经济关系都抽象成为以利益为导向的市场经济关系，把一切社会主体都改造成以营利为目的的商人，也就是马克思所说的"在文明状态中每个人都是商人，而社会则是商业社会"①。因此商法的作用领域越来越广阔，其地位也越来越重要。

（2）商法的内容直接服务于市场经济，是与市场经济联系最为密切的法律部门。在现代市场经济法律体系中，商法是与市场经济联系最为直接、最为密切的法律部门，商法规则与其说是基于法学家们的精心设计，毋宁说是源自市场经济的内在要求。"没有任何领域能比商法更能清楚地观察到经济事实是如何转化为法律关系的。""与其它任何法律领域相比较，商法更能表现出法律与利益之间的较量以及利益对法律的影响。"②而商法要对市场经济起作用，就必须考虑市场经济本身的规律，尤其是要充分考虑到经济主体营利原则的制度压力。正是在商法特殊的效益、自由、公正、秩序价值的指引下，商事法律制度的内容直接服务于市场经济，市场经济的需求和商事法律制度的供给形成一种均衡状态。③

（3）商法规范主要表现为技术性规范，是市场经济内在运行要求的外在体现。商法的整个制度设计都是围绕市场主体的营利性要求而展开的：一方面赋予主体广泛的营业自由，提供高效便捷的交易工具，尽可能地降低交易成本；另一方面对交易方式和程序设定科学的规则，维护市场秩序和安全，为主体追求利益最大化创造良好的市场环境。商法之所以选择这样的制度架构，根本原因在于市场经济运行的动力是主体的营利行为，而商法作为直接调整市场经济的法律，必然要求反映市场经济的基本运作规则，如何降低交易成本、提高交易效率便成为商法的重要命题。"有什么样的市场交易方式和市场交易内容，就相应有什么样的商法规范进行调整。"④由此决定了商法规范必然具有很强的技术性，既体现在主体法上，也体现在行为法中，更多地表现为定量规范和操作规范。

（4）商法是市场经济法律体系中最富有活力的法律部门，商法的发展促进了市场经济的不断进化和完善。如果说市场经济中的效益强调的是投入和产出之比，那么调整市场经济的法律的效益就表现为法律的实施与促进商业、增加社会财富的程度之比，而这种程度的比例则取决于法律所要求和禁止的行为是不是人们合理地被期望去做或不做的行为。商法就是秉承这样一种"以社会为基础"的理念，随发展变化的客观环境不断更新，力求实现价值理性和技术理性的统一。价值理性反映商法对人之本性的尊重，以效益为首要理念，兼顾自由、公正、秩序的价值，旨在为市场主体追求高效率营利服务；而技术理性则表明商法蕴含着丰富的科学精神，系将符合客观实践的规则翻译成法律语言的结果，同时体现出与市场经济

---

① 马克思.1844年经济学——哲学手稿[M].北京：人民出版社，1979：104.

② 古斯塔夫·拉德布鲁赫.法学导论[M].米健，译.北京：中国大百科全书出版社，1997：74-75.

③ 赵万一，赵吟.论商法在中国社会主义市场经济法律体系中的地位和作用[J].现代法学，2012（4）.

④ 赵万一.论民法的商法化与商法的民法化——兼谈我国民法典编纂的基本理念和思路[J].法学论坛，2005（4）.

运行的高度契合。正是商法的价值理性和技术理性使商法在保持相对稳定性的基础上,具有适时而变、不断创新的品质,从而使商法成为市场经济中最为活跃的法律。①

三、应该如何定位民法典

1.为什么会有民法典

19世纪以来至20世纪初,以《法国民法典》的制定为先河,世界范围内曾掀起一场影响深远的法典化运动。轰轰烈烈的民法法典化运动既有一定的偶然性,也有其历史的必然性。法典化运动的经济背景是工业革命所催生的现代工业文明,其文化基础则是人类对理性探索的实践性运用,是人类对自我创造能力崇拜的必然结果。所谓理性一般是指能够识别、判断、评估实际理由以及使人的行为符合特定目的等方面的智能。理性是西方哲学中内涵最为丰富的概念之一,是人类经过漫长进化过程发展起来的高级属性,但同时也是最具非确定性的概念之一。按照博登海默的观点,"理性是人类用智识理解和应对现实的能力。有理性的人能够辨识一般性原则并能够把握事物内部、人与事物之间以及人与人之间的某种基本关系。有理性的人有可能以客观的和超然的方式看待整个世界和判断他人"②。许多著名思想家均对人类理性推崇备至,认为借助于理性就可以构筑完备的制度。柏拉图认为理性是灵魂中的最高部分,逻辑力量是灵魂的最高属性。毕达哥拉斯学派的学说认为,世界决不是某种无限的不可知的混沌,世界是可知的,它有某种固有的"秩序""结构",而这种秩序和结构又服从数学的规律。哈耶克认为:"人类理性具有至上的地位,因此,凭借个人理性,个人足以知道并能根据社会成员的偏好而考虑到建构社会制度所必需的境况的所有细节。"③近代德国伦理学家包尔生认为:"全部道德文化的主要目的是塑造和培养理性意志使之成为全部行为的调节原则。"④正是这种对理性的高度崇拜,使人类进入技术统治一切的社会。对理性的推崇和发掘构成大陆法系法典化的思想基础和理论基石。与英美法系强调经验主义不同,作为法典化支撑的理性主义认为,人类首先本能地掌握一些基本原则,如几何法则,随后人们借助于理性,通过实验可以发现世界上普遍适用的规律,并可以依据这些原则和规律推理出其余知识。理性主义在立法领域的最成功实践就是《德国民法典》的制定。正如有学者所总结的那样,"民法的法典化,从罗马帝国的国法大全开始,就显示了惊人的超越体制特质,事实上罗马法所发展出来的人法、物法和债法,从概念类型到基本规范,历经拜占庭式的统制经济、中古行会组织的手工业,乃至近代的国际贸易,重商主义和自由主义,在适用性上并无太大改变。继受罗马法而孕育于19世纪的法国、德国和瑞士民法典,同样也在20世纪

---

① 赵万一,赵吟.论商法在中国社会主义市场经济法律体系中的地位和作用[J].现代法学,2012(4).

② E.博登海默.法理学——法律哲学与法律方法[M].邓正来,译.北京:中国政法大学出版社,2001:454.

③ 哈耶克.致命的自负[M].刘戟锋,译.上海:上海东方出版社,1991:71.

④ 弗里德里希·包尔生.伦理学体系[M].何怀宏,廖申白,译.北京:中国社会科学出版社,1988:412.

出现的各种极端对立的社会体制下，成为民事立法的主要参考架构"①。

2.民法典能够干什么？

以《法国民法典》和《德国民法典》为代表的那些对后世产生了重大影响的民法典在制定过程中绝不是简单地将以前适用于不同地区的法律规定进行体系化的归纳、整理和编撰，而是通过民法典的编纂统一民众思想、汇聚全民智慧、提炼民族精神、巩固革命成果。因此民法典的编纂与其说是一种重大立法活动，毋宁说是一种重大的国家政治行为更为确切。反观其他100余个国家的民法典，由于这些国家在制定民法典的过程中只注意了《德国民法典》和《法国民法典》的形式理性之美，而没有深刻理解法典背后的精神和文化，依葫芦画瓢的结果只能不断重蹈东施效颦、买椟还珠的覆辙，在博大精深、源远流长的民法发展史上很难留下任何雪泥鸿爪。我们要想在高手如云的世界民法典领域占有一席之地，并能对世界未来的民事立法起到一定的引领作用，其当务之急是准确把握以《法国民法典》和《德国民法典》为代表的成功民法典的精神实质，并与中国的国情进行精准的对接，然后借助于高超的立法技术，对现有的民法规则进行吸收、提炼和升华。通过研读《法国民法典》和《德国民法典》等国的民法典我们可以看出，这些成功民法典的共同特征可以归纳为以下几点。

(1)民法典应是公民权利的圣经。这主要有三层含义：其一是说民法典的主要内容在于承认、弘扬人的理性，以一系列权利的设定给人以自由选择的空间，在性质上民法体现为权利法，且民法中的权利具有"基本权利"的属性，属于超越了实在法律信仰的，体现的是"自然法和正义"②，具有宣言作用。其二是说民法典的主要任务乃在于引导和保护公民权利的实现。其三是说民法典对公民权的保护具有圣经般的地位，主要表现在保护目的的终极性，保护依据的先验性，保护效力的绝对性，保护方式的多样性，保护手段的权威性。作为其例证是：在各国民法典中，大多数民法条文都是授权性规范，其立足点在于确认和保护民事主体能够按正常的经济关系实现自己的独立利益。正是由于这一原因，所以法国著名民法学者阿·布瓦斯泰尔才认为："民法典尊重个人权利的最好和最重要的体现，是它对先于和高于实在法的法原则的承认。"③不仅如此，民法就其本质而言具有非常强的正义性品质，不但通过设定基本原则的方式将民法的基本价值追求显现出来，而且通过对个人本位思想和权利本位思想的法律确认，担负起提升人的存在价值，促进人的全面发展的历史重任。民法通过一系列的权利设定，承认和弘扬人的理性，努力给人的意志自由和行为自由提供更加宽广的选择空间。当然由于各国社会经济条件的不同和社会文化传统的差异，因此各国在对民法的权利设计上也表现出一定的差异性，对此马克思在《哥达纲领批判》一文中曾精辟地指出："权利永远不能超出社会的经济结构以及由经济结构所制约的社会的文化发展。"④

① 苏永钦.走入新世纪的私法自治[M].北京:中国政法大学出版社,2002:4.

② J.M.凯利.西方法律思想史[M].王笑红,译.北京:法律出版社,2002:19-20.

③ 阿·布瓦斯泰尔.法国民法典与法哲学[M].钟继军,译//徐国栋.罗马法与现代民法:第2卷.北京:中国法制出版社,2001:290.

④ 马克思,恩格斯.马克思恩格斯选集:第3卷[M].北京:人民出版社,1972:12.

（2）民法典应是公民基本行为的路引与航标。民法以自然人作为主要规范对象，是调整公民权利和行为的基本法。通过仔细研读各国的民法典我们不难发现，各国民法的主要作用对象均是自然人，法人不过是自然人人格的放大或变异，诚如有学者所总结的那样："在近代民法中，只有像细胞一样分别存在的单个自然人，没有多数细胞聚合而成的组织器官。单个自然人是唯一的权利主体，一切民事关系不外是单个自然人之间权利和义务的牵涉。自然人的集合体（如公司或劳工团体）不能成为民事关系的主体。"① 之所以将自然人而非法人作为民法典的主要规制对象，其主要原因在于公民个人是现代社会存在和发展的基础。"人是全部人类活动和全部人类关系的本质、基础。"② 与充满功利性理念的商法不同，民法承载了更多的文化价值，与人权（生存权）等密切相连。民法把人作为万物之灵，把维护人的尊严、满足人的需求作为自己的神圣使命，因此在民法的视野中，人是目的而非工具和手段，也就是孟德斯鸠所说的："在民法慈母般的眼里，每一个个人就是整个的国家。"③

（3）民法典应是一国民族精神和民族文化的体现和升华。民法典必须体现民族精神和民族文化，也就是萨维尼所说的法律如同民族的语言，应该而且也只能是民族精神的体现，因为只有最民族化的民法典才是最有生命力的民法典。从各国民法典制定的实践来看，各国民法典之所以在编纂体例和编纂内容上表现出巨大的差异性，很大程度上是因为作为民法典制定基础的民族精神存在重大差异性。因为一个国家的民族精神与其他民族精神相比不但显示出不可替代的独特发展轨迹，而且体现出精神特征的不可通约性。④

（4）民法典应是调整财产关系的基本法。民法是伴随商品经济的出现而逐步发展起来的一种非常古老的法律制度，按照马克思主义的观点："民法准则只是以法律的形式表现了社会的经济生活条件"，⑤"民法不过是所有制发展的一定阶段，即生产发展的一定阶段的表现"⑥。因此，"根据社会发展的客观规律，凡是有财产流转和商品交换的地方，必然有民事法律制度，只是这种法律的存在形式和发展程度不同而已"⑦。由于民法主要关注的是公民的生存条件和生存保障，因此民法无疑应当将保证公民的物质需要条件或者说财产条件作为其主要调整内容，也就是马克思所总结的"大部分的民事法律……是关于财产"⑧ 的。

（5）民法典应是国家现代法治的主要载体。外国民法典的一个重要作用就是为了通过法典的制定巩固革命成果、维护国家统一和实现国家治理的法治化。具体到我国来说，为了实现国家的现代化，首先必须实现国家治理的现代化，而法治的现代化无疑是国家治理现代

---

① 方流芳.近代民法的个人权利本位思想及其文化背景[J].法学家,1988(5).

② 马克思,恩格斯.马克思恩格斯全集:第2卷[M].北京:人民出版社,1957:118.

③ 孟德斯鸠.论法的精神(下)[M].张雁深,译.北京:商务印书馆,1997:190.

④ 赵万一.中国民法典制定的应然与实然[J].中国政法大学学报,2013(1).

⑤ 马克思,恩格斯.马克思恩格斯选集:第4卷[M].北京:人民出版社,1972:248-249.

⑥ 马克思.哲学的贫困[M]//马克思,恩格斯.马克思恩格斯全集:第4卷.北京:人民出版社,1958:87.

⑦ 张晋藩.序言[M]//孔庆明,胡留元,孙季平.中国民法史.长春:吉林人民出版社,1996.

⑧ 马克思.第179号"科隆日报"社论[M]//马克思,恩格斯.马克思恩格斯全集:第1卷.北京:人民出版社,1956:125.

化的重要组成部分。中国法治的现代化既需要从外国的先进法律思想、法治理念和法治实践中进行大胆的借鉴和移植,同时也应当从中国传统的法治文化中汲取营养,其原因在于:"中国的政治和伦理的成熟水平远远超过其他制度的发展程度,这些制度包括一种多样化的经济体系,一部民事契约法典,以及一种保护个人的司法制度。"①从某种意义上说,我国民法典的制定不应仅仅是对现有民法制度的整理和归纳,更应当是对现代法治的推动和弘扬,是对法治进程的记载和固化。②

3.民法典应该规定什么?

在《黑格尔法哲学批判》一文中,马克思曾对立法的要求做过非常精辟的论述,即"立法者并不创造法律,它只是揭示和表述法律"③。在《论离婚法草案》一文中马克思进一步阐述道:"立法者不是在创造法律,不是在发明法律,而仅仅是在表述法律,他用有意识的实在法把精神关系的内在规律表现出来。如果一个立法者用自己的臆想来代替事情的本质,那么人们就应该责备他极端任性。同样,当私人想违反事物的本质恣意妄为时,立法者也有权利把这种情况看作是极端任性。"④之所以作此要求,按照马克思的观点,其原因在于:"法律只是事实的公认。"⑤

鉴于民法的私法基本法属性,民法就其本质来说应当是对公民基本权利提供法律保护和对基本行为提供价值导引的法律制度,因此应最大限度地纯化民法典的内容,以基本性、人本性、普遍性、典型性、重大性、稳定性和代表性等作为进入民法典的前提条件。凡不符合这些要求的制度就不应纳入民法典的规范内容。具体说来,民法典中应当包含以下几方面的内容:

(1)民法典应包含能够体现私法基本价值追求、基本理念和基本要求的内容。民法是私法的基本法,私法的基本原则、基本要求、基本理念只能通过民法典加以确认。"价值问题虽然是一个困难的问题,但它是法律科学所不能回避的。"⑥由于价值在本质上具有多元化取向且不可化约为任何单一和最高的价值,因此如何进行价值的判断、排序和取舍不但影响到具体的制度设计,而且在某种程度上体现了民法的意境,因此必须高度重视民法价值的挖掘和提升。实际上,"在法律史的各个经典时期,无论在古代和近代世界里,对价值准则的保证、批判和合乎逻辑的适用,都曾是法学家们的主要活动"⑦。不仅如此,由于"每一个法律价值判断都是使价值体系走向现实的手段,同时又是可使价值体系在不断的发展变化中走向新

---

① 李约瑟.李约瑟文集[M].沈阳:辽宁科学技术出版社,1986:279.

② 赵万一.中国民法典制定的应然与实然[J].北京:中国政法大学学报,2013(1).

③ 马克思,恩格斯.马克思恩格斯全集:第1卷[M].北京:人民出版社,1956:316.

④ 马克思,恩格斯.马克思恩格斯全集:第1卷[M].北京:人民出版社,1995:347.

⑤ 罗斯科·庞德.通过法律的社会控制——法律的任务[M].沈宗灵,董世忠,译.北京:商务印书馆,1984:55.

⑥ 马克思.哲学的贫困[M]//马克思,恩格斯.马克思恩格斯全集:第4卷.北京:人民出版社,1956:123.

⑦ 罗斯科·庞德.通过法律的社会控制——法律的任务[M].沈宗灵,董世忠,译.北京:商务印书馆,1984:55.

的统一的要素。所以法律价值判断必须相互之间保持一定的联系,并成为统一法律秩序的一部分"①。除此之外,有关民法与其他法律的关系,民事审判的法律适用原则等也应在民法典中有所体现。具体到立法技术层面而言,虽然在立法理念上法国民法典应作为我们主要的效仿对象,但在具体制度设计上,德国民法典、意大利民法典、荷兰民法典等具有代表性的外国民法典所采用的一些原则和做法仍值得我们借鉴和继承。因为"民法当然还是有它的意识形态,不是全然价值中立,上个世纪几部欧陆民法所创造的典范,与平等主义取向、实施民主政治、保障私有财产、开放市场的经济社会,无疑还是最为相容"②。

(2)民法典应该规定与公民的基本生存条件密切相关的内容。公民的基本生存条件包括财产(物质)条件和非财产(非物质)条件两个方面,其中最为重要的无疑是决定公民生存的物质(财产)条件。也正是在这种意义上,所以恩格斯才认为:"民法……它几乎只是专门处理财产关系或者至多是专门处理那些以社会的战争状态为前提的关系……"③而民法的作用"在本质上就是确认各人与各人之间的现存的,即在一定情况下是正常的经济关系"④。具体说来,影响公民的财产条件又可细分为财产的获取方式、财产的利用规则和对财产的处分及其限制等几个方面。与此相关联,民法的内容也主要表现为所有权制度、合同制度和继承制度等相关内容。

(3)民法典应该规定与保障人的尊严相关的内容。从一般意义上说,社会的发展史同时也是一部人的解放史,作为现代文明先驱的启蒙运动其核心就是"人的发现"和对完整人性的认识与揭示,强调人的理性与尊严。在这一背景下产生的近现代民法也成为人道主义立法的典范。从某种意义上说,现代民法区别于古代民法和近代民法的主要标志之一就在于更加强调对人的尊严的尊重和保护,人格歧视逐渐消弭(典型的如对非婚生子女继承的歧视性规定越来越少),同时利用各种法律制度(其中主要是民法制度)努力使人生活得更有尊严和更有价值。⑤ 我国的民法典也应顺应这一历史潮流,将保护人的尊严放到优先考虑的位置。

(4)民法典应该规定与维护社会秩序相关联的内容。良好社会秩序是维护社会制度运行的基础和前提。按照学界观点,"社会制度指的是在特定的社会活动领域中围绕着一定目标形成的具有普遍意义的,比较稳定和正式的社会规范体系"⑥。人作为社会动物,为了争取更好的生存条件和实现自己利益的最大化,不可避免地与其他社会主体之间发生矛盾和冲突。而"当人们发生不可调和的利益关系而又无力摆脱时,为了使物质利益相冲突的阶级不至于在无谓斗争中把自己和社会消灭,一种源于社会内部但表面上又凌驾于社会的,旨在缓

---

① 川岛武宜.现代化与法[M].王志安,渠涛,申政武,李旺,译.北京:中国政法大学出版社,2004:263-268.
② 苏永钦.走入新世纪的私法自治[M].北京:中国政法大学出版社,2002:5.
③ 恩格斯.在爱北斐特的演说[M]//马克思,恩格斯.马克思恩格斯全集:第2卷.北京:人民出版社,1957:608.
④ 恩格斯.费尔巴哈与德国古典哲学的终结[M].北京:人民出版社,1959:43.
⑤ 赵万一.中国民法典制定的应然与实然[J].中国政法大学学报,2013(1).
⑥ 郑杭生.社会学概论新论[M].北京:中国人民大学出版社,1987:253.

和冲突并把冲突保持在'秩序'范围内的力量,即国家和法律产生了"①。"法律秩序的价值在于赋予或维系社会关系和社会体制的模式和结构,从而为人类的生活与活动提供必需的条件。"②质言之,"对相互对立的利益进行调整以及对它们的先后顺序予以安排,往往是依靠立法手段来进行的"③。与此相适应,"法律的主要作用之一乃是调整和调和种种相互冲突的利益"④。进一步说,为了解决人们之间客观存在的利益冲突,"从根本上必须在合作本能与利己本能之间维持均衡。社会控制的任务就在于使人们有可能建立和保持这种均衡,而在一个发达社会中,法就是社会控制的最终有效的工具"⑤。而"法律秩序发挥作用的前提是,它必须达到具有约束力的道德规范的最低限度。任何法律秩序都是以道德的价值秩序为基础的"⑥。民法典作为现代法制的核心内容,作为社会制度的主要载体,同样担负着锻造社会秩序,协调社会关系的重任。

(5)民法典应规定有助于提升社会道德水平的内容。道德是社会制约的有效手段,它往往通过规范的形式来约束人的不道德行为,以期达到维护社会正常生活秩序,抑制犯罪的目的。对于最具伦理质感和道德情怀的民法来说,"道德不只是法的条件,也是法的目标"⑦。法律对道德的作用一方面在于强化道德的约束力,另一方面则在于提升社会的道德水平。道德的约束性主要表现在两个方面:首先,要求对那些普遍认同的社会行为准则得到社会公众的遵守。道德的社会性要求凝聚着群体和社会的道德经验,对群体中个人的任性与偏私起着约束或抑制作用。其次,道德的约束性还表现为人对自己行为的自觉的理性控制。⑧ 虽然按照马克思的观点"任何伦理关系的存在都不符合,或者至少可以说,不一定符合自己的本质"⑨。但我们并不能据此认为法律和伦理之间存在不可逾越的鸿沟。实际上伦理关系不但为法律制度的合法性提供了本源性依据,而且任何国家的立法特别是民事立法都会从道德伦理关系中汲取营养。对这点,马克思也并不否认,"当然,只有当法律是人民意志的自觉表现,因而是同人民的意志一起产生并由人民的意志所创立的时候,才会有确实的把握,正确而毫无成见地确定某种伦理关系的存在已不再符合其本质的那些条件,做到既符合科学所达到的水平,又符合社会上已形成的观点"⑩。进一步说,由于立法只是在记录和表述一个国家既存的各种事实关系,因此民法典的制定一方面应最大限度地将优秀的伦理道德观念

① 恩格斯.家庭、私有制和国家的起源[M]//马克思,恩格斯.马克思恩格斯选集:第4卷.北京:人民出版社,1972:166.

② 乔克裕,黎晓平.法律价值论[M].北京:中国政法大学出版社,1991:145.

③ E.博登海默.法理学——法哲学及其方法[M].邓正来,姬敬武,译.北京:华夏出版社,1987:385.

④ E.博登海默.法理学——法哲学及其方法[M].邓正来,姬敬武,译.北京:华夏出版社,1987:383.

⑤ E.博登海默.法理学——法律哲学与法律方法[M].邓正来,译.北京:中国政法大学出版社,2004:415.

⑥ 魏德士.法理学[M].丁晓春,等译.北京:法律出版社,2005:180.

⑦ 魏德士.法理学[M].丁晓春,等译.北京:法律出版社,2005:181.

⑧ 高秀清,张立鹏.流氓的历史[M].北京:中国文史出版社,2005:32.

⑨ 马克思,恩格斯.马克思恩格斯全集:第1卷[M].北京:人民出版社,1995:348.

⑩ 马克思,恩格斯.马克思恩格斯全集:第1卷[M].北京:人民出版社,1995:349.

和道德伦理规则体现在具体的立法条文中,另一方面则需借助于一些先进的、普适性的民法规则对落后的伦理道德观念和道德伦理规则进行更新和改造,以提升社会的伦理道德水平。

(6)民法典应规定能够促进人的发展与进步的相关内容。人的全面发展既是社会制度演化的必然要求,也是实现人的价值的体现。"人的全面发展"作为一种理想、追求和信念,一方面体现了人性的内在本质;另一方面,则推动了社会的进步和发展。"全面发展"的实质是人在发展上的自由、自主、和谐、丰富以及流动和变化。在全面发展的状态下,人所感受到的是幸福和愉悦,是自我价值和尊严的实现和确立,而这些要求和民法视野下对人的理解具有高度的契合性。另外"人的全面发展"还包括人的"完整发展"和"自由发展"。[1] "完整发展"强调的是人的发展的偏移不可逾越的底线,其基本要求是可偏移而不可偏废,即不能只发展人的能力的一方面而偏废了其他各方面。[2] 但人的自由全面发展,决不意味着人们可以超越历史的和现实的条件而随心所欲地行为。人只能在特定的历史与现实所允许的范围内发展自己,获得那个时代所允许的自由。同时,人的自由发展必须借助于法律的保障才能实现,因此民法典中必须包含有保障人的自由发展的内容。[3]

四、民法典不能干什么

和其他任何法律部门一样,虽然民法是现代法治的基础和万法之源,但在法律分工越来越细密化的今天,民法和其他法律部门一样也仅仅是整个法律体系中的一个组成部分,既不可能完成应当由其他法律所完成的任务,同时也不可避免地存在所有法律所共有的一些缺陷和局限。具体说来,民法的局限性既体现为民法作用的有限性,同时也包括民法典本身的局限性。下面分别述之:

1.民法作用的有限性

民法作用的有限性主要体现在以下两个方面。

(1)民法作用范围的有限性。民法只是法律体系中的一个组成部分,既不能取代其他法律部门的作用,也不能涵盖所有的应由法律调整的社会生活领域。从更广义层次来说,法律只是处理各种社会问题众多方法中的一种,除法律方法,还有行政、思想教育、宗教、舆论等方法。一般说来人们的思想、认识、信仰领域不易或不能由法律来调整,人们的纯私生活领域也不宜由民法来调整。另外民法的规范内容不能超出人的能力,不能根本有违于人的本性,否则就会受到人们的强烈抵制。

(2)民法作用方式的有限性。这主要源于民法自身的特点,这些特点包括:非强制性,其主要表现是民法规范大多为授权性规范,从而使民法规范对主体行为缺乏足够的规制和威

---

① 扈中平."人的全面发展"内涵新析[J].教育研究,2005(5).
② 马克思,恩格斯.马克思恩格斯选集:第1卷[M].北京:人民出版社,1970:224.
③ 赵万一.中国民法典制定的应然与实然[J].中国政法大学学报,2013(1).

慑;民法规范的许多制度和概念都具有相当的模糊性和不确定性,典型的如作为民法基本要求的公平和诚实信用、判断行为效力的善意和恶意、确定行为人是否承担责任的过错等概念,都具有相当的不确定性和灵活性;民法作用的效果因过分强调形式公平而缺少对实质公平的关注而出现适用结果的偏差。

2.民法典的局限性

民法典的最大局限性是卷帙浩繁、精雕细琢的民法典一旦制定之后,通常不会经常修改,而民法所规范的内容却经常处于变动之中,从而导致法律的内容与规范对象之间出现脱节。民法典的另一个局限性则表现在人们对法律的期待与实际的立法结果之间可能出现较大的差距,即立法机关无法借助于民法典这一工具实现对社会关系的全面、充分、合理和有效的调整。之所以产生这个结果主要是受制于人类认知的偏差和理性的局限性。人类认知的偏差大体上可以分为四个方面:一是人在认识的过程中,受外界因素的影响而不能准确地把握认识对象;二是在认识对象时,需要做简化处理从而略去了其中一些次要因素,而其中有些因素可能会导致认识产生极大的误差;三是受到主体自我意识、概念系统、理论思维、认知结构、思维方式、先前经验以及主体的价值观念、需要、兴趣、情绪、性格等影响,在处理问题的认识过程中会产生偏差;四是认识所依据的先前认识与经验,多数只是初步的认识成果,具有个别性、现象性、具体性等不足,掺杂着一些虚假的成分。① 而人类理性的局限性则是人类认知偏差对人类自我认知崇拜的延伸和校正。从某种意义上说,民法典既是人类理性介入立法活动的有益尝试,同时也是人类理性思维的巅峰之作。在德国制定民法典时试图借助于人的理性,制定出一部包罗万象的、能够对可能出现的每一案件进行判决时作为唯一法律基础的民法典。萨维尼甚至认为,在民法典编纂完成之后,民法典将成为唯一的法源。然而任何人的认识都要受到时间、空间、物质载体、自身条件、所在职业等方面的限制,因此,人的理性必然是不周严的、非至上的,科学家不能发现一个能包容所有问题的自然规律,法学家也不能制定出一部包罗无遗的法典。对此哈耶克清醒地看到:"理性乃是人类所拥有的最为珍贵的禀赋。我们的论辩只是旨在表明理性并非万能,而且那种认为理性能够成为其自身的主宰并能控制其自身的发展的信念,则有可能摧毁理性。"②

3.民法典不应当规定什么

尽管民法典应当且能够统摄整个私法制度,但其不应当而且事实上也无法包揽所有私法内容。也就是说,民法虽然是私法的核心,是私法中的基本法,但这并不意味着民法可以担负起调整所有个人和个人之间以平等自决为基础的法律关系之重任,也不意味着民法典具备涵盖所有以各类主体和行为为调整对象的私法制度之能力。尤其是在市场交易行为和方式日趋复杂多变的情形下,基于抽象公平建立的民法制度对诸如公司治理、证券交易、企业破产、保险合同、劳动合同、消费者权益保护等特殊领域往往无能为力,无法以调整共性的

---

① 欧庭高,肖成池.论科学研究的不确定性[J].科学经济社会,2004(2).
② 哈耶克.自由秩序原理[M].邓正来,译.北京:生活·读书·新知三联书店,1997:80.

方式来有效解决因个性差异而引起的利益冲突与矛盾。因此,民法典编纂的基本要求是:一方面,民法的基本理念、基本原则、基本价值应当贯穿民法典的始终并对民法典的所有内容具有指导意义。另一方面,民法典作为私法的基本法,应当以基本性、人本性、普遍性、典型性、重大性、稳定性和代表性作为其入选标准,从而将不具备这些要求的内容排除在民法典的编纂体系之外。具体说来以下内容不宜出现在民法典中:

(1)非人本性法律制度。作为良法的基本要求之一就是它不但要求符合人类理性,而且必须不违背基本的人类价值,其中最为重要的人类价值就是以人为本。民法之所以被称为万法之母,除了丰厚的制度积累之外,更主要的原因恐怕还在于荡漾其中的人本主义精神。作为现代民法典范的《法国民法典》之所以能够成为其他国家效仿的样板,个中原因与其说是因为其良好的制度设计,毋宁说是其鲜明的人本主义精神,正如法国学者茹利欧·莫兰杰所指出的那样:"《法国民法典》总的精神是个人主义和自由主义精神的体现,是 18 世纪哲学家作品的精神的体现。"[①]稍后的《德国民法典》虽然采取了自然人和法人的二元主体结构,但并没有打破以自然人需求和自然人权利为中心的人本主义要求,没有动摇近代个人主体思想和个人平等原则,其主要目标仍然是追求人人有资格享有权利和自由。个人主体制度和个人权利体系,在我们的法律世界并不是被视为或有或无的技术,它们已经被公认为法律的价值标准,也是社会的价值标准。[②] 因此民法典的设计应采取人本主义的立法模式,尽量消除物本主义思想对民法的销蚀作用。换言之,由于人本主义思想指导下民法的主要作用机理在于维护自然人的权利和满足自然人的需求,本身并不负有创造社会财富的功能,因此民法典的制度设计必须抛弃利益导向型的立法理念,必须与市场经济保持适当距离。

(2)非基本性法律制度。民法典作为私法基本法,自应以基本性为条件,这是毋庸置疑的。"基本性"意味着根本和必要。根本性要求民法典必须将那些能够决定民法的性质并能与其他法律进行有效区分的制度囊括在内;必要性则要求民法典所规范的内容应是民法作为一个完整的制度体系所必需和不可或缺的内容,如果缺少这些制度民法调整的内容将是残缺不全的。所谓非基本性的法律制度是指那些其存在对民法典不会产生实质性影响的制度。典型的如《民法通则》第 90 条有关"合法的借贷关系受法律保护"的规定即属此种情况。因此应当尽量纯化民法典的内容,以最大限度地显现民法的本体价值。换言之,民法典不能贪大求全,而应当适当放权,将非基本性的法律制度留待其他单行法加以解决。

(3)非普遍性法律制度。民法规定的普遍性首先要求在适用对象上应当具有普遍的适用性,即民法典中所确立的权利或认可的行为应为所有社会公众所享有或行使,至少是所有的社会公众都具有行使或享有这种权利的可能性。如果某项权利或行为只为少数人甚至个别人所享有或行使,那么这种权利或行为就不应规定在民法典中,典型的如知识产权制度、商事代理制度等。民法规定的普遍性还要求作为民法典中所认可的制度,必须受民法基本

---

① 梁慧星.民商法论丛:第 15 卷[M].北京:法律出版社,2000:712.

② 龙卫球.民法总论[M].北京:中国法制出版社,2002:184.

原则的调整和制约。如果这些制度的设计依据是一些有别于民法典基本原则的理念和要求,那么这些制度就不应当出现在民法典中。典型的如以公司为代表的企业法律制度,由于该制度的设计初衷在于通过合理的规则和机制最大限度地促进社会财富的增加,即强调效益在制度设计中的引领作用,这与民法所推崇的公平优先原则明显不同,因此有关公司或企业的相关制度就不应出现在民法典中。

(4)非稳定性法律制度。民法典必须具有相当的稳定性,其主要原因在于民法典并不是一个单纯的法律规定,而是抽象提炼的一些适用于所有社会主体的一种带有基础性的普适性规则,其实施结果会使社会主体基于法律规范的要求而从事的行为升华为人们的一种习惯性选择并最终固化为一种生活方式。换言之,由于民法本身就负有塑造公民社会行为习惯和生活方式的使命,因此民法典的内容一方面应与公民的基本行为选择趋向保持高度的一致性,另一方面则要求其制度内容应是对公民成熟行为和习惯行为的法律肯认。这就要求民法的制度规定应具有适当的保守性和高度的稳定性。因此与时代发展联系过分密切的易变性的制度或行为就不应当规定在民法典中。在这方面比较典型的例子是2002年生效的《德国债法现代化法》,该法不仅在债编中加入了有关保护消费者的有名合同,而且直接把消费者与企业写进民法总则中,使他们和自然人、法人一样成为私法关系的主体,其结果不但从根本上颠覆了民事主体的平等理念,而且其所谓的创新"对于消费者的民事保护实质上并不会有所增益,但对德国民法典体系的破坏,也就是体系效益的减损,却难以估量"[1]。德国民事立法的这一教训值得我们深思和警惕。[2] 所以在稳定性和时代性的取舍上,应当是为实现稳定性而淡化时代性,而不应当是为追求时代性而牺牲稳定性。

(5)非规范性(定型性)法律制度。能够上升为民法典的制度应当是经过长期社会实践的荡涤、检验和筛选而沉淀下来的较为稳定的制度,这些制度有明确的外延和内涵,有明确的适用条件和规制对象,能够区别于现有的制度并能够有效嵌入到现有的制度体系之中。因此那些不具有定型性特质的,属于偶发性(偶然性)、临时性的行为或权利义务关系不应当表现为民法典的内容。典型的如《民法通则》第52条和第53条有关企业联营的规定即属此种情况。

(6)非重大性法律制度。所谓重大主要有两个判断标准:一是重要,即民法典规定的制度对民事主体来说应具有生命攸关的作用,如果公民不享有这些权利或不能从事这些行为,其主体人格将受到极大影响。二是巨大,即民法典规定的制度应对社会生活产生较大影响。如果一个制度的有无对社会关系的影响可以忽略不计,那么这个制度就没有必要规定在民法典中。典型的如典权制度,虽然该制度为中国所特有,但在现代金融高度发达的今天,这一制度的适用空间几可忽略不计,因此不应当出现在民法典中。当然重大本身是一个动态的概念,不同时代,不同国家对重大的理解并不完全一致。例如隐私权在我国长期没有作为

---

① 苏永钦.现代民法典的体系定位于建构规则——为中国大陆的民法典工程进一言[J].交大法学,2010(1).

② 赵万一.中国民法典制定的应然与实然[J].中国政法大学学报,2013(1).

一个单独的民事权利而看待,但是现在的基本共识却是:隐私权是公民基本人权的重要组成部分,因此应当在民法典中有所体现。

(7)非典型性法律制度。典型性也有两层含义:一是代表性,即民法典规定的制度应当在相同类型或相似类型的制度中具有代表性,能够最大限度地集合、吸纳和反映这类制度的共性基因,并能够对相关制度起到指导和统率作用;二是通用性,即民法典所规定的制度应当是在一国主权范围内普遍存在的行为和习惯的归纳和总结,应当对全国至少是国家的主要区域具有普遍约束力。如果是仅仅适用于某些特定区域的习惯就不应规定在民法典中。

五、民法典中如何体现与商法的关系——我国民商立法的模式选择

对于在民法典中如何处理民法与商法之间的关系,学者间并没有形成完全一致的认识。如何妥善处理与民法有诸多共同性的商法之间的关系,不但影响到民法的功能定位,而且在一定程度上决定了本次民法典制定的成败。而民法典的具体制定又取决于我们对民法本身的把握和理解。综合世界各国的立法例我们不难看出,对民商关系的处理,主要是两种模式,即民商合一模式和民商分立模式。前者又可称为单一法典化模式,后者则可称为双重法典化模式。

1.单一法典化背景下如何处理民法典制定和商法之间的关系

所谓单一法典化模式是指只制定一部作为私法基本法的民法典对包含民商事关系在内的所有重要私法制度作出原则性、概括性和严密性的规定,并辅之以必要的若干单行法规,从而构筑起阶梯分明、疏密有序的系统私法体系。这也是我国目前学界和立法部门共同推崇和认可的一种立法体例。

(1)单一法典化背景下处理民法和商法之间关系的基本要求。单一法典化背景下的民法典必须具有高度的科学性和内容的完备性,这是民法典编纂的主要意义之所在。由于民法所调整的社会关系十分庞杂,加之各国基于历史传统和现实需要的立法选择导致各国在民法典立法体系和具体规范内容上存在明显差异,由此我国学界虽然在单一法典化的模式选择上并无大的争议,但在民法典具体规范内容的取舍上却并未取得足够的共识,学者们也贡献了数个民法典建议稿。不同的民法典建议稿不但立法理念明显不同,而且其涵盖内容也存在诸多不一致之处。特别是对于现有的散见于众多单行法规中的民法内容如何处理,不同学者也给出了不同答案。有的认为应最大限度将现有民法内容统一整合在民法典中,以消除民法内部规范内容的不一致性。有的则主张精简民法典的内容,由民法典和民事单行法共同调整民事关系。从立法技术的角度言之,如果将所有单行民事立法都纳入民法典中,不但会使民法典的体例杂乱无章,而且其内容也会因过于庞杂而不堪重负。而如果仅将部分单独立法纳入民法典中,其选择的标准和依据无疑将面临重大困难。相对说来,采取相对精简式的立法更具有现实的可能性,而采取大而全的民法典立法模式则有较多弊端,诚如有学者所言,如果将大量的单独立法纳入民法典,传统私法的思想理念、基本原则、体系结构

将会受到冲击甚至遭受破坏。其原因在于原来单独立法规定的具体制度、规范与民法典所固有的传统私法气质及概念化、法典化技术可能并不完全相融。① 也就是梅利曼所说的：“法典之外的微观法律制度却反映了其自身的态度和价值观，而此种态度和价值观常常有悖于法典的态度和价值观……将特别立法部分纳入法典本身的任何努力均会引发棘手的难题，即微观法律制度可能与法典本身的立场不相吻合。”②因此可行的办法只能是由民法典确立基本原则和基本制度，同时辅之以一定数量的民事单行法对民法典的内容加以补充和完善。正像我国台湾地区学者苏永钦所言：“法典的理想永远和事实有段距离，即使条文数多达2769条的意大利民法典，也像它的历史标杆——罗马法大全一样，很快就必须面临单行法在法典之外自立门户的残酷事实。”③这样做的好处是可以在保证民法典足够稳定性的前提下，使民法内容更能符合社会发展的需要，以实现民法的精准调整。作为这方面的例证是，在民法典编纂方面比较成功并为现在很多学者所推崇的“荷兰民法典的整编，从一开始就放弃了全盘纳编的野心，很多的特别民法还是留在法典之外”④。而“荷兰之所以放弃统一的尝试，是因为，很高的组织法和行政法的成分必须保留在劳动法和社会法中”⑤。荷兰民法典的编纂理念和内容取舍原则非常值得我们借鉴。

（2）单一法典化背景下商法中的哪些内容可以体现在民法典中。在单一法典化的立法背景下，由于民法典被定位为所有私法的基本法，因此从理论上说所有私人之间关系的处理都应当能够从民法典中寻找到法律依据和法典所确立的理念和原则的支撑。与此相适应，在民法典的制度设计中应该最大限度地容纳其他一些部门法中具有较大普遍适用性的原则和制度。具体说来，民法典中应该包含商法中的以下内容：①商法的理念。立法理念上的差异是区分民法和商法的主要依据之一，正是因为在价值取向和立法理念上的差异性，由此才决定了民商法各自的独立存在价值。但在民商合一的立法体制下，商法的效益导向要受制于民法的公平导向。另外，为了实现对社会经济关系的全方位调整，民法有时又不得不低下高昂的头颅，屈从于市场经济所内生的效益驱动。在这种条件下，商法的两个基本理念可以有条件地反映在民法总则中：一是效益原则，其目的是为了促进社会财富的增加和资源的有效利用；二是利益均衡理念，其目的是为了平衡主体之间的利益冲突，促进和谐社会的构建。值得注意的是，市场经济在现代社会中无论如何重要，都不可能成为民法的主要调整内容。因此，在民法的视野中，包括效益原则在内的所有原则都应当服从或服务于公平原则的实现。唯有如此，才不至于使民法变成迷途的羔羊，沦落成为缺乏灵魂支撑的技术规则集合体。②商法的原则。商法原则既是统摄具体商法制度的精魂，同时也是与民法制度进行有

① 赵红梅.私法社会化的反思与批判——社会法学的视角[J].中国法学,2008(6).
② 约翰·亨利·梅利曼.大陆法系[M].顾培东,禄正平,译.北京:法律出版社,2004:161.
③ 苏永钦.走入新世纪的私法自治[M].北京:中国政法大学出版社,2002:86.
④ 苏永钦.走入新世纪的私法自治[M].北京:中国政法大学出版社,2002:82.
⑤ 罗尔夫·克尼佩尔.法律与历史——论德国民法典的形成与变迁[M].朱岩,译.北京:法律出版社,2003:298.

效区分的观念载体。没有清晰准确的法律原则作支撑，独立的商法将成为根植于松软沙滩上的华美建筑。但在民商合一的立法背景下，商法原则在民法典中的位置无外乎三种命运：确认（吸纳）、改造和摒弃。可以吸纳的原则主要是交易安全原则。需要经过适当改造而纳入民法中的原则包括：最大诚信原则（可以在民法的诚信原则中予以强调，或者要求在特殊交易行为即保险行为、证券行为中当事人应遵循最大诚信要求）、营业自由原则（可以和民法的自由原则或意思自治原则合并）、经营判断优先原则（或称商业判断规则或法律判断不能代替经营判断原则）。可能被摒弃的原则有：商行为效力外观原则、行为独立性原则等。③商法的制度。对于将哪些商法制度体现在民法典中，同样应该以重大性、基础性、普遍性为依据。在具体立法上可以采取两种方案：一是在民法典中对商法的制度不作具体规定，而是全部留待单行商事立法加以处理。二是尽可能地将商法中具有普遍性、代表性而又与民法制度具有一定兼容性的制度规定在民法典中。根据这种思路可以考虑将商法中的企业制度（可以融合在法人制度之中）、主体资格取得制度（登记制度）、营业制度、经理人与经理权制度（可以和法定代表人制度或代表人制度合并）、商事代理制度（可以在代理制度中做出特别要求）、商事担保制度（可以在担保制度中做特别规定）、金融商品的特别交易制度、信托制度、主体消灭制度（含清算、破产制度）等有条件地体现在民法典中。当然考虑到民法典容量的有限性，因此，对以上商法制度应尽可能压缩其内容，或是将相关要求融入既有的民法条文中。

（3）单一法典化背景下如何进行民法典的设计。综合各国的立法例和学界的观点，可以将单一法典化背景下的民法典设计归纳为三种模式：①相对突出商法特点的商法单独列编模式。即在民法典中单列商（事）法编对商事关系进行集中调整。这是目前学界有些学者所主张的观点，但并未具体见诸有代表性的外国法典或我国的民法典建议稿中。②有限突出商法特点的混编模式。典型的如1912年1月1日起施行的《瑞士民法典》，该法典共分五编，其中的第5编为"债务法"，又具体分为5个部分，其中除第1部分"总则"和第2部分"各种契约关系"为传统的民法内容之外，其他的3个部分均为商法的内容。具体来说：第3部分为"公司与合作社"，其内容包括无限公司、两合公司、股份公司、股份两合公司、有限责任公司、合作社。第4部分为"商业登记、商号与商业账簿"，内容包括商业登记、商号与商业账簿。第5部分为"有价证券"，内容包括记名证券、无记名证券、汇票（包括本票）、支票、其他指示证券、货物证券（仓单与提单）、债券。也正是从《瑞士民法典》开始，曾经流行一时的民商分立模式受到严重挑战。③民法完全吸收商法的一体化法典模式。典型的如1942年的《意大利民法典》，该法典共由6编组成，分别是：第1编"人及家庭"、第2编"继承"、第3编"所有权"、第4编"债权关系"、第5编"劳动"、第6编"诸权利之保护"。从该法典的编排结构已很难看出商法的痕迹，但在具体规定上还是容纳了很多商法的内容。具体说来，"信用证券"作为第五章规定在了第4编中，而与公司和企业相关联的内容则全部规定在第5编（"劳动"编）中，包括："公司"（第5章）、"协同组合及相互保险"（第6章）、"利益参加组合"（第7章）、"企业体"（第8章）、"竞业及业务协作的规制"（第10章）、"关于公司及业务协作组合的处罚规定"(第 11 章)等内容。另一个有代表性的法典是 1992 年的《荷兰民法典》。
《荷兰民法典》将 1838 生效的《荷兰商法典》通过吸收和整合之后进行重新编排,将民法典分
成了 10 编,分别是:第 1 编"人法和家庭法",第 2 编"法人",第 3 编"财产法总则",第 4 编
"继承法",第 5 编"财产和物权",第 6 编"债法总则",第 7 编"有名合同",第 8 编"运输法",
第 9 编"智力成果法",第 10 编"国际私法"。其中的第 2 编、第 3 编和第 8 编具有较强的商
法色彩。

就以上几种立法模式来看,相对突出商法特点的商法单独列编模式因完全割裂民商之
间的关系,加之又无成熟的立法实践检验可资借鉴因此不足为取;民法完全吸收商法的一体
化法典模式同样过分抹杀民法和商法之间的差异而没有获得预期的效果。对此我们可以
《意大利民法典》加以说明,该法典自 1942 年 3 月 16 日通过后,迄今为止在法典主文中共增
加了 59 个附加条款。这些附加条款除少数涉及消费者权益保护等问题之外,几乎全部是关
于公司制度方面的,包括公司设立文件、公司自有股、控股公司股票的转让、可转换为股票的
债券、董事的权利、公司财务报告的编制、清算人、公司公示行为、公司的合并与分立、公司代
表处的设立等各个方面。不仅如此,为了适应现代社会纷繁复杂的需求,在完善民法典的同
时不得不通过制定大量的商事单行法的方式尽力克服立法与实践之间的脱节现象,比较典
型的有:1942 年 5 月的《破产、预防性协议、控制性管理和强制性管理清算条例》,1947 年 12
月的《合作规章》,1958 年 3 月的《中介职业条例》,1971 年 6 月的《贸易条例》,1992 年 1 月的
《合作社团的新规则》,1992 年 2 月的《证券出售的公开报价、签字、取得和兑换条例》等。①
相比较而言,有限突出商法特点的《瑞士民法典》却表现出了较强的生命力,更值得作为我们
效仿的对象。

就具体法典编纂技术来看,民法典的编纂可以采取两种方式:一种是推倒重来式的民法
典重启模式,另一种是基于现行法律所进行的民法典改造升级模式。按照我们的观点,从节
约立法成本和考虑社会接受程度的角度来说,我们与其在对现有制度推倒重来的基础上制
定一部全新的民法典,不如在充分总结《民法通则》适用经验的基础上,对现有的民法通则内
容进行扩充、改造和升级,将未来的民法典打造成《民法通则》的升级版或 2.0 版。

2.双重法典化背景下如何处理民法典和商法之间的关系

双重法典化是建立在民商有效区分的前提之下,即将商法视为与民法相并列的一个法
律部门,商人的活动原则上由商法进行调整。虽然主流的学术观点认为我国民法典应采取
民商合一的立法模式②,但从我们奉为圭臬的《中央关于全面推进依法治国重大问题决定》中
并不能读出完全不考虑商法典制定的可能性。实际上,无论是从我国的立法传统,还是从我
国所着力建构的市场经济法律体系本身,实行民商分立的立法体例既有其现实必要性,也有
其客观的可能性。实际上我们既没有必要将民法与市场经济捆绑在一起,也没有必要用民

①　费安玲.1942 年意大利民法典的产生及特点[J].比较法研究,1998(1).
②　王利明.民法总则应体现民商合一体制[N].法制日报,2015-05-27.

法绑架商法。诚如有学者所言,纵观世界各国的立法我们可以得出这样一个初步的结论:所有实行民商合一的国家没有哪一个国家现在能够在国际舞台上占有举足轻重的地位,也没有任何一个实行民商合一的国家曾经对现代法治贡献了有益的法律精神资源。相反,反而是那些实行民商分立的国家,如德国、日本,或是那些根本不考虑民商关系,而是完全着力于市场经济法治规则构建的国家,如美国等,却始终在引领世界经济的发展和主导着对国际经济规则的制定。因此从某种程度上来说,民商分立可能比民商合一更有助于实现我们引领世界经济发展,参与国际经济规则制定的目的。因此我们仍然有必要对双重法典化问题进行更加深入的探讨。

(1)双重法典化背景下民法典制定的基本要求。①定位的基础性。民法典应定位为私法的基本性、基础性法律,着力解决带有观念性、理念性的一些基本原则、基本制度。②功能的纯洁性。民法典的主要作用乃在于通过良好的民法制度设计,实现对社会生活的正向引导。因此民法典的制定不应追求全覆盖,而应尽量简化、纯化法典内容。③内容的稳定性。如果民法规范不能保持足够的稳定性,会使正常的社会经济秩序受到破坏,并最终危及社会的安全。④结构的闭合性。⑤体例的保守性。⑥呈现方式的民族性。民法典呈现方式的民族性既包括调整内容的民族性,也包括表达方式的民族性。

(2)双重法典化背景下商法典制定的基本要求。在双重法典化的背景之下商法典的制定又可具体分为四种模式:一是完全法典化的商法典立法模式,或称纯粹商法典模式,即效仿民法典的立法模式,将商法的主要内容基本囊括在统一的商法典之内。由于商法内容的复杂性和高速变动性,这种立法模式在我国并不具有太大的可能性。二是商事基本法加单行商事法的主辅结构式立法模式,或称简式商法典模式,即效仿《民法通则》的立法体例制定具有商法基本法性质的《商法通则》(或《商事通则》),将商法的基本原则和主要内容规定其中,从而构成商法的基本骨架,然后辅之以若干单行商事基本法,从而构成完整的实质商法典体系。三是商法总则加商事单行法的累加式商法典立法模式,或称混合商法典模式。即在以商法命名的基本法典中仅包括商法总则的内容,具体的商法制度则委诸单行商事法规作出规定,从而形成形散实不散的松散式商法典立法模式。四是效仿苏联《民事立法纲要》的做法,制定中国的《商事立法纲要》,对商法的基本原则、基本立法要求、基本内容作出原则性规定,然后通过单行商事立法加以补充和完善。相对来说,第二种模式可能最具有合理性和可能性。但无论哪种商事立法体例,都必须满足以下基本要求:①立法目标的实用性。商事法典的制定必须有明确的价值导向,即以最大限度地促进社会财富的增加作为商事立法的首要内容。②规范内容的时代性。即最大限度地反映现代市场经济的发展要求及其客观规律。③法典结构的开放性。即商法典的设计不能搞成一个完全封闭的系统,而应为新的市场经济法律制度的生成留下足够的发展空间。④制度设计的融合性。即对英美法系国家的商法制度和大陆法系国家的商法制度采取兼收并蓄的实用主义态度。德国法学家耶林(R. Von Jhering)在其著作《罗马法的精神》中曾说过:"外国法律制度的接受问题并不是一个'国格'问题,而是一个单纯的适合使用和需要的问题……只有傻子才会因为金鸡纳树皮并不是在他自己的菜园里生长出来的为其理由而拒绝接受。"①⑤法典表达的国际性。即最大限度地寻找商法制度表达上的中国共识与世界共识的结合点。

（3）双重法典化背景下的民商法律分工及其基本内容设计。在双重法典化背景下，民法和商法可以做这样的简单分工：①民法定位为公民权利保障法和市场交易的前置法。其内容主要包括：民法的立法目的，民法的调整对象和范围，民法的基本原则，公民人格与公民权利，婚姻与家庭关系，财产及其取得和流转的相关规定，民事法律救济的手段。②商法定位市场交易的基本法，主要调整的是与市场交易相关联的内容。其内容可包括商法总则的相关规定、商主体（市场主体）制度、商行为（市场交易）制度和商事救济制度。商法总则的内容包括商法立法的目的、商法的调整对象、商法适用的条件、商法的基本原则等。以商主体为例，与自然人无须证明自身存在之客观事实不同，商主体是法律拟制技术运用的产物，需要通过特殊的行为方式和行为目标来证明其存在的形式和存在的意义，因此商主体部分应该包括市场主体的类型、资格和条件，商主体的权利义务和责任（包括营业权或营业自由、经理权等内容），商主体资格的取得和消灭。其他的商法制度也与民事制度具有明显的差异性。

3.进一步充实民法典中的一般性法律条款

无论采取何种立法体例，都应当重视对民法一般性法律条款的设计，并将一般性法律条款作为体现民法精神，实现民法作用的重要抓手。所谓民法的一般条款是指由民法典以条文形式所表述的民法的基本原则。这些基本原则既是对作为民法主要调整对象的社会关系的本质和规律的集中反映，同时也是民法精神之所在。没有清晰准确的法律原则作支撑，民法将是一堆缺乏内在逻辑联系、没有灵魂的规则聚合体。实际上国外民法学者早就敏锐地意识到民法基本原则对民事立法的重要意义："民法基本原则是 20 世纪的现象，是克服成文法局限性的工具，是由一定的经济、政治和认识条件决定的司法机关分享立法权的产物。民法基本原则问题，就是立法——司法机关关系问题，就是立者对自己认识能力的估价问题，就是对人性的基本看法问题。"②由此可见，民法的一般条款不但涉及民法典制定的科学性问题，而且直接影响到是否要将民事立法权力授予司法机关或法官的问题，即在法无明文规定的情况下，如何确保法官的审判行为不偏离预设的民法运行轨道。实际上，由于任何立法者都不能通过完美的条文设计应对一切现实的和未来的社会生活情状，也不可能利用自己的理性明察洞悉过去、现在和未来各种可能性。因此有必要借助于比较抽象和模糊的法律基本原则，对已知和未知的事项进行相对宽泛式的处理，并利用法官对法律精神的理解，实现对社会关系的正向调整。

翻开世界民法典编纂的历史我们不难发现，不同时代的立法者由于对自己的认识能力进行了不同的预估和评判，因此对民法原则采取了截然不同的态度。在《法国民法典》所处的时代，由于理性崇拜占据主导地位，因此在立法上相应采取了绝对的严格规则主义，断然

① 茨威格特·克茨.比较法总论（中文译者序）[M].潘汉典，米健，高鸿均，等译.贵阳：贵州人民出版社，1992：4.

② 茨威格特·克茨.比较法总论[M].潘汉典，米健，高鸿均，等译.贵阳：贵州人民出版社，1992：394.

剥夺了法官在审理案件时的自由裁量权,"禁止法官对其审理的案件以一般性原则笼统条款进行判决"①。历史发展到《瑞士民法典》时期,由于人们开始对自己的理性产生怀疑,因此在坚持相对严格规则主义的同时,开始采用一般条款的方式来解决制定法的局限性,通过授予法官一定的自由裁量权的方式,以弥补具体规则的不足。根据《瑞士民法典》第 2 条的规定:"任何人都必须以诚实、信用的方式行使其权利和履行其义务。"该条既是当事人的行为准则,同时又是法官在裁判案件时的裁判依据,具有民法基本原则的一切构成要素。"它标志着一般条款在民法典中的确立,是大陆法系具有历史意义的创举,是具有里程碑意义的大事!"②其后许多国家都在民法典中民法的一般条款作出了规定。我国《民法通则》在第 3 条至第 7 条中对民法基本原则做了具体的规定,明确将平等、自愿、公平、等价有偿、诚实信用、权利不得滥用、公序良俗等作为具有一般条款意义的条文,从而对推动社会民法观念的形成和充分发挥民法的作用产生了重要影响。未来的民法典中同样应继受《民法通则》中那些经实践证明行之有效的规定,继续将基本原则作为民法典的重要组成部分。唯应当注意的是我们尚需进一步明晰民法基本原则的构成要求,切实厘清各原则之间的关系,将不符合基本原则特质的规则排除在一般条款之外。另一个工作则是要根据社会发展的需要和民事立法的目的对现有的一般条款进行清理、充实和整合,将不属于民法范围或不具有现实约束力的一般性规则,如人与自然协调发展原则等,排除在民法基本原则之外。同时将其他部门法,特别是商法中的一些带有理念性、普遍性的原则,如维护交易安全原则等,纳入民法基本原则的范围。

结语

按照笔者的理解,中国民法典制定的目的并不是为了单纯地填补法律体系上的缺失,更重要的是利用民法典自身的丰厚文化意蕴和强大辐射力,提振中国的法治文化和法治精神,使中国的法治建设更上一个台阶。为此我们一方面要找准民法的本质特征,真正发挥民法的应有作用。另一方面则应凝聚更大范围的社会共识,将民法典的制定过程同时作为民法文化的一个普及过程。我们深信,只要我们坚持正确的立法导向,遵循科学的立法方法,富有中国特色并能对世界产生重要正向影响的民法典就一定能够如期面世。中国的法治梦想也一定可以尽早实现。

---

① 徐国栋.民法基本原则解释[M].北京:中国政法大学出版社,1992:221.
② 茨威格特·克茨.比较法总论[M].潘汉典,米健,高鸿均,等译.贵阳:贵州人民出版社,1992:394.

民法典编纂中如何处理与婚姻家庭法的关系①

在民法典的制定被写入《中共中央关于全面推进依法治国若干重大问题的决定》之后，中国民法典的编纂工作事实上已经超越了单纯的立法活动而上升为一项重大的国家政治行为。与此相适应，民法典的编纂工作也并不是一个简单的法律条文设计过程，而是一种凝练法治理念，弘扬法治精神，强化法律威权的梦想蝶变历程，并同时担负着完善国家法治体系、实现国家繁荣富强的神圣历史使命。因此，如何最大限度地凝聚社会共识，合理调处民法典与包括婚姻家庭法在内的其他法律部门之间的关系，科学提取能够造福于大多数人的最大规则公约数，是立法部门和理论工作者必须慎重思考并妥善解决的基础命题。

一、婚姻家庭关系是各国民法典的重要调整内容

1.婚姻家庭法构成民法典的基本内容

通过梳理世界民法发达史的历史脉络我们可以得出这样一个基本的结论，即：婚姻家庭关系与民法制度相伴始终，婚姻家庭法是民法中不可或缺的固有组成部分。

（1）从民法典的历史演变来看，婚姻家庭法在促进人类文明的发展和人的解放方面发挥了独特的作用，对推动民法制度的完善居功至伟。婚姻家庭是一种以两性和血缘为特征的社会现象，其中婚姻制度是家庭制度的核心。可以说，正是对婚姻家庭关系的强烈关注，才引发了民事法律调整的需要，而婚姻家庭关系的不断进步又促进了民法制度的不断进化和逐步完善。从社会文化的层面观之，一定类型的民法不仅作为直接调整社会经济关系的规范形态而存在，而且还作为一种文化现象渗透于社会生活的各个领域，民法文化构成一定社会文化源流的重要组成部分。而在所有的民法制度构成中，婚姻家庭文化无疑是最具有文化影响力和文化创造力的领域，因此无论是宗教的立法还是世俗的立法都无一例外地把目光聚焦于婚姻家庭关系。作为宗教法代表的《可兰经》对法律的最大贡献是肯定了一些古代阿拉伯社会的习俗和惯例，其中涉及法律方面的除少部分属于刑罚制度（如杀人偿命、叛教极刑、诬蔑贞节妇女者鞭刑）外，大部分是关于民法方面的规定。而在所有的民法制度中大

---

① 本文以《婚姻家庭法与民法典关系之我见——兼论婚姻家庭法在我国民法典中的实现》为题，发表在《法学杂志》2016年第9期。

部分涉及的又是关于继承和婚姻家庭方面的内容。因此在某种程度上说,法律层面上的《可兰经》主要是作为婚姻家庭继承法的法律渊源而被反复引用的。就世俗法来说,作为现代万法之宗的古罗马民法,其主要内容除包含了部分国家行政管理、诉讼程序、财产等方面的内容外,婚姻家庭和继承方面的内容同样也占很大比重。以其最具特色的家父权为例,按照学界观点,罗马法的特点是确立了自然人由于其不同的社会身份而具有不同人格的制度,其实质是以人的身份的等差确立了社会的基本等级结构。换言之,罗马社会的法定基本单位是家庭而非个人,家父是家庭的唯一法定代表人,是唯一为法律所承认的具有完整的人格的人。因此,在这种意义上说,"整个真正的罗马时代,罗马私法就是家父或家长的法"①。虽然家父权的内容涉及人格权、财产权等许多方面,但其核心内容仍属于家庭法的调整范畴。中国的传统民法同样也是如此。中华法系向以重刑轻民著称,在为数极少的民律规范当中,大部分涉及的也是婚姻家庭、田土、契约等项内容。不仅如此,中华法系的一个突出特点是:强烈的家族本位观念形成了极其复杂的亲属制度,放射到社会生活的各个方面,并进一步被运用到对各种社会现象的解释和评判上。② 对这种过分偏执于家族伦理的中国古代法,既有的研究大多持否定态度,认为它漠视个人的存在价值,遏制了现代自由、平等理念的生成。实际上家庭秩序的调整是所有社会秩序中最为基础、最为复杂的调整内容之一,而伦理亲情的强调与人际和谐的关注更是人类天性的必然需求,因此一切合乎人性的法律对此都不应置之不理;从这种意义上说,中国古代"伦理法"显然内含着诸多超越具体社会形态而富有普遍意义的东西。③ 不仅如此,婚姻家庭法律制度的发展还直接促成了民法制度的现代化。研究表明,200多年来世界各国的亲属法处于频繁的修订之中,特别是随着人权理念不断强化,两性平等原则以及子女最佳利益原则成为各国亲属法的重要指导原则。传统的夫权、父权甚至亲权观念遭到清算,以父权为主导的家庭结构日趋瓦解,既关注家庭成员个体发展,保护公民个人权利与自由,同时也关注家庭整体的发展,注重家庭利益与家庭成员利益之间的平衡被奉为各国修法的圭臬。其结果不但固化了人类个性解放的成果,而且丰富了人类文明的内涵并推动了社会的进步。④ 因此,从某种程度上说,社会的发展与婚姻家庭法的进步是互为因果、相辅相成的,没有婚姻家庭法律制度的现代化,就没有民法的现代化,同时也就没有完整意义上的社会的现代化。

(2)从各国立法例来说,民法典中无一不包含婚姻家庭法的内容。按照黑格尔的说法,家庭与市民社会和政治社会(国家政权)一道,共同构成完整的国家。不同的国家构成需要借助于不同类型的法律加以调整,其中调整家庭与市民社会生活的重担是由民法来承担的。因此以意思自治为基础的婚姻家庭制度成为以排斥国家干预为己任的民法(私法)的最基本和最佳表现形式。对此我们可以通过解读近现代几部最具代表性的民法典对其加以佐证。

---

① 彼德罗·彭梵得.罗马法教科书[M].黄风,译.北京:中国政法大学出版社,1992:115.

② 郭建,邱立波,赵斌.中国民事传统观念略论[J].华东政法学院学报,1999(02).

③ 胡旭晟.中国传统"伦理法"之检讨[J].百年,1999(5).

④ 夏吟兰,何俊萍.现代大陆法系亲属法之发展变革[J].法学论坛,2011(2).

1804 年的《法国民法典》(《拿破仑法典》)除总则外共分 3 编,其中第一编是人法,基本内容是关于个人和亲属法的规定。该部分内容不但规定翔实,而且是作为整个法典的制度基础而存在的。1900 年的《德国民法典》共分为 5 编,即:总则、债的关系法、物权法、亲属法、继承法。虽然将婚姻家庭关系移除到总则之外,但编章内容却有所增加,即将婚姻家庭有关的内容扩充为两编。1911 年编纂完成的《瑞士民法典》除导编外共分 5 编,分别是:人法、亲属法、继承法、物权法、债务法。与婚姻家庭关系相关的同样也是两编。1922 年的《苏俄民法典》分为总则、物权、债和继承 4 篇,另于 1926 年颁布了单行的《婚姻、家庭和监护法典》,首创民法与婚姻法并立的模式。晚近颁布的一部最具代表性的民法典当属 1992 年的《荷兰民法典》,该法典结构庞杂,内容广泛,共分 10 编,分别是:第 1 编"人法和家庭法",第 2 编"法人",第 3 编"财产法总则",第 4 编"继承法",第 5 编"财产和物权",第 6 编"债法总则",第 7 编"有名合同",第 8 编"运输法",第 9 编"智力成果法",第 10 编"国际私法"。其中与婚姻家庭法有关的分别是第 1 编和第 4 编。由此可见,在绝大多数国家,无论民法典的结构怎样调整和变化,婚姻家庭法都是民法典中不可或缺的一个重要组成部分。

(3)没有完备的婚姻家庭法作支撑就没有完整意义上的民法典。在各国的私法体系中,婚姻家庭法是整个民法典的制度基础和主要调整内容。对此德国民法典起草委员之一温德夏德(Windsc－heid)认为:"所有的私法,要做的事情,有两个目标:1.财产关系;2.家庭关系。因此,私法的主要划分是财产法与家庭法的划分。"[1]我国民法学泰斗江平教授也认为:"传统世界大陆法系民法典均包含亲属编,这是因为民法所调整的市民社会关系中包含两大类物质生活:一类是人类为了满足自身生产物质需求的经济关系,一类是人类为了使自身能得到种的延续的婚姻家庭关系,而且这两类均属于民法所调整的平等主体之间的关系。"[2]婚姻家庭法之所以能够作为整个民法典的制度基础而存在,主要是由婚姻家庭所担负的特殊历史使命所决定的。根据马克思主义的观点,社会再生产主要包括物质资料的再生产和人口的再生产两个方面。物质资料再生产是人口再生产的基础,而人口再生产是物质资料再生产得以不断进行的条件。社会再生产的发展过程既是物质资料再生产由低级向高级的发展过程,同时也是人口再生产由低级向高级的发展过程。物质资料再生产的组织形式随社会的进步而不断发展变化,从个体和简易的组织逐步进化到复杂的公司等先进组织。而人口再生产的主体则一直由作为人类社会组成最基本细胞的家庭来承担。家庭要承担人口再生产的职能,必须以男女两性的结合为纽带,以享有一定的社会财富为条件,因此婚姻是家庭赖以存在的基础,财富是家庭作为人格的定在(黑格尔语)。而继承既是保证家庭延续的前提,同时也是实现社会财富积累的主要手段,因此在各国民法典中婚姻关系、家庭关系、继承关系都是必不可少的组成部分。[3] 从某种意义上说,没有婚姻家庭法的民法典,是残缺不

① 徐国栋.民法调整对象理论比较研究——兼论《民法通则》第 2 条的理论坐标和修改方向[J].厦门大学学报(哲学社会科学版),2008(1).

② 江平.制定民法典的几点宏观思考[J].政法论坛,1999(3).

③ 赵万一.中国民法典制定的应然与实然[J].中国政法大学学报,2013(1).

全的民法典,也不是真正意义上的民法典。

2.婚姻家庭关系是民法典调整的核心内容

之所以说婚姻家庭关系是民法典调整的核心内容,主要基于以下几方面的原因。

(1)婚姻家庭法是人法,在法律属性上人法应当优于物法。从制度层面来说,民法内容可大体分为人法和物法两个部分,"其一调整个人的经济活动,它们被称为物的法则(Real statute);其二调整个人与其家庭的关系,诸如结婚和离婚,它们被称为人的法则(Personal statute)"①。换言之,人法主要表现为婚姻家庭法,而物法则表现为民法的其他制度。从哲学层面来说,人与物的关系实际上是目的和手段的关系,而人法与物法的关系则表现为本体与工具之间的从属关系。具体来说,人法之所以要优先于物法,其主要原因在于作为婚姻家庭法调整对象的婚姻家庭关系不但是最基本的社会关系和人类延续的基石,同时也是社会文化的主要载体,具有伦理的优先性和先验的合理性。根据黑格尔的观点,家庭作为伦理精神是以有理性的个体的养成和维护为目的和为核心的。一方面,家庭的目的就是为了培养合格的、独立的公民;另一方面,当家庭成员死去时,家庭的义务就在于帮助自己的亲人维护其死后的独立人格和尊严。② 从某种意义上说,家庭甚至比国家更加立足于个体权利,或者说,正是由于有家庭的后盾,个体才有可能以独立个体性的姿态进入到国家政治生活的现实性中发挥公民的作用,并最终在家庭中以有尊严的方式获得自己个体的归宿;而国家虽然以独立的公民为其组成要素,却更多地要求公民从个体性提升到普遍共相。③ 婚姻家庭法的立法目的一方面在于确认人类最本能需求的合法性,实现人类自身的存续、繁衍和进化,"人性的首要法则,是维护自身的生存,人性的首要关怀是对于其自身所应有的关怀"④。另一方面通过除旧布新、移风易俗激发人性中良性基因的健康成长,同时遏制人性中劣根性基因的野蛮生成。正因为如此,所以在民法典的结构体系中,以婚姻家庭法为代表的人法显然比财产法更为基础和重要。

(2)婚姻家庭法是以自然人作为主要调整对象的法律,在价值的评判和排列上自然人应当优先于作为法律拟制人的法人组织。按照通说,民事主体包括公民(自然人)和法人两种类型,其中的自然人无论是基于民法缘起的逻辑脉络,还是基于民法所承载的人文价值,都应当是民事立法最为关注的对象,应居于优先于法人的地位,对自然人的尊重和对自然人权利的保护始终是民法的终极目的和推动民法进步的主要动力。其原因不仅在于法律对自然人保护的程度的高低直接决定了人类解放的尺度,更在于自然人是法律拟制人创造的基础和效仿的对象。从社会思想的发展史来看,自然人优先具有非常悠久的历史和非常丰厚的

① 徐国栋.民法调整对象理论比较研究——兼论《民法通则》第 2 条的理论坐标和修改方向[J].厦门大学学报(哲学社会科学版),2008(1).

② 黑格尔.精神现象学(下卷)[M].贺麟,王玖兴,译.北京:商务印书馆,1987:11.

③ 邓晓芒.黑格尔的家庭观和中国家庭观之比较——读《精神现象学》札记(之一)[J].华中科技大学学报(社科版),2013(3).

④ 卢梭.社会契约论[M].何兆武,译.北京:商务印书馆,1994:9.

人文积淀。早在古希腊时代,智者学派代表人物普罗泰戈拉就提出了"人是万物的尺度,是存在者存在的尺度,也是不存在者不存在的尺度"这一著名的哲学命题。① 这里所说的人不是抽象的人类一般,而是意味着具体的个人,因此人本主义实际上就是个人主义。② 正是这种人本主义思想,铸就了自然法思想的精神源流。斯多葛学派在法学上则吸收了之前的自然法思想,认为人具有与上帝共同的理性,共同受同一个自然法支配,理性在人身上必然体现为一种独立的普遍人格,一种自由自在的力量。"古希腊思想最吸引人的地方之一是以人为中心,而不是以神为中心的。人文主义所不断要求的就是,哲学要成为人生的学校,致力于解决人类的共同问题。"③ 即使在宗教思想盛行的野蛮的中世纪,也没有完全泯灭以自然人为中心的人本主义思想,著名思想家托马斯·阿奎纳就认为,自然人是上帝所创造的唯一的,既作为被创造物同时又作为其他的被造物之王或者主人的造物,这一点可以从圣经中看出来。④ 黑格尔认为,自然人作为在市民社会中依法独立自主追逐自己个人利益的绝对精神存在,"具体的人作为特殊的人本身就是目的"。并由此构筑起了影响深远的市民社会思想体系。⑤ 马克思主义也认为,法律的基本判断依据只能是人本身,人的价值、人的尊严是唯一真理和最高价值。⑥ 因此从某种意义上说,如果没有以自然人为中心的人本主义思想和市民观念的洗涤和启蒙,就不可能造就《国法大全》《拿破仑法典》《德国民法典》等三座民事立法的历史丰碑。所以博登海默才认为:19世纪的法律历史,在很大程度上是一部有关日趋承认个人权利的记录。⑦ 孟德斯鸠才断言:"在民法的慈母般的眼里,每一个个人就是整个的国家。"⑧ 自然人优先意味着法律制度的设计应以自然人作为出发点和着力点,人是法律的目的而非手段。政府的职责就是通过避苦求乐来增进社会的幸福,具体表现为保证公民的生计、富裕、平等和安全。只有组成社会的个人实现了幸福,社会才会昌盛,国家的存在才会具有正当性。⑨ 由于婚姻家庭制度始终以自然人,自然人的结合、延续与辐射作为其规范对象,因此在民法典的制度设计中应居于优先考虑的位置。

二、婚姻家庭关系民法典实现的基本要求和基本原则

法国著名民法学者阿·布瓦斯泰尔认为:"民法典尊重个人权利的最好和最重要的体

① 北京大学哲学系外国哲学史教研室编译.西方哲学原著选读:上卷[M].北京:商务印书馆,1999:54.
② 宫泽俊义.宪法:第Ⅱ卷[M].日本有斐阁,1974:78-79.
③ 阿伦·布洛克.西方人文主义传统[M].董乐山,译.北京:生活·读书·新知三联书店,1997:4.
④ 转引自汉斯·哈腾鲍尔.民法上的人[J].孙宪忠,译.环球法律评论,2001(04).
⑤ 黑格尔.法哲学原理[M].北京:商务印书馆,1961:57.
⑥ 马克思,恩格斯.马克思恩格斯全集:第1卷[M].北京:人民出版社,1982:281.
⑦ E.博登海默.法理学——法律哲学与法律方法[M].邓正来,译.北京:中国政法大学出版社,1999:146—149.
⑧ 孟德斯鸠.论法的精神:下[M].北京:商务印书馆,1961:190.
⑨ 杰里米·边沁.政府片论[M].沈叔平,等译.北京:商务印书馆,1995:105.

现，是它对先于和高于实在法的法原则的承认。"①通过研读各国民法特别是以《法国民法典》为代表的现代民法制度我们不难发现，民法就其本质而言具有非常强的正义性品质，不但通过设定基本原则的方式将民法的基本价值追求显现出来，而且通过对个人本位思想和权利本位思想的法律确认，担负起提升人的存在价值，促进人的全面发展的历史重任。民法通过一系列的权利设定，承认和弘扬人的理性，努力给人的意志自由和行为自由提供更加宽广的选择空间。婚姻家庭关系作为民法典的主要调整内容，其实现也同样必须遵循一些基本的原则和要求，这些原则和要求主要包括：

1.伦理道德优先原则。婚姻家庭之所以必须首先遵循伦理道德优先原则，这是由婚姻家庭制度本身的特点所决定的。婚姻制度既包括自然因素也包括社会因素。婚姻制度的自然属性是由生物学上的本能所决定的，而其社会属性则是人类传统习惯和伦理思想长期影响的结果和集中体现。换言之，婚姻家庭关系既是法律关系，更是伦理关系。因此黑格尔才认为，家庭是直接的或自然的伦理精神，是以婚姻为基础的血缘共同体。家庭的本质与其说是一种自然关系，不如说是一种伦理关系。② 而作为传统伦理道德主要载体之一的婚姻家庭制度之所以能获得合法性存在，离不开法律的肯认和强化。因此在黑格尔的话语体系中，客观精神即法哲学被划分为法、道德和伦理三个环节，而伦理作为一种"精神"态，是人类"理性"发展的结果，它是建立在理性的立法或对法则的审核之上的；即"家庭成员之间的伦理联系不是情感联系或爱的关系"③，而是一种"法则"，是要靠人的理性自觉遵守的。但这种理性遵守的前提又有赖于法律对这种伦理关系的遵从和确认。因此，在真正的法治国家，法治所体现的价值与社会的主流伦理道德规范应表现出高度的同质性，法律必须以基本伦理道德为基础，法必须具有内在的正义性品质，也就是罗马史学家李维所说的："市民法深藏于祭司团的神龛之中。"而不符合基本伦理道德的法律由于无法获得人们的尊重和自觉遵守，因此不应该成为法律或不应该继续成为法律。诚如习近平总书记所言："发挥好法律的规范作用，必须以法治体现道德理念、强化法律对道德建设的促进作用。""必须以道德滋养法治精神、强化道德对法治文化的支撑作用。"因为"道德是法律的基础，只要那些合乎道德、具有深厚道德基础的法律才能为更多人所自觉遵行"④。实际上，任何法律规范体系或法律规则都不应当是晦涩难懂的语言符号，而应是社会经验、风俗习惯、伦理感悟和社会追求的混合体，这点对于作为伦理性特征突出的婚姻家庭法而言尤其重要。婚姻家庭法律文化作为典型的伦理文化，应符合人类伦理的普适性特质要求，所体现的价值应以对人自身的关怀作为首要的和最终的制度取向。因此更需要"把一些基本道德规范转化为法律规范，使法律法规更多

---

① 阿·布瓦斯泰尔.法国民法典与法哲学[M].钟继军，译//徐国栋.罗马法与现代民法：第2卷，北京：中国法制出版社，2001:290.

② 臧伟.国家与社会：从黑格尔到马克思[J].人民论坛.2010(20).

③ 黑格尔.精神现象学：下卷[M].贺麟，王玖兴，译.北京：商务印书馆，1987:8.

④ 习近平.加快建设社会主义法治国家[J].求是，2015(1).

体现道德理念和人文关怀,通过法律的强制力来强化道德作用"①。

伦理道德优先原则的另一个要求是婚姻家庭立法应当远离市场经济。虽然婚姻家庭法除了调整人身关系外,也要调整一些财产关系,但这些财产关系均是依附于人身关系而存在,属于人身制度上的溢出性制度,且大多属于非市场性的财产关系。因此在对涉及婚姻家庭领域财产处理的规则设计上应将伦理属性作为优先考虑的因素,而不应将价值法则过多引入进来。实际上市场经济仅仅是社会经济的一种表现形式而已,而经济生活也仅仅是社会生活中的一个组成部分而已。黑格尔曾把社会区分为家庭、市民社会和政治国家三个不同的领域,并要求分别适用不同的法律规则。如果将适应于"市民社会"即社会的商业部分的规则完全应用于婚姻家庭领域,其结果则会抹杀婚姻家庭的伦理性特质,从而将家庭沦为单纯的市场主体而不是人伦关系汇集的精神家园。对此我们可以婚姻家庭制度中最具财产性的继承关系为例加以说明:各国在考虑继承人的范围和继承顺序的设定时,一般不会把被继承人对遗产的贡献或继承人的经济条件作为关注重点,而是把与被继承人的亲疏作为几乎是唯一的考量因素。因此,婚姻家庭法内容的设计必须符合婚姻家庭制度的伦理性特质,将维护婚姻家庭的和谐稳定和保障家庭成员的人格尊严作为主要的追求目标,既要寻求具有普适性和目标性的真谛,同时也要适当兼顾满足人的世俗需要的俗谛。②

2.以人为本原则。以人为本既是婚姻家庭立法的观念基础,同时也是婚姻家庭立法的根本价值目标之所在。以人为本既表现为人文主义,同时也表现为人本主义和人道主义精神。人本主义是"指任何承认人的价值或尊严,以人作为万物的尺度,或以某种方式把人性及其范围、利益作为课题的哲学"③。"一般说来,西方思想分为三种不同模式看待人和宇宙。第一种模式是超自然的,即超越宇宙的模式,集焦点于上帝,把人看成是神创造的一部分。第二种模式是自然的,即科学的模式,集焦点于自然,把人看成是自然秩序的一部分,像其他有机体一样。第三种模式是人文主义的模式,集焦点于人,以人的经验作为人对自己,对上帝,对自然了解的出发点。"④人文主义的核心是以人为原点来解读人的本质,强调人本身具有独立的价值和独立的尊严,承认"每个人在他或她自己的身上都是有价值的"⑤。把世界的轴心由天上移到人间,使历史的主宰由神变成了人。⑥人文主义的理论基础是自然主义的人性论,强调满足人的天性。所谓人的天性,就是过世俗的生活,享受自然的快乐和对现实的物质和精神的追求。⑦人本主义和人道主义则以个人为着眼点,主张每一个人是一个独立的实体,尊重个人的平等和自由权利,承认人的价值和尊严,把人当作人看待,而不把人看作人

---

① 习近平.加快建设社会主义法治国家[J].求是,2015(1).

② 俗谛为佛教用语,指佛教依照事物的现象而阐发的浅明而易为世人所理解的道理。这里借指婚姻家庭成员一些世俗性的要求。

③ 沈恒炎,燕宏远.国外学者论人和人道主义:第1辑[M].北京:社会科学文献出版社,1991:758.

④ 阿伦·布洛克.西方人文主义传统[M].董乐山,译.北京:生活·读书·新知三联书店,1997:12.

⑤ 阿伦·布洛克.西方人文主义传统[M].董乐山,译.北京:生活·读书·新知三联书店,1997:234.

⑥ 包国祥.人本主义哲学思潮的历史轨迹[J].内蒙古民族师院学报(哲社版),1998(4).

⑦ 韩瑞常.西方人本主义散论[J].史学理论研究,1995(1).

的工具。重视人类的价值特别是关心人的生命和基本生存状况,关注人的幸福,强调"人是人的最高本质",主张人的全面发展和个性的解放。

以人为本是法律获得合法性依据的思想基石。亚里士多德在其名著《政治学》中曾经指出:"法治应该包含两重意义:已成立的法律获得普遍的服从,而大家所服从的法律又应该本身是制订得良好的法律。"①作为良法的基本要求之一就是它不但要求符合人类理性,而且必须不违背公平、正义、民主、自由等基本的人类价值。从某种意义上说,如果没有充满人本精神的自然法思想,我们就失去了判定法律制度优劣的基本依据。进一步言之,婚姻家庭法中的人文精神尽管在不同的历史时期有着不同的内容,但它始终都是以肯定个人的价值、尊严、平等和自由为核心的。因此婚姻家庭法的主要任务,就是通过对人的自由、平等的不断肯定,完成人的自我解放和自我实现。

3.遵从习惯原则。按照马克思主义的观点,共同的习惯既是构成民族标识的基本要素,同时也是社会共同体稳定的基石。习惯之所以在婚姻家庭法中得到充分的尊重,首先在于习惯本身就是社会文化的重要组成部分,是人类行为传承的主要方式,且具有高度的社会认同性。习惯作为一种非显性表达的社会规则体系,对社会主体的行为塑造具有一种潜移默化的影响作用。虽然习惯的产生原因五花八门,习惯的表现形式也具有多样化的特点。但某一地区或某一行业的习惯对本群体内的成员来说具有极强的约束力。正是这种对习惯的尊重,才使得一定范围内的群体保持了足够的凝聚力,并最终促成了民族和国家的形成。人类的整部历史就是一部由习惯法上升为国家法的历程的历史,因而可以说,法律特别是包括婚姻家庭法在内的民事法律其基本原则和基本规则大多来源于习惯。诚如恩格斯所言,在人类发展的某个阶段,产生了这样一种需要,即把每天重复的活动用一定的规则固定下来,这些规则首先表现为习惯,然后上升为法律。在某种意义上说法律既是一种社会共识,更是一种习惯的外化表达。也只有将法律内化为社会主体的行为选择习惯,理性的法治社会才能真正实现。从社会治理的角度观之,法律的作用不在于瓦解社会组织,而在于强化社会的控制。换言之,在增强社会的凝聚性这一点上,习惯与法律具有高度的一致性,在作用内容和作用方式上也是分工明确、相辅相成的。"在普遍法律占统治地位的情况下,合理的习惯权利不过是一种由法律规定为权利的习惯,因为权利并不因为已被确认为法律而不再是习惯,它不再仅仅是习惯。"②如果法律摧毁了习惯,那么同时也就摧毁了法律赖以生存的土壤。进一步说,尊重习惯不仅是法治的应有之意,而且也是对法律进行解释的主要凭依。实际上法律绝不表现为一些冷冰冰的条文,它是鲜活的社会生活的反映。对法律的理解也不能死抠条文的含义,而应结合本国的国情、民情、风俗、习惯正确推断出法律的主旨和立法本意。如果不了解法律的立法背景和法律赖以适用的客观条件,那么就可能出现对法律本意的曲

---

① 亚里士多德.政治学[M].吴寿彭,译.北京:商务印书馆,1983:199.
② 马克思,恩格斯.马克思恩格斯全集:第1卷[M].北京:人民出版社,1956:143.

解,甚至出现有违于基本社会常识的法律判断。伯尔曼曾举例说,按照《可兰经》的教义,有禁止收取利息的记载,所以按照一般的理解,适用《可兰经》的阿拉伯国家在法律上是禁止收取任何利息的。实际上按照《可兰经》的本意阿拉伯国家的社会实践,应当禁止的仅仅是高利贷,而不包括正常的利息。所以霍姆斯大法官才谆谆告诫我们:法律的生命在于经验,而不在于逻辑。相较于其他国家而言,习惯对中国法律的形成和社会的稳固发挥着远较其他国家更为重要的作用。中国古代的习惯法是民间法的重要组成部分且极其复杂,仅在形式上就有着分散性、复杂性、演进性特色。① 正是这些斑驳多样的习惯的存在,不但决定了中国社会主体行为的选择偏好,而且锻造了社会秩序的复杂免溃机制,维持了中国社会系统的超稳定结构。因此我国婚姻家庭法律制度的设计必须充分尊重和吸纳习惯,最大限度地体现民情,因为民情"是法律的保障和使自由持久的保证"②。相反,如果我们在婚姻家庭制度的设计过程中过多考虑技术性的要求而忽视习惯的存在价值,那么其结果就会使人们完全放弃对法律伦理性价值的反思和批判,使法律只具有规则的客观性而缺乏价值判断的合理性,由此将婚姻家庭制度这一伦理性特质明显的法律沦为单纯的社会控制工具,而不能承担起优化公序良俗、强化社会共识的功能。

4.适度干预原则。由于婚姻家庭关系具有极强的自然属性、伦理属性和私密属性,因此有些人主张法律应当止于婚姻家庭之外。其中以费希特的家庭法虚无论最为典型。按照费希特的观点:"国家根本没有必要制定关于夫妻的相互关系的法律,因为他们的全部关系根本不是法律的关系,而是一种自然的、道德的心灵关系。"③这实际上是对婚姻家庭制度的误解。婚姻家庭关系既是一种自然关系,同时也是一种社会关系。婚姻家庭关系不但关涉直接当事人,而且还影响到社会的稳定。因此任何国家都不可能对婚姻家庭关系坐视不管。当然婚姻家庭关系的调整应以必要性、基础性、重要性为标准,其原因在于:按照现代社会的一般观点,婚姻关系的首要原则是"私事原则",即强调性关系的私人性和隐私性准则。私事原则主要包括两性关系的自由自主性、非公开性和自律性。④ 不仅如此,按照马克思主义的观点:"立法者并不创造法律,它只是揭示和表述法律。"⑤"无论是政治的立法或市民的立法,都只是表明和记载经济关系的要求而已。"⑥"立法者不是在创造法律,不是在发明法律,而仅仅是在表述法律,他用有意识的实在法把精神关系的内在规律表现出来。如果一个立法者用自己的臆想来代替事情的本质,那么人们就应该责备他极端任性。同样,当私人想违反事

---

① 郭建,邱立波,赵斌.中国民事传统观念略论[J].华东政法学院学报,1999(2).

② 托克维尔.论美国的民主(上卷)[M].董果良,译.北京:商务印书馆,1991:49.

③ 费希特.以知识学为原则的自然法权基础[M].谢地坤,程志民,译//梁志学.费希特著作选集:第2卷.北京:商务印书馆,1994:585.

④ 方文晖.论婚姻在法学上的概念[J].南京大学学报(哲学·人文·社科版),2000(5).

⑤ 马克思,恩格斯.马克思恩格斯全集:第1卷[M].北京:人民出版社,1956:316.

⑥ 马克思,恩格斯.马克思恩格斯全集:第4卷[M].北京:人民出版社,1965:121-122.

物的本质恣意妄为时，立法者也有权利把这种情况看作是极端任性。"①如果国家过度介入私人的生活，其结果不但严重压缩了个人自由行为的空间，而且会弱化法律调控的效用。婚姻家庭领域必须为道德规范留下足够的作用空间，因为任何国家事实上都不可能把所有道德规范全部上升为法律规定。

5.适度超前与相对稳定相结合的原则。由于民法典的编纂并不是一个简单的法律条文设计过程，而是一个重大的国家政治行为，因此任何国家的民法典制定都毫无例外地承载了特定的历史使命，具有显著的时代特征。我国民法典的制定同样应当担负完善国家法治体系，实现国家繁荣富强的历史使命，因此中国民法典的制定必须充分反映社会经济发展的时代特征及其现实需要，必须积极吸收作为人类文明重要组成部分的世界各国的先进法律制度，必须借助于制度设计上的后发优势，引领世界社会发展的历史潮流。作为民法典重要组成部分的婚姻家庭法同样应当适应国际社会发展的时代要求，最大限度地记载社会进步的步伐。一方面将作为人类文明标志的人格独立、男女平等、自由发展等基本内容转换成相关的制度设计，另一方面则要将中国社会主义核心价值观中的一些基本要求诸如文明、和谐、诚信、友善等充分体现在婚姻家庭的制度理念中。

但婚姻家庭法律制度的设计必须又要具有相当的稳定性和保守性，其原因一方面源于民法典本身所承载的独特使命，另一方面则源于婚姻家庭制度本身的特点。无论从民法典编纂的历史经验来看，还是从民法典的现实性需要来看，民法典的编纂都不是一个单纯的制度设计，而是抽象提炼的一些适用于所有社会主体的带有基础性的普适性规则，其实施结果会使社会主体基于法律规范的要求而从事的行为升华为人们的一种习惯性选择并最终固化为一种生活方式。因此如果民法规范不能保持足够的稳定性，会使正常的社会经济秩序受到破坏，并最终危及社会的安全。这点对婚姻家庭制度而言尤其重要。就婚姻家庭制度本身的特点而言，稳定性和保守性是这一制度区别于其他民法制度的根本标志之一，因此在婚姻家庭法的制度设计上，应以稳定性、必要性、普适性和保守性作为最基本的要求，既不需要创新，更不需要超前。

三、婚姻家庭关系民法典实现的主要内容

1.婚姻家庭法的继承和移植——婚姻家庭法编的主要内容

婚姻家庭法律制度必须具有一定的国际性，这是发挥制度影响力的必然要求。具体到我国的婚姻家庭法律制度来说，为了加快推进民法典的立法进程，规范婚姻家庭法的制度设计，适当借鉴发达国家的法律规定，并最大限度地实现中国法律与发达国家的法律规定保持适度的一致性无疑是非常必要的。但这种一致性并非以否认不同国家的经济发展水平、社

---

① 马克思，恩格斯.马克思恩格斯全集：第1卷[M].北京：人民出版社，1995：347.

会习惯、社会传统等方面存在差异性为代价，而是要求必须充分尊重本国的民族精神、风俗习惯和道德传统。梅因在《古代法》中曾讲道："罗马人认为他们的法律制度是由两个要素组成的。经查斯丁尼安皇帝钦定出版的'法学阶梯'（Institutional Treatises）中说：受法律和习惯统治的一切国家，部分是受其固有的特定法律支配，部分是受全人类共有的法律支配。"[①]与此相类似，我国古代法制中同样蕴含着十分丰富的智慧和资源，因此有必要认真"研究我国古代法制传统和成败得失，挖掘和传承中华法律文化精华，汲取营养、择善而用"[②]。在决定法律生成的诸要素中，民族精神无疑是一个非常重要的因素。民族精神作为一个民族在长期历史发展中形成的在心理、观念、习俗、信仰、规范等方面的群体意识、风貌和特征不但为民族成员广泛认同和接受，而且维系和推动着民族的生存与发展。相对于其他国家和其他民族来说，民族精神又是一个民族的自我意识与自我认同，是一个民族的集体人格的体现和一个民族区别于其他民族的精神特质的总和。婚姻家庭法作为民法典中最具民族性要求的制度类型，应充分体现民族精神和民族文化，因为只有最民族化的婚姻家庭法律制度才是最有生命力的制度。实际上我国古代的先贤们对此已有了清醒的认识："为国者，观俗立法则治，察国事本则宜。不观时俗，不察国本，则其法立则民乱，事剧而功寡。"（《商君书》）从世界立法例观之，各国婚姻家庭法律制度之所以在民法典中的编纂安排和具体内容上表现出巨大的差异性，在很大程度上是因为作为这一制度制定基础的民族精神存在显著不同。因为一个国家的民族精神与其他民族精神相比不但显示出不可替代的独特发展轨迹，而且体现出精神特征的不可通约性。法国著名社会学家涂尔干也认为："要想深刻地理解一种规矩或一种制度，一种法律准则或一种道德准则，就必须尽可能地揭示出它的最初起源；因为在其现实和过去之间，存在着密不可分的关联。毋庸置疑，由于这些规矩、制度或准则的运作方式已经发生了转变，所以从原则上讲，它们所依据的原因本身也会发生变化；但是这些转化仍然有赖于它们的发端。"[③]就现实的立法环境来看，中国传统的法律文化经历几千年的演变和发展，已经形成了一种有着鲜明个性和成熟型态的法律文化样式。时至今日，我们仍不能低估传统法律文化对现实社会生活中的重要影响。换言之，尽管传统法律文化屡遭重创，但其很多因素仍然顽强地延续下来，存在于中国民众的法律意识、风俗习惯、行为方式中，作用于国家正式法控制之外的社会生活领域，在维护民众的日常生活秩序上依旧发挥着重要的作用，甚至还影响国家正式法的实施。[④] 例如，具有传统色彩的礼俗习惯、乡规民约在很多基层社区中仍是维护社会生活秩序的重要社会规范，具有传统色彩的民间调解机制解决了基层社区中发生的大量社会纠纷。"在中国，礼仪、善意、正直的概念一向比强制与惩罚更受重视，和睦与调解的思想一向被认为应优于诉讼中的主观权利思想。"[⑤]特别是自宋明以降，

① 梅因.古代法[M].沈景一,译.北京:商务印书馆,1959:27.

② 习近平.加快建设社会主义法治国家[J].求是,2015(1).

③ 爱弥尔·涂尔干.乱伦禁忌及其起源[M].汲喆,付德银,渠东,译.上海:上海人民出版社,2003:3.

④ 柴玉丽,夏青.民间法与法制现代化[N].人民法院报,2002-11-05.

⑤ 勒内·达维德.当代主要法律体系[M].漆竹生,译.上海:上海译文出版社,1984:2.

以天人合一为基础的程朱理学将万事万物抽象为充满道德色彩的先验存在和本体意义上的超自然原则的"理"之后,民间秩序的维护越来越依赖于超越实在法存在的伦理纲常的调整。合"理"至今仍是社会公众对行为进行判断的主要价值尺度。因此,即使没有民法典,只要道德、风俗、习惯仍在正常发挥作用,民间秩序就不会崩溃;但如果没有道德、风俗、习惯作支撑,即使有民法典,民间秩序仍将塌陷。当然尊重传统文化和传统习惯,并不是要对所有传统法律观念都毫无保留地予以继承。实际上,由于中国古代习惯和宗法伦理以儒家伦理思想为理论载体,而儒家伦理具有极端的道德理想主义和道德强制主义倾向。其结果不但破坏了法律的独立性,阻碍了法律的形式化和成熟化的进程,并助长了法律道德化的泛滥倾向,而且由于中国伦理法的非形式化性格使其不能娴熟地协调不同伦理规则之间的矛盾,以至于导致人们在法律领域面临两种道德要求的冲突时常常陷于进退维谷的两难境地。[1]

因此我们一方面要积极引进国外的先进理念和先进制度,另一方面要充分发掘本国的制度资源,实现国际性与民族性的统一。囫囵吞枣式的大规模法律引进,只能引进外国的法律制度,却不能引进外国的法治精神,更不能引进外国的法治环境。完全脱离一定的法律传统和社会习惯而试图建立一个所谓与国际接轨的婚姻家庭法律制度,这样的制度和体系注定是不能稳固和有效的。

2.哪些传统的或新型的婚姻家庭关系应该体现在婚姻家庭法中

在未来的婚姻家庭制度中,除了现有的基本制度外,某些传统的或新型的社会关系也应该在婚姻家庭法(民法)的基本原则或具体制度中有所体现。这些传统的或新型的社会关系主要包括以下几种:

(1)涉及家庭人伦的社会关系。中国历史上是一个非常注重家庭人伦的国家,而中国传统家庭伦理中的绝大部分又是以儒家思想的形式得到表述的,因此从某种意义上说,儒家文化既是中国传统家庭伦理的主要思想供给者,同时也是家庭伦理规则的主要记载者。作为家庭伦理主要表现形式的尊卑、义利、理欲等规则和观念,虽然已超越纯粹意义上的家庭伦理层面而升华为社会伦理范畴,但其影响触角仍然深刻地渗入到家庭关系之中,规范着家庭生活的各个方面。在传统的家庭共同体内,血缘关系和统治服从关系是人的主要关系,这样,儒家家庭伦理就表现为对于这两种关系的规范和维护。[2] 由于婚姻家庭制度与宗族伦理密不可分,属于文化的核心地带,因此该制度具有相当的保守性。我国在清末修律运动中在婚姻家庭方面就保留了浓厚的风俗习惯色彩,而后的民国立法也大致相同。在新中国成立后,虽经一次次的激烈清洗,致使传统的家庭人伦观念已所剩无几,但我们仍不能低估传统家庭人伦观念对现代社会的广泛影响。典型的如已成年子女在没有就业之前,父母仍然担负有抚养的义务;已出嫁的女儿以获得陪嫁为代价,事实上已经放弃了对父母遗产的继承权。对这些约定俗成的人伦习惯,我们没有必要一概冠之以封建残余加以否定,而应进行仔

---

① 胡旭晟.中国传统"伦理法"之检讨[J].百年,1999(5).

② 陈永苗.奴役和自由的家庭伦理[J].鹰翔,2001(40).

细的甄别和筛选,在合理的限度内给予必要的确认,以维护家庭伦理中的脉脉亲情。实际上,传统家庭伦理中的父子、兄弟姐妹、夫妻之间的亲情关系并不仅仅是一个单纯的人的感情问题,而是源于人的深层本性和伦理良知,并且是维系家庭这一基本社会细胞和谐稳定的压舱石。

(2)涉及祭祀权与祭奠权的问题。祭祀是根据宗教或者社会习俗的要求进行的具有象征意义的一系列行动或仪式。而祭奠则是对死者表示追悼、敬意的一个仪式。祭祀和祭奠既是华夏礼典的一部分,同时也是儒教礼仪的主要内容。《礼记》有云:礼有五经,莫重于祭,是以事神致福。祭祀对象分为三类:天神、地祇、人鬼。天神称祀,地祇称祭,宗庙称享。《史记·礼书》说:"上事天,下事地,尊先祖而隆君师,是礼之三本也。"关于祭祀的对象,《礼记·祭法》云:"夫圣王之制祭祀也,法施于民则祀之,以死勤事则祀之,以劳定国则祀之,能御大菑则祀之,能捍大患则祀之。"即只有为国为民做出了重要贡献的人才能享祀。祭礼的目的在于提醒民众追怀先祖,返回本原,即"身致其诚信,诚信之谓尽,尽之谓敬,敬尽然后可以事神明,此祭之道也"。(《礼记》)从总体上说,祭奠具有传承文明、促进和谐、激励后代等多项功能,对增强民族凝聚力和优化家庭伦理精神也具有其他制度无可取代的作用。但我国现有的法律对祭奠和祭奠权并未引起足够的重视,除有关人格权的司法解释中偶有涉及外,对与祭奠相关的权利义务基本上持否定态度。近年来围绕祭奠权所引发的一些纠纷也因为缺乏相关的制度支持而不能得到妥善解决,因此有必要在婚姻家庭法中对祭奠权进行有条件确认。

(3)涉及婚约的问题。婚约是将来要结婚的男女双方所订下的以承诺将来结婚为内容的协定。成立婚约的行为称订婚或定婚。我国古代的结婚制度中,订婚是必经程序。但在"五四运动"之后,特别是新中国成立之后,这一制度被作为封建余孽而遭到破除。实际上婚约是许多国家法律所认可的合法行为,与封建制度没有丝毫关系。对于婚约的合理性,目前我国理论界涉及甚少。实际上无论是基于我国的传统风俗习惯,还是基于社会主义的法律意识要求,都没有根本否定婚约制度存在合理性的必要。就现实生活实际情况来说,尽管目前我国的婚姻法及相关法律并未规定婚约,婚约本身也不具有法律上的拘束力,但婚约在许多地方仍是男女结婚的一道"必经程序"。对社会大众普遍接受又没对社会公共利益和法律的进步构成障碍的婚约制度,我们没有完全予以否定。

(4)有关克隆人的问题。"克隆"是英文单词"clone"的音译,其本身的含义是无性繁殖,即由同一个祖先细胞分裂繁殖而形成的纯细胞系,该细胞系中每个细胞的基因彼此相同。克隆技术对现有的婚姻家庭关系特别是婚姻家庭伦理带来了严重的挑战,主要表现为:①克隆人技术通过无性繁殖复制人体,将彻底搞乱世代的概念,这将颠覆传统的伦理观念,并进而冲击传统的家庭观以及权利与义务观。从哲学和伦理学上讲,这也是对人性的根本否定。②克隆人破坏了人的尊严。每个生命都是独一无二的,都有独特的个人品性,而"复制人"恰恰剥夺了这一点。人在实验室里的器皿中像物品一样被制造出来,使个体生命的诞生不再是一件值得敬畏、膜拜的奇迹,而是一种必然的结果。人类的自然生育沦为单调、乏味的产品制造行为。① ③克隆人将对传统的人类生育模式和继承模式提出挑战。克隆人一旦出现，将彻底打破人类生育的概念和传统生育模式，克隆人系无性繁殖，由于克隆人与细胞核的供体之间既不是亲子关系，也不是兄弟姐妹的同胞关系。这在伦理道德上和继承关系上都无法予以定位。④克隆人会危及现代社会赖以生存的平等理念。支持克隆人的一个主要理由是这一技术可以实现"优生"，但这种优生的前提是将国民区分为值得克隆的优良国民与不值得克隆的劣等国民。这违背了自然人生而平等这一基本人类价值。不仅如此，在克隆活动中还存在一个设计者与被设计者的关系，未来人类的基因配置是由父母、医生或国家决定的，而个体的人仅仅是前者所决定与创造的结果，这对于自然人平等原则同样是一种根本的违背。因为人们无法回答凭什么他自己或者任何别的一个人有权作为未来人类特征与品性的设计者。显然这是"道德优越感"在伦理领域的反映。由于克隆人技术从本质上说，涉及对人自身的尊重和评价问题，因此势必要受到法律与伦理的制约。因此在相关的法律问题和伦理问题没有彻底解决之前，我国的法律对克隆人问题应持否定和禁止的态度。

（5）关于同性婚姻问题。同性婚姻（或称为"同性恋婚姻"或"同性别婚姻"）是指两个相同性别成员之间的婚姻。自从荷兰于2001年宣布承认同性婚姻之后，目前世界上已有超过21个国家承认了同性婚姻的合法性。其他许多没有承认同性婚姻合法性的国家也跃跃欲试，大有将是否承认同性婚姻的合法性视为衡量人权保障水平高低的主要标志之势。对此我们应当有清醒的认识。实际上婚姻关系不仅仅是个人的私事，而且还影响到家庭的结构、社会伦理观念的改变、人口的繁衍等诸多问题。传统上，婚姻是一男一女遵照社会风俗或法律所建立的复杂关系，不但承担人口再生产和物质资料再生产的双重历史使命，而且是国家稳定社会关系，对个体进行约束和控制的基本社会工具或法律工具。由于养育子女的前提是生育子女，而生育子女得由不同性别的人共同完成，所以孟德斯鸠认为："父亲有养育子女的天然义务，这促成了婚姻制度的建立，婚姻宣告谁应负担这个义务。"②而同性婚姻不但会冲击传统的婚姻家庭关系，严重弱化传统的家庭职能，而且会颠覆基本的人伦关系。从历史上看，无论是西方还是东方，都把男女两性的结合视为婚姻的根基和个人对家族、国家、上帝应尽的义务。所以《礼记·昏义》才认为：昏礼者，将合二姓之好，上以事宗庙而下以继后世也，故君子重之。在基督教传统较悠久的国家，婚姻作为社会的一项基本制度除了具有法律意义上的"民事婚姻"概念，同时具有宗教意义上的"宗教婚姻"概念。因此优士丁尼大帝的《法学纲要》宣称"婚姻是一男一女以永续共同生活为目的的结合"③。而五大法学家之一的莫德斯体努斯将婚姻定义为："婚姻是一夫一妻的终身结合，神事和人事的共同关系。"时至今日，近90%的国家和地区仍恪守男女两性结合的婚姻传统，典型的如《葡萄牙民法典》第1577条就明确规定："婚姻是两个异性的人之间根据本法典的规定，意在以完全共同生活的

---

① 陈蓉霞.从克隆人技术看人的地位与尊严问题[N].科技日报，2000-12-15.

② 孟德斯鸠.论法的精神：下册[M].北京：商务印书馆，1978：107.

③ 周枏.罗马法原论[M].北京：商务印书馆，1994：164.

方式建立家庭而订立的合同。"①"婚姻,是男女双方以共同生活为目的而缔结的,具有公示的夫妻身份的两性结合。"当然考虑到同性恋者的合法权益,可以效仿一些国家的做法,有条件地给予同性伴侣提供近似婚姻的法律保护,以承认同性民事结合、同居或注册伴侣关系的方式,同性伴侣提供近似或部分婚姻的权利。

(6)关于事实婚姻问题。在婚姻法的所有制度设计和司法实践中,事实婚姻无疑是一个最为纠缠不清、最为犹疑暧昧、最为反复无常的制度。导致这一问题产生的原因,既缘于我们对婚姻家庭本质和结构功能的误读,也有面对市场经济的大潮对传统婚姻家庭关系的冲击而表现出的局促和迷茫;既有失婚配偶(主要是妇女)出于对婚姻失败所表现出的心有不甘的激烈抗争,也有社会团体(主要是妇联)、社会舆论出于弱者保护心态的非理性反应。经梳理仅在解放后我国对事实婚姻的态度就经历了一个承认(1984年8月30日以前)——限制承认(1984年8月30日至1994年2月1日)——不承认(1994年2月1日至2001年4月28日)和效力待定(2001年4月28日后)等几个时期。其结果不但没有从根本上消灭事实婚姻现象,也没有起到有效保护受害妇女合法权益的立法初衷。就事实婚姻的两种存在形态来看,对未婚男女间的事实婚姻进行否定不但会伤害无辜男女间的情感和财产关系,即使是对已婚男女间的不合法事实婚姻进行否定,同样也会使处于弱势群体的妇女的合法权益受到不应有的损害,因为在这种不合法的事实婚姻关系中,不但合法婚姻中的配偶是受害者,即使是所谓的第三者同样是受害者。事实上,事实婚姻问题在中国是一个非常普遍的现象,与其掩耳盗铃、讳疾忌医,不如勇敢地承认并适当地加以规范。这样无论对规范两性行为还是保护妇女的合法权益都是大有裨益的。

(7)关于家族财产和宗族财产问题。有着深厚历史渊源和文化沉淀的家族制度是支撑中国社会的基础。② 所谓家族,是同一个男性祖先的后代世代聚以血缘关系为纽带的社会组织,是左右社会行为的最小单位,同时也是后代延续的最佳展现形式。传统的中国家族有对内和对外两种职能,其对内职能主要包括:维持共同生计,用以提供一个家族物质生产与消费的保证,维持家族的延续和扩大;对家族内的老、弱、病、残、孤、寡进行扶养;维持家族成员间的感情联络,管理、制约、调整内部成员行为的职能。其对外职能主要是以家族的名义向社会提供智力和财力。同宗同族的人为了生存和安全的目的,由几个核心家庭或家族松散地组成的一种社会单位则是宗族。汉班固《白虎通·宗教》:"族者何也? 族者凑也,聚也,谓恩爱相流凑也。上凑高祖,下至玄孙,一家有吉,百家聚之,合而为亲,生相亲爱死相哀痛,有会聚之道,故谓之族。"族内有家,因此宗族又是家庭的联合体。在中国早期社会里,家族组织和国家政权基本上是合而为一的,都统一于宗法制度。传统农村地区的村落,多为一个姓氏为主集中居住,大的宗族居住地形成村庄或集镇。即使到现在,在某些远离中心城市的农村地区、山区,仍存在大量的以宗族聚居为主的村落。宗族共同的财产称为族产。族产是维

---

① 米也天.澳门民商法[M].北京:中国政法大学出版社,1996:162.
② 李新春.中国的家族制度与企业组织[J].中国社会科学季刊(香港),1998(3).

持家族制度的经济支柱,通常包括土地、耕牛、山场、桥渡、沿海滩涂及水利工程、碾坊等生产和生活设施。族产主要用于建祠修墓、纂谱联宗、办学考试、赈济贫困、兴办公益事业以及与外族的民事纠纷和诉讼。"家族不但成为中国人的社会生活、经济生活及文化生活的核心,甚至也是政治生活的主导因素。"[①]"与西方社会教会组织普遍存在形成鲜明对比,传统中国群众结社组织欠发达,人与人打交道的范围基本上被限制在家族内。"[②]1949年之后,家族作为封建余孽被消除,家族财产被瓜分。其结果导致维系社会稳定的家族文化认同感丧失。改革开放后,家族观念得到某种程度的恢复,在涉及房产和山林纠纷时,一些宗族活动盛行的地方,仍有依当年族产为据者。

这种宗族文化还影响到移居海外的华人群体,并通过宗族会等多种方式将这种宗族传统延续下来。宗亲会作为建立在相同姓氏基础上的一种血缘组织和姓氏团体,是与同乡会、商会、同业公会等相并列的重要的海外华人组成的社会团体。目前在东南亚、南北美、南非以及欧洲的一些国家和地区中均有分布。其职能除出版族谱,建立宗祠,调解纠纷,济贫恤寡,慈善福利外,另一些重要职能是回祖籍地寻根谒祖,省亲观光,办厂经商,兴办教育等。

对中国传统的宗族制度和家族文化不应将其视为糟粕而一概否认,而应将其作为维系中华民族凝聚力的重要手段进行有条件的承认。实际上在中国传统社会中,族人互恤互助是宗族长期得以存在的社会合理性之所在。而共同的感情和文化认同则是维护社会稳定的思想基础。我们与其将对世界宗族组织的管理权和话语权推到台湾地区,不如主动出击,将世界宗族组织作为推动中国经济发展和传统文化传播的重要力量。

四、婚姻家庭关系民法典实现的路径选择

1.关于婚姻家庭法的立法模式问题

通过分析世界各国的民法典我们不难发现,几乎所有的国家均将婚姻家庭法集中或分散规定在民法典中。稍显例外的是1922年的《苏俄民法典》,为了体现社会主义民法的特殊性,在立法过程中将婚姻家庭法从民法中划分了出去,另外制定了专门的《婚姻家庭与监护法典》,形成独特的民法与婚姻家庭法相并列的格局。按照苏联学者斯维尔特洛夫的观点,家庭法独立于民法的理由主要有两点:(1)民法的对象主要是财产关系,而家庭法的对象则主要是由婚姻、血统、收养及收留教养儿童而发生的关系;(2)社会主义社会中,家庭虽然还保有一些经济职能,但它不是社会的基本经济单位。[③]受其影响,我国于1950年在没有制定民法典的情况下,首先颁布的是《婚姻法》。在解放后相当长的时间内,我们长期将婚姻法与民法相并列,将民法与商品经济相牵连,一直不承认婚姻家庭法的私法属性,将婚姻家庭关

---

① 杨国枢.家族化历程、泛家族主义及组织管理[M].台北:台湾远流出版公司,1998:56.
② 杨国枢.家族化历程、泛家族主义及组织管理[M].台北:台湾远流出版公司,1998:56.
③ R.M.斯维尔特洛夫.苏维埃婚姻——家庭法[M].方城,译.北京:作家书屋,1954:31.

系视为可以由国家权力干涉甚至安排的事项。其依据是列宁在"十月革命"后制定苏俄民法典时所说的："我们不承认任何私法,在我们看来,经济领域中的一切都属于公法范围,而不属于私法范围。"①苏联科学院国家与法研究所所长维克多·M.特西契西茨等人认为："列宁的话被这样解释:在社会主义国家中不仅没有私法,也没有传统意义的公法。在以生产资料公有制为基础的社会条件下,不存在私人利益与公共利益的对抗,社会主义法取消公、私法的划分,不是因为公法取代了私法,而是因为这种划分失去了存在的基础。"②换言之,社会主义国家之所以不采用公、私法划分的方法,是因为社会主义是建立在公有制基础之上,不存在任何私有制,因此缺乏公、私法划分的经济基础。其结果是"在社会主义社会,私法几全部溶解于公法之中"③。这种公、私不分的后果是不但破坏了民法体系的完整性,而且放任了国家对私人生活的干预,极大地压缩了婚姻家庭法的适用空间,其不合理性显而易见。因此无论是在民法学界还是婚姻家庭法学界,都鲜有主张将婚姻家庭法从民法典中独立出去的主张。

目前存疑较多的是关于家事法的篇章命名问题及与之相关联的立法技术问题。各国调整婚姻家庭关系的法律一般称为"亲属法",我国一般称为"婚姻法",司法上一般称为"家事法",学理上也有称为"婚姻与家庭法"。在编撰方法上,大多数国家是将有关人的一般性规定放置在总则当中,而将与婚姻家庭法相关的制度作为分则内容集中或分散规定在一编至两编之中。其好处是逻辑脉络比较清晰,其缺点是不但将婚姻关系类同于一般的私人契约关系,从而淡化了婚姻家庭关系的伦理性要求,而且认为割裂了有关自然人规定的完整性要求,贬低了人在民法中的主体地位。因此其合理性值得重新检讨。实际上产生在19世纪末20世纪初的以德国为代表的潘德克吞法律体系并非唯一的可资借鉴的法典资源,其形式理性优于实质理性的立法技术和价值判断成为这一法典的软肋。因此理想的编排方式是以《荷兰民法典》作为效仿对象,将人法和家庭法合并单独列编;当然也可效仿《法国民法典》将有关自然人的一般规定、人格权、婚姻、家庭等内容混编在一编中以"人法编"命名,以凸显自然人的主体价值。

2.婚姻家庭法与民法其他内容的衔接与协调

在《婚姻家庭法编》或《人法编》的具体编纂过程中,应当处理好婚姻家庭法与民法其他内容之间的关系。

(1)关于夫妻财产制与财产法的关系问题

夫妻财产制又称婚姻财产制,它是关于夫妻婚前财产和婚后所得财产的归属、管理、使用、收益、处分、债务的清偿以及婚姻解除时财产的清算等方面的法律制度。夫妻财产制以夫妻关系的存续为条件,因此属于婚姻关系的规范对象。另一方面,夫妻财产制又涉及对夫

① 列宁.列宁全集:第36卷[M].北京:人民出版社,1959:587.
② 刘楠.论公、私法二元结构与中国市场经济[M]//梁慧星.民商法论丛:第4卷.北京:法律出版社,1996:54.
③ 史尚宽.民法总论[M].台北:正大印书馆,1980:3.

妻财产的管理、使用和处分,因此又属于物权法的规制对象。对于夫妻财产制的具体表现形式,按照史尚宽先生的总结,主要有四种,即:基于夫妻一体主义的财产吸收制(吸收为夫的财产);基于财产共有主义的共同财产制(全部或一定种类财产的共有);基于夫妻别体主义的分别财产制;介于共同财产制与分别财产制之间,处于折中地位的一些夫妻财产制,例如1920年瑞典的所得参与制,1926年苏俄的所得共同制,1957年西德的剩余共同制,1965年法国的所得共同制,1964年英国和瑞士的所得财产分配制剩余共同制等。① 虽然从历史的发展来看,"分别财产制是合理主义之所产,其对于夫妻财产关系之处理,正符合市民法之自由、平等、独立之理念,故称其为市民社会之典型的夫妻财产制"②。但具体到我国的国情来说,笔者认为西方发达国家占主流的夫妻财产制并不值得我们完全效仿,我国仍然应当坚持共同财产制。究其原因在于西方国家因受婚姻是一种契约的观念的影响,认为"维护财产权是社会契约的首要目标,没有财产权,人身权就没有实际内容"③。因而在兼具有身份性和财产性的婚姻立法中更偏重对夫妻财产的立法,这不仅使具体条文设计上有关夫妻的财产部分远多于身份的部分,而且使身份关系在某种程度上迎合或屈从于财产关系。而根据我国传统的观念,夫妻关系中的人身关系是主要的,而财产关系是从属性的。因此婚姻家庭法立法的重点应在于规范人身关系而非财产关系。从历史传承来看,"在中国法律近代化之前,调整婚姻家庭关系的礼与法是以家为本位而不是以个人为本位的,夫妻财产关系也不例外。全家共有财产与夫妻共有财产混同,财产问题上夫权、父权和家长权三位一体,妻在财产关系上依附于夫,配偶之间并无有关财产的权利义务观念;凡此种种,都是中国古代的夫妻一体主义在财产制方面的具体表现,它们在传统的中华法系的法律规定和法律文化中影响是极为深远的。"④虽然基于夫妻一体主义而产生的财产吸收制因为丧失了存在的土壤而不再具有合理性,但建构在财产共有主义基础之上的共同财产制仍存在深厚的生存空间。实际上共同财产制不但是婚姻的伦理性特质在财产关系上的自然反映,而且也是维系家庭关系稳定的重要支柱。相反,建立在夫妻别体主义之上的分别财产制及其伴生的婚前财产公证制度不但具有强烈的反伦理性色彩,而且将神圣的婚姻关系堕入恶俗的商品经济的旋涡。

(2)关于财产继承、遗产管理与家族财产的信托问题

关于财产继承有两个问题值得进一步探讨:一是关于限定继承的合法性问题。限定继承是有限责任制度在继承领域的延伸和翻版。从理论上说,当事人承担有限责任应具备几个条件,主要包括:财产的确定性或明确性(在继承领域表现为被继承人财产与其他主体财产的可区分性),财产的客观性(应通过财产公示或登记制度而为债权人所知晓),财产处理程序的严格性,债权人债务人利益的衡平性。在我国现有的继承制度中,这几个条件事实上都是不具备的或基本不具备的。从财产的归属来看,由于缺乏财产公示和财产登记制度,因

① 史尚宽.亲属法论[M].北京:中国政法大学出版社,2000:326.
② 林秀雄.夫妻财产制之研究[M].北京:中国政法大学出版社,2001:24.
③ 肖厚国.民法法典化的价值、模式与学理[J].现代法学,2001(2).
④ 杨大文.中国诸法域夫妻财产制的比较研究[J].法学家,1996(6).

此被继承人的财产和家庭成员之间的财产并无严格的界分;从遗产的处理程序来说,我国的遗产处理是由继承人亲自执行的,而非由中立的遗产执行人进行处理。由于债权人无权参与遗产的分配,只能消极地承受继承人安排的结果,这对债权人而言是非常不公平的。正是基于被继承人财产与继承人财产的不可区分性,所以我国古代才用父债子还来弥补对债权人保护的不足。另外,限定继承还有一个缺点就是:在被继承人死亡之后,必须对被继承人的财产进行清理和分配,而在中国传统的遗产处理模式中,在有配偶一方生存的时候,对被继承人的财产通常是不进行实际分配(分家析产)的。只有在父母双方全部死亡之后,才对父母的遗产进行合并处理并分家析产。这一做法对稳定家庭关系,促进家庭和谐是非常有益的。因此对继承制度经修改后的方案应当是:一方面赋予继承人特别是配偶以遗产分配或不分配的选择权;另一方面,在遗产未经公示或登记,且未指定继承人以外的第三人作为遗产执行人的条件下,被继承人应全盘继承被继承人的财产和债务。二是关于遗产信托或家族信托问题。与以前的家庭主要拥有生活资料不同,现在的很多家庭都拥有了数量可观的生产资料,遗产也呈现出多元化的存在状态,既有以简单的货币或实物呈现出来的财产,也有复杂的以企业(特别是家族企业)或企业股权的方式表现出来的财产。这里的家族企业,按照日本学者森川英正教授的定义,是指"在同族或者家族的封闭的所有和支配下组成的多角的企业经营体"。在这些企业中,"企业创始人及其最为亲密的合作伙伴以及家庭成员,掌握企业的绝大部分股权。他们与企业经理层维持着亲密的死人关系,他们保留对企业重要事务的决策权"[①]。根据福布斯排行榜对中国家族企业的调查报告显示,截至 2014 年 7 月 31 日,在 A 股上市的 2528 家公司中,民营公司为 1485 家,其中有 747 家为家族企业,占民营公司的 50.3%。在这些家族企业中,企业创始人不但直接掌控企业的运营,而且占有企业较大的股份比例。按照现有的法律规定,创始人死亡,家族企业的股份将会作为遗产进行处理。其结果不但会分散实际控制人的股份,而且会导致主要继承人不愿意继承家族企业,或没有能力继续经营家族企业,从而危及家族企业的生存或进一步发展。最为典型的是曾排名民营钢铁企业第二名的山西海鑫钢铁集团公司就是因为创始人意外死亡后,继承人缺乏对企业的经营能力而堕入破产重整的境地。这一结果无论是对社会、被继承人还是企业都是一个多输的结局。因为企业不仅仅是股东的企业,更是社会的企业。因此解决的办法除了引导继承人将家族企业改造成公众性公司之外,还可以考虑采取英美法国家普遍采用的遗产信托(或家族信托)方式,通过引入专业管理团队的方式,实现对作为遗产的企业的有效管理和运作。实际上遗产信托并非近现代的产物,其雏形可以追溯到古罗马帝国时期。当时的罗马法将外来人、解放自由人排斥于遗产继承权之外。为了规避这一规定,许多罗马人将自己的财产委托移交给其信任的第三人,要求为其妻子或子女利益而代行对遗产的管理和处分,从而在实际上实现了遗产的继承权。时至今日,遗产信托(家族信托)已成为一种

---

① 艾尔弗雷德·钱德勒.看得见的手——美国企业的管理革命[M].北京:商务印书馆,1987:7.

重要的以家庭财富的管理、传承和保护为目的的家族财产运作方式,对促进家族企业的健康成长和遗产的有效运用发挥了非常重要的作用。

(3)关于姓名、姓名权与人格权的关系问题。姓名是公民长期使用的与其他公民相区别的特定文字符号,是自然人人格特征的重要载体。姓名权作为人格权的重要组成部分,是公民依法享有的决定、使用、改变自己姓名,并排除他人干涉和侵害的权利。按照我国的习惯,姓名是姓氏和名字的结合。姓氏代表家族,名则用以区别于家族其他成员。姓和名共同构成一个完整的公民个体符号。

在中国传统观念中非常注重姓名和对姓名的保护,强调"名正言顺"。对姓名的选定,在不同场合下姓名的使用都有非常严格的规范,并将"名""字"分离。解放后我们对姓名问题一直没有引起足够重视,过分主张保护个人的姓名自主性,从而将姓名视为纯私人的事情而放任自流。特别是随着西方文化的侵入和个人意识的觉醒,中国姓名也进入了一个异常混乱的时代。其主要表现是非规范性的、有违公序良俗的姓名大量出现。另外则是姓名使用随便,更改名字现象突出。实际上名字一旦确定之后,姓名使用人就会基于对姓名的使用而与其他民事主体之间发生大量的民法律行为,姓名就和特定人的身份、行为密切联系在一起。因此频繁的更改姓名既不利于稳定与姓名有关的权利义务关系,也会给相对人带来不便。另一方面,如果不允许公民自由更改姓名,也是对姓名权本质的否定。因此如何妥善解决姓名自由使用权和公序良俗之间的关系,是姓名权制度中不可回避的一个问题。但遗憾的是目前我国虽然于2013年8月18日颁布了《姓名登记条例》,但其基本内容仅限于姓名的命名要求,并未涉及姓名使用的规则和要求。这对彻底厘清姓名使用上的不规范现象是远远不够的。实际上大多数国家都对姓名的命名和使用有严格的规定,这点对于强调"明血缘""别婚姻"的我国来说尤其重要。因此有必要将《姓名登记条例》修改为《姓名条例》,对包括姓名的命名要求、用字范围(我国台湾地区的"姓名条例"第2条就将户籍登记之姓名的用字范围限定在"教育部"编订之国语辞典或辞源、辞海、康熙等通用字典中所列有之文字)、使用方法和使用范围等做出明确具体的规定,或者是在婚姻家庭编中对姓名的命名作为必要的限制,以避免因姓名使用不当而带来的混乱。另在人格权中,对与姓名相关的权利义务做出明确规定和要求,包括:凡签署具有法律意义的证件、契据、文书等书面文件,或是向司法机关或其他国家机关提供证词、证言的,均应使用户籍簿上记载的正式姓名,而不能用别名、笔名等所代替,以明确权利义务主体;不得基于不正当目的而选取与他人相同的姓名;不得为不正当目的如重婚、逃税等而改名换姓;不得非法转让姓名等。

(4)关于家和户的关系问题。家庭是基于夫妻关系与亲子女关系构成的最小社会生活共同体。它不仅维持着最直接的人类社会的延续活动,而且成为社会稳定的最基本力量。正是基于家庭在社会中的特殊地位,所以《非洲人权和民族权宪章》第18条明确规定:"家庭是社会的自然单位和基础。它应当受到国家的保护,国家应当关心它的物质上和精神上的健康。"相对于其他国家来说,中国是一个家族文化非常盛行的国家,"家文化"或"家族文化"

对中国人思想和行为的影响之大是任何国家都难以比拟的。作为其表现是：在个体看来，家或作为家的人格放大体的家族或宗族是自身的根，是自身存在和发展的基础，因此祖训、族规等宗族的制度规范高于个体意识，是自己必须无条件服从的，由此铸就了非常独特的家族本位意识。另外在中国古代，除有"家庭"或"家"这个概念之外，还有与"家"相类似的"户"的概念。户既可以指一般的住户，也可以指从事某些职业的人或家庭。户有户主或户长，是户籍上的一家之主，也是以户为单位的一切行为的权利义务的承受者和责任的承担者。户与家的主要区别在于：①家是基于婚姻、血缘或收养而成立的，而户除以上原因外，还可以是基于雇佣关系和经济关系而成立。②家庭成员的范围比较固定，而户的范围则相对宽泛，既包括家庭成员，也包括家奴或户奴等人员。③家庭的成立由于系基于婚姻、血缘等自然原因，因此不需要官署的认可；而户则通常要经过官署的确认。基于管理的需要，国家可以对户做不同分类，如元代就将户按其种族、宗教、职业分为民户、站户、军户、匠户、冶金户等。④家庭通常要求必须有两个以上的家庭成员，且只有在相互关系中才能确定当事人之间的家庭成员地位；而户的成员却没这个限制。因此一个人可以立户，但不能立家。⑤从作用来看，家庭主要是一个共同生活单位；而户主要是一个经济单位和管理单位，是国家税负的承担者。但在大多数情况下家和户是可以混用的，不但成为支撑社会的基本主体，而且成为解构中国社会问题的钥匙。对此美国著名学者和法学家 D.布迪和 C.莫里斯精辟指出："任何严肃的对中国社会的研究都应当从家庭开始，或者以家庭为终结。中国的家庭制度一直是社会稳定、历史连续或个人安全的根源。同时它也是导致紧张、挫折和痛苦的原因。相对于其他因素而言，家庭一直是保证社会一致及压抑个人能动性的主要工具。"②随着中国从传统社会向近现代社会的转型，传统的家庭职能被不断消解和重构，家庭的形式也由单纯的血缘共同体衍变为血缘共同体、经济共同体等多种形式。就目前的实际分类来看，家庭主要表现为一个非经济主体（血缘主体），而户则主要表现为一个经济实体，其中较为典型的是个体工商户和农村承包经营户。因此在未来民法典中对家和户处理的基本分工是：对于与家相关联的权利义务可以规定在婚姻法编中，而对与户相关联的权利义务和制度设计则可以规定在民法典的民事主体部分。

3.家事法庭的设立与家事审判的独立化

（1）家事审判独立化的必要性和可能性。根据学界总结和司法实践的归纳，家事纠纷案件区别于普通民事案件的主要特点表现在：

首先，家事纠纷具有高度的人身属性和伦理属性。争议当事人之间或者具有婚姻关系，或者具有血缘关系或姻缘关系，而这些关系都具有强烈的伦理性。纠纷的解决大多数也并非为了破除这种婚姻关系、血缘关系或姻缘关系，而是为了优化、校正或强化这种关系。因此该类纠纷的基本处理原则应以修复遭到破坏的婚姻关系、血缘关系或姻缘关系为主，并在

①　储小平.家族企业研究：一个现代意义的话题[J].中国社会科学,2000(5).
②　D.布迪,C.莫里斯.中华帝国的法律[M].朱勇,译.南京：江苏人民出版社,1998：183.

这一前提下附带解决派生的财产问题、子女抚养问题等。因此家事案件的裁判,不应单纯以追求当事人孰是孰非为目的,而应重在调整当事人之间的人际关系,使当事人回复到生活常态。① 其次,家事纠纷具有相当的隐秘性,大多涉及个人隐私和未成年人利益的保护。家庭隐私是个人隐私的重要载体,而隐私的最重要特点就是易碎性和难以修复性,即因隐私公开而引致的损害后果(主要是名誉受损)通常具有不可回复性。另外家事纠纷案件还往往涉及未成年人的利益,家庭的分解、破裂以及其他类型的家庭纠纷会打破未成年人平静的生活,从而给其身心健康和未来的成长留下不可磨灭的痕迹。再次,证据难以查找和确认。家事活动大多表现为一些不具有财产意义的人身行为、自然行为和伦理行为,即使那些能够引致财产权利义务发生的行为,通常也是作为一种非典型的合同行为而以非书面的方式呈现出来的。因此能够支持当事人要求的书面证据非常难以查找。就人证而言,由于家庭成员基本上都属于当事人的利害关系人,其证人证言的效力本身就存有疑义,更何况大多数家庭成员基于伦理亲情的考虑是不可能出庭作证的。因此要固化支持当事人主张的证据通常是非常困难的。

家事审判独立化在我国不但有现实的必要性,而且有实施的可能性。这不仅得益于我国十分丰富的家事审判实践,同时也缘于成熟的域外经验可资借鉴。目前已有相当多的国家如日本、英国、美国、澳大利亚、新西兰等,均通过设置"家事纠纷法院"或"家事纠纷法庭"的方式对家事案件进行专门化或专业化的审理。这些专业化法院在审理家事纠纷案件时除遵循一般民事诉讼的基本要求外,还根据家事纠纷的特点创设了一些审理规则和审理程序,典型的如:一般都设置调解前置程序,并将调解贯穿于家事纠纷案件处理的过程的始终;出于保护当事人隐私的要求通常进行不公开审理;把未成年人作为诉讼活动的参与人,充分尊重未成年人的意见、权利和需求;在审理人员的组成上,除专业法官之外往往还会邀请一些社会人士如心理学家、未成年人教育专家、妇女协会专职人员等参加审判活动,以充分化解因婚姻家庭纠纷可能对当事人特别是未成年人进行的伤害。如果属于婚姻无效等涉及公共利益的家事争议,法院可以依职权主动调查当事人未主张或未提出的事项,并邀请公权力代表支持诉讼活动等。诚如有学者所言,家事诉讼程序独立化,其意义不只是在于独立本身,更在于突出其不同于普通民事诉讼的价值定位,使其更加贴近家事纠纷的解决需要,以充分提高纠纷解决的社会效果。②

(2)家事审判独立化的基本要求。家事审判独立化最显性的表现是设立独立的家事法庭并适用有别于一般民事诉讼的一些特殊诉讼制度。这些特殊的诉讼制度主要包括:①调解优先原则。首先主要是将诉前调解作为立案受理的前提条件;其次是将调解贯穿于整个诉讼过程,且规定调解随时可以中断诉讼的进行;最后要将调解作为判决的前提条件。②不公开审理原则。出于维护当事人隐私和修复婚姻家庭关系的需要,除非当事人合意公开之

---

① 蒋月.家事审判制:家事诉讼程序与家事法庭[J].甘肃政法学院学报,2008(1).

② 蒋月.家事审判制:家事诉讼程序与家事法庭[J].甘肃政法学院学报,2008(1).

外,家事纠纷案件原则上均应坚持不公开审理原则。③稳定优先原则。家庭的和谐、婚姻关系的稳定,不仅利于建立有秩序的良好道德关系,而且利于给青少年的健康成长创造良好的生存环境。因此,家事纠纷案件在处理上要坚持维护家庭和婚姻关系的稳定为原则,尽可能地引导和帮助当事人修补、改善原有的婚姻家庭关系,以维护原有婚姻家庭关系的稳定性。④倾斜保护原则。在家事纠纷案件处理过程中,除了要坚持过错责任承担原则之外,对于妇女、儿童、老人等弱势家庭成员的利益要尽可能地予以保护,以实现民法所追求的公平要求。⑤民意吸纳制度。家事纠纷案件往往包含浓厚的道德伦理因素,且通常与当地的风土人情具有非常强的契合性。因此家事纠纷的处理必须充分吸纳民意,充分考虑当地的风土人情,以实现法律目的与公序良俗的完美统一。对此可以邀请熟悉当地风俗习惯的人民陪审员参与案件的审理。6)人文关怀原则。家事案件涉及心理、社会学等多方面专业知识,其审理结果往往影响到未成年人的健康成长,为此需要在审理过程中和判决之后通过一定方式对未成年人进行必要的心理干预、疏导和化解。为此可考虑借鉴英国等国家的成功经验,聘请有心理咨询资质和心理疏导特长的专家作为陪审员和特邀调解员参与案件的调解和审理,以尽量减少对未成年所带来的负面效应。①

结语

著名比较法学家茨威格特和克茨曾说过一句名言:"一部民法典编纂的特点根本上是由它所赖以产生的特定历史条件决定的。"②在中国民法典立法工作已经实质启动的背景下,如何使我国的民法典既能引领世界民事立法的发展趋势,又能最大限度地实现民法的固有价值,这既是我国共享世界和平、发展,实现公平、正义、民主、自由等全人类共同价值③的必然要求,同时也是我国作为世界第一大人口拥有者和第二大经济体对世界法律文明应尽的义务和责任。为此我们既要积极吸纳国外的先进立法经验,极力促进兼收并蓄的法律文明交流,同时要立足中国国情,广纳民智,择优而采之。唯有如此,兼具形式理性和实质理性,能同时容纳古代文明、近代文明和现代文明的,富有中国特色的民法典才能真正由理想升华为现实。

---

①　蒋月.家事审判制:家事诉讼程序与家事法庭[J].甘肃政法学院学报,2008(1).
②　K.茨威格特,H.克茨.比较法总论[M].潘汉典,高鸿均,贺卫方,译.北京:法律出版社,2003:218.
③　杜尚泽,李秉新.习近平出席第七十届联合国大会一般性辩论并发表重要讲话[N].人民日报,2015-09-29(01).

民法典编纂中如何处理与知识产权法的关系[①]

在民法典的制定被作为一项重大国策确定下来之后,如何定位民法典的性质和功能,如何厘清民法典与商法、知识产权法、劳动法、婚姻家庭法等法律部门的关系等均成为民法典制定的前置性理论问题。这些问题处理的好坏在一定程度上影响到民法典制定的成败。

一、中国知识产权立法的现状评析
——迷失的自我抑或误入歧途的羔羊

1.我国现行知识产权立法存在的主要问题及其负面影响

知识产权法律制度在中国所有的法律制度设计及其立法中无疑是发展最为迅速的领域之一。经过短短三十几年的跨越式发展,中国在近乎完全空白的基础上奇迹般地构建出了一个体量庞大、结构复杂、中西合璧、理念超前的完整制度体系。但一张白纸既可能画出最新最美的图画,也可能画出不伦不类的赝品。对外国制度的借鉴既可能取得弯道超车的捷径效果,也可能陷入画虎类犬的困窘境地。总结我国的知识产权制度可以发现,一方面我们确实取得了足以傲视大多数发展中国家的制度体系,另一方面确实也存在诸多制约这一制度继续发展和功能发挥的不利因素。这些问题和不足主要表现在以下几个方面:

(1)制度设计混乱。目的明确、体系严密、内在协调的制度体系是有效发挥制度功能,实现立法宗旨的必要条件。但这点对我国的现行知识产权立法来说还存在相当大的差距。其表现:一是准确性和规范性较差。典型的如我国立法将富有美感作为获得外观设计专利的条件,但是否富有美感具有相当强的主观色彩,对于同一个外观设计,不同的人基于自己的生活经验、审美情趣和个人感受,可以得出完全不同的结论,法律很难对其做出判断,因此将富有美感作为获得外观设计专利的条件显然是不合适的。二是边界模糊。这里的边界模糊既包括制度边界的模糊,也包括权利边界的模糊。前者如对计算机软件、工业品设计等,究竟是放在专利法中还是放在版权法中就长期处于模糊状态。后者如我国专利法中将发明分为职务发明和非职务发明,并将执行本单位的任务或者主要是利用本单位的物质技术条件

---

① 本文以《我国知识产权法的立法目标及其制度实现——兼论知识产权法在民法典中的地位及其表达》为题,摘要发表在《华东政法大学学报》2016 年第 6 期。

所完成的发明创造设定为职务发明创造。但如何判断发明人究竟是"主要利用本单位的物质技术条件"还是"部分利用本单位的技术条件"恐怕是一个非常难以说清楚的问题。三是宽严不一。对专利的授予门槛太低,而对商标权的获取则限制较严。宽泛的可专利主题,毋须实质性审查就可赋予实用新型和外观设计的专利授权体制,方便的转让制度,较低的维持费用等,使技术含量较低的简单专利甚至毫无价值的垃圾专利大行其道。而对商标而言,复杂的行政异议程序和诉讼程序,使正常的商标权获取比较艰难。①

(2)制度异化问题严重,权利非理性扩张现象明显。知识产权制度本应是造福人类的工具和推进技术进步的利器。但在经济全球化的裹胁下,中国的知识产权制度越来越脱离这一制度的应有价值,变成少数企业牟取暴利的工具,权利的内涵与外延被无限放大,典型的如各国早期专利保护中很少涉及生物技术、遗传基因技术等领域,但这些技术近些年已陆续被纳入一些国家专利法的保护对象。② 与此同时,随着知识产权权利范围的不断扩张,知识产权所代表的私人利益不断扩张,权利人对垄断权利的滥用几无节制,保护期限被无限制地延长,国家强制许可形同虚设。③ 过度的知识产权保护不仅会带来高昂的后续创新成本,从而牺牲掉以既有发明创造为基础的"累积创新和增值创新这两项重要的市场竞争因素",④而且会实际减少本可以为普通公民与创作群体所共享的知识积累。⑤ 其结果"可能潜在地摧毁公众与私人之间存在的利益平衡,并可能妨碍公众对信息的接触或获取",⑥以至于枯竭知识创新的源泉。而"一个没有创造性的社会甚至比一个不公正或者贫穷的社会更可怕"。⑦

(3)超前立法现象突出,严重脱离中国国情。按照马克思主义的观点:"无论是政治的立法或市民的立法,都只是表明和记载经济关系的要求而已。"⑧因此任何法律都不能脱离或超越其赖以建立的社会经济条件。知识产权立法同样也不例外。从总体上说,中国的知识产权无论就其保护范围还是就其保护水平都已走在世界前列。从某种程度上知识产权也是中国的所有法律制度中国际化程度最高和保护水准最高的法律。因此有学者总结说,在中国所有的部门法中,知识产权法是对国际公约的最好摹写,也是对西方标准的最佳映射。⑨ 究其原因:一方面在于知识产权与工业文明一样,都不是中国的固有文化,而是一种被动移植、外力强加的制度"舶来品";⑩另一方面则在于中国的知识产权立法不是基于自身国情的制度

---

① 黄汇.注册取得商标权制度的观念重塑与制度再造[J].法商研究,2015(4).

② 王渊.试论知识产权制度的异化[J].经济研究导刊,2010(29).

③ 梁心新,徐慧.知识产权制度异化的国家博弈分析[J].知识产权,2013(9).

④ 黄汇.山寨——诉求与中国知识产权建设的未来[J].法学评论,2015(3).

⑤ 迈克尔·A.艾因霍恩.媒体、技术和版权:经济与法律的融合[M].赵启衫,译.北京:北京大学出版社,2012:2.

⑥ 高富平.寻求数字时代的版权法生存法则[J].知识产权.2011(2).

⑦ 赵汀阳.论可能生活——一种关于幸福和公正的理论[M].北京:中国人民大学出版社,2004:160.

⑧ 马克思.哲学的贫困[M]//马克思,恩格斯.马克思恩格斯全集:第4卷.北京:人民出版社,1958:121.

⑨ 冯象.知识产权的终结——"中国模式"之外的挑战[J].文化纵横,2012(3).

⑩ 刘春田.知识产权制度是创造者获取经济独立的权利宪章[J].知识产权,2010(6).

选择,往往是受到外来压力影响的结果。① 但知识产权保护的高水平不一定最能有利于促进本国经济的发展。根据英国知识产权委员会的研究报告,只有当一个国家达到中上等收入国家水平时,知识产权保护对该国发展才变得至关重要。②

中国知识产权制度发展过程中所积累的诸多问题已经严重阻碍了企业技术的升级换代,制约了社会经济的发展。具体说来,这些负向效应主要表现在:

第一,无法对社会创新提供有效的推动力。由于专利授予范围太宽,门槛太低,导致专利的新技术标识功能降低,创新引领作用丧失。目前我国对发明专利的审查采取的是实质审查标准,标准高,审查周期长;而对实用新型专利和外观设计专利基本上采取的是备案制,标准低,周期短,加之实用新型专利和外观设计专利与国内生产总值的关联度和对经济增长的贡献率要远远高于发明专利,因此,无论就发明人来说还是就应用企业来说,都更加青睐实用新型专利和外观设计专利,而不愿意从事研发周期长,成本投入大,风险程度高的专利发明。实际上实用新型专利所反映的主要是企业的工艺创新能力,外观设计较直观地体现的是企业的市场创新能力,而只有发明专利才能反映企业的产品创新能力。③

第二,助长知识产权领域的无序竞争和恶意竞争。良好有序的竞争是推进社会进步的主要推动力,良好有序竞争的标志是规则设计合理,规则指向明确,界限清晰,权利、义务、责任匹配。而我们现有的知识产权制度设计显然没有做到这一点。以商标权为例,一方面由于程序设计不合理(主要表现为商标授权的全面审查制度,异议申请的前置制度和无条件限制制度,异议申请不成立的零成本制度等),导致商标评审周期过长(十余年),商标积压问题严重。另一方面,由于我国《商标法》在注册取得制度上过分注重权利取得的注册形式,忽略了权利存在的价值源泉。立法未能将注册定位为商标权获得的程序性范畴,而是强调注册在商标权取得上的制度性供给,强调注册对权利取得的绝对效力。④ 加之商标使用的目的不清晰,商标权授予的实质条件规定太低,商标的适用范围过宽,对商标的申请和使用没有严格要求和商品或服务挂钩,且申请手续过分简便,⑤再加上"低廉的商标注册成本与商标潜在商业价值相比的非比例性失调"⑥。其结果导致商标抢注现象盛行,垃圾商标、僵尸商标泛滥,注册者"钓鱼"现象突出。⑦

---

① 吴汉东.中国知识产权法制建设的评价与反思[J].中国法学,2009(1).

② Commission on Intellectual Property Rights, Integrating Intellectual Property Rights and Development Policy 22 (London September 2002).

③ 刘华.专利制度与经济增长:理论与现实——对中国专利制度运行绩效的评估[J].中国软科学,2002(10).

④ 黄汇.注册取得商标权制度的观念重塑与制度再造[J].法商研究,2015(4).

⑤ 根据我国《商标法》第 12 条的规定,商标注册申请人可以通过一份申请就多个类别的商品申请注册同一商标。

⑥ 杜颖.社会进步与商标观念 & 商标法律制度的过去、现在和未来[M].北京:北京大学出版社,2012:29.

⑦ 付继存.商标法的价值构造研究——以商标法的价值与形式为中心[M].北京:中国政法大学出版社,2012:221.

第三,利益失衡现象严重。任何知识产权都具有一定的垄断性,作为获得这种垄断性的对价,权利人必须向他人与社会让渡一定的权利、利益或知识。但我们现行的知识产权法却没有很好地平衡知识产权权利人和社会公共利益之间的利益协调,保护的天平更加倾向于对权利人利益的保护和对投资者利益的保护,而忽略了对发明者的激励,更忽略了对消费者利益的保护。以专利权为例,根据现行法律的规定,专利是否授予主要考虑的是是否具备新颖性、先进性和实用性,而对专利被授予后是否会对消费者造成损害却很少予以考虑,致使专利制度的"去伦理化"倾向严重,许多甚至有可能对消费者带来损害的技术,如转基因食品技术、水果催熟技术等都堂而皇之地以专利的面目畅行于市。

(4)拉低了社会的道德水准,助长了社会道德的滑坡。知识产品作为重要的社会公共产品,其品质和内容对社会道德观念的形成,社会文化的传播乃至社会的文明进步都具有十分重要的作用。但我国现行的知识产权立法显然没有承担起这样的历史重任,而是沦落成生产厂商牟利的工具和欺骗消费者的遮羞布。正是由于专利获取的过分容易,以至于生产厂商动辄以专利产品的名义行涨价之实。无论是生产厂商还是自然人,无论是专业技术人员还是国家工作人员都热衷于进行所谓的发明,而这些所谓的发明与其说是科学的进步毋宁说是基于投机取巧心理而对现有专利元素的简单拼接和花样翻新更为恰当。当人们可以通过简单的投机取巧就能获得专利并能够因此而获取丰厚的短期利益时,没有人愿意皓首穷经、经年累月地去进行一些具有原创性的结果未卜的发明。这也是"劣币驱逐良币"这一经济原理在知识产权领域的鲜活体现。因此从某种意义上说,中国现行的知识产权立法不是一种能够提升社会创新意识和创新能力的立法,而是一种保护落后,鼓励投机的立法。中国的知识产权文化并不是一种提升社会的人文素养和科学品味的文化,而是一种没有足够道德约束的唯利是图的文化。与此类似的还有消费者买到假货后可以获得十倍赔偿的规定,鼓励消费者(受害者)利用损害赔偿机制营谋利益,不但违背了补偿性这一损害赔偿的基本原则,而且助长了职业打假这一畸形群体的出现。正是由于诸多法律立法价值的迷失或错误的共同作用,才导致中国几经摧残本已十分脆弱的道德观念几近阙如,道德水准大幅度降低。

2.我国知识产权立法混乱的原因分析

中国知识产权立法过程中所累积的以上诸多问题有非常复杂的思想政治和社会经济原因。这些原因主要包括:

(1)价值定位迷失。对于知识产权法的目标和作用,我国的相关立法中一直没有非常明确清晰的定位。对知识产权的性质也没有一个一以贯之的态度。从立法的价值取向上我们似乎更加重视知识的商品属性而忽视知识的社会属性。有学者曾尖锐地指出:中国知识产权法是在知识共享和自由竞争的主流规则之外创设的特殊规则,在原本毫无知识产权观念的社会中创设一些法律禁区。① 正是由于价值定位的模糊,所以导致我们的立法一直在国家

---

① 崔国斌.知识产权法官造法批判[J].中国法学,2006(1).

利益和个人利益之间摇摆,在自由和垄断之间举棋不定。因此如果我们相信商法是一种寄居蟹的话,①那么知识产权法则更像是一只误入歧途的羔羊。

(2)理论准备不足,缺乏足够的知识共识。对于知识产权是什么,知识产权究竟能干什么等问题在知识产权学界一直没有达成必要的共识。对于知识产权的定义也有不同表述。即使是知识产权法这一概念本身也有颇多值得商榷之处,是否能够真实反映和准确概括现有的知识产权法的调整范围还存有疑义。在对知识产权定义和范围等基本问题都缺乏共识的情况下,我们很难期望相关的知识产权立法能清晰明了。造成这一问题的原因在于,改革开放以后,我们所进行的知识产权研究绝大多数是应急式的,主要目的在于在国际关系的影响下,尽快搭起一个保护知识产权的框架,因此,这种研究主要是注释性的和比较性的,主要参考了外国特别是发达国家的知识产权法律法规,而缺少对自己应有的知识产权"理想图景"的思考。②

(3)迷信外国的理论和制度,对外国理论术语借鉴太多。中国的知识产权制度是在近乎一片空白的基础上发展起来的,从补齐制度短板角度来说,对外国先进法律制度进行必要的借鉴既有其必要,也是一种近乎无奈的选择。因此知识产权制度自 1980 年代甫一设立,便充当了中国法律与经济改革的急先锋,其立法数量甚至走在了合同、侵权、财产和人身各部门法律编纂之前。③ 其结果是外国的制度和理念被大量引入中国但却没有进行必要的消化、分析和改造,求新赶超几乎成为指导知识产权法学研究的主要动力,致使许多概念不但不符合中国的表达习惯,佶屈聱牙,晦涩拗口。典型的如平行进口权、反向假冒等概念不但一般公众摸不着头脑,就连非知识产权专业的法科学生和法学教师也有隔云望月之感。在某种程度上说现行的知识产权研究已经演化成在知识产权学者圈子内自我欣赏的高雅艺术品。且不说任何制度和理论都应获得广泛的社会认同才能发挥其最大效用这一简单常识,就是外国的制度和理论未必都具有天然合理性和先进性,在外国合适的理论未必适合中国国情。实际上,包括美国在内的发达国家的所有知识产权规则并非都是好的或先进的。"每个国家必须有一个能够适应自身实际的知识产权制度。这个制度必须调整成本和效益之间的平衡。"④

(4)与民法的关系长期纠缠不清。知识产权与民法的关系既是知识产权研究中绕不开的一个话题,同时也是知识产权学者心中一个永远的痛点。一方面既想摆脱民法所设置的种种羁绊,厘清与民法的关系,以凸显知识产权的重要性和独立存在价值;另一方面又很难冲破民法所编织的细密、复杂、几乎无所不在的网络,时时受到民法概念和民法规则的掣肘。特别是在处理知识产权与民法典的关系时,包括知识产权学会领导层在内的几乎整个知识

① 张谷.商法,这只寄居蟹——兼论商法的独立性及其特点[J].东方法学,2006(1).
② 李雨峰.知识产权通则:立法进程中的一种尝试[J].法学论坛,2006(1).
③ 冯象.知识产权的终结:中国模式之外的挑战[J].文化纵横,2012(3).
④ 约瑟夫·斯蒂格利茨.新发展模式[M]//王梦奎.迈向新增长方式的中国.北京:社会科学文献出版社.2007.

产权学界就一直在民法典中是否单列知识产权编而犹疑飘忽,举棋不定。既怕因在民法典中单独列编而湮没或淡化了知识产权的独立存在价值,又怕因没有在民法典中争得一席之地而成为民法的弃儿。这种首鼠狐疑的状态也在一定程度上影响到了对知识产权制度冷静的审视。

(5)对中国的国情缺乏足够的关注和了解。法律必须为社会服务,这是任何立法的应有使命。而服务社会的前提是对社会的现实需要有清醒的了解。知识产权立法在这方面显然还有一定差距。中国的基本国情是发展中国家,仍处于市场经济的不完备阶段,这是我们思考一切问题的出发点。因此我们既不能以发达国家的要求来约束自己,也不能不切实际地以引领世界知识产权立法的发展为己任。笔者一直主张包括民法、知识产权立法在内的所有立法都应当是对现实社会关系的映照和回应,就其性质来说应具有一定的保守性,因此应慎提用法律引领社会经济的发展等类似的口号。因为人们事实上无法真正把握社会发展的趋势,更无法对社会发展的进程进行预先的规划和安排。而我们现有的知识产权立法在超英赶美思想的指导下,有很多都是脱离中国实际的超前立法。

(6)把知识产权法更多地作为技术性规则来使用,缺乏足够的人文理念。知识产权法具有技术性规范的特点,这是毋庸置疑的事实。但我们并不能因此而断定所有的知识产权法律规范只能是单纯的技术性规范,而根本否认其伦理性规范的内在秉性。实际上知识产权制度和其他许多法律制度一样,不但应回应技术对法律的需求,更应当利用法律的基本功能引导技术活动造福于人类。因此任何国家在进行知识产权制度设计时都必须考虑相关制度设计可能对人类伦理所产生的影响。例如许多国家的《专利法》都把违背公共秩序和善良风俗的发明排除在专利授权之外。另外对诸如动、植物新品种,人体或动物疾病之诊断、治疗或手术方法,人类辅助生殖的技术等由于涉及基本人类伦理问题通常也被排除在专利授权之外。而我国在进行相关知识产权设计时,更多考虑的是其技术性品质,更多考虑的是其是否有利于促进社会经济的发展,而很少注意其中的伦理性品质,很少考虑相关权利授予有可能对社会道德和伦理关系带来的负面影响。例如我国现行的专利法既没有对违反公序良俗的专利授予给予排除性规定,也没有对克隆技术等辅助生殖技术给予明确的否定性评价。正是由于过分关注知识产权立法的经济特性和技术特性,因此导致我国的许多知识产权立法变成一些冷冰冰的具象条文。从某种程度上说,中国的知识产权制度无疑是世界范围内知识产权制度异化的集大成者,是知识产权制度价值迷失的典型代表。

二、我们需要一部什么样的知识产权法
——中国知识产权法目标定位的理性回归

1.知识产权的定位——什么是知识产权

从语义学的角度来说,知识产权包括知识和产权两个组成部分,是针对知识这种客体所享有的特定权利。按照通行观点,知识是人类在实践中认识客观世界的成果。它包括事实、

信息的描述或在教育和实践中获得的技能,或者说知识是由人类所总结归纳的,可以指导解决实践问题的观点、经验、程序等信息。按照柏拉图的说法:一条陈述能称得上是知识必须满足三个条件,第一,它一定是被验证过的,正确的,而且被人们相信的。知识的基本特点是具备较强的隐蔽性,需要进行归纳、总结、提炼,因此知识应具有一定的新颖性。第二,知识必须可以借助于一定的媒介和载体(语言、文字、图形等)表达、表现出来,即具备一定的可视性和传承性。第三,知识可以被复制和转移,可以被重复利用,经济学家将此特点概括为公共物品属性,因此不具有天然的排他性和稀缺性,可被无限复制和传播,可由无限个主体同时拥有和使用,且不因使用而消耗等。① 作为受法律保护的知识除具备上述特征外,还必须具备创造性(劳动属性)、可区分性、伦理性、财产性、可支配性、社会认可性等特质。知识产权中的产权应当是知识的所有人基于自己的独创性知识所享有的人身权和财产权。由于人类的精神创造具有公共物品的性格,不像有体物那样成为人们独占的对象,其权利人通常并不关注自己是否占有或利用精神成果,而是更加关注禁止他人未经许可对自己的精神创造进行利用。因此,相较于一般财产权形态来说,知识产权必须同时具备抽象性与具体性两个基本特性。即既要足够"抽象"以满足可重复与可再现的产权控制要求,又要足够"具体"以满足确定性与独特性的产权界定要求。② 基于以上分析,我们可以将知识产权界定为:知识的拥有者对其创造的符合社会需要的知识财产所享有的支配性权利。

2.知识产权法的目标定位——知识产权法应当是什么

虽然从知识产权法的一般原理分析,知识产权法的目的无非是保护知识创造者的直接目标和保障知识产品的传播和利用、保障知识和信息的扩散等社会公共利益目的两个主要方面。③ 但从各国的社会实践和有关国际公约的立法宗旨来看,知识产权法事实上承载着更多的社会功能和社会价值。

(1)知识产权法应当是技术创新的促进法。所谓创新是在利用现有的知识和物质的基础上,借助于一定的载体而对现有的事物、方法、元素、路径、环境加以改进或创造的行为。创新不是对事物进行表面的或形式上的翻新,而是一种实质性的变革和改善。④ 所以创新的过程实际上是一个持续不断地对事物进行革新的过程。现代社会是建立在创新基础上的,按照马克思主义的观点:"生产的不断变革,一切社会状况不停地动荡,永远的不安定和变动,这就是资产阶级时代不同于过去一切时代的地方。"⑤创新是知识产权法的核心价值,通过确立公开制度、在先权利保护制度等合理地划分生产者和使用者的权利和义务,从而促进和保障权利人个人的创新行为对整个社会创新的连续性、合理性所起的重要作用。⑥ 当然这

---

① 粟源.知识产权的哲学、经济学和法学分析[J].知识产权,2008(5).

② 布拉德·谢尔曼,莱昂内尔·本特利.现代知识产权法的演进:英国的历程(1760—1911)[M].金海军,译.北京:北京大学出版社,2012:59-65.

③ 余盛峰.知识产权全球化:现代转向与法理反思[J].政法论坛,2014(6).

④ 俞可平.创新在社会进步中的作用[N].光明日报,2000-10-03.

⑤ 马克思,恩格斯.马克思恩格斯选集:第1卷[M].北京:人民出版社,1972:275.

⑥ 吴汉东.知识产权法的制度创新本质与知识创新目标[J].法学研究,2014(3).

种创新功能对不同的国家所产生的溢出效应是不一样的,诚如美国著名学者米勒和戴维斯所言,大量的数据表明:"美国的专利制度在提供刺激因素,促进更多、更伟大的发明方面,一直是极为成功的。在那些专利制度不那么发达、不那么完善的国家中,可获专利之发明的产生数量似乎也远不如美国那么多。"①但我们并不能因此而否认创新性(条件)在知识产权中的核心地位,其原因在于创新是社会进步的灵魂和主要推动力,对社会主体来说是一种生存需要和知识产出的主要载体,从某种程度上说没有创新就没有人的自我完善,也没有社会的文明与进步。马克思在总结科学技术和生产的关系时曾精辟指出:"生产过程成了科学的应用,而科学反过来成了生产过程中的因素即所谓职能。每一项发现都成了新的发明或生产方法的新的改进的基础。"②而知识产权制度就恰恰充当了"制度文明的典范"和"激发创造力的加速器"的作用。③

(2)知识产权法应当是市场经济的催化法和社会财富的创造法。"知识产权法是一种在合理限制竞争基础上增进有效竞争的机制。"④150年前,美国总统林肯在谈到专利制度的作用时曾指出,专利制度是天才之火添上了利益的柴薪。原世界知识产权组织总干事卡米尔·伊德里斯(Kamil Idris)曾做出精辟的评价:"知识产权是经济发展的强有力的武器"⑤,知识及信息等知识产品作为主要的并且是直接的生产要素参加创造经济价值,已成为知识经济时代的显著特点。特别是在经济全球化和世界市场统一化的时代,"信息商品已经变成当代资本在世界市场体系内、为了世界市场体系而进行扩张的必要条件"⑥。知识产权法作为调整知识产品关系的基本法律制度,不但以推进知识产品的有效利用为己任,而且是一种"利用市场机能的巧妙体系"⑦。因此,判断一个国家知识产权制度设计好坏的主要标志就是看该制度是否能够充分调动社会主体的创造欲望,其实施结果是否真正促进了社会经济的发展,相关的法律制度设计是否在发明创造和财富创造之间搭建了便捷的转换通道。

(3)知识产权法应当是公民权利和公民财产的保护法。知识产权是公民的一项基本人身权和财产权利,是人作为人不可或缺的一个重要组成部分。因为按照黑格尔的观点,"人为了作为理念而存在,必须给他的自由以外部的领域"⑧。这里的外部领域既包括物质财产,也包括知识财产。因此《TRIPS协议》在其序言中明确要求全体成员"承认知识产权为私权"。但与传统的主要以物质财产作为其调整对象的民法不同,"知识产权的客体是一种没

---

① 阿瑟·R.米勒,迈克尔·H.戴维斯.知识产权法概要[M].周林,孙建红,张灏,译.北京:中国社会科学出版社,1998:9-11.

② 马克思,恩格斯.马克思恩格斯全集[M].北京:人民出版社,1979:570.

③ 刘春田.知识产权法[M].北京:高等教育出版社,北京大学出版社,2000:19.

④ 吕明瑜.知识产权垄断的法律控制[M].北京:法律出版社,2013:119.

⑤ Kamil Idris.IntellectualProperty:A Power Tool for Economic Grouth[EB/OL].http://www.wipo.Int/about—wipo/en/dgo/wipo_pub_888/index_wipo_pub_888.html,2008-09-14.

⑥ 丹·席勒.信息拜物教:批判与解构[M].邢立军,等译.北京:社会科学文献出版社,2008:16-17.

⑦ 中山信弘.多媒体与著作权[M].张玉瑞,译.北京:专利文献出版社,1997:3-4.

⑧ 黑格尔.法哲学原理[M].范杨,张企泰,译.北京:商务印书馆,1961:50.

有形体的知识财富,客体的非物质性是知识产权的本质属性所在,也是该权利与传统意义上的所有权最根本的区别"[①]。换言之,如果说物质财产的主要创造者是普通劳动者的话,那么知识产品的主要提供者产生源泉是知识产品生产者。因此,如果不尊重知识创造者的劳动,不给予其以必要的、充分的法律保护,知识产品创造者的创造热情就会受到极大打击,从而使科学文化事业的发展成为无源之水。正因为如此,各国的知识产权立法宗旨首先体现为保护知识产品创造者等所有人对知识产品的专有权利。[②]

(4)知识产权应当是人类自我完善的助推法。富有创造性既是人的天性,也是实现自身价值的主要方式。相对于其他灵长类动物而言,除了能够发明和使用劳动工具之外,人是唯一具有创造性思维的动物。美国人本主义心理学家马斯洛曾说:"精神生命是人的本质的一部分,从而,它是确定人的本性的特征,没有这一部分,人的本性就不完满,它是真实自我的一部分,人的族类性的一部分,完善人性的一部分。"[③]知识是由人发现、创造、传播和传承的,没有人这个主体,一切创新都无从谈起。"人在从事主体的活动中,不仅把世界两重化为属人世界和自然界,而且两重化为主观世界和客观世界。在人的活动中世界被二元化,然后再去统一,是不可避免的。"[④]人文主义要求法律的制定必须以人为中心,广泛地赋予人以权利,充分地尊重人的意志。[⑤]纵观世界法律制度的发展史我们不难发现,法律制度的不断演化过程,同时也是人文主义不断加强,对人的保护逐步完善的过程。以最具影响力的《法国民法典》为例,法国民法典总的精神应当是个人主义和自由主义精神的体现。与此相反,不具有人文精神的法典则注定是不能产生持续影响力的。作为现代法律体系重要组成部分的知识产权同样担负着开启民智,完善人类自身的重要手段。知识产权法是一部财产法,更是一部智慧促进法,个体才智的表达法,人类文化的提升法,正是基于这一原因,法国知识产权法才将创造者权利视为"自然的不可废除的人权",强调个人知识财产权在立法中的中心地位。[⑥]相反如果知识产权的制度设计违背了这一人文主义精神宗旨,制度实施的结果刺激了人们追求更多物质利益的虚假需要,而非让人类本身收获自尊、自爱、宁静和享受,[⑦]那么这一制度的设计就脱离了其本应具有的人性化、人本化的目标,最终会使人类误入经济利己主义的深渊。

(5)知识产权法应当是社会福祉的增进法。知识产权的终极价值实际上是由其对公共利益的提升,对文化进步,技术演进和消费者福利反馈的程度来决定的。[⑧]知识产权法具有

---

① 吴汉东.关于知识产权本体、主体与客体的重新认识——以财产所有权为比较对象[J].法学评论,2000(5).

② 冯晓青.知识产权法的价值构造:知识产权法利益平衡机制研究[J].中国法学,2007(1).

③ 马斯洛.人的潜能和价值[M].徐经采,译.北京:华夏出版社,1987:223-224.

④ 高清海.哲学与主体自我意识[M].长春:吉林大学出版社,1988:9.

⑤ 孙鹏.论我国民法典的结构选择——在法国模式与德国模式之间[J].甘肃社会科学,2009(3).

⑥ 阿部浩二.各国著作权法的异同及其原因[J].朱根全,译.环球法律评论,1992(1).

⑦ 梅术文.实施知识产权战略的正当性之维[J].法制与社会发展,2008(4).

⑧ 黄汇.山寨诉求与中国知识产权建设的未来[J].法学评论,2015(3).

重要的公共利益价值目标。"知识产权与思想、信息、知识的表述和传播有着密切的关系。"因此"在保障知识创造者权益的同时,必须考虑促进知识广泛传播和推动社会文明进步的公益目标"①。诚如日本著名学者中山信弘所说:"作品不仅仅是个人的,作为后来艺术家的创作源泉,也是公共意义的。"②"公众对于信息、知识和创造性表达最大限度地获取,是其融入公共生活和新知识发展的一个条件。"③知识产权法之所以必要,首先是因为选择其用来解决知识资源生产与分配问题,较之市场自行解决问题所产生的社会成本较低。"知识产权制度在人类的法律进化史上得以产生并发展,就在于其确认了涉及知识产品保护的各种利益,并予以合理分配。"④但知识产权法对个人利益的确认和保护可以作为个人利益对抗社会福祉的正当理由。其原因在于,根据传统的公共利益原理,公共领域的作品理应成为人类继承物的一个组成部分,并且著作权只是在通向更大利益的道路中报偿作者的一个临时站台。⑤ 对此,作为 WTO 重要组成部分的《Trips 协议》第 7 条中就明确其立法目的是:促进技术的革新、技术的转让与技术的传播,以有利于社会及经济福利的途径、促进技术知识的生产者与使用者互利,并促进权利与义务的平等。

(6)知识产权法应当是人类文明的提振法。创新是知识产权的灵魂,但创新不是以消除传统为目的,而是以促进人类的文明为目的。在古典知识产权的诠释中,知识创造的主要目的是为了降低知识的稀缺性,但在进入到"知识资本主义"时代之后,知识稀缺性已经丧失了其合法性存在土壤,变成为"一个纯粹功能化的概念",⑥即社会对知识的评价已从有无上升到具体效用的衡量上来。即人类不是对所有的知识都不加选择的全盘接受,而必须考虑科学的进步怎样与人类精神文明的进步同步增长。⑦ 因为"只有进步的作品知识放置在公共领域为人类所共享,自然的进程才会最终确保人类知识的进步与发展"⑧。相反,那些有违于人类的基本价值理念和人类伦理底线的知识产品不但不能为人类的文明贡献力量,反而会瓦解人类的文明积存。为了实现这一目的,各国都会对知识产品赋权的正当性进行甄别,以遏止有害的知识产品借助于权利的外衣给人类文明带来伤害。典型的如德国《专利法》第 2 条第 1 款明确规定,"公布或使用违背公共秩序和善良风俗的发明,不授予专利权"。我国台湾地区"专利法"第 21 条也将妨害公共秩序、善良风俗或卫生的发明排除在发明专利之外。

3.知识产权立法的基本原则和基本要求

---

① 吴汉东.科技、经济、法律协调机制中的知识产权法[J].法学研究,2001(6).

② 中山信弘.多媒体与著作权[M].张玉瑞,译.北京:专利文献出版社,1997:104.

③ 普拉蒂普·N.托马斯,简·瑟韦斯.亚洲知识产权与传播[M].高蕊,译.北京:清华大学出版社,2009:160.

④ 袁秀挺.知识产权权利限制研究——着重于知识产权制度的内部考察[D].北京:北京大学,2003:53.

⑤ David Nimmer, The End of Copyright[J], 48 Vand. L. Rev.1995:1385-1416.

⑥ 余盛峰.知识产权全球化:现代转向与法理反思[J].政法论坛,2014(6).

⑦ 何兆武.历史理性的重建[M].北京大学出版社,2004:223.

⑧ Eli. Salzberger. Economic Analysis of the Public Domain[M]//L. Guibault and P.B. Hugenholtz (eds). The Future of the Public Domain.Netherlands:Kluwer Law International. 2006:41.

任何国家的知识产权立法都具有明确的目的导向性，而立法目的实现又主要是通过立法原则表现出来的。我国的知识产权立法同样也不例外。为了使我国的知识产权立法服务国家的总体发展目标，我们在进行相关知识产权立法时应遵循以下一些基本原则和要求：

（1）技术创新优先原则。创新是知识产权法的主导价值与时代使命，[①]因此必须以技术创新为导向进行整个知识产权的制度设计。之所以将创新作为知识产权法的主导价值，这主要是由创新的本质和知识产权的特征共同决定的。根据著名经济学家美籍奥地利人熊彼特在1912出版的《经济发展理论》一书的观点，创新是"经济发展理论的核心"，创新的结果是经济资源得到更为有效的配置，是生产要素实现新组合，是资源利用方式取得了进步，因此"经济发展的实质是创新"。而知识产权的本质特征则在于对创造性成果的确认。创造性成果之所以要获得法律保护，主要源于它凝聚了创造者的智力劳动成果，且这些智力劳动成果有别于以前的一切创造物。因此创新性即与知识产权的本质要求具有天然的耦合性，同时也是支撑这一制度不断发展壮大的主要源泉。从某种程度上说，没有了创新性就使知识产权丧失了赖以存在的合法性基础。正是出于对创新性的考虑，所以世界各国不但极力强化创新性要求在知识产权中的地位，而且把创新行为上升为国家的发展战略。典型的如韩国于2009年出台了《知识产权强国实现战略》，明确提出"其战略核心是将知识产权制度发展成为对新技术的创造、产业化、商业化具有促进功能的系统化社会基础，强化韩国的知识创造力和知识产权竞争力"。[②] 美国于2011年发布新版的创新战略规划，提出了改革专利审查制度，加强知识产权执法，积极参与国际知识产权合作等原则，以强化知识产权的国际竞争力。[③] 英国和日本分别于2011年发布了《英国知识产权国际战略》和《知识产权战略推进计划2011》，鼓励本国企业家和知识产权密集型产业通过知识产权开拓国际市场，以应对全球化、网络化时代的新挑战。[④] 而反观我国，由于缺乏知识产权的创新意识，因此知识产权对创新的支持力度还明显欠缺，原始创新能力弱和核心技术缺失的问题长期困扰着我们。因此，如果不从根本上确立创新在知识产权法中的核心地位，那么要想实现从技术大国向技术强国的转变几乎是不可能的。基于以上原因，理想的知识产权制度应当"是能充分激励创新的制度，是当事人作为自己的一个最优选择而自觉遵守的制度"。[⑤] 当然建立完备合理的知识产权制度并不是增加创新行为的充分条件，要刺激创新，还必须依靠多元产业技术基础，还应有相互协调一致的社会科技政策、公共研发投入措施、教育政策和投资政策等。[⑥]

（2）利益平衡原则。利益平衡是所有立法都必须关注的一个重要问题，从法哲学的角度言之，"利益平衡是人权思想和公共利益原则的反映"，[⑦]从立法技术层面来说，"法律条文不

① 吴汉东.知识产权法的制度创新本质与知识创新目标[J].法学研究,2014(3).
② 付明星.韩国知识产权政策及管理新动向研究[J].知识产权,2010(3).
③ 赵建国.美国创新战略突出知识产权[N].中国知识产权报,2011-10-19(4).
④ 马一德.创新驱动发展与知识产权战略实施[J].中国法学,2013(4).
⑤ 马宏伟.经济发展与制度创新[J].经济评论,2003(1).
⑥ 何隽.全球化时代知识产权制度的走向：趋同、存异与变通[J].比较法研究,2013(6).
⑦ 澳德丽·R.查普曼.将知识产权视为人权[J].版权公报,2001(3).

是孤立制定的,是立法者对社会上各种现存的利益加以综合平衡的结果,其本身就包含着一定社会整体对公平和正义的理解"①。同时,是否实现了利益平衡也是衡量法律成熟度的主要标志,也就是博登海默所说的:"一个发达的法律制度经常试图阻碍压制性权利结构的出现,其依赖的一个重要手段便是通过在个人和群体中广泛地分配权利以达到权力的分散和平衡。"②但相对于其他法律来说,利益平衡对知识产权立法来说尤其具有重要意义,不但是司法价值评判的基本准绳,而且是知识法的一项最基本、最重要的原则。其主要原因在于,与权利界限相对明晰的财产权法律制度不同,"知识产权法在私人产权与公共领域之间的界线,是一种法律上的人为设定(legal artifact),而非自然存在的现象"③。因此在进行相关知识产权制度设计时,应当也只能以利益平衡作为私权保护的制约机制进行权利义务的合理配置。④ 不仅如此,知识产权法中利益平衡实现的法律价值目标还具有多样性,既包括如何协调知识产权法中不同主体之间的利益冲突,实现知识产权法律制度的公平、正义等价值目标的实现;也包括如何充分利用各种资源,以达到无形财产资源的有效配置,实现知识产权保护制度的最佳社会经济效益,以及如何通过产权制度最佳地刺激知识和信息财富的增长,同时确保公众对知识和信息的必要接近等各项目的。⑤ 特别是在经济全球化和知识经济泛化的时代,更加剧了对知识产权领域潜在利益的关注,而恰恰是这种潜在的巨大利益的存在使得对全球化利益分享的公平性变得至关重要。⑥ 因此立法者在进行知识产权立法时,必须充分考虑该立法能够在多大程度上激励创造者并在多大程度上使公众获得利益。理想的知识产权制度应该是既能够"保证创造者的知识产权得到保护,还要保证这种权利应该促进而不是约束社会公众参与文化生活与分享科学进步的权利"⑦。

(3)最低接受原则。最低接受原则的基本要求是对知识产权国际公约的接受必须与中国国情相适应。这既是立足于中国需要的一种现实选择,同时也是为国际认可的一项立法原则。从现实需要来看,发展中国家大多存在自主创新能力不足的问题,其结果既可能形成"自主创新滞后效应",又容易陷入发达国家的"技术引进陷阱",甚至会导致基于技术独占权利所产生的"市场垄断价格"。⑧ 因此有必要运用现行国际公约、条约中规定的知识产权优惠政策,力求在允许的范围内,尽可能地保护本国企业,同时要着重打击越演越烈的国际知识

---

① 孟勤国.也论电视节目预告表的法律保护与利益平衡[J].法学研究,1996(2).

② E.博登海默.法理学——法律哲学与法律方法[M].邓正来,译.北京:中国政法大学出版社,2004:374.

③ 保罗·戈斯汀.著作权之道:从谷登堡到数字点播机[M].金海军,译.北京:北京大学出版社,2008:10.

④ 任寰.论知识产权法的利益平衡原则[J].知识产权,2005(3).

⑤ 冯晓青.知识产权法的价值构造:知识产权法利益平衡机制研究[J].中国法学,2007(1).

⑥ 阿玛蒂亚·森,贝纳多·科利克斯伯格.以人为本:全球化世界的发展伦理学[M].马春文,李俊江,译.长春:长春出版社,2012:12.

⑦ 吴汉东.知识产权的私权和人权属性——以"知识产权协议"和"世界人权公约"为对象[J].法学研究,2003(3).

⑧ 魏兴民,张荣刚.国际知识产权保护与中国自主创新内在逻辑分析[J].社会科学家,2007(2).

产权滥用行为。① 就国际惯例来说,世界知识产权组织(简称 WIPO)所管理的《巴黎公约》和《伯尔尼公约》都承认并保留成员之间在社会和文化上的差异空间,允许成员根据其自身利益决定法律和政策。即尽管国际公约创造了一体化的规范,但缔结公约并不能代表放弃国家司法主权,缔约国仍保留了相当大的灵活性以决定是否将这些规定纳入其本国法律体系。这为发展中国家利用国际知识产权条约所规定的优惠条款保护本国民族工业提供了可能。实际上不但是发展中国家,即或是所谓的发达国家也在利用国际知识产权的例外条款作为保护本国利益的利器。典型的是美国在建国后的很长时间里并不保护国外版权,直到 1891 年的《国际版权法案》(International Copyright Act of 1891)颁行,美国才开始有条件地为极有限的几个国家的国民的作品提供版权保护。即便如此,也还是存在所谓"印制条款"(Manufacturing clause)的限制,即只保护在美国境内印制的外国作品的版权,该条款直到 1986 年才正式废止。② 因此,中国的知识产权立法必须充分考虑我国现阶段经济、科技、文化的发展水平,遵守"最低保护标准",以最大限度地实现法律的本土化与国际化之间的协调,防止"知识产权法律移植中的递减效应"。③

(4)洋为中用,以我为主原则。由于中国在知识产权制度上的固有资源十分有限,因此我们要建立完备的现代知识产权体系,必须对外国的先进制度和相关的国际条约进行必要的借鉴。但对外国制度借鉴的目的并不是为了介绍和推广外国的制度,而是借助于外国先进的立法理念及其制度构造完善我国的制度体系或改造、提升我国现有制度的技术水准。因此,对外国制度的借鉴并不是简单地将外国的现有规定植入本国的规则体系中,而应在反复比较、周密论证的基础上,将确实先进合理而又符合中国国情的制度无缝嫁接到现有的制度体系中。实际上任何制度的有效适用都有赖于良好的制度环境,同一个制度设计在不同的制度环境下可能会产生完全不同的适用结果。换言之,制度规则的移植本身通常是非常容易的,但隐含在规则背后的文化理念的播撒和环境构造却异常艰难。因此对外国制度的借鉴必须超越单纯的规则、制度本身的简单嫁接,而应更加注重对制度适用环境的打造。更加注重知识产权内生环境的培植和孕育,增强与本土文化的契合性。④ 就国际知识产权保护的层面而言,一方面我们必须遵守国际公约所设定的各项基本原则和要求,并尽量将国际条约的内容内化为国内的法律规定;但另一方面应以负责任大国的姿态积极参与国际知识产权国际条约的制定。由于目前国际规则制定的垄断程度较高、话语权分配失衡,从而导致只有少部分国家的利益才能成为国际知识产权保护的对象。为此我们一方面要积极推动国际知识产权制度的改革,建立更为公平、合理的知识产权国际秩序;另一方面要通过"国际体制

---

① 梁心新,徐慧.知识产权制度异化的国家博弈分析[J].知识产权,2013(9).

② 何隽.全球化时代知识产权制度的走向:趋同、存异与变通[J].比较法研究,2013(6).

③ 宋志国.我国知识产权法律移植中的递减效应原因探析[J].政治与法律,2006(5).

④ 梅术文.实施知识产权战略的正当性之维[J].法制与社会发展,2008(4).

转换机制",寻求修正或改变现行知识产权"体制标准"的机会,①以矫正《TRIPS 协定》等国际公约的强保护偏向;同时,也要从本国立场出发,保护具有本土特色和优势的知识产权资源,通过本国制度创新即法律的本土化,来推动创新保护制度的国际化。②

(5)伦理底线原则。"法律规则的正确与否,取决于背后的伦理共识。"③知识产权的保护对象是作为智力成果的文化产品,而非技术本身,而任何文化产品都有明显的道德取向和人文化品质要求。"法律反映但不决定社会的道德价值。一个公正合理的社会的价值,将在公正合理的法律中得到反映。"④因此相关的知识产权立法绝不能仅仅关注知识产权的技术性内涵,而更应当关注其文化内涵。与此相适应,我们的知识产权法也不应当是仅具有程序性操作意义的技术性知识产权法,而应是充满人文关怀(和)伦理精神的道德性知识产权法。所谓"道德的知识产权法应当是创造知识和知识传播的统一,是权利人的利益增长与人类进步的统一,违背了这两点,就违背了专利法的初衷和道德底线"⑤。这里的伦理底线,要求所有的智力创造行为都不能有违于社会公共利益和公序良俗原则。为此,一方面我们要坚决把违背公序良俗和有可能挑战人类伦理的技术、文化产品等排除在法律的保护之外,另一方面通过政策或行政规章的方式对一些有可能影响人类伦理的技术(如克隆人技术)进行严格的管控和必要的限制,以防止因技术的失控可能给人类带来的毁灭性打击。同时要营造充满人文关怀和理性要求的知识产权文化氛围,培养社会主体的知识产权人文精神,因为在知识产权的文化荒漠之上是很难构建其坚固华丽的知识产权制度大厦的。

(6)国家主权或国家利益优位原则。这里的国家主权或国家利益优位原则有三个方面的要求:一是在处理法律与政策的关系上,法律应服务于国家政策,即政策优位。法经济学家基于功利主义的激励理论,认为知识产权是一国的公共政策选择问题。从历史的角度观察可以看出,知识产权是在知识经济社会对传统农业社会、工业社会超越过程中法律对社会发展所做出的积极反应,是科技影响法律的结果。⑥ 按照科斯的说法,政府公共政策是一种在市场解决问题时社会成本过高的情况下所做出的替代选择。而在某种意义上说,法律亦是一项公共政策。⑦ 因此知识产权制度的选择与安排,其背后必须体现国家利益的政策立场。二是在处理国家利益与世界共同利益的关系时,世界共同利益应当让位于国家利益。因为知识产权从一开始就与民族、人权和发展等基本的政治命题相互勾连,并成为其间的重要制度实践。三是在处理国家与个人利益的冲突时,个人利益应当让位于国家利益。由于

① Laurence R. Helfer.Regime Shifting:The TRIPs Agreement and New Dynamics of International Intellectual Property Lawmaking[J]. Yale J. Int'l L.1,2004(29):10—17.

② 吴汉东.知识产权法的制度创新本质与知识创新目标[J].法学研究,2014(3).

③ 冯象.政法笔记[M].南京:江苏人民出版社,2004:83.

④ 格兰特·吉尔莫.美国法的时代[M].董春华,译.北京:法律出版社,2009:174.

⑤ 李扬.知识产权基础理论和前沿问题[M].北京:法律出版社,2004:233.

⑥ William M. Lands. Richard A Posner. The Political Economy of Intellectual Property Law[M]. Washington,D.C.:The AEI Press,2004:21.

⑦ 伍启元.公共政策:上册[M].台北:商务印书馆,1985:4.

知识产权法事实上担负着实现在一般的社会公众利益基础之上更广泛的社会公共利益方面的重任,具有重要的公共利益价值目标。① 因此与传统的所有权神圣原则不同,作为"权利束"的知识产权尤其需要针对其"特权"性质做出社会契约层面的承诺,在著作权保护期限、专利强制许可、商标诚实信用原则等层面向公共利益做出妥协。②

三、如何处理知识产权法与民法典的关系——兼容抑或独立

1.为什么要进行民法的法典化设计

按照学界观点,"法典编纂是一个复杂的社会历史现象"。③ 它既体现为一种高超的立法技术,同时也是一种必要的文化传承方式。正是法典化的技术性格,才为世界上绝大多数非原创性编纂法典的国家进行法典化提供了一定的条件。④ 从技术角度而言,多数学者认为法典化是法律发展的一个阶段,而且是法律成熟的标志,⑤是实现从韦伯"自动售货机"意义的机械条文过渡到海德格尔所谓符号化、索引性的"常设储备"(stand in reserve)⑥的立法标配。在某种程度上说,法典化反映了人们对有序化、体系化知识的期许,依赖于这种有序与体系化的思维,可以建立起具有合理预期的知识体系。⑦ 对于法典化的要求,根据约翰·L.戈蒂德的观点:"或许是法典形式最为重要的属性,……它意味着要将某一法律领域的全部规则缩编为一个完整的体系,它要求对原则和规则进行有序安排,并保持该主题领域内各制定法条文间的一致性。"⑧

关于知识产权法与民法典的关系处理,有学者总结目前世界上主要存在三种模式。一种模式为特别立法,即在民法典之外以单行法的形式规范知识产权。这一模式为当今大部分大陆法系国家和英美法系国家所采用。第二种模式为将整个或者主要的知识产权制度纳入民法典,这一模式主要包括 1942 年《意大利民法典》、1995 年《越南民法典》和《俄罗斯民法典》。第三种模式为在民法典之外,对知识产权制度进行法典化设计。主要国家包括法国、葡萄牙、波兰和菲律宾。保持现状,把知识产权法作为民法的特别法。⑨ 除此之外有学者还

---

① 冯晓青.知识产权法与公共利益探微[J].行政法学研究,2005(1).

② 余盛峰.知识产权全球化:现代转向与法理反思[J].政法论坛,2014(6).

③ Varga Csaba.Codification as a Soao—Historical Phenomenon[M].Budapest:Akadémiai Kiadó,1991.

④ 李雨峰.知识产权通则:立法进程中的一种尝试[J].法学论坛,2006(1).

⑤ 日本法律进化论者穗积陈重认为,法律的进化是一个从无形法向有形法发展的过程,法典阶段是法律形式发展的高级阶段。参见梅因.古代法[M].沈景一,译.北京:商务印书馆,1997:8;穗积陈重.法律进化论[M].黄尊三,等译.北京:中国政法大学出版社,1997:7-8.

⑥ 海德格尔.演讲与论文集[M].孙周兴,译.北京:生活·读书·新知三联书店,2005:15.

⑦ 李琛.论知识产权法的体系化[M].北京:北京大学出版社,2005:2.

⑧ 约翰·L.戈蒂德.统一商法典的方法论:现实主义地看待"商法典"[M].徐涤宇,吴淑萍,陈华庭,译//私法研究:第 2 卷.北京:中国政法大学出版社,2002.

⑨ 吴汉东.知识产权"入典"与民法典"财产权总则"[J].法制与社会发展,2015(4).

归纳了第四种模式即糅合式,其特点是将知识产权视为一种无形物权,与一般物权进行整合,共同规定在"所有权编"之中,其典型代表为 1994 年的《蒙古民法典》。①

关于我国的立法模式选择,学者们也有着各种不同的认识:有的主张在民法典的框架内,整合一个包含知识产权在内的民事权利体系,即在民法典中系统规定"知识产权编";有的主张民法典不宜完整纳入知识产权制度,只需在民法典中对知识产权做出简单规定;有的主张有步骤地实现知识产权法典化,即在民法典中对知识产权做出一般性规定,同时保留民法典以外的知识产权特别法,在时机成熟时编纂知识产权法典。② 有的主张应借鉴《民法通则》的成功经验,制定一部"知识产权通则"。③ 当然也有不少学者认为法典化未必是一种最好的选择,也不是理性化思维的必然结果。"英国问题表明,理性可以采用不同的形式。没有什么法律推理的特定模式、特定的法律编排形式或者概念体系可以被确定为我们所定义的法治所必不可少的东西。"④但根据我国的具体国情,特别是在十八届四中全会所通过的《中共中央关于全面推进依法治国若干重大问题的决定》中明确地将民法典的编纂上升为国家的重大战略行为之后,民法典的编纂已成为毋庸讨论的前置性命题。因此我们现在所应讨论的并不是是否应当制定民法典的问题,而是在民法典的制定中应如何妥善解决知识产权的关系问题。基于以上判断,笔者认为:从立法技术的角度加以考量,民法典和知识产权的关系主要可分为两种模式:一种是同时制定《民法典》和《知识产权法典》的所谓双法典模式;另一种是仅制定民法典的单一法典化模式。下面分别述之:

2.双法典模式下如何处理知识产权法与民法典的关系

(1)知识产权法典化的必要性和可能性。双法典模式的核心是实现彻底的知识产权法典化,其价值取向不仅是制定一部具体的法典,更多是为了对现有知识产权制度进行价值判断、规范整合、体系构造,以提高相应的法律权威,实现促进经济与社会发展的政策功能。⑤从立法例的角度加以考察我们可以看出,知识产权的法典化既受到大陆法国家长期奉行的法典化情结惯性思维的影响,同时也得力于知识产权本身发展变化的推动。特别是从 19 世纪中叶之后,一整套标准化的现代知识产权制度相继产生。这套制度规范、塑造、整合并引导了现代知识的生产与流通秩序,它不再针对特定问题做出特殊回应,而是变成一个运作性封闭、认知性开放的自我指涉系统。⑥ 为了适应知识产权制度的发展需要,充分凸显知识产权制度在知识产权经济和现代社会经济制度中的重要地位,知识产权的法典化也逐步被提上立法议程,特别是 1992 年《法国知识产权法典》的颁行,成为知识产权立法史上的里程碑

① 曹新明.中国知识产权法典化研究[M].北京:中国政法大学出版社,2005:41-59.

② 吴汉东.知识产权"入典"与民法典"财产权总则"[J].法制与社会发展,2015(4).

③ 李雨峰.知识产权通则:立法进程中的一种尝试[J].法学论坛,2006(1).

④ 劳伦斯·M.弗里德曼.法治、现代化和司法[M]//傅郁林,译.北大法律评论:第 1 卷第 1 辑.法律出版社,1998:290.

⑤ 吴汉东.知识产权"入典"与民法典"财产权总则"[J].法制与社会发展,2015(4).

⑥ 余盛峰.知识产权全球化:现代转向与法理反思[J].政法论坛,2014(6).

事件,随后葡萄牙、波兰、菲律宾等国相继颁布了自己的知识产权法典。①

当然知识产权的法典化也面临许多无法克服的技术瓶颈,以最为社会所推崇的法国知识产权法典为例,该法典由于无法从知识产权的具体单行法中抽象出共同性的东西,因此并没有设计总则性的规定,其主要内容基本上是"将当时的知识产权各部门法汇集到一起,体例上仍然保持相互独立,……从而使有关执法程序的规定在行文上较为重复"②。此外由于知识产权制度变动的高频性和规范性的不稳定性,因此为了适应知识产权领域的各种新变化,法国不得不在《知识产权法典》颁行后的六年内,频繁地对法典内容进行修改或增补,修改频次前后达 12 次,涉及条目达 112 条,占整个条目的四分之一。③ 这说明知识产权的法典化未必是知识产权法律制度体系化的一个最佳选择,但相对于其他立法模式来说,仍有其独立的存在价值。

(2)知识产权法典化背景下如何厘清与民法典的关系。按照笔者的理解,民法特别是民法总则的主要使命不在于设计具体的法律规则,而是为了向社会贡献精神和理念。因为从某种意义上说,民法既是万法之源,同时也是现代法治精神、法治理念和法治原则的来源地(原产地)、集结地和发散地。因此在知识产权法典化的背景下,并不是完全割裂民法和知识产权法的关系,而只是实现民法与知识产权法功能的有效界分。实际上在民法典和知识产权法典并存的情况下,民法典仍然是作为私法的基本法而存在,知识产权法仍然要受民法的基本理念和基本原则的制约。只是说在具体立法技术上,知识产权的具体制度不会再出现在民法典的条文之中。换言之,在规则设计的具体内容、基本的法律原则、权利义务的体系、保护的理念和保护的手段等方面,知识产权法典相对于民法典来说应有其一些独立的表达方式。比如说,知识产权在强调权利保护的同时,更应强调知识的传播共享,所以它需要通过严格的合理使用、强制许可、法定许可等机制来维持一个均衡的公共领域。再比如说,由于知识产权的保护对象具有可共享性的特点,因此它不适用时效取得制度;由于客体信息的抽象性,当事人的损失难以评估,所以需要建构科学的法定损害赔偿机制,并且为了遏止知识产权侵权重复发生的特点,需要建立起惩罚性损害赔偿的机制等等。

(3)知识产权法典化背景下如何确立知识产权法的调整范围。各国对知识产权的理解是不完全一致的,我国现行的专利、商标和版权三法并列的立法模式也未必是一种最好的选择。"法律是什么、能够是什么,以及应该是什么,又都取决于制定、解释和实施该法律过程的特性。这些过程之间的互动决定了法律的供给与需求。"④由于知识产权本身的复杂性和外延内涵的模糊性,因此国际条约和多数国家在立法上大多采用列举的方式来界定知识产权的调整范围。例如 1967 年 7 月 14 日缔结于斯德哥尔摩的《成立世界知识产权组织公约》

---

① 李雨峰.知识产权通则:立法进程中的一种尝试[J].法学论坛,2006(1).
② 法国知识产权法典[M].黄晖,译.北京:商务印书馆,1999:15.
③ 傅钢.知识产权法典化可能吗?[N]人民法院报,2002-12-25.
④ 泥尼尔·K.考默萨.法律的限度——法治、权利的供给与需求[M].申卫星,王琦,译.北京:商务印书馆,2007:3.

第2条第8款规定,知识产权主要包括以下权利:①文学、艺术和科学作品有关的权利;②与表演艺术家的表演活动、与录音制品及广播有关的权利;③与人类创造性活动的一切领域中的发明有关的权利;④与科学发现有关的权利;⑤与工业品外观设计有关的权利;⑥与商品商标、服务标记、商号及其他商业标志有关的权利;⑦与防止不正当竞争有关的权利;⑧一切其他来自工业、科学及文学艺术领域的智力活动所产生的权利。1994年4月缔结于马拉加什的《与贸易有关的知识产权协议》(即 TRIPS)第一部分第1条也是采用列举的方式列明了知识产权的调整范围,即知识产权主要包括以下权利:①版权与邻接权;②商标权;③地理标记权;④工业品外观设计权;⑤专利权;⑥集成电路布图设计(拓扑图)权;⑦未披露过的信息专有权。我国如欲采用知识产权法典化模式,其较为合适的做法也是采取列举式的立法体例,即采用这两个国际条约中的一种分类模式作为基本制度框架体系,然后根据我国的具体情况进行适当的充实和删减。

3.单一法典化背景下如何处理知识产权法与民法典的关系

(1)单一法典化背景下知识产权法和民法关系的基本定位。相对于双法典模式,基于目前中国的法律思维惯性和现实需要,单一化法典模式可能是一种更加可行和更加符合中国立法习惯表达的现实选择。因此,在单一法典化背景下如何认识民法与知识产权法的关系不但影响到知识产权立法的模式选择,而且也影响到民法典的具体制度设计。按照笔者的观点,即使在单一法典化模式的既定前提下,我们也不能简单地将知识产权法视为民法的特别法,而应将其视为与民法、商法相并列的私法的有机组成部分。换言之,如果说民法主要调整的是非市场性财产关系和人身关系且主要以保护以公民为代表的民事主体的基本权利为己任的话,那么商法规范所体现的应当是对市场交易关系和市场交易规则的概括、提炼和升华。与此相类似,知识产权法所规范的应当是基于人们的精神创造这一特定行为所产生的权利义务关系。当然,由于民法作为万法之源所具有的强大理念感召力和制度影响力,民法原则差不多已被假定为所有法律的共通性原则,因此几乎所有的现代法律制度设计都必须顾及民法的一些基本理念和要求。而相对来说作为私法重要组成部分的商法来说,知识产权法受民法的影响更为显著,其法律的独特性要求和独立存在价值几乎被湮没在浩如烟海的民法制度网络之中。换言之,无论是在单一法典模式下还是在双法典模式下,知识产权制度都不可能完全脱离民法而独立存在,都必须受民法的基本原则与基本理念的制约。只不过在单一法典化模式下,知识产权法的独立性空间被压缩得更为窘束,民法的基本理念、基本精神和基本原则对知识产权制度的统帅作用更为明显。因此在单一化法典模式下,必须强化私法自治理念与私权优先理念对知识产权法的统领作用,强化公平、平等、诚实信用、公序良俗等民法基本原则对知识产权法的指导作用。另一方面,即使在单一化法典模式下,知识产权法也不应完全等同于以物权法、契约法、继承法、侵权法为代表的固有民法制度,它应当是在民法的基础上蔓生出的一种相对独立的制度集合体。因此知识产权制度必须有自己独特的设计理念和设计要求,必须有自己全新的制度表达方式。

(2)单一法典化背景下是否应当对知识产权独立设编。在民法典被作为我们唯一的私法性典范的前提下，大多数学者主张应在民法典的既有框架内尽可能地融入知识产权的相关制度设计，最好是将知识产权单独设编以凸显其系统性、完整性和重要性。并且这一观点已得到 2002 年 12 月 23 日九届全国人大常委会第三十一次会议首次审议的《民法典》草案的正式确认。实际上在民法典中独立列编并非中国的独创，除我国的"民法典"草案之外，在民法典之内编纂知识产权编的国家还包括 1942 年的《意大利民法典》、1992 年《荷兰民法典》、1994 年的《俄罗斯民法典》和《蒙古民法典》、1995 年的《越南民法典》。其中最为典型的是《俄罗斯民法典》。该法典在前三编生效多年之后，于 2006 年专编规定了知识产权，即"智力活动成果和个性化标识权"。该编于 2008 年生效，同时废止了包括《著作权与邻接权法》《专利法》《商标、服务标记和原产地名称法》等在内的六部法律。该部在《民法典》中，除在"知识产权编"中对知识产权制度作了集中规定之外，还在"总则"编中对知识产权的客体作了原则性规定。《俄罗斯民法典》中"知识产权编"的内容非常庞杂，除"一般规定"外，尚涉及"著作权""邻接权""专利权""育种成就权""集成电路权""技术秘密权""法人、商品、工作、服务和企业个性化标识权""统一技术构成中的智力活动成果权"等八个方面的内容，是迄今为止关于知识产权规定最为集中与完整的一部民法典，同时也是"完全民法典化"了的知识产权立法模式。① 但这一法典并非能成为具有典范意义的民法典，因为该"法律的起草和通过是在学术界缺乏统一意见和缺乏该领域主要学者支持的情况下进行的"，且"绝大多数权利持有人都仅赞成将一般规定法典化，而同时保留知识产权立法的二元体系"②。就具体立法技术来看，该法典在知识产权的定义上采用了一个开放的权利清单模式，引入了包括专有权、非财产权和其他权利的"知识权利"概念；与此同时，规定了一个封闭的客体清单，将可能出现的新客体和反不正当竞争排除在外。这一做法与知识产权国际公约的要求并不相符。不仅如此，该法典还纳入了大量不属于民法范畴的规范，使得作为部门法的民法典变成了"综合法典"，从而极大削弱了知识产权制度的独立存在价值，并通过法典化的方式"剥夺了立法者颁布某类知识产权单行法的可能"，其结果是极大限制了知识产权制度的发展空间。③实际上大多数国家对《俄罗斯民法典》的这一做法并不认同，以至于世界知识产权组织总干事 Kamil Idris 在 1999 年 2 月 24—25 日去俄罗斯访问期间听说俄罗斯要将知识产权纳入即将修改的《民法典》时，曾明确表示这一做法可能产生潜在的负面效果，并强烈要求俄政府考虑这一做法所具有的深刻意义。④ 因此按照学界的基本共识，由于知识产权法易受国际关系、科技发展的影响，变动频繁，其内容包含了大量的公法性规范，在规范内容上表现出复杂性与多样性，因此知识产权法事实上不宜通过单独列编的方式全部纳入民法典中。⑤

① 王太平.学术法·法典法·知识产权法典化[J].电子知识产权,2006(8).
② 张建文.俄罗斯知识产权法完全法典化进程与特点[J].科技与法律,2009(1).
③ 张建文.俄罗斯知识产权法完全法典化进程与特点[J].科技与法律,2009(1);鄢一美.俄罗斯知识产权立法与民法典编纂[J].知识产权,2006(3).
④ 曹新明.知识产权与民法典连接模式之选择——以《知识产权法典》的编纂为视角[J].法商研究,2005(3).
⑤ 陶鑫良,袁真富.知识产权总论[M].北京:知识产权出版社,2005:403-405.

（3）单一法典化背景下知识产权立法的模式选择。如果我们否定了在民法典中知识产权法单独列编的立法模式，那么可供选择的中国知识产权法的立法模式就主要取决于三个基本因素的制约：一是中国知识产权的法制传统及社会公众基于既有的制度设计所形成的路径依赖；二是外国（包括国际）的成功立法经验和失败教训给我们提供的制度资源；三是我国未来立法所欲达致的价值目标选择。从目前的基本情况来看，可以做出的基本判断是，以上三个因素对未来知识产权法制定的影响力强弱是不一样的，基本上呈一种逐步递减的状态。具体说来，无论从我们的思维惯性还是从既有的立法实践来看，尊重法制传统，革新既有制度几乎是我们所有立法活动共同遵循的潜意识规则，因此无论是在双法典模式下还是在单一法典模式下，要想完全粉碎现有的知识产权立法体例无疑是一种不现实的选择。而对外国经验的借鉴也是建立在对现有制度的完善之上，完全服从或服务于现有的制度设计，而不是以外国的制度为基础颠覆我们的制度设计。而对知识产权法所欲达致的目的，无论在立法机关还是在理论界均处于一种不清晰状态，至少没有达成必要的共识。在这一背景下，可能的立法选择是在基本维持既有制度格局的前提下，对分散、混乱、矛盾的现有知识产权立法及其制度设计进行必要的清理、抽象、分类和重构。可选择的具体立法模式是：一方面将部分知识产权法的内容上升为民法典的内容，另一方面通过制定"知识产权法总则"或"知识产权法通则"或"知识产权法立法纲要"的方式对知识产权法的基本理念、基本原则和共同性规范进行抽象、概括和提炼，以协调知识产权法内部的关系。在此前提下，保留单行立法的格局，并通过不断完善单行知识产权法的方式，实现对社会关系的及时有效调整。

（4）单一法典化背景下知识产权法中的哪些内容应该体现在民法典中。在实行单一法典化的背景下，知识产权制度进入民法典的途径主要包括两种方式：一是进入总则，二是进入总则以外的其他民法制度。具体说来，能够进入民法总则的内容部分主要包括知识产权的权利类型，可以将知识产权作为与财产权和人身权相并列的一项基本民事权利，也可以将知识产权中的权利进行分解，将其中的财产权作为与所有权相并列的无形财产支配权，将其中的人身权作为公民和法人人格的重要组成部分。在总则以外的其他部分，主要是在以下三个制度中纳入知识产权法的内容：一是在合同法中维持或修改与知识产权有关的规定（如技术转让合同、科技开发合同等）；二是在侵权责任法中强化对知识产权的特殊保护；三是在继承法中对知识产权的继承问题做出特别规定。当然在将知识产权纳入民法典特别是纳入民法总则的内容过程中，应当尽量减少纳入的范围和数量，仅将那些带有宏观性、抽象性的规定体现在民法总则中，以确保民法总则规范内容的全覆盖性。另外，在将知识产权纳入民法典的背景下，还要考虑民法总则内容对知识产权法适用的统领性。特别是民法的基本原则、调整方法、适用范围等关涉私法基本法的一些内容，更应完全涵盖包括知识产权法在内的所有私法制度，否则这部分规定就丧失了其私法基本法的价值功能。

结语

著名近代启蒙思想家洛克有一句名言:"上帝把整个地球留给了世人,由人类共有。但对其的享用,上帝却没有作事先的安排,而是留给了理性的人类自己去解决。"[①]如何妥善处理知识产权法和民法典的关系,不但是一个单纯的技术选择,而且要综合考虑纷繁复杂的国际国内环境和既有的法律体系,需要借助于高超的立法技术和政治智慧才能实现。但其基本的立法思路应当是在立足于中国国情的基础上,满足国家创新体制的要求,服务于国家长远的发展战略。绝不能为了实现所谓与世界的接轨而抛弃既有的法律积存甚至牺牲国家利益和民族利益,更不能为了追求法律形式的完美而牺牲潜在的法律价值和法律功能。

---

① 洛克.政府论:下[M].瞿菊农,叶启芳,译.北京:商务印书馆,1997:18.

民法典编纂中如何处理与经济法的关系①

　　自法国空想社会主义者摩莱里（Morelly）在其 1755 年出版的《自然法典》一书中，首次使用"经济法"一词来表述某种经济运行规则以来，迄今已近两个半世纪。即使从德国学者李特尔（Ritter）1906 年使用经济法这一概念来说明与世界经济有关的各种法律以来，也已过去了近一个世纪。但经济法一经出现，对经济法的诘难和否定也随之而产生。其主要原因在于，这一概念的产生虽然在一定程度上反映了社会经济发展的客观需要，但同时也带有较大的理论盲目性，既缺少必要的理论准备和实践积累，也缺乏严格的法律部门划分依据。经济法作为一个概念在中国的出现，肇端于 20 世纪 70 年代末，其直接动因是随着十年浩劫的结束，国家关注的重点开始向经济工作转移，出于对经济体制改革手段的朦胧认识，并基于社会公众对法制社会的强烈渴求和美好憧憬，经济法理所当然地被作为调整社会经济关系的重要法律部门甚至是唯一的法律部门。就其发展轨迹来看，经济法始终是伴随我国经济体制改革的逐步深入而不断调整其研究对象和变更其作用范围。虽然借助于强大的宣传攻势、有效的行政手段、理论学界的空前热情和社会公众近乎盲从的法律要求，使经济法很快成为中国从业人员最多的法律部门。但经济法所表现出来的这种表面繁荣，凭依的是整个社会法律意识的匮乏和中国法制本身的不健全。因此随着中国法治观念的逐步增强、法律体系的逐步完备和法律部门划分上的与国际接轨，对经济法存在价值及其合理性的怀疑越来越强烈。对这些否认经济法作为一个独立法律部门的诘难，如果抛开少数学者对现存法律部门的天然优越感，以及对新兴法律部门的固有理论偏见之外，更主要的原因恐怕还在于经济法本身迄今还没有一个可以为社会所普遍接受的概念，也没有可以与其他法律部门相区别的明确的、稳定的和确定的调整对象和调整范围，更没有自己独特的调整方法和完善的理论体系。为了论证经济法独特的存在价值以及作为一个独立法律部门存在的充分合理性，我们有必要对经济法的一些基本理论问题进行必要的探求和审视。

一、对经济法概念、性质和特征的再认识

　　研究经济法所面临的第一个问题就是如何界定经济法的概念及其研究对象，这个问题

---

　　① 本文以《对经济法若干基本理论问题的重新思考》为题，发表于《现代法学》2002 年第 4 期，后被中国人民大学复印报刊资料《经济法学、劳动法学》2002 年第 12 期转载。

可以说是长期困扰经济法学者的一个死结。笔者认为,从一般意义上来说,经济法是国家为了克服市场调节体制缺陷、弥补和矫正遭到破坏的市场条件和市场环境,而进行的以经济性手段为内容的强制性法律规范的总称。其主要作用机理在于通过国家的强制性手段,保障市场经济赖以正常运行的外部条件和环境符合市场的要求,并克服市场调节机制本身所隐含的缺陷。根据以上定义,我们认为只有那些规范政府为克服市场经济的缺陷或出于矫正市场体制目的而干预市场经济的法律规范,才属于经济法的范畴。而经济法产生的客观基础也具有多重性,既有为了克服市场调节体制缺陷,预防和医治经济危机的发生而衍生和引入的法律手段,也有在市场体制遭到破坏使市场机制不能正常发挥作用的情况下而进行的强制性矫正。

对于经济法的性质,笔者认为既不能把它列入私法领域,也不能把它划入典型意义上的公法领域,而应当是介于二者之间的社会法的范畴。作为现代法制的重要贡献之一是将法律分为公法和私法。最早关于公法和私法的划分起源于古罗马法学家乌尔皮亚努斯。乌氏的划分标准主要是基于法律所保护的利益,即公法规定政府的组织、官吏的选任、宗教仪式、公共财产的管理等;私法则调整家庭婚姻、物权、契约、侵权和继承等。其基本要求是公法的规范不得由个人之间的协议而变更,而私法规范则是任意性的,可以基于当事人的意志而更改。后世的法学家虽然对公私法的划分标准进行了一些补充和修改,出现了主体说、权力说、法律关系说等(主体说系以法律关系主体作为划分标准,认为凡法律关系主体双方或一方为国家或国家所属的公共团体者为公法,法律关系主体双方都是私人者为私法。权力说认为,凡规定国家与公民之间权力服从关系的为公法;凡规定公民之间权利对等关系的是私法。法律关系说认为,凡规定国家机关之间、国家与公民之间政治生活关系或公权关系的为公法;凡规定公民之间以及国家与公民之间民事生活关系或称私权关系的为私法),其各自所涵盖的内容也发生了一些变化,但公私法的划分作为一种最基本的法律分类的基本原则并没因此而发生变化。私法是调整平等主体之间的各种社会关系的法律,或者说是市民社会这个"私"领域中的法律,它界定各种权利以及其权利的运用,其本质是权利法或权利保护法。私法对于保护社会经济主体的合法权益、促进社会经济正常运行和快速发展无疑具有十分重要的作用。但一个社会仅有私法并不能完全满足各方面的需要。首先,公共权力是必不可少的。社会秩序的确立,公民自由的保障,私权的保护和救济,个体利益之间的平衡,社会整体利益的促进等等,都离不开公权的介入。其次,公共权力需要有法律来严格界定和约束,否则公权必然会被滥用,必然会损害社会的公平和正义。可以说政府权力的受限制程度在某种意义上是和人类文明的发展程度相一致的,这一点已为人类社会几千年的文明发展史所充分证明。

但公法和私法并不能完全涵盖纷繁复杂的所有法律部门。公、私法在其调整手段、调整方式和追求目的上也有其自身缺陷。为了弥补公私法调整作用之不足,以实现和保护整个社会的公共利益,以强制性的国家干预作为其主要表现形式的社会法就悄然登场了。通常所说的社会法是介于公法和私法之间的一些法律部门的总称,主要是指有关劳动、教育、租金控制、社会保障等带有普遍社会意义的法。欧洲最早的社会法可以追溯到 1388 年在英格兰实行的若干限制乞讨的法律。大量的社会立法出现在 19 世纪自由资本主义发展到垄断资本主义之后。19 世纪末以来,为了缓和社会矛盾,出现了"法的社会化"理论,主张私法公法化,认为法不应是维护个人利益的基础,而应以维护社会利益为基础,于是出现了大量的社会立法,其范围也扩展到劳动法、社会保障法、环境保护法、经济管制法等各个方面。① 而这些内容大多属于现代经济法的范畴,从经济法存在的目的来看,经济法显然属于以社会公共利益为主要保护内容的社会法的范畴。因此从某种意义上说社会法就是经济法。由此可见,作为社会法的经济法是国家权力对市民社会经济生活的有限渗透,是私人事务社会化的结果,是政府为了遏制极端个人主义、利己主义思潮给社会带来的危害,消除生产和竞争的无政府状态,以及通过分配的公平合理来调剂社会各阶层的利益关系,而进行的对经济关系的直接干预和对私权的公权干预。经济法中的许多规范不但以保护社会公共利益为己任,而且具有相当的国家强制性,国家通过经济法不仅在价格、信贷、利息、外贸、外汇、工资等领域加强干预和管理,而且还通过保护弱者、环境保护等措施维持社会经济的持续稳定发展。作为社会法的经济法与其他法律部门相比具有以下几个方面的特点:

1.调整目标上具有明确性和单一性。经济法律体系以维护社会公共利益为其首要目标,强调的是社会本位和社会利益至上。经济法体现的既不是私人意志也不是国家意志,而是社会公共意志;经济法保护的也不是纯粹的私人利益或建立在统治阶级意志基础上的国家利益,而是以全体社会成员作为受益主体的社会公共利益,这种社会公共利益带有普遍性和公共性;从其价值追求来看,经济法以追求社会公共利益的实现和满足社会公众的需要为最终目的,强调的是社会范围内的公平和社会经济的均衡、持续的发展。

2.调整内容上具有经济性。法律对社会主体和社会关系的调整手段是多种多样的,既可以直接对受调整主体的人身进行处罚,如进行拘留或限制人身自由;也可以是将道德规范上升为法律规范对受调整主体进行道德性的惩罚,如赔礼道歉、具结悔过。经济法的调整既不能通过对被调控主体进行人身惩罚,也不能对被调控主体进行道德惩罚,而只能用经济手段,通过经济引导、经济惩罚、经济制裁、经济激励等手段对市场主体的行为进行引导和规制。

3.调整手段上具有多样性。经济法对社会关系的调整既可以通过规制手段将市场主体的行为限制在市场所许可的范围内,也可以通过引导性、促进性规范为市场主体的行为指明方向,并促成社会总体经济目标的实现;对有害于市场运行的一些行为则通过矫正性规范和制裁性规范进行强制性矫正和救济,使之符合社会总体利益的要求。具体说来经济法的调整手段主要通过以下手段来实现:(1)促进性规范。所谓促进性规范是指能够对市场主体的行为产生积极促进或激励作用的法律规范。即对于符合社会公众利益或有利于扩大社会公共利益的经济行为,国家通过经济鼓励或负担减少等方式,对市场主体的行为进行刺激和激

---

① 曾庆敏.法学大辞典[Z].上海:上海辞书出版社,1998:797-798.

励。(2)矫正性规范。所谓矫正性法律规范是指以维护和恢复正常的行为关系为目的,对行为活动中的逾常行为作出否定性的评价,并予以相应的法律上的处理的法律规范。(3)保护性规范。所谓保护性法律规范,是指对行为关系中的逾常行为直接作出否定性评价并作出相应处理的规范。它主要是以禁止性规范和制裁性规范的形式表现出来的,其中最重要的是制裁性规范。因为制裁规范的实施本身就体现了保护合理行为关系的效果,而保护功能也只有借助于制裁性规范才显示出其存在的价值。这种规范的主要作用是通过对失当性行为的强制矫正,达到保护正当社会关系的目的。

二、经济法产生的社会经济原因

关于作为独立法律部门的经济法产生的社会经济原因,普遍的观点认为:随着资本主义经济的发展,资本主义生产关系和商品生产方式本身所隐含的矛盾日益突出,特别是在资本主义国家进入垄断阶段后,由于市场机制自身的弱点而导致的经济危机频繁的周期性地发生,其结果不单影响到社会经济的正常发展,导致社会财富的浪费,而且直接动摇了资本主义赖以存在的社会经济基础。因此,为了消除经济危机这种"市场调节失灵"现象的消极影响,资本主义国家纷纷放弃其传统的单纯"守夜人"角色,主动以公共权力介入经济生活,以各种手段包括法律手段对社会经济活动进行管理、调控及其他形式的干预,由此产生了现代意义上的经济法。

上述对经济法产生原因的说法有一定道理,但有许多不够确切的地方。一是"市场调节失灵"的命题本身就缺乏科学性,实际上一国市场调节的广度、烈度及其效用除了取决于该国的社会经济制度以外,还直接取决于该国所采取的具体经济模式和经济结构体系。完全的自由竞争和完全的市场调节都只存在于资产阶级古典经济学家的理论幻想之中。进一步言之,在市场经济条件下,市场调节也不存在所谓的失灵与不失灵的问题,法律既不能对什么是失灵或不失灵的市场调节作出准确界定,也无法对市场失灵的程度作出准确判断和矫正。实际上,法律真正关注的应当是市场调节机制本身的缺陷即市场制度缺陷。当然法律也可以对市场行为进行引导,但引导市场主体行为的任务只能是由民商法而不是由经济法来承担。此外,有人认为经济法产生的另一个原因是政府调节失灵,因此应当用经济法来限制政府权力。这种说法同样不能成立,对政府权力的限定是通过并且也只能通过作为控权法的行政法,而不是通过作为社会法的经济法来实现的。当然市场机制存在缺陷无疑是导致经济法产生的主要原因,其原因在于市场经济与市场调节本身的缺陷是客观存在的,无论是资本主义,还是社会主义,只要是采用市场经济,市场调节所带来的一些消极影响或负面影响就不可避免。因为在市场经济条件下,全社会的经济决策是由不可胜数的市场主体根据自己的判断作出的,而这些大大小小的市场主体又难以获得全社会整体的经济信息并将之作为决策的依据,而是往往听命于某一局部市场信息的摆布,造成生产的极大盲目性。因此都需要政府以公共权力介入市场经济生活,通过政府之手干预经济生活,消除"市场调节体制缺陷"所带来的消极影响。但市场机制缺陷并不是导致经济法产生的唯一原因,实际上经济法的产生还应当受制于市场机制不能正常发生作用的因素。因为在市场经济的发展过程中,经常会受到来自市场内外部的各种力量和因素的侵害,其内外部运行条件和运行环境极易招致破坏,客观上也需要借助于国家强力对遭到破坏的市场环境和市场条件进行矫正和修复。经济法就是政府为克服市场调节体制缺陷和修复遭到破坏的市场条件以保障市场经济的健康发展而制定的法律规范的总和。由此可见,作为经济法产生的原因主要包括以下两个方面:

1.市场调节机制本身的缺陷。经济法是市场经济发展到一定阶段的产物。市场是商品交换的固定场所,它既是商品生产的必然产物和实现商品价值的必要场所和必要条件,也是商品经济的重要组成部分,是社会分工和商品交换的伴生结果。对此,列宁曾指出:"哪里有社会分工和商品生产,那里就有'市场';社会分工和商品生产发展到什么程度,'市场'就发展到什么程度。市场量和社会劳动专业化的程度有不可分割的联系。"[①]同时,市场又是一个具有历史易变性的范畴,它随商品经济的发展而不断调整自己的存在形态。封建社会市场经济的明显特点可以归纳为"交换是有限的,市场是狭小的,生产方式是稳定的,地方和外界是隔绝的"[②],只有到了资本主义社会,才真正打破了封建割据和滞碍市场经济发展的种种藩篱,商品生产首次成为社会经济的主导形式,市场自由得以无阻碍地发展,并形成了空前规模的国内统一市场。社会主义市场作为资本主义市场的有效继承,同样要求必须以统一的国内市场和国际市场作为其经济运行的必要保障。而在市场经济关系中发挥主要调节作用的是市场机制。

市场机制是通过市场自身的经济运行规律实现经济供求的平衡并实现社会资源的优化配置。作为市场机制的基础和核心是价值机制以及作为价值机制外在反映的价格机制,其他还有利率机制、税收机制、竞争机制、供求机制和风险机制等。市场机制的优点一是可以迅速实现社会资源的合理有效配置,市场可以根据消费者的消费需求和消费偏好,在不同消费者之间分配多样化的社会产品,并通过价格的变动来约束社会物化劳动和活劳动的流量和流速,从而缓解相对稀缺的社会资源与无限多样化的需求之间的矛盾,从而实现社会资源的优化配置。二是可以实现经济信号的迅速传递,即通过市场价格的波动和商品供求信息的反馈帮助市场主体了解市场行情,并相应作出扩张或收缩的经营决策。三是通过市场竞争的压力,有利于压迫市场主体特别是生产主体进行技术创新,从而有利于提高整个社会的管理水平。

但由于在市场机制作用下,市场经济主体具有天然的趋利性和盲目性,因而也产生了市场主体本身难以克服的体制性缺陷。其突出表现是:第一,市场机制容易导致个人利益与社会利益的对立。在市场机制作用下,由于私人利益的广泛存在和个人行为的逐利性特征,使

---

① 列宁.列宁全集:第1卷[M].北京:人民出版社,1963:83.
② 马克思,恩格斯.马克思恩格斯选集:第3卷[M].北京:人民出版社,1972:313.

个人行为有一种天然的反社会性。对这种逐利行为如果不加以有效控制，那么为了实现个人的利益，他们往往会不顾及因此而可能给他人和社会造成的损害。第二，市场调节机制容易出现调节目标上的偏差。市场主体由于受自身条件的限制，以及缺乏宏观经济决策主体的参与，因此不可能事先完全把握国民经济的发展目标和发展方向，并极易在追求利润最大化的过程中偏离国民经济的整体运行目标，从而影响社会经济的协调发展。第三，市场调节机制本身具有一定的盲目性。即市场机制在实际运行和作用发挥的过程中并不是天然有序的，而是呈现出一定程度的无规则性和无序性。这种无规则性和无序性的根源来自各市场主体自体利益的专有性、排他性和独立性，以及与社会利益既统一又对立的矛盾。另外，市场信息也并非完全透明，既有已知的所谓"白色信息"，也有未知的"黑色信息"和半知的"灰色信息"。而市场体系的建立和完善又不是一蹴而就的，市场机制的转轨会伴生一定的信息垄断；信息利用和信息吸纳上也会产生某些偏差，加之市场体系和市场机制本身的局限性，使市场经营者只能在市场信息能见度很低的条件下，根据现有的市场价格和市场需求规划下一步的经营计划。这样企业的经营不免带有一定的近视性和盲目性。第四，市场调节具有一定的时滞性。市场机制作用的发挥并不是通过事先的供需调节来实现的，而是通过事后调节的方式进行的。市场机制的作用过程和作用效果也不是瞬间的、直接的反映出来，而是迂回曲折的折射出来，且具有一定的时滞性，诱导产业结构的调整速度也比较迟缓。第五，市场调节会导致成本昂贵等不经济现象的发生。"市场调节的目标偏误、时间延滞、摩擦损失等因素的客观存在，使得在收集市场信息、均衡经济波动、医治静态和动态的负外部效应、防止过度垄断、缓解高失业和高通胀、消除畸形分配和非理性消费选择等一系列问题上，社会必然要投入较多的劳动，这就间接或直接地增大了市场调节的成本。以实证的眼光观察，这些调节费用的相当部分纯属资源虚耗。"[①]第六，市场机制容易诱发社会分配不公。在单纯的市场机制作用下，由于市场主体拥有的生产要素的数量和质量有明显差别，个人的智力水平及其他个人能力也有显著不同，由此导致单纯的市场条件的平等并不能产生结果上的平等，从而使贫富差距日益悬殊。正如诺贝尔经济学奖获得者萨缪尔逊所说：市场是没有心脏和大脑的，因而不能指望市场自身能够自觉地意识到它所带来的严重的社会不平等，更不能指望市场来纠正这种不平等。[②]

2.市场环境和市场条件遭到破坏。市场的正常运行，有赖于完备的市场条件和良好的市场环境。但这种市场经济赖以正常运行的内外部条件经常会遭到各种非正常因素的干扰和破坏。这些破坏主要来自两个方面：一是外部因素的不正当介入，二是内部要素不健全及市场主体行为违规或行为逾常。外部因素对市场体制的破坏主要来源于行政权力的不适当介入和计划经济思想残余的影响。和其他手段相比，由于行政手段的实现是以行为发布者和行为执行者之间存在命令服从关系为前提，因此通常具有直接性、方便性和迅捷性。行政

① 程恩富,张明辉.市场体系的构造与耦合[M].南京:江苏人民出版社,1991:17-18.
② 李会明.非市场失灵理论与中国市场经济实践[M].上海:立信会计出版社,1996:81.

手段又通常是以政策的形式出现的。与法律相比,政策规定既比较抽象、笼统,同时又具有很大的灵活性、易变性和不确定性,而不像法律那样具有稳定性、连续性、权威性和普遍有效性。不仅如此,行政手段就其本身来说通常没有相应的约束条款和具体的责任条款,不能对政策的发布者和执行者产生带有强制性的约束,而不受制约的权力又不可避免地具有被滥用的可能。正是由于政府就其本质来说对行使行政权力具有的强烈的主观偏好,因此对必须通过法律手段对行政权力的行使进行必要的防范和限制。将行政权力限制在必要限度内,这既是现代法治的主要内容,也是现代法治的基本价值追求。

计划经济思想在我国有系统的理论和长期的实践,其影响不可小觑。我国 1949 年后长期实行的是计划控制或计划调节的经济模式。这种模式的好处是:可以为社会经济提供长期的战略发展目标;可以在一定程度上调节不同企业、不同部门之间的利益矛盾,实现社会再生产的良性再分配。但这种模式的缺陷也比较明显:一是国家计划调节有先天性的主观偏好。计划经济的制定者和执行者主要是由各级政府机构来组织完成的,出于追求政绩的需要,政府往往在调节目标上偏好于高投资、高速度,而忽视经济效益和经济的稳定协调发展;在调节方式和调节手段上,偏重于以下达国家计划和行政命令为主的直接控制,而忽视以各项经济手段为主的间接控制。二是国家调节转换迟缓,造成调节失灵。由于国家调节可能缺乏真实、可靠和及时的信息,决策时间因决策程序的复杂而延宕日久,加之地区、部门之间的利益摩擦和缺乏权力制衡的官僚主义等因素的影响,使计划调节往往脱离社会经济现实,从而造成计划对正常经济生活产生误导性影响。三是国家计划调节政策内耗严重。这种内耗一方面表现为各部门之间因政策的不统一而导致的利益对立和行为冲突;另一方面表现为不同调节手段之间因彼此不配套不协调而导致的政策效用减损。四是计划调节的实施,缺乏必要的动力机制。由于计划的制定主要着眼于整体利益而不太注重个体利益,因而企业、部门、地区甚或阶层往往出于自身的利益而不愿自觉地执行计划,而是千方百计地予以规避,形成所谓"上有政策,下有对策"的恶性循环。通过若干年的改革之后,计划经济手段逐步退出历史舞台,因计划控制而派生的一些弊端大部分已得克服。但由于少数政府官员仍然习惯于利用不适当的行政手段和变相的计划控制手段干预市场经济生活,因此着力克服因此而带来的弊端仍然任重而道远。

就内部因素来说,也主要表现为两个方面:一是市场建立本身存在的缺陷;二是市场主体行为失当或行为逾常。就前者而言,完整的市场应当包括具有独立法律人格的市场主体、市场主体应有明确具体的自由财产、各市场主体间应有严格的财产界限、有灵敏的市场调节机制等。在市场经济建立的初期,这些市场基本条件的具备不但要有一个过程,而且极易遭到破坏,典型的如市场主体人格得不到充分尊重和保护、财产界限不清楚、责任划分不明确等。就后者而言,市场主体有一种天然的逐利倾向,市场主体出于自身利益的考虑,往往会侵害其他市场主体和社会公共利益。如果对这种个人逐利行为不加限制的话,个人欲望和个人行为就会像一匹脱缰野马,肆意践踏公共利益和他人利益。马克思曾引用登宁的话形象地形容资本:"一旦有适当的利润,它就保证到处被使用;有百分之二十的利润,它就活跃起来;有百分之五十的利润,它就铤而走险;为了百分之一百的利润,它就敢践踏一切人间法律;有百分之三百的利润,它就敢犯任何罪行,甚至冒绞首的危险。"①这里指的虽然是资本主义社会的市场经济,但社会主义的市场经济主体同样有一种极力摆脱社会规则和社会利益约束的外在冲动,其典型表现是各种形式的不正当竞争、各种形式的垄断行为、各种损害消费者利益的行为和以牺牲社会利益为代价的各种环境污染行为等。

三、经济法的价值取向及其作用内容

1.经济法的基本价值取向——个体利益和社会利益平衡基础之上的社会利益至上。立法价值是指各国在制定法律时希望通过立法所欲达到的目的或追求的社会效果。任何法律的制定都应当有明确的目的性,都应当有自己的价值取向。要了解价值,首先必须清楚什么是价值。对于价值,不同哲学家有不同的理解。有的认为价值是愿望的满足;有的认为价值是引起兴趣的任何对象;还有的认为价值是纯粹理性的意志等。马克思主义哲学坚持用辩证唯物主义和历史唯物主义的观点来观察价值现象,认为价值的本质在于:它是现实的人同满足其某种需要的客体的属性之间的关系。价值同人的需要有关,但它不是由人的需要决定的,价值有其客观存在的基础,这种客观基础就是各种物质的、精神的现象所固有的属性,但价值不单纯是这种属性的反映,而是标志着这种属性对于个人、阶级和社会的一定积极意义,即能满足人们的某种需要,成为人们的兴趣、目的追求的对象。人们的需要是多方面的,因而对于满足人们各种不同需要而言,价值可分为物质的、经济的、科学的、道德的、美学的、法律的、政治的、文化的和历史的价值等等。立法价值取向是立法者为了实现某种目的或达到某种社会效果而进行的价值选择。价值取向最集中地体现在法律部门和具体法律制度的基本原则上。在价值取向上,经济法既不同于行政法的国家利益至上,也不同于民法的公平至上和商法的效益至上,而是追求的在个体利益和社会利益平衡基础之上的社会利益至上。这里的所谓社会利益至上是指国家在制定经济法规、设定经济法律规范时,是以维护和实现社会公共利益为出发点和根本归宿。政府对社会经济活动进行干预是为了克服和避免经济危机,使国民经济稳定、健康、持续的发展。政府要干预经济,并非必须采用法律形式,直接采取行政命令往往更为有效、更为方便和灵活。之所以要通过法律手段进行干预,主要是基于行政手段本身的缺陷,即行政手段比较抽象、笼统,同时又具有很大的灵活性、随意性、易变性和不确定性,往往被滥用等。民众对政府公共权力的行使的正当性、合理性及有效性也心存疑虑。制定经济立法不但在于直接作用于经济生活以改变市场经济的运行机制,更主要的还在于通过立法来限定政府对市场干预的范围和程度。因此,克服市场缺陷、矫正市场条件只能说是经济法的外在作用形式,而追求社会经济的稳定健康协调发展才真正是经济法赖以存在的隐性目标。经济法的最终价值取向要具体化为以下价值目标:(1)保障市场机

---

① 马克思.资本论:第一卷[M].郭大力,王亚南,译.北京:人民出版社,1975:829.

制的有效行使。政府干预经济是为了克服市场的缺陷、矫正市场条件并规范政府干预经济的行为。政府这只"看得见的手"对市场经济的干预往往会借助于国家的强力来实现,因此在干预经济方面政府容易走得太远。经济法的主要作用之一就是将政府干预行为限制在一定范围内,把保障市场机制的健全作为经济立法的首要价值目标。能否实现这一目标也是衡量政府干预市场经济合理性的唯一标准。(2)克服市场机制的缺陷。经济法的作用不仅在于保障市场机制的健全,而且还表现为要运用国家对社会经济的积极干预,克服市场机制本身的缺陷,同时强化市场机制本身的积极因素,抑制和克服市场机制的消极因素,以促成国家走出周期性经济危机的阴影,走上稳定协调发展的轨道。(3)实现政府干预的安全性和合理性。这里的安全性,既包括私权利的安全也包括公共利益的安全。经济法作为带有某种公权性质的社会法法律规范体系,同样应当以充分尊重私权为前提。在立法上应树立私权至上的观念,正确界定和限制公权的作用范围,而不能借口社会利益至上,根本漠视和肆意践踏私人权利,任意干涉私人生活。(4)实现政府干预的有效性。有效性既是对政府干预经济效果的评价,也是对经济法如何保证政府干预的合理性提出的要求。经济法对社会经济的干预应符合效益要求,应强调政府干预结果效益的最大化。同时对政府干预经济的权力应进行合理设计、合理分配,确保政府各部门被赋予的职权被正确有效地行使,防止政府权力的泛化和滥用。

2.经济法的作用范围。作为独立法律部门的经济法不但应当有其独特的调整对象,而且应当有自己独立的作用范围。经济法的作用首先在于弥补民法公平观念之不足。公平原则是民法的最高准则,它既体现了民法的任务、性质和特征,也反映了民法的追求目的,是民事立法的宗旨、执法的准绳和行为人守法的基本指南。甚至可以毫不夸张地说,公平原则是民法的活的灵魂。不仅如此,公平原则又与一切具体的民法原则不同,它具有对一切市民社会普遍适用的效力,且贯穿于整个民法的立法、执法和守法过程的始终。在公平原则与其他民法基本原则的关系上,公平原则既是其他原则的高位原则,对其他民法基本原则起到指导作用,同时公平原则又可具体化为平等原则、自由原则、自愿原则和禁止权利滥用原则,并以这些原则作为其实现方式。但民法公平强调的是个体公平、条件公平和形式公平。这种公平有其自身存在的合理性,对市民社会观念的确立、社会的进步、人性的解放、人格的尊重等许多方面都发挥了其他任何法律部门都难以比拟的重大作用。不仅如此,作为私法代表的民法是以调整平等主体之间的财产关系和人身关系为己任的法律规范,它所作用的社会生活的范围决定了它只能是私人利益的维护法,它承认在市场经济条件下,市场主体都是"经济人",承认市场主体追求自身利益最大化的合理性和合法性。即是说民法只是从市场规则角度对市场行为进行规范,在市场经济运行中,只要市场主体沿着民法预先制定的行为规则去追求自身利益最大化,民法对于追求的结果就予以承认并加以保护,至于由此所产生的诸如人类生存危机、社会不公等问题,民法通常无能为力。民法所追求的平等也是社会条件的平等,对此列宁曾指出:"社会主义者说平等,一向是指社会的平等,指社会地位的平等,决不是指个人的体力和智力的平等。"①由此可见,民法所倡导的公平、平等的价值理念仅局限于经济个体之间的公平和平等,它仅仅是形式上的公平和机会上的平等,而不能从社会整体利益出发去追求实质的公平和平等。民法只能是个人利益的本位法和个人权利的维护法,如果硬要牵强附会地将民法建立在社会公共利益基础上去实现个人利益最大化,那只能是削足适履,是民法的异化。传统的民法既然难以担当起维护社会公共利益的重任,那么这一任务就只能由作为社会法的经济法来承担。与民法相比,经济法强调的是社会公平、结果公平和实质公平,谋求的是社会的稳定发展,追求的是社会的整体公共利益。社会公共利益并不是个人利益的简单相加,而是能让全体社会成员受益的整体利益,它既超越于个人利益之上,但又与个人利益密切相关,与个体利益之间是一种既统一又有矛盾的关系。随着市场经济的进一步发展,人们之间的联系日益密切,彼此依存程度日益加深,因而从整体上协调市场主体之间的利益关系以推动社会发展已显得十分必要和迫切。因此经济法的存在既有其合理性,也有其广阔的作用空间。

其次是弥补商法效益观念之不足。按照一般理解,商法所调整的主要是商人及其行为。而商人作为市场主体,又以追求利润作为自己一切行为的主要目的和存在的唯一依据,是不折不扣的经济人。所谓经济人,按照古典经济学家穆勒的观点就是会计算、有创造性、能寻求自身利益最大化的人。② 并且还应当是具有理性的人。所谓理性的人或人的理性是指经济人能够通过成本——收益或趋利避害原则对其面临的一切机会和目标及实现目标的手段进行分析比较和优化选择。马克思指出:"人们扮演的经济角色不过是经济关系的人格化,人们是作为这种关系的承担者而彼此对立着。"③亚里士多德曾说过:"人就其本质而言,都是政治动物。"但同样应当强调的是,在作为政治动物的同时市场主体又是作为经济动物即经济人而存在的。政治人和经济人虽然具有不同的功能,但却有相同的价值行为准则,即无论是作为经济人还是作为政治人,都无时不在既定约束条件下以最小代价去获取最大收益。从这个意义上说,政治人无非是活动在政治领域内的经济人。④ 作为经济人,其最主要的特点是具有趋利避害的本能。对此《管子》曾非常深刻地分析道:"见利莫能勿就,见害莫能勿避。其商人通贾,倍道兼行,夜以继日,千里而不远者,利在前也。渔人之入海,海深万仞,就彼逆流,乘危百里,宿夜不出者,利在水也。故利之所在,虽千仞之山,无所不上;深源之下,无所不处焉。"商法的主要作用就在于将经济人的这种逐利行为合法化、规范化,并为商人的营利行为营造良好的法律环境。但商法中的效益侧重于对个体效益的张扬和保护,注重的是个人意识的尊重。其主要原因在于,商法中的效益原则是以经济自由主义为基础的,商法上的效益原则、自由原则或意思自治原则不过是经济自由原则的法律体现。而经济自由主义又是现代商品经济和市场经济的基石。古典重农学派认为,人类社会和物质世界一样,都

---

① 列宁.列宁全集:第 24 卷[M].北京:人民出版社,1990:391.
② 亨利·勒帕日.美国新自由主义经济学[M].李燕生,译.北京:北京大学出版社,1985:24.
③ 马克思,恩格斯.马克思恩格斯全集:第 23 卷[M].北京:人民出版社,1972:103.
④ 张宇燕.经济发展与制度选择[M].北京:中国人民大学出版社,1992:65.

存在着不以人的意志为转移的客观规律,这就是自然秩序。人身自由和私有财产是自然秩序所规定的人类的基本权利,是天赋人权的基本内容。自然秩序的实质在于个人利益和公众利益的统一,而这种统一只能在自由经济体制下才能得以实现。作为古典经济学思想集大成的经济学家亚当·斯密将这种经济自由主义思想进行了发挥和完善,将个人主义作为"天赋自由经济制度"的基础。认为个人是其本人利益的最好明断者,明智的做法就是让每一个个人在经济活动领域中自主地抉择自己的道路。在这种一切顺其自然的社会中,其规律性力量是由市场这只"看不见的手"来进行调控的。自由放任意味着经济领域是一种只服从于自身规律运动和变化的独立经济体系,它独立于作为政治领域的国家之外,且政治国家不应干涉经济领域的活动。社会利益是在个人追逐私利的状态下实现的,个人的逐利过程同时也可以促进社会的整体进步。但这种效益至上和意思自治通常仅局限于个人,当个人的利益与社会利益、个人意思自治与社会的意思自治发生冲突时,商法首先选择的是尊重个人的利益和意思自治。换言之,当个人利益与社会利益发生冲突时,商法侧重于尊重个人的意思自治和保护个人利益,而不能站在社会整体利益的高度对个人利益进行限制,对个人意思自治予以充分集中。因此,协调个人利益与社会利益,实现社会效益和社会整体利益追求的目的只能由作为社会法的经济法来承担。

最后是弥补行政法国家利益至上观念之不足。行政法是关于行政主体的行政管理活动的法律规范的总和。其调整对象是行政主体在行政管理活动中和其他国家机关,社会团体、企业事业单位以及公民之间的关系即行政关系。严格意义上的行政法是近代民主政治的产物,它以国家权力的有效划分、国家机关的严格分工作为条件。行政法作为一个独立的法律部门,大体上包括几方面的内容:关于行政组织的法律规范,关于行政行为的法律规范,关于行政法制监督的法律规范。行政法的主要特点是:内容极其广泛,涉及政治、经济、军事、外交、公安、民政、科技、卫生、文化、教育等各个领域;因其内容与社会生活关系十分密切,而社会生活经常发生变化,因此行政法规范常有变动;没有一部统一、完整、系统的行政法典,而由分散的一系列法律文件组成;法律文件数量特别多,在各个法律部门中居于首位;立法是多元的,不同国家机关的行政立法,其性质和效力均有所不同。① 行政法之所以无力担负起维护社会公共利益的重任,主要原因在于行政法主要体现的是国家意志,而在阶级社会中,国家意志又主要体现的是统治阶级的意志,因此国家有时虽然能兼顾整个社会的公共利益,但从根本上说主要维护的还是统治阶级的利益,而不能从社会公共利益出发维护被统治阶级的利益。即是说,以国家利益为本位的行政法既难以同时兼顾国家利益和社会公共利益,也不能把社会利益作为主要或唯一的价值追求。行政法主要调整和保护的是国家的政治生活,现代行政法的立足点应是限制国家的行政权力,即如何将国家的管理行为限制在合理范围内,制定行政法的主要目的是为了维持国家机器的正常运转,因此国家的一切只能包括其经济行政职能也应以实现这一目标为其存在目的。也就是说,行政法的主要内容是如何将

① 曾庆敏.法学大辞典[Z].上海:上海辞书出版社,1998:561.

行政机关的行为限制在法律规定的范围内,行政法律规范也主要表现为限权性规范。因此,从其作用领域和存在目的来看,行政法并不负有克服市场调节机制缺陷及维护市场条件的职能,也无力担负起维护社会公共利益的重任。与行政法不同,经济法调整和保护的是市民社会生活即社会的经济生活,是市民社会的保护法;其立足点在于以维护社会公共利益为目的而干预社会市场主体的经济活动。

四、经济法的内容和体系

所谓法律体系,是指基于客观存在的同种类调整对象之间的互相联系、互相作用而形成的一系列法律规范的总和,或者说是基于相同的调整对象基础而形成的具有密切内在逻辑联系的法律规范和制度的系统结构。正是基于经济法是社会公共利益维护法的基本认识,所以我们认为经济法可以而且也应当作为一个独立的法律部门,其调整内容主要应当包括市场条件保障、市场行为矫正、市场行为引导和市场行为促进四个方面。

1.市场条件保障法。市场经济的正常运行离不开良好的市场环境和完备的市场条件,为市场条件提供有效法律保障是经济法的最基本作用之一。经济法在这方面的作用主要表现为市场建立条件保障、市场运行条件保障和市场延续条件保障。

(1)市场建立条件保障法。市场的正常运行既有赖于各项内外部条件的综合作用和有效配合,同时也要求市场必须按其自身的内在要求和规律进行组建,要求市场建立的基础必须格外稳固。市场条件保障法主要应包括以下内容:①市场体制的构建法。虽然我国宪法和党的有关文件中已明确将社会主义市场经济作为我国经济运行体制的基本内容,但市场经济的具体目标、要求、模式等问题尚有待法律的具体确认。这一任务应当由经济法通过《市场体制框架法》或《市场经济发展法》来承担。经济法在市场建立中的主要作用是:明确建立市场经济体制的指导思想、市场体制的主要目标及其框架内容、市场经济体制建立应具备的基本条件、市场经济的基本构成要素、实现市场经济体制的基本措施和步骤等。其主要目的是利用法律手段促成市场体制的尽快建立。②市场准入法。市场中必须有市场主体,作为市场主体必须具备的基本条件和要求有赖于民商事法律制度的确认,并不属于经济法的作用范围。经济法对市场主体的调整主要是对市场进入条件的限制,即有关市场准入的范围、市场准入的条件和程序、违背市场准入规定的法律后果。其内容主要包括特殊行业(如证券业、保险业、中介服务业)市场准入法、特殊产品专卖法等。其主要目的是通过市场准入的规定,干涉特殊领域的经济活动,净化市场主体。③市场主体资格授予、剥夺和监控法。市场经济主体要进入市场必须通过一定的程序,市场主体要继续维持这种主体资格也必须要符合一定条件。经济法对市场主体资格授予、剥夺及主体资格的监控的法律规范主要是通过市场主体登记法、市场主体监管法等具体法律制度来完成的。

(2)市场运行条件保障法。市场的正常运行必须有赖于良好的内外部条件的保障。这些保障条件主要包括:①市场公平条件保障法。即利用法律手段为市场主体的经济行为创造公平外部环境的法律制度和法律规范。其内容主要包括税法、价格法、公平交易法等。②市场秩序维护法。即通过法律手段对各种有害于正常市场秩序的行为进行强制性矫正的一些单行法规和具体法律规范。典型的如《市场秩序法》。③市场限制条件法。即国家出于社会整体利益的需要而对市场主体的一定行为进行限制或管制。典型的如食盐专卖法、烟草专卖法、外汇管制法、对外经济贸易管制法等。

（3）市场延续条件保障法。市场经济作为一种制度结构，要想充分发挥其作用，必须保障市场体制本身能够长时间的存在，而不能因其内部累积的矛盾和缺陷使市场经济体制本身无以为继。这一目标的顺利实现有赖于各种条件的有效保障，经济法在这方面也发挥着重大作用。这些市场延续条件保障法的主要内容包括：①可持续发展法。可持续发展法又称"环境、人口和自然资源协调发展法"，这一法律体系应当成为并且已经成为经济法的核心内容之一。随着18世纪以来科学技术突飞猛进的发展，人口剧增、环境污染和资源枯竭三大难题使人类陷入了自我消耗的恶性循环。森林和湿地面积大量减少、土地退化沙化和水土流失，植被大面积遭到破坏，导致人类对自然灾害的抵御能力减弱，地质灾害频繁发生。其结果不但直接影响到人类的健康和生命，而且在一定程度上改变了人类赖以生存的生态环境，甚至对人类的生存构成严重威胁。这一问题已经引起了全世界的广泛关注。1972年6月5日，联合国召开了第一次人类环境会议，会议通过了《人类环境宣言》，号召全世界共同维护和改善人类的生存环境。此后在1987年召开的"地球的未来"的国际会议上，前挪威首相布伦特兰夫人首次提出了经济、社会发展必须同资源和环境相协调，并提出经济发展必须符合公平性、可持续性、共同性三项基本原则，可持续发展的概念也第一次被明确界定为"既满足当代人的需求，又不损害子孙后代满足其需求能力的发展"。为了响应和落实联合国环境和发展大会的精神，会后不久，中国政府就提出了中国环境与发展应采取的十大对策，明确指出走可持续发展道路是当代中国以及未来的必然选择。1994年3月，中国政府批准发布了《中国21世纪议程——中国21世纪人口、环境与发展白皮书》，从人口、环境与发展的具体国情出发，提出了中国可持续发展的总体战略、对策以及行动方案。有关部门和地方也据此分别制定了实施可持续发展战略的行动计划，第八届全国人民代表大会第四次会议审议通过的《中华人民共和国国民经济和社会发展"九五"计划和2010年远景目标纲要》，把实施可持续发展作为现代化建设的一项重大战略。为了实施可持续发展战略，中国政府从20世纪80年代以来，就已经将计划生育和环境保护确立为社会主义现代化建设的两项基本国策，逐步将此两项基本国策列入了国民经济和社会发展计划，并加强了与可持续发展有关的立法工作。[①] 我们认为可持续发展的完整含义应包括生态的持续性、经济的持续性、社会的持续性几个方面，其中强调社会、经济、资源、环境协调发展应是可持续发展的核心。作为可持续发展的基本要求是强调开发和发展的整体性、综合性和系统性。而实现可持续开发的一个最有效途径就是用法律来保驾护航。因为可持续发展本身就包括要有完备的政策和法律规则等制度性要素,尤其是法律规范由于具有稳定性、连续性、普遍有效性、规范性和公开性等特征和属性,对于经济和社会持续、协调发展更为重要和必需。因此可以预言的是,随着可持续发展战略的进一步实施,有关立法这方面的经济立法也会越来越受到重视。②弱势群体保护法。在市场经济中,市场主体虽然面对相同的市场竞争条件,但由于各自所占有的生产资料在数量上和质量上有明显的差异、掌握的信息也不对称等原因,因此容易导致竞争结果的不公平和实际地位的非对等等现象的出现。为了实现社会公平、平衡市场主体的非对称地位,经济法必须对市场中的弱势群体予以特殊保护,以实现社会利益的相对平衡、维持社会的正常运转。因为一个社会只有在各方面利益相对平衡的状态下才能够长期存在下去。经济法在这方面的立法主要表现为以维护消费者权益为中心内容的消费者权益保护法、以化解劳资冲突和矛盾、维护劳动者合法权益为主要内容的劳动法、工资法、劳动报酬法,以及因对社会成员中的弱势群体进行救助而形成的社会救济法、社会保障法和社会保险法等。③市场客体合理利用法。良好的自然环境和自然资源是人类活动赖以展开的必要外部条件,也是实现人类可持续发展的必然要求。自然资源的形成大都经历了大自然数以亿年的不断积累和不断进化,是大自然对人类的最大恩赐。即使在科技水平和文明程度极高的现代社会,人类离开自然资源仍然无法生存。与包含有人类物化劳动和活劳动的劳动产品不同,自然资源大都具有不可再生性、易耗性和数量的有限性等特征。目前资源枯竭已经成为困扰人类的最大难题之一,对自然资源的合理开发和有效利用也成为各国关注的重点问题之一。因此作为经济法主要内容的自然资源法在资源的有效保护和合理利用方面无疑负有重要责任。

2.市场行为矫正法。出于追逐最大限度利润的动机,市场主体的行为往往有一种强烈的利己主义倾向,并会以牺牲他人或社会利益为代价而求得个人利益的实现。经济法在这方面的主要作用就是利用法律的强制性规定对市场主体的逾常行为或有害行为进行矫正。这方面的主要法律就是反不正当竞争法和反垄断法。

(1)反不正当竞争法。"不正当竞争"一词最早出现于1850年的法国。所谓不正当竞争是指市场主体以谋取不正当利益为目的,以限制、扭曲、阻止正当竞争为内容的恶意竞争行为。这种不正当竞争行为具有显著的非正当性,违反了法律的强制性规定和社会公共道德对市场主体的行为要求,违反了法律所要求的公平、互利互惠和诚实信用等基本原则。行为的后果会侵害其他市场主体的合法权益并会扰乱正常的社会经济秩序。此外不正当竞争行为还具有极大的传染性,会导致社会无序化状态的发生。因此许多国家都把反不正当竞争作为一项重要立法内容。最早对不正当竞争行为作出禁止性规定的是1896年的德国《反不正当竞争法》。而1883年签订的《保护工业产权巴黎公约》在1900年的修订本中首次对不正当竞争行为作出了明确的禁止性规定,此后许多国家都将反不正当竞争列入自己的立法议程。1993年中国颁布了自己的反不正当竞争法,其内容虽然有许多不完善和许多值得商榷的地方,但毕竟表明了中国反不正当竞争的信心和决心。随着市场经济的进一步发展,不正当竞争的类型将会越来越多、社会危害性也会越来越大。因此有关的反不正当竞争立法将会越来越受到重视。

（2）反垄断法。垄断是社会经济发展到一定阶段的产物，是随竞争而出现的一种特有经济现象。列宁指出："马克思对资本主义作了理论上和历史上的分析，证明自由竞争引起生产集中，而生产集中发展到一定阶段就会引起垄断。""由此可见，一方面，集中发展到一定阶段，可以说，就自然而然地走到垄断。因为几十个大型企业彼此之间容易成立协定。另一方面，正是企业的规模巨大，造成了竞争的困难，产生了垄断的趋势。这种从竞争到垄断的转变，是最新资本主义经济的最重要的现象之一，甚至是唯一的最重要的现象。"①垄断会造成资产配置偏位，形成低效率的经济组织运行状态，使市场调节系统出现功能性障碍，造成技术停滞的趋势，缩小经济发展的可能性空间，并会对消费者造成严重侵害。因此经济法在反对垄断方面大有用武之地。

3.市场行为引导法。经济法在这一领域中的主要作用是：在对国民经济发展情况及其趋势的充分研究的基础上，通过经济预测、经济计划等方式，为市场主体的行为设定一定的目标和提供一定数量可供选择的行为空间，并引导市场主体行为符合社会经济发展的实际需要。经济法在市场行为引导方面的主要立法内容应包括：国民经济计划法、经济协调发展法、综合开发规划法、城镇与乡村规划法、产业政策法等法律和法规，同时应辅之以大量的政策性指导规范，如国家鼓励发展或限制发展专业目录等，共同保障市场主体的行为符合社会整体利益的需要。

4.市场行为促进法。市场经济的健康发展除了有赖于市场主体的自主行为之外，国家对市场主体行为的有效引导和积极鼓励同样是必不可少的。作为国家的主要功能之一就是通过一定的体制和政策，最大限度地激发市场主体的生产经营积极性，以便创造尽量多的社会财富。经济法在这方面的主要作用是通过经济振兴法为国民经济的振兴和发展提供必要法律手段；通过内资投资法、外商投资法和投资鼓励法，鼓励国内外资产拥有者积极进行投资行为；通过欠发达地区经济促进法和欠发达地区工业开发促进法，提升欠发达地区的经济实力，以求得整个社会经济的平衡发展；通过移民鼓励法、大城市人口控制法调整不合理的人口布局；通过产业再配置促进法对不合理的产业结构和产业布局进行重新规划和调整；通过就业促进法减缓或解决日益严重的显性失业和隐性失业问题；通过出口补贴法和相关法律规定积极鼓励出口，努力提高本国企业的国际竞争能力；通过竞争促进法，强化市场主体的竞争意识、加大市场的竞争烈度，提高社会整体的竞争能力和竞争水平。通过制定农业调整法、农村振兴发展法改善农村的不合理生产结构，加速农村的城市化和工业化进程。

---

① 　列宁.列宁选集:第 2 卷[M].北京:人民出版社,1972:743,740.

第四编

民事主体制度编

民事主体制度的范式演进对我国民法典制定的影响①

引言

如果可以用时下流行的方式为纷繁复杂的法律制度的重要性评选一个"排行榜"的话，估计大多数人不会对民事主体制度的首要位置提出异议。的确，正是基于这一制度，我们的行为才得以彰显自由意志、我们付诸心血的劳动成果才能够归有所属；也正是基于这一制度，我们才能够将人格向政治领域延展以拥有政治权利、向商事领域延展以生成商事人格。但民事主体制度之现状又非由来已久、亘古不变，其发展演进已然是人类文明进步的标尺。那么，民事主体制度是遵循怎样的逻辑范式、凭依怎样的助推动力艰难玉成、修得今日的"上善"境界？个人法律人格基础的历史演变是"从身份到理性"还是"从身份人格到伦理人格"？在"人格平等"不证自明理念已成共识、二元主体结构已成团体发展桎梏的今天，民事主体制度中的权利能力是否已该寿终正寝，而由"自然人格取代法律人格"？凡此种种理论的困惑和现实的迷茫将使民事主体制度成为一个历久弥新的永恒论题。即便实定法真的能够与自然法形神合一从而使得对自然人人格的法律界定如同画蛇添足，关于团体人格该何去何从的论争也将永无休止。本文在此将尝试借鉴解析性思维为民事主体制度研究构建一种"伦理之维＋理性之维"的逻辑范式，利用这一范式能够较为清晰地展示民事主体制度沿着"伦理之维"演进发展的历史轨迹，以及"理性之维"的内在呼唤对于"伦理之维"接近自然法精神的助推作用；进而有助于我们理性审视关于自然人权利能力制度意义之论争，并为困扰良久的团体民事主体资格确定以及商事主体建构难题之破解提供新的思维路径。

一、社会伦理是民事主体制度演进的历史主线

罗马法以"身份"作为建构人格之要素以及近现代民法立足于"人人平等"的价值理念实现了身份与人格之分离都是不争的事实。因此，从形式上看，个人法律人格基础的历史演变

---

① 本文系与汪青松教授合作完成的作品，原文为《民事主体制度范式演进的内在逻辑》，发表在肖厚国主编《民法哲学研究》（第一辑）第 74～92 页。法律出版社 2009 年出版。

的确是表现为一种"从身份人格到伦理人格"的变迁。① 但从历史唯物主义的角度分析,罗马法上的"身份"标准得以依存的逻辑基础仍然是当时普遍接受的伦理观念,尽管按照近现代的伦理内涵,它们完全是"非伦理的"。从这个意义上说,所谓"从身份人格到伦理人格"实质乃是"从彼伦理人格到此伦理人格"。也就是说,民事主体制度其实一直就是沿着"伦理"这一主线演进发展的。

伦理之产生可以说是和人类社会文明之历史一样源远流长,但是由于伦理学"概念的无公度性"和"广泛的历史多样性",②对其并没有一个普遍接受的界定。包尔生认为:"我们可以在同样的意义上称伦理学的命题为自然律,这些命题也同样表现了存在于行为类型与它们对生活所产生的效果之间的恒久联系。"③但石里克则认为:"如果存在着某种价值,它们在同我们的情感绝对地无关这个意义上说是'绝对的',那么,这种价值就将构成一个独立的领域,无论如何都不涉及我们的意志和行为的世界,因为似乎有一堵不可逾越的高墙把它们同我们隔绝了。而我们的生活中就好像它们并不存在似的,所以在伦理学看来,它们一定也是并不存在的。"④但关于伦理的莫衷一是的界定也给我们以另一种启示,即我们可以立足于自然观和历史观相结合的视角将伦理分为自然伦理和社会伦理,前者类似于上述的包尔生眼中的伦理,可用来指称发源于古希腊的自然法思想所一直主张的人的生而平等;后者相当于石里克理解的伦理价值,可用来指称特定社会历史时期占统治地位的、直接指导人们行为的社会伦理观念。自然伦理是人类伦理观的一种应然状态,是指引人类社会在精神层面不断自我完善的永恒灯塔,是审视评价社会伦理人性水平的标尺。而社会伦理则是特定人类社会在某一历史时期所形成的普遍伦理观念的一种实然状态,是指导当时人们社会生活的基本行为规范,是当时人们对自然伦理认识和接受程度的反映。实际上,自然伦理与社会伦理的分野至少从苏格拉底时代就已开始。苏格拉底以其所谓"灵异"教导青年服从自己的理性判断和理性权威,但这一合乎自然伦理精神的道德原则却与当时希腊的伦理观念格格不入。正如黑格尔所言:"苏格拉底伤害了他的人民的精神和伦理生活;这种损害性的行为受到了处罚。"⑤亚里士多德把伦理学看成是政治学的一个分支,⑥他所指涉的"伦理"也应当是属于社会伦理。自然伦理与社会伦理相对应的思想在霍布斯那里也可以得到些许回应和支持。霍布斯认为自然法是作为内部命令来约束人的,因此是"理性发现的诫条或一般法则",⑦并在《利维坦》一书的第 14、15、16 等章中提出了由自然法建构道德哲学的基本方向,而且他认为"研究这些自然法的科学是唯一真正的道德哲学"。⑧ 从这一点来看,霍布斯似乎是将自然

---

① 马俊驹.从身份人格到伦理人格——论个人法律人格基础的历史演变[J].湖南社会科学,2005(6).

② 麦金太尔.谁之正义,何种合理性[M].万俊人,等译.北京:当代出版社,1996:5(译者序言).

③ 包尔生.伦理学体系[M].何怀宏,廖申白,译.北京:中国社会科学出版社,1988:18.

④ 石里克.伦理学问题[M].张国珍,赵又春,译.北京:商务印书馆,1997:108.

⑤ 黑格尔.哲学史讲演录:第2卷[M].王太庆,译.北京:商务印书馆,1981:104.

⑥ 罗素.西方哲学史(上卷)[M].何兆武,李约瑟,译.北京:商务印书馆,1963:230.

⑦ 霍布斯.利维坦[M].黎思复,黎廷弼,译.北京:商务印书馆,1985:97.

⑧ 霍布斯.利维坦[M].黎思复,黎廷弼,译.北京:商务印书馆,1985:121.

法等同于自然伦理的,而其所主张要构建的契约伦理应当是属于一种社会伦理。自然伦理与社会伦理分别构成了伦理观念的应然与实然。

那么,倘若自然伦理与社会伦理相对应的观念和自然正义与法律正义以及自然法与实在法相对应的观念一样是可被接受的话,我们就可以得出一个推论:特定社会历史时期的民事主体制度是建构于当时的社会伦理基础之上的。从这一角度来说,所谓的立法者"不是在制造法律,不是在发明法律,而仅仅是在表述法律"。① 或者说民事立法实际上就是在表述伦理,因为"民法规范主要表现为伦理性规范"。② 所以,不论是罗马法上的主体制度还是近现代民法中的主体制度,归根结底无非都是对当时社会伦理的确认和表达,或者说所谓的民事主体制度不过是关于人之地位的社会伦理在实在法上的投影。比如,"自然人之能力,罗马法依身份之不同分为三种:一曰自由身份权,依此身份,自然人有自由与奴隶之分也。二曰市民身份权,依此身份,自然人有罗马人与外国人之分也。三曰家属身份权,依此身份,自然人有家父与家子之分也"。"自由身份权即 Libertas,简称自由权。市民身份权,即 Civitas,简称市民权。家属身份权,即 Familia,简称实用性权。此三种身份权,总称曰人格或人格权(Caput)。"③从严格意义上说,只有兼备这三种身份权的"家父"才是罗马法上拥有完整人格的法律主体。这三种身份权中的自由人的身份和市民的身份是属于家父构件中的公的方面,④或者说罗马法的主体制度涵盖了私的和公的领域,统领了个人、家庭、市民社会、政治国家(城邦)等全部范畴。而家庭、市民社会或者国家都只不过是作为"家庭和民族的现实精神"⑤之体现的伦理实体的一种形态而已。因此,在奴隶社会时期,当时的社会伦理不是从每一个个体人的角度去理解人、把握人,而是从家庭、社会和国家的角度去审视个体在其中所处的坐标,而人的平等、自由、尊严等自然伦理的价值内涵还没有发展成为社会伦理的当然要义,于是,人格就当然异化为身份的表征。在这样的社会伦理观念下,将奴隶排斥于主体范围之外的"人可非人"⑥的主体建构模式、因身份变量之增减而引发"人格减等"、"人格限制"乃至"人格消灭"的人格变更制度在当时的普遍观念中是不具有伦理可责性的。也就是说,我们不能运用今天普遍认同的与自然伦理更为接近的社会伦理尺度去评价罗马法的人格制度进而得出其"非伦理"的论断。因此,所谓的罗马法中的"身份人格"本质上仍是一种"伦理人格",是与当时特定的社会伦理相适应的。而近代以来,"希腊式的伦理理性主义、伦理战斗精神和伦理逻各斯思维在近代民族主权国家的独特经验方式下作为市民知识分子用来反抗中世纪宗教——伦理体系的思想武器,不断被现代市民意识作出新的解释。欧洲人在文艺复兴的形式中感受到的、体会到的并不是古代世界和古代道德的雷同或重复,恰恰相

① 马克思,恩格斯.马克思恩格斯全集:第 1 卷[M].北京:人民出版社,1956:183.
② 赵万一.论民法的伦理性价值[J].法商研究,2003(6).
③ 邱汉平.罗马法[M].北京:中国方正出版社,2004:53.
④ 徐国栋.人身关系流变考(上)[J].法学,2002(6).
⑤ 黑格尔.法哲学原理[M].范扬,等译.北京:商务印书馆,1961:173.
⑥ 李拥军.从"人可非人"到"非人可人":民事主体制度与理念的历史变迁——对法律"人"的一种解析[J].法制与社会发展,2005(2).

反,回到希腊的运动实际上是以一种迂回路线告别了希腊。……例如'理性''本性''平等''自由''知识''美德''民主''法'等这些由希腊语言翻译成欧洲民族语言的词,但它们蕴含的思想则是全新的"①。由此形成的关于人的平等地位的全新社会伦理观念也终得以被形塑成为近现代民法中的民事主体制度。

二、理性主义是社会伦理接近自然伦理的不竭动力

如果说民事主体制度的演进是沿着社会伦理的历史主线变革发展的,那么是什么力量在一直推动社会伦理从戕灭人性的旧时代向着自然伦理的"理想国"不断迈进? 倘若依靠仁慈上帝指引的解释是一个永远无法证实和证伪之假定的话,或许相信这是人类凭借理性主义的自我救赎不失为一个更可信服的回答。因为,"人的基本与首要义务是通过坚定地、持续地运用他的理性和自由意志,在他的自然倾向的照耀与指引下,成为(实际上、真正地、完整地、完全地)他之所是(理念上的、潜在地、胚胎性的、本质上的)"②。同样作为一种非实存的、至善的终极追求之理念,自然伦理和自然法应当是基于理性主义的人类最高理想的同一表达,是伦理与理性的完美统一。自然法或谓之自然伦理思想发端于古希腊的美德伦理精神。希腊伦理精神从最早唱响荷马史诗的伊奥利亚地区发端,在希腊诸城邦纷纷以理性立法意识建立城邦制度的过程中,伦理思维逐渐地摆脱了作为远古部落贵族之道德基础的神话思维模式。哲学的诞生则将美德伦理思维从直接的经验性、日常性表现形式上升到一种宇宙论论证、目的论论证的理性思维的表现形式,最后在一种哲学思辨的高度发达的形式中达到了集大成的理论综合。③ 自此,伦理思想真正具有了理性内核,从而也开始了用理性的目光审视人类自身。苏格拉底提出了灵魂的本质是理性的观点,成为西方理性主义第一人。④ 他提出的著名命题"认识你自己",就是要人探求人的本质是什么。苏格拉底从公正、勇敢、节制、善等概念出发,揭示出人的各种品质,把人定位在求知和求善的德性之上。早期的斯多葛学派以伦理学为起点,把"自然"的观念置于其哲学体系的核心,认为"人作为宇宙自然的一部分,本质上就是一种理性动物。在服从理性命令的过程中,人乃是根据符合其自身本性的法则安排其生活的"⑤。斯多葛学派的自然法思想在罗马法学家那里得到了更加具体的继承和发扬,如西塞罗提出了"法律面前人人平等的一系列原则,即只要在'世界国家'的家庭中,共同服从'自然法'的人,不论其原来的国籍、种族、社会地位如何不同,即使是奴隶,也都是'与上帝共同享有理性'的公民"⑥。通过上述种种努力,伦理和理性得以在自然伦

---

① 田海平.西法伦理精神——从古希腊到康德时代[M].南京:东南大学出版社,1998:280.

② 海因里希·罗门.自然法的观念史和哲学[M].姚中秋,译.上海:上海三联书店,2007:160(下注2).

③ 田海平.西法伦理精神——从古希腊到康德时代[M].南京:东南大学出版社,1998:7-8.

④ 汪子嵩,等.希腊哲学史:第2卷[M].北京:人民出版社,1993:104.

⑤ E.博登海默.法理学——法哲学与法律方法[M].邓正来,译.北京:中国政法大学出版社,1999:13.

⑥ 何勤华.西方法学史[M].北京:中国政法大学出版社,1996:37.

理或谓之自然法思想中实现了统一,这种"同一"在关于自然法思想中的理性和伦理的交互式界定中得到了明确的体现。比如,自然法思想所宣扬的"理性"被定义为"人类一种自然的能力,是行为或信仰的正当理由,评判善恶是非的根本标准。把自然法视为理性的建构,意味着自然法是绝对有效的、不证自明的、一贯的和必然的,即使上帝也不能改变";[①]而由自然法的伦理内涵所生成的道德律则被定义为"由自然赋予我们的固有的理性之光,透过它,我们认识到我们应当做什么、不做什么;也可以这样说,它是由造物主通过自然赋予我们的知识,我们必须在我们的行为中严格地遵守与我们的自然相应的秩序"[②]。

继西塞罗之后,自然伦理和自然法思想进入到了法学理论和实践中,作为法学理论和实践所建构之基础的社会伦理获得了理性主义的极大助推,其与自然伦理之间的背离程度日渐缩小。这一变化在罗马法后期的发展和近代以来的民事立法中都能够得到有力的例证。比如,罗马万民法发展的一个重要方向,就是摆脱了市民法上的不平等,逐步扩大公民权,实质上是罗马公民与异邦人法律地位的逐步平等[③]——万民法不仅承认罗马人享有独立的权利,而且承认非罗马人享有与罗马人平等的人格权、财产权和诉讼权利,从这个意义上讲,万民法原则与自然法理念是同义的。所以,当时大多数人都相信,万民法渊源于自然法的"自然理性"。[④] 在《法国民法典》的制定过程中,近代自然法的思想发挥了决定性的作用。这个作用,在《法国民法典》最终草案的序编中得到了明确的表述:"存在着一种普遍的永恒的法,它是一切实在法的渊源:它不过是统治着全人类的自然理性。"[⑤]《法国民法典》的起草者认为,"立法者的预见是有限的,自然法则是无限的,它可以适用于任何可能与人有关的事"[⑥]。正是在这种理性主义光辉的指引下,自然人平等的民事主体地位在《法国民法典》中得到了完全的确认,民事主体制度所凭依的社会伦理也得以在自然人的范畴内与自然伦理实现了基本的一致。

三、民事主体制度的伦理理性两维范式

从以上论述我们可以发现,尽管自罗马法开始,关于主体资格之界定一直都是采用"人格"(权利能力)这一深刻反映社会伦理发展进程的伦理性标准,但主体制度的背后须臾不曾缺少自然伦理之理性内力的暗流涌动。最终,理性得以在近现代民法主体制度中与伦理并

① 张文显.二十世纪西方法哲学思潮研究[M].北京:法律出版社,1996:44-45.
② 海因里希·罗门.自然法的观念史和哲学[M].姚中秋,译.上海:上海三联书店,2007:164.
③ 江平,米健.罗马法基础[M].北京:中国政法大学出版社,2004:17.
④ 马俊驹.从身份人格到伦理人格——论个人法律人格基础的历史演变[J].湖南社会科学,2005(6).
⑤ 阿·布瓦斯泰尔.法国民法典与法哲学[M].钟继军,译//徐国栋.罗马法与现代民法:第2卷.北京:中国法制出版社,2001:290.
⑥ 波塔利斯.法国民法典开篇:法典起草委员会在国会就民法典草案的演讲[M].殷喆,袁菁,译//何勤华.20世纪外国民商法的改革.北京:法律出版社,2004:9.

驾齐驱,分别具化成为行为能力制度和权利能力制度,共同构筑起了堪称整个法律制度之基石的能力制度。① 因此,从能力制度的视角,我们可以为民事主体制度建构出一种"伦理之维＋理性之维"的逻辑范式。

首先,既然特定社会历史时期的法律主体制度无非是对当时社会伦理的一种确认和表达,那么这种确认和表达在制度层面则构成了民事主体制度的伦理之维——人格或谓之权利能力。② 权利能力是指一个人作为法律关系主体的能力,也即作为权利享有者和义务承担者的能力(或称资格)。③ 也就是说,权利能力的有无是判断是否构成民事主体的唯一标准。虽然在罗马法上,人的内在价值、尊严等现代普遍认同的伦理性要素还被排斥在认定"人格"的条件之外,所有的人在取得"人格"以及取得何种"人格内容"上,完全取决于他们所隶属的社会身份和等级。但正如前文所述,这种人格界定模式也是合乎当时的社会伦理观念的。特别是近代以来,权利能力的伦理内涵已是一种普遍的共识。正如《德国民法典》第一草案说明书所指出的那样:不论现实中的人的个性与意志,承认其权利能力是理性和伦理的一个戒律。拉伦茨也指出:每个人都有权利能力,因为他在本质上是一个伦理意义上的人。④ 因此,从并非严格的意义上说,我们将权利能力比拟为民事主体制度的伦理之维应当是合乎其内在特质并且具有方法论意义的。尽管伦理之维在整个历史长河中是逐渐演进发展的,但就特定的法律制度体系而言,伦理之维是民事主体制度中静态的、无差异的常量。

其次,自然伦理的理性内核一方面通过助推社会伦理演进发展而在民事主体制度中得到间接体现;另一方面也直接具化为民事行为能力制度而构成民事主体制度的理性之维。因此,民事行为能力制度所包含的理性内涵要更甚于伦理内涵。在民法教科书上,民事行为能力通常被定义为"民事主体以其行为参与民事法律关系,取得民事权利、承担民事义务和民事责任的资格",但它本质上并非民事主体进行任何民事活动的资格,而只是民事主体实施以意思表示为基本要素的法律行为的资格或能力。⑤ 现代民法中的行为能力制度不是来自罗马法的创造。按照徐国栋教授的考察,该制度很可能是格劳秀斯的发明,经由海德堡大学教授普芬道夫蔚为大观,最终由萨维尼在其《当代罗马法体系》中明确构筑起权利能力和行为能力相区分的能力制度。行为能力制度在现代民法的人法中处于核心地位,并从中发展出劳动能力、责任能力、意思能力制度,是最见现代民法之理性主义精神的制度。⑥ 的确,行为能力制度是对于在伦理之维上无差异的民事主体实然的理性之大小的法律承认和界定,因而构成了民事主体制度的理性之维。这一维度是民事主体制度中动态的、差异化的

① 理论上一般将民事主体的能力分为三类:权利能力、行为能力和责任能力。但鉴于责任能力相对于行为能力的派生性,在不具体探讨两者关系时,往往可以作一体看待。

② 罗马法上只有"人格"概念。"权利能力"这一概念在法律上的最早使用是 Franz von Zeiller(1753—1828)所起草的《奥地利民法典》。参见梁慧星.民法总论[M].2版.北京:法律出版社,2004:64.

③ 迪特尔·梅迪库斯.德国民法总论[M].邵建东,译.北京:法律出版社,2000:781.

④ 卡尔·拉伦茨.德国民法总论[M].王晓晔,等译.北京:法律出版社,2003:120.

⑤ 李开国.评《民法草案》的体系结构[J].现代法学,2004(4).

⑥ 徐国栋.从身份到理性——现代民法中的行为能力制度沿革考[J].法律科学,2006(4).

变量。

最后，关于民事主体制度的伦理之维与理性之维，也即权利能力与行为能力的关系问题，梁慧星教授认为其区分对于自然人意义重大，而对于法人是不具有多少意义的。自然人的民事权利能力，以生存为条件，一经出生就当然具有。但法律只对有一定判断力的人赋予民事行为能力。自然人虽然一经出生就具有民事权利能力，可以成为民事法律关系主体，但要独立从事民事活动，实施民事法律行为，为自己取得权利和设定义务，还必须具备民事行为能力。但对于法人来说，只要具备民事权利能力，也就在同样的范围被赋予民事行为能力。因此，在自然人须要求有民事行为能力，而在法人只需有民事权利能力就够了。[①] 徐国栋教授则将现代民法的主体制度比喻成"内外二合型"的。一方面，以行为能力制度表征某人的理智状态，关注人的内在状态；另一方面，以权利能力制度表征某人的所属，权利能力总是某一法律共同体中的，并由该共同体的权力机关赋予的能力，因此，它隐含着国籍（即"市民"）的身份前提。无论如何，在近现代民法的主体制度中，权利能力是被视为行为能力的前提和基础的。借用中国近代接受西方文化时的一种说法，我们也可以将二者的关系表述为伦理为"体"、理性为"用"。

四、伦理理性两维范式下的民事主体制度现实之考察

民事主体制度穿越漫漫人类历史长河，摆脱"人可非人""人可半人"的种种尴尬，艰难跋涉至今日，是否已是山登绝顶、功德圆满？就是仅就自然人而言我们似乎也难以作出此种判断。黑格尔曾说："法的命令是：成为一个人，并尊敬他人为人。"[②]然而关于何者能成为"人"的问题，尤其是何团体能成为"人"的问题却是民法理论至今尚未能圆满解决的重大难题。笔者在本文所尝试建构的"伦理之维＋理性之维"的逻辑范式，或许能有助于我们走出长期深陷其中的以自然人主体判定模式套用于团体之上的思维泥沼，进而为团体主体资格难题的破解打开一片豁然开朗的天空。

在大陆法系，将权利能力作为界定是否民事主体的唯一标准是近现代各国民法的一般原则。但这种将伦理与理性相割裂，即权利能力脱离行为能力的一维性民事主体界定方式是否具有实际意义也受到一些质疑。比如，有人认为权利能力的规定是消极的，而有意义的应当是从行为能力中派生出权利能力。[③] 这一观点的代表人物法布里齐乌斯认为：权利能力是指人或者其他被认可为权利主体的社会组织能有效地为法律行为或者能够由其受托人、代理人或者机构为此行为的能力。[④] 我国也有学者认为主体之所以为主体，是因为有人格，但说到底是因为有意志。意志是主体的核心，主体的灵魂。主体资格就是意志资格，即实践

---

① 梁慧星.民法总论[M].2版.北京:法律出版社,2004:65-66.
② 黑格尔.法哲学原理[M].范扬,等译.北京:商务印书馆,1961:46.
③ 迪特尔·梅迪库斯.德国民法总论[M].邵建东,译.北京:法律出版社,2000:781.
④ 卡尔·拉伦茨.德国民法总论[M].王晓晔,等译.北京:法律出版社,2003:120.

或形成自己的意志的资格。① 如果一个人不能行使权利,并就权利的客体实现自己的意愿,这样的人就不应当享有权利。② 德国学者赫尔德甚至更激进地认为:私权的本质在于与权利人的愿望相结合,所以,这种权利的主体从法律上讲与那些其意志毫无意义的人是不同的。这些无行为能力人不是自身权利的主体,而是一种外在的法律力量的客体。③

同时,关于自然人格与法律人格的关系也引起了学者的反思。自然人格决定于意志的独立以及由此派生的不同个体意志间的固有平等关系。意志的内容是主观的,但意志的独立以及不同个体意志间的固有平等关系是客观的,不以意志本身为转移,因此自然人格是客观人格。法律人格决定于立法者的意志,是主观人格。自然人格是人性的反映,法律人格是立法阶级的阶级性的反映。法律人格取代自然人格,是主观对客观的背离,是立法阶级的阶级性对人性的压制,必然遭到人格被限制阶级的反抗。并且,法律人格取代自然人格,是人格从原始平等到不平等的过程。而这只是人格的第一次否定。自然人格取代法律人格,是人格从不平等到自觉平等的过程。这是人格的否定之否定。经过人格的两次否定,人类最终将解决个体的资格问题,步入成年时代。④

当然,上述对伦理一维性的民事主体范式的质疑主要是立足于自然人视角。如果从团体的角度分析,权利能力制度在解决团体的民事主体资格问题上的积极作用与消极作用是并存的。一方面,从人格到权利能力的概念转换为团体上升为民事主体提供了有效路径。比如,在古罗马时期,虽然也存在着一些团体,如乡村、城市、宗教团体、商业团体、船业团体等,但在罗马法及罗马法学家看来,团体仍然是数目众多的人,它只是在对外与第三人的民事关系方面,才被认为是统一体。团体的财产,与其说是从组成团体的自然人中独立出来的财产,不如说是他们的共有财产。因此团体的法人人格只是处于萌芽状态。在这一时期,罗马法还不可能建立起系统的法人制度。1804 年的《法国民法典》突出强调了个人权利本位,没有创造出团体人格,但习惯法是接受这一现实的,由此导致了法国在 1807 年制定《商法典》时终于在技术性上认可了商业组织的主体资格;在 1867 年制定的有关股份公司的法律中,也确立了股份公司的法人地位。关于法人制度的系统规定的工作是由《德国民法典》完成的,其在第一编将法人列为专章专节,并对法人的成立、登记、法人机关、破产等事项都做了详细规定。这个法人制度体系被后来的瑞士、日本、意大利、旧中国民国政府、巴西等国所仿效。⑤《德国民法典》通过权利能力的概念转换将人格引入到团体,在民事主体制度上造就了自然人和法人的二元主体结构,为团体通向民事主体开辟了制度路径。但另一方面,权利能力制度也导致了在团体层面的法人与非法人的分立,即以权利能力为标准的伦理一维性民事主体制度也阻碍了许多具有理性的行为能力的团体获得民事主体资格。对于这一类团

① 李锡鹤.论作为主体资格的人格[J].思想战线,2005(3).
② 麦金太尔.谁之正义,何种合理性[M].万俊人,等译.北京:当代出版社,1996:122.
③ 梁慧星.民法总论[M].2 版.北京:法律出版社,2004:122-123.
④ 李锡鹤.论作为主体资格的人格[J].思想战线,2005(3).
⑤ 马俊驹,余延满.民法原论(上)[M].北京:法律出版社,1998:141-142.

体,各国民法典不得不作出变通的规定。比如,《德国民法典》第 54 条规定:"无权利能力社团,适用关于合伙的规定。以此种社团的名义,对于第三人所作为的法律行为,由行为人个人负责,行为人有数人时,负连带债务人的责任。"《瑞士民法典》《日本民法典》都对此类社团做了适用合伙的规定。我国台湾地区的《民法典》则对此采取回避态度,没有在其中直接规定此类社团。因此,权利能力制度既是《德国民法典》解决团体人格问题的创举,同时也成为团体民事主体制度发展的桎梏。毕竟,团体原本就不是伦理的产物,而是人类理性的创造。用单一的伦理之维来界定团体民事主体资格的有无,显然是和团体的理性内核相互背离的。从更深层次来看,用僵化孤立的权利能力标准将同样具有理性行为能力的一部分团体排斥在民事主体范畴之外就如同古罗马法将奴隶排斥在"人"的范畴之外一样,本质上是与自然伦理的平等内涵格格不入的。此种制度设计也必然大大减损了现代民法最为基本的伦理性价值。基于伦理性标准的民事主体制度却与民法的伦理性价值相背离,这一逻辑悖论或许就是民事主体制度困境的根本症结所在。

那么,基于伦理一维性的民事主体制度所面临的上述困境是否有其破解之道呢?本文所努力构建的"伦理之维＋理性之维"的逻辑范式或许能够对此提供一个有效的思维视角。首先应当强调的是,坚持以伦理之维作为自然人主体资格标准仍具有重要意义。尽管在近现代民法中,自然人实现了平等地享有民事主体资格是一个不争的事实。但是,关于自然人权利能力是源于自然法还是实证法之纷争远未尘埃落定。比如弗卢梅认为权利能力是一个先于法律制度所规定的、以自然法为基础的概念,试图通过自然法的基础避免成文法的改变。[①] 而拉伦茨则认为人之成为人以及与此相适应而生的权利能力是由实证法规定的。[②]温德沙伊德也持同样观点,他指出:对于所有人的权利能力不存在一个先于法律的、准人类学的论证,权利能力基于实证法。[③] 因此,只要这一纷争未有定论,在实在法层面明确规定自然人权利能力就绝非画蛇添足。在现代民事主体的逻辑范式中,权利能力一方面继续承载和宣示着民事主体所应有的伦理之内涵,另一方面更是超越了罗马法中的人格与人本体分离之人法模式而达到了与人本体合一的自然法所诠释之境界,从而为主体理性之维的发挥奠定了坚实的逻辑基础和提供了宽广的意志空间。更具现实意义的是,胎儿利益、死者名誉保护以及主体资格是否应当向"类存在"扩展等的问题探讨都需要以自然人权利能力为基础、沿着民事主体制度的伦理之维而展开。

对于团体的民事主体资格而言,则应当充分认识到理性之维对伦理之维的决定性作用。如前所述,"权利能力"制度以及将非法人社团视为合伙的规定对于团体而言已经成为制约其发展的严重束缚。一些研究更是表明,《德国民法典》将非法人社团视为合伙的规定是立法者的蓄谋,其目的是促使那些没有登记的社团积极到相关国家机关去登记注册,以便国家对它们加以严格的控制。这一规定背后的立法态度是立法者对追求政治、宗教或社会宗旨

① 罗尔夫·克尼佩尔.法律与历史[M].朱岩,译.北京:法律出版社,2003:60.
② 卡尔·拉伦茨.德国民法总论[M].王晓晔,等译.北京:法律出版社,2003:121.
③ 罗尔夫·克尼佩尔.法律与历史[M].朱岩,译.北京:法律出版社,2003:60.

的社团的极端不信任,认为它们是"有害于公共利益的组织",欲将其纳入国家监管的范围。[①]实际上,这类所谓"无权利能力社团"在民法上是具有一定"能力"或"人格"的,它们可以以其组织之名义进行民事活动,参加民事法律关系,享受权利,承担义务,并可以在法院起诉或应诉。那么当这种"国家监管"理念已经不符合时代发展潮流、结社自由日渐为人们所重视的今天,团体的民事主体资格该如何完善早已成为一个重大而紧迫的课题。尽管我们将权利能力定位为民事主体制度的伦理之维,但在人格从自然人向团体的扩展中,其伦理色彩不再一目了然,甚至于许多学者认为团体人格是不具有伦理性的。比如萨维尼在其《法人论》中对法国人至今仍在使用的法人(personne morale)一词的安排进行了尖锐批评,认为其中的 morale(精神的、伦理的)一词与作为同伦理无关之存在的法人的本质无缘,故以之表达反伦理或者无伦理的法人人格,荒谬至极。[②] 日本学者星野英一也认为,德国民法在创制团体人格的同时,小心翼翼地避开了"人格"这一古老而又常新的概念中所包含的伦理属性,以"权利能力"这一仅具"私法上的主体资格"之含义的概念替换了"人格"的表达,使"法律人格即权利能力明确地'从伦理的人格中解放出来'"。[③] 尹田教授也指出:"作为一种法技术拟制的产物,团体人格与人道主义、人性无关,其表现的价值元素与人的尊严、自由、安全以及伦理道德无关。因此,与自然人人格不同,团体人格不具有伦理性。"[④] 当然,上述观点均是立足于"法人拟制说"而得出作为法技术拟制产物的团体人格是不具有伦理内涵的结论。或许,从法人实在说出发,将团体视为一种客观存在,那么立法对团体人格的确认与尊重似乎也折射出些许伦理的光辉。但是,我们必须承认,以伦理价值作为赋予所有团体以民事主体资格的理由是不具有普遍的说服力的,也是不合乎团体的千差万别之现实的。这或许就是诸多的非法人团体至今仍不得不游离于民事主体范畴之外的关键症结所在。而沿着本文所建构的民事主体的两维逻辑范式的思路,我们发现,团体的民事主体资格之确定应当采取与自然人不同的规则,即:在自然人的民事主体制度的逻辑范式中,伦理之维是作为理性之维的前提和基础;而对团体来说,应当将理性之维作为其伦理之维的前提和基础。至此,我们或许能够感到"山重水复"的团体民事主体制度设计问题已然"柳暗花明"。虽然具体制度之设计还有待更深入探讨,但按照上述思维逻辑我们至少可以勾画出团体民事主体资格制度的原则性框架。首先,在基本判断标准上,应当以客观上是否具备理性的行为能力来决定是否承认团体的民事主体资格,"理性"的基本判定要件主要是相对独立的财产和相对独立的意思机关。"相对独立的财产"是团体理性的有形基础;"独立的意思机关"是团体理性的表达工具。具备了理性要件的团体也就当然具有了被赋予民事主体资格的伦理合理性,即团体的行为

---

① 龙卫球.民法总论[M].2 版.北京:中国法制出版社,2002:409.

② 星野英一.私法中的人——以民法财产法为中心[M].王闯,译//梁慧星.民商法论丛:第 8 卷.北京:法律出版社,1997:162.

③ 星野英一.私法中的人——以民法财产法为中心[M].王闯,译//梁慧星.民商法论丛:第 8 卷.北京:法律出版社,1997:164.

④ 尹田.论法人人格权[J].法学研究,2004(4).

能力决定其权利能力。正基于此,并非表现为自然人集合的财团才可以拥有法人资格,出现严重人格混同的公司才有理由因理性的丧失而适用法人格否认法理。还需要强调的是,不能把"能够独立承担民事责任"作为理性与否的判断标准,因为即使是对法人而言,独立承担民事责任也并非法人的条件,而只是法人组织承担民事责任的方式。① 法律所要重点关注的是应当为团体行为产生的责任设计一种合理可行的责任承担机制。其次,在依法设立问题上,应当采用登记备案制,只需对申请登记主体进行必要的形式审查。登记的意义不在于赋予团体权利能力而在于公示作用;虽经登记,在日后的纠纷中,经查证登记时不具有行为能力之理性要件的,由成员承担补充连带责任;未经登记的,应当是属于民事合伙。再次,在立法技术上,为避免对现行法人制度和观念产生冲击,可以采取将非法人团体"视为"法人的立法模式。当然,关于独立承担责任问题的误解前面已经澄清。最后,在民事主体与商事主体关系上,可以规定营利性社团由商事特别法加以规定。

结语

民事主体问题是民法乃至整个法律体系得以展开的基础,同时,民事主体的制度设计,尤其是团体主体资格的确定又是民法理论和实践中长期悬而未决的难题。本文通过对民事主体伦理和理性二元维度的解析与建构,对于自然人权利能力制度之现实意义给予了更具说服力的肯定;尤其是为团体民事主体资格的判定勾画出了以理性为核心的制度框架。更值得期待的是,"伦理之维+理性之维"的逻辑范式对于我们进一步研究民事主体人格向政治领域、商事领域的扩展等问题都将继续具有极其重要的方法论价值。

---

① 李开国.《民法通则》的历史功绩与历史局限[J].现代法学,1997(4).

民法典中如何重构我国的民事主体制度①

作为民事立法所要考量的制度建构,当从三个方面加以认识:其一,制度的建构应当针对时下的现实并具有一定的前瞻性;其二,所采用的理论能够满足这种建构的需要并与更宏观层面的理论体系相容;其三,对规范群的移植应当考虑本土的相容性并作出适当的修正。在民法典制订的学术讨论中,对物权、债权等领域的探讨既多且深,但对作为权利归属者的民事主体的讨论则显得不够深入,这或是因为自1900年《德国民法典》创立"自然人—法人"的二元主体结构以来其后民法典对其的继受已使民事主体的建构趋于固化——至少从法典表现来看是如此,抑或是因为学者们认为更应从权利的角度来关注人的价值而对主体本身无须再多加考量。然而,社会现实并不总随着传统的思维前进:一方面,二元主体结构所依凭的抽象人格理论和团体人格观正随着对全民阶层人权的关注而日益遭受现实的冲击,民法学界内部"对具体的人加以关注"的呼号越演越烈。另一方面,20世纪末开始席卷全球的"结社革命"浪潮使非营利部门②作为一个整体被纳入各国视野,非营利团体的兴起也冲击着传统民法主体结构所依凭的市场交易主体理论。对诞生于德国的二元主体结构的反思,尤其是对法人制度基础理论的反思,在制定21世纪民法典的今天是必须而紧迫的一项工作。对抽象人格理论及团体人格理论重新进行梳理是必然的,引介并评价国外新近主体立法趋势是不可或缺的;民事主体结构的构建更应考虑本土的特殊性,农村集体组织及国家的民事主体地位应当加以重新审视,而如何将这一"特殊"融入体系化的法典之中同样也是理论上必须解决的问题。

一、对二元主体结构的反思——抽象人格理论及传统的团体人格观

18世纪以前的欧洲社会仍是一个身份制社会,人的私法地位是依其性别、职业团体、宗

---

① 本文系与乔枫同志合作完成的作品,以《我国民事主体结构的重构》为题,发表在《法学家》2006年第2期。

② 非营利部门(Non-profit Sector)、非营利组织(Non-profit Organization,简称NPO)、非政府组织(Non-government Organization,简称NGO)、第三部门(The third sector)、市民社会或译公民社会(Civil Society)这几个概念在社会学领域具有相同的含义,基本上是交叉使用的。我国社会学界通常使用非营利组织、非政府组织这两个概念,政治学界通常使用公民社会这一概念,它们是同义的。

教的共同体等不同而有差异的,1804 年《法国民法典》的"主导思想是'法律的个人主义'。作为宪法思想意义上的国家成员的个人,排除了中间团体而只承认个人……把个人视为私法的唯一基础和目的"。① 对个人人格抽象的目的在于赋予个体的人以法律上的平等,然而这一平等并非全民意义上的,"民法典编纂者心目中的、给民法典的风格以烙印的理想形象,不是小人物和手工业者,更非领薪阶层的理想形象,而是有产者的市民阶级的理想形象;他们有识别力、明智、敢于负责,同时也精通本行和熟悉法律",②但这一阶层的人数还不到当时法国人口总数的 16%。③ 追随而至的《德国民法典》并不单欲从感性上宣扬人的平等,其更欲从哲学的思考中辨识究竟"谁"才能成为被平等对待的一员。在对生物人(homo)的评价中,虽然一律被给予了相同的"权利能力",但只有那些"愿意发誓放弃毫无拘束的冲动,并愿意生活在理性的秩序中的人……(才)被欢迎加入行为能力人的范围",④而究竟理性与否则只通过交易实践来辨别,经济人(homo oeconomicus)才被认为"享有真实的人格人的自由,即作为所有权自由、营业自由、合同自由"。⑤ 虽然"权利能力"为所有的生物人戴上了相同的面具,然而对具体的人的评价却残留着对强者的崇拜和对弱者的鄙视,为"强而智的人"立法,在这一理念上,德国法与法国法没有任何不同。德国法对团体人格的承认也是沿着为经济理性人立法的思路进行下去的,团体人格应为理性的智者所塑造,这不是理论上的假设,而是当时社会经济的直接需要,随着商业的发展和商事组织的壮大,市场交易团体被认为是个体的人联合起来在市场交易中追逐利益的有效形式,法人,其法律行为的"目的从一开始就指向增进财产、所有权的理性和财富的积累",⑥团体人格之所以被立法所承认,其一在于"有助于交易的推动",其二在于"有助于责任限制",从而"鼓励私人投资",⑦因此这种承认仅仅限于市场交易层面。而对于那些追求社会宗旨的社团,则被立法者认为是"有害于公共利益的组织"⑧而被定性为所谓"无权利能力社团",立法对此类社团的否定性评价并不是宣称其非法,而是从根本上否认其具有民事主体的资格,从技术上则是通过不为其提供注册登记的可能而实现的。作为系统地确认团体人格的德国法,由于历史的原因将法人制度立基于

---

① 星野英一.私法中的人——以民法财产法为中心[M].王闯,译//梁慧星.民商法论丛:第 8 卷.北京:法律出版社,1997:155.

② K.茨威格特,H.克茨.比较法总论[M].潘汉典,等译.北京:法律出版社,2003:144.

③ 当时法国总人口 2450 万,其中商人加上工匠一共才 400 万。摘自:斯塔夫里阿诺斯.全球通史[M].吴象婴,梁赤民,译.上海:上海社会科学文献出版社,1999:345.

④ 罗尔夫·克尼佩尔.法律与历史——论《德国民法典》的形成与变迁[M].朱岩,译.北京:法律出版社,2003:82-83.

⑤ 罗尔夫·克尼佩尔.法律与历史——论《德国民法典》的形成与变迁[M].朱岩,译.北京:法律出版社,2003:79.

⑥ 罗尔夫·克尼佩尔.法律与历史——论《德国民法典》的形成与变迁[M].朱岩,译.北京:法律出版社,2003:82.

⑦ 迪特尔·梅迪库斯.德国民法总论[M].邵建东,译.北京:法律出版社,2000:814-815.

⑧ 龙卫球.民法总论[M].2 版.北京:中国法制出版社,2002:409.

交易主体理论之上,交易主体之外的其他社会团体作为伟大民法典的弃儿被定义为"无权利能力社团",这一不是民事主体的"主体"从其诞生之初就是为了抑制其所代表的目的多样化的社会团体的发展,如此立法思想的产物如何应对百年之后的今天,值得人们深深地思考。

当今,已与法国、德国民法典制定的时代殊然不同,作为与政府、市场相区分并以克服"政府失灵(Government Failure)"及"市场失灵(Market Failure)"为己任的"第三部门(The third sector)",非营利部门径称自己为"市民社会(Civil Society)",传统意义上的公益乃至互益事业被上升为市民成员经由其个体的目的性联合来弥补政府及市场的不足,仅为交易主体立法的思路已经不能满足现实的需要。出于对社会发展最直接的敏感,社会学界及时地将这一现象上升为理论,由此也冲击了传统的政治哲学,政府不再隐讳自己的低效率与官僚性,转而寻求与民间组织合作来实现所谓"善治(good governance)",政治学学者亦承认:"民主化的基本意义之一,是政治权力日益从政治国家返还公民社会。① 与其说这是权力的反向让渡,不如说这是在社会日趋精致化的过程中市民社会的全面觉醒,然而这并非由于国家机器的慷慨,而是由于复杂的社会现实已使国家机器力有不逮。在当今复杂的社会样态下,市民权利的扩张难以由个体的人作为承受者直接得以实现,即便是传统的权利,在庞大的组织体系面前,独立的个体都难以对维系自己的权利进行有效的负担,高昂的诉讼费用和漫长的诉讼周期对个体的人而言已是不堪之负,"具体的人的联合"更似私权实现的现代化之径。在今天,"平等"不再意味着赋予任意两个个体的人以相同的"权利能力"就草草了事,关注并实现个体的联合并在此基础上达至真正的机会平等才是市民社会觉醒所必需的。

不可否认,抽象人格理论将人从宗教、行会、家庭等其所不欲的团体中解放了出来,从而为个体的人实现其自由提供了最基本的可能,但以交易主体论为基础的团体人格观却又在另一个层面上阻碍了个体的人组成其所欲组成的团体。正是近代民法这一缺陷导致了在民法现代化的进程中必须重新审视团体人格理论。星野英一先生将近代民法的缺陷归结于对"强有力的智者"的立法,进而认为民法的现代化是"从理性的、意思表示强而智的人向弱而愚的人转变",②这并非概念的演绎,而是对现实生活的深刻体察。民法对人的关注不应再只局限于市场交易领域,民法对人如慈母般的关怀应当拓展至市民社会生活的全部。

---

① 俞可平.权利政治与公益政治——当代西方政治哲学评析[M].北京:社会科学文献出版社,2003:2.关于 civil society 的译法,政治学学者俞可平教授的评论代表了政治学领域的观点,他认为:"'市民社会'是 civil society 最流行及经典的译名,其来自于马克思主义经典著作,实际使用中带有一定的贬义,往往将其等同于资本主义社会;'民间社会'是台湾学者的译法,是一种中性的称谓,但不少人认为其过于边缘化;'公民社会'则是一种褒义的称谓,其强调公民对社会政治生活的参与和对国家权力的监督与制约,因而越来越受青年学者喜欢"(何增科:《公民社会和第三部门研究导论》《中国政府创新网》,2003.4.11)。笔者以为,这是不同学科从不同角度认识的结果,后面所引"公民社会"亦指 civil society.

② 星野英一.私法中的人——以民法财产法为中心[M].王闯,译//梁慧星.民商法论丛:第 8 卷.北京:法律出版社,1997:175.

二、团体人格理论的重塑

在当代的中国,对团体人格的认识并没有突破传统,"交易主体说"一直是学者们不自觉的理论冲动,有限责任、交易便利、技术性等结论让人难以区分"法人"与作为其下位概念的"营利法人"究竟有何区别。"法人"与"营利法人"乃至"公司"在理论上的趋同,一方面是由于我国法人制度研究几乎等同于公司法人研究的历史,这从根本上说是由于社会转型造成的;另一方面则源于传统法人制度本身就是构建于市场交易主体理论之上的,"民法是市场经济的基本法","民法为市场交易提供主体性保障",这些耳熟能详的民法教科书用语正是这一理论的产物。然而,正如本文前述,市民社会的实践已在社会学和政治学上将自己剥离出市场交易领域,"国家—市民社会"的二分法已被"国家—市场—市民社会"的三分法所取代。在美国,伴随着 20 世纪初期全球化早期浪潮所导致的社会复杂化及经济不平等的加剧,民间掀起了由普通市民自发设立非营利组织(Non-profit Organization,简称 NPO)的浪潮,既有"工会、职业联合会(比如美国社会学学会),也有大的慈善组织(比如洛克菲勒基金会和卡耐基基金会),以及一些小的致力于互相帮助和社区发展的互助组织,也有致力于教育青年人的组织(比如童子军)",[1]这些民间组织对美国社会形态的矫正起到了关键作用。"在仅有 400 万人口的挪威,同时拥有 4000 万的不同组织的会员",[2]一个普通的挪威人就是十个不同组织的成员。在亚洲,非营利主体对商事活动尤其是对证券市场的有效"干预"则突显了非市场主体对市场交易所产生的积极而巨大的影响:"在韩国,一个大型而多样化的股东权利委员会(PSPD),已经提起了迄今为止最大的股东诉讼,并已在两项重要的诉讼中取得了胜利……在台湾,由政府财政部门支持设立的'证券暨期货市场发展基金会'已经组织数以千计的小投资者参与了针对证券及公司欺诈案件的集团诉讼。在日本,一群自称为'股东巡视官(Shareholder Ombudsman)'的积极律师和学者主导了派生诉讼的市场,并已对若干高层级的案件提起了诉讼。"[3]在美国著名社会学家莱斯特·M.萨拉蒙(Lester Salamon)教授的领导下,"约翰·霍普金斯非营利部门比较项目"对 22 个国家进行了深入分析,其结论认为,这些国家的非营利部门"是一个 1.1 万亿美元的产业,它雇用了相当于近 1900 万个的全职工作人员","非营利支出平均达到国内生产总值的 4.6%","非营利就业占所有非农就业的近 5%,占所有服务行业就业的 10%,占所有公共部门就业的 27%"。[4] 无

---

① Richard Madsen.全球化进程中的市民社会发展问题[M]//范丽珠.全球化下的社会变迁与非政府组织(NGO).上海:上海人民出版社,2003:36.

② Trond Andreassen. Model for the Protection of Authors Rights and the Need of Organizations [M]// 范丽珠.全球化下的社会变迁与非政府组织(NGO).上海:上海人民出版社,2003:531.

③ Curtis J. Milhaupt. Nonprofit Organizations as Investor Protection:Economic Theory and Evidence from East Asia[J]. 29 Yale J. Int'l L. 2004:169.

④ 莱斯特·M.萨拉蒙,等.全球公民社会——非营利部门视界[M].贾西津,魏玉,等译.北京:社会科学文献出版社,2002:9-10.

论是称其为"非营利组织"还是称其为"公民社会"抑或"市民社会",全球化浪潮下的社会实践正在诉说这样一个理念:个体的人的自由不是经由孤立,而是在人与人之间的联合过程中实现的,而非营利部门的蓬勃发展更昭示着人的追求不仅仅限于市场交易和政治生活,而非市场主体在政府失灵的情况下正在对市场交易发挥着积极的作用,以交易主体理论为基础的团体人格观难以涵盖当今市民社会生活的全部,进而立基于此之上的民事主体制度也就必须加以重新审视。

来自民法学界的反思在力求保持传统理论体系完整的前提下,朝着对"弱而愚的人"的关注的两个方面继续发展:一方面,继续完善民事主体的权利体系,人格权的完善、公民环境权的确立乃至分期付款买卖中短期解除权①的设计都是这方面的良好例证;另一方面,积极地反思传统民事主体理论的不足并对其加以修正,以期应对日益复杂的社会现实。通过鼓励无权利能力社团"补正登记"、"致力于在可能的范围内类推适用关于社团的规定",②再通过在实践上区分营利与非营利性社团以对其适用不同的责任承担方式,世界各国正在从传统法人制度的流弊中挣脱出来。实务的发展催生着民事主体立法的大变革,从对非市场交易团体的轻视到反思,再到重视其社会价值而确立其民事主体地位,这一变革并没有直接反应在既有的法律或法典中,而是以民事主体单行法的方式普遍出现了,1987 年《美国非营利法人示范法》、1996 年《美国统一非法人非营利社团法》,1998 年《匈牙利公益组织法》,1999 年《吉尔吉斯斯坦共和国非商业组织法》,2001 年修正的《芬兰财团法》《爱沙尼亚财团法》《爱沙尼亚非营利社团法》、2003 年修正的《日本特定非营利活动促进法》,都是这一变革的产物。

对团体人格价值的经典阐发并不源于当代,19 世纪德国柏林大学法学教授基尔克(Gierke)在讨论"人的联合体"的问题时曾论述道:"人之所以为人,得归因于人与人的联合。创建各种联合体(associations)的可能性,为我们提供了发展历史的可能性,因为创建各种联合体的可能性不仅增进了当下活着的那些人的力量,而且最为重要的是,经由这些联合体的恒久存在——亦即超越个人人格的存续,这种可能性还把人类的过去与人类的未来生活联系了起来。"③还原人作为社会存在的基本属性,而非将人的社会性和理性局限于交易领域,作为法史学家的基尔克从日耳曼的传统乃至教会法中寻找团体人格的基本属性。基尔克的团体人格理论在承认社会现实和在寻求现实与传统理论(哲学上的意志自由和民法上的意思自治)的融洽的基础上加以展开。在第一个层面,他认为个体的人的联合是一种"自然实体","群体和联合体有一种真实的(即有意义的)人格,而不只具有一种虚拟的(即术语上的)

---

① 日本《分期付款贩卖法》第 4 条第 3 款中首次规定了契约"冷却期",使已经提出的预定的撤回和契约在一定期限内的解除成为可能。参见:星野英一.私法中的人——以民法财产法为中心[M].王闯,译//梁慧星.民商法论丛:第 8 卷.北京:法律出版社,1997:188.

② 王泽鉴.民法总则[M].北京:中国政法大学出版社,2001:195.

③ 罗斯科·庞德.法理学:第 1 卷[M].邓正来,译.北京:中国政法大学出版社,2004:318.

人格",①庞德进而对此解释道:联合体"不只是我们所称之为的公司;它实际包括了法律以任何方式认为是法律实体的各种群体或联合体形式",②只要这些事实上的联合体"按照法人方式组合并登记时,它也变成了一个法律实体。"③在此意义上,基尔克从日耳曼传统的氏族、村庄乃至宗教团体出发,而不局限于交易领域。在第二个层面,他在以理性及自由意志为主导的德国哲学传统中寻求现实与理论的结合,他将团体意志从个体意志中抽象出来并加以独立,他认为"联合在一起的个人所具有的各自意志以外,还存在着一种真实的(即有意义的和事实上存在的)群体意志",这种群体意志是事实上存在的,"国家或法律只是在某些情形中承认这种意志并赋予它以效力。"④事实上的团体,是基尔克对历史和现实体察的结论,事实上的团体意志,则是其在传统意思理论基础上的抽象。然而失之可惜的是,基尔克所处的时代,并没有使个体联合走向自由与多元化的可能,而是走向了团体的极端,他的理论并没有被更深层面地理解,而由后世依其结论的演绎"促成了各种有关最大群体即国家的新理论的提出"。⑤ 这或是因为德国在 19 世纪中后期仍处于政治一体化的融合进程中,经济依然落后,民族主义对个体联合的激烈要求程度远远高于个体本身的需求;抑或是因为德国哲学对强者和理性的崇拜致使对人的联合更倾向于强者的联合,而对一般民众基于各自互益的联合则颇为轻视,总之,基尔克的团体人格理论虽然打破了"市场交易主体"这一束缚,然而呼之而出的却不是经由个体的意志自由而产生的联合,而是民族主义与国家意志的强迫。

在抽象个体人格与团体人格的演进过程中,存在着大致三个阶段:在第一个阶段,个体的身份是由其出身、血缘、职业、宗教团体等给定的,这种既定的团体身份是个体不能依自己的意志脱离的;在第二个阶段,个体自由的彰显使契约关系取代传统身份关系,"从身份到契约",意味着传统身份关系的打破,个体得以自由地脱离其所不欲的传统团体,并得以通过契约组成其所欲的交易团体(但组成其他团体仍然受限,主要体现在法人类型的限制和登记的限制),从"契约到身份"已经有了雏形;在第三个阶段,个体得以通过意思自治基础上的联合组成其所欲的涉及市民生活各个领域的团体,同一个体不但能够自由地选择自己的"身份",而且还能同时具有"多样化的身份",这正是进入现代社会以来所正在形成的一种新的身份观,其与第二时期的"市场交易基础上的联合"相区分,同时与国家意志基础上的人的联合相区分。新的身份的形成与新的团体人格的形成是相交融的,其从抽象人格理论中承继了"个体的自由"——即创设自己的身份或创设某一团体,以及脱离这一身份或团体的自由——这是近代民法的价值根基之所在,其实现方式即是意思自治基础上的契约缔结;其又将传统的团体人格理论加以拓展,即作为"无特定目的之存在体"⑥的个体的人,并非毫无目的,而是其

① 罗斯科·庞德.法理学:第 1 卷[M].邓正来,译.北京:中国政法大学出版社,2004:320.
② 罗斯科·庞德.法理学:第 1 卷[M].邓正来,译.北京:中国政法大学出版社,2004:319.
③ 罗斯科·庞德.法理学:第 1 卷[M].邓正来,译.北京:中国政法大学出版社,2004:320.
④ 罗斯科·庞德.法理学:第 1 卷[M].邓正来,译.北京:中国政法大学出版社,2004:320.
⑤ 罗斯科·庞德.法理学:第 1 卷[M].邓正来,译.北京:中国政法大学出版社,2004:320.
⑥ 黄立.民法总则[M].北京:中国政法大学出版社,2002:121.

生而目的多样化,若干个体可以依据其各自多样化目的中共同的一个或若干个来组成一个以达至该目的为己任的"目的性实在体",个体的人可以同时存在于多个"目的性实在体"之中,而每一团体都不局限于市场交易领域,这方才是我们所主张的新的团体人格观。在对这一团体理论进行评价的时候,传统民法理论难以发挥作用,因为其本身就是在破除传统民法对个体联合束缚的基础上才得以产生的,对其的评价应当首先立基于当下社会的现实,以及业已更张的相关社会学科的理论。

三、民事主体的界分与构建

1.传统民事主体界分的缺陷。传统民法对民事主体的界分,是通过一组简单的论断来完成的:对生物人而言,民法确认其各个具有相同的权利能力,从而自出生时起,其得以成为民事主体——自然人;而对自然人所组成的团体而言,其是否能够成为民事主体,首先在于立法对不同类型的团体给予不同的评价,如前所述,近代民法首先在市场交易领域承认了团体人格,法人制度一开始就是为"营利法人"而设计的。在德国民法典及其继受国的民法典中,虽然大都在营利法人之外又规定了"非营利法人"或"公益法人"等,但从对整个民事主体制度的构建来看,当时对民间组织乃至非营利团体的认识是极为偏狭的,这主要是因为非营利团体的真正兴起乃是进入现代之后,以经济的组织化和规模化运作及对全民阶层人权的关注为前提的。在1900年《德国民法典》的立法理由书中,将追求社会宗旨的团体定性为"有害公共利益"的组织可谓传统民法偏狭的典型表现。近代民法典虽然以条文方式明列了"非营利法人"及"公益法人"等,[①]但其涵摄的社会现实却是文明社会自始便已存在的社会团体类型,如"祭祀、宗教、慈善、学术、教育等",[②]而对于此之外的社会性团体,则多被归入"无权利能力社团"中而不赋予其民事主体资格。当下社会发展的现实已不容民法将主体的视角局限于这些传统的方面,新兴的民事主体立法正在对日益重要的民事主体类型加以归纳,1998年修正的《匈牙利公益组织法》、[③]2003年修正的《日本特定非营利活动促进法》分别列

---

① 如《德国民法典》第21条:"非以营利为目的的社团,因登记到有管辖权的区法院的社团登记簿而取得权利能力。"又如我国台湾地区"民法"第46条:"以公益为目的之社团,于登记前,应得主管机关之许可。"

② 史尚宽.民法总论[M].北京:中国政法大学出版社,2000:143.

③ 《匈牙利公益组织法(1998年修正)》第26条第3款所列举的公益活动类型包括:"1.保健、疾病预防,医疗和康复;2.老年人的社交活动、家庭扶助和照顾;3.科学活动,科学研究;4.教育和培训,技能发展,常识普及;5.文化活动;6.文化遗产保护;7.纪念物保护;8.自然保护,动物保护;9.环境保护;10.青少年保护,代表青少年的利益;11.促进社会弱势群体取得平等机会;12.人权和民权保障;13.关于匈牙利少数族裔以及境外匈牙利人的活动;14.体育运动,但是根据雇佣关系或者民法所规定的委托合同关系而从事的体育活动除外;15.公共秩序和交通安全的保障,志愿性消防、营救和灾难预防活动;16.消费者保护;17.促进再就业;18.对在劳动力市场上处于弱势地位的人士的培训和就业进行推动,以及相关的服务;19.促进欧洲、大西洋沿岸一体化;20.仅对公益组织提供的服务;21.有关防洪和保护地下水并防止其泛滥的活动;22.有关改善、维护和管理公路、桥梁或者交通隧道的活动。"

举并限定了 22 种和 17 种非营利活动类型并以此来对非营利组织加以分类，①从这一分类中我们可以发现对社会性团体的主体地位加以规范是现代民法所不可回避的。在关于民事主体立法的讨论中，传统概念横向比较的结果是理论与实践的脱节，当人们热衷于自然人与法人权利能力的比较和两个具体法人权利能力的比较时，也就意味着整个学界正在忽视社会生活的现实，于此而言，理念的更新而非法条或概念的引入才是首要的。

在当下法典化进程的讨论中，对民事主体的疑惑基本是因传统法人制度对不同的团体以不同的评价所造成的，而德国术语概念型的法典条文则将这一问题掩藏起来。"民事主体就是法律所承认的主体"的实在法观点对立法而言难有真正的指导意义，因为其不过是在描述一个既成事实，而探究究竟孰应成为法律所确认的主体，才是我们所应该做的。从德国传统民事主体制度的运作实效来看，其流弊主要体现在这样几个方面：其一，在立法理念上将大量社会性团体排除在外，对个体联合的认知程度远远不能满足当今社会的需求。其二，通过登记制度造成法人与"无权利能力社团"的区分，并将后者评价为合伙。《德国民法典》第54 条规定："对于无权利能力的社团，适用关于合伙的规定。以这种社团的名义向第三人采取的法律行为，由行为人负个人责任；行为人为数人时，全体行为人作为连带责任人负其责任。"非法人即合伙，是德国民事主体结构的真实写照，而这种简单的归类难以应对社会复杂的现实生活。其三，主体类型的界分不明，导致风险和责任承担方式的同一化，非营利主体同营利主体承担相同的风险，把对第三人在交易领域中的利益保障置于互益（Mutual Benefit）与公益（Public Benefit）之上，不但在理论上矛盾重重，更在现实中抑制了非营利团体的发展。一个贪求利益的公司股东无论该公司如何劣迹斑驳甚至于其产品侵害他人生命和健康，其责任也只限于其出资范围；而一个无私为社区奉献的团体，却仅因其没有（或说"难以"更为恰当）登记为法人而必须由其成员承担无限的风险，传统民法对公益、互益事业的阻碍乃至对个体联合的抑制是显而易见的。正是由于这种主体制度设计的缺陷，德国实务及理论界也对此进行了不断的修正，在放宽法人登记限制的同时，肯认非法人非营利社团"不存在重要的债权人利益，也不存在其他需成员负无限责任的现实原因，所以，没有适用合伙法的必要"，②其可以通过章程进行责任限制，"就社团'董事会'通过法律行为发生的债务，仅以由共同共有约束的社团财产承担责任，成员不承担责任"。③ 而日本通说亦认为："未登记非营利性社团的社员应承担有限责任，其理由在于：这些社团不以营利为目的，因此债务

---

① 《日本特定非营利活动促进法（2003 年修正）》附录所列举的非营利活动类型包括："1.促进健康、医疗或者福利事业的活动；2.促进社会教育的活动；3.促进社区发展的活动；4.促进文化、艺术或者体育的活动；5.环境保护活动；6.灾害救援活动；7.促进社区安全的活动；8.保护人权或者促进和平的活动；9.促进国际合作的活动；10.促进形成一个两性平等参与的社会的活动；11.促进对青年的健全培养的活动；12.促进社会信息化的活动；13.科技振兴活动；14.促进及活跃经济的活动；15. 职业能力的开发和扩大雇佣机会的支援活动；16.保护消费者的活动；17.对从事上述活动的组织进行行政管理，或者提供与上述活动有关的联络、咨询或者协助的活动。"
② 迪特尔·梅迪库斯.德国民法总论[M].邵建东，译.北京：法律出版社，2000：859.
③ 迪特尔·梅迪库斯.德国民法总论[M].邵建东，译.北京：法律出版社，2000：859.

风险较少,第三人信赖保护无强化必要。"①人的个体联合的多样化发展,尤其是非营利事业的蓬勃发展,已然改变了传统理论对"有限责任"的认识:当这一鼓励投资的法律制度被投资者所滥用时,挡在其面前的面纱将被刺破;当人们为了公益或互益而组成团体时,即便没有登记为法人,与追逐利益的团体相区分的责任制度也会主动对其加以保护,主体区分的意义正是在此。

2.对民事主体结构进行构建的主要考虑因素。根据我国目前的国情和有关的理论研究,我们认为对民事主体结构的构建,宜从以下几个层面加以考虑:

首先,应当打破传统上对主体所进行的界分,并努力回到社会现实,在肯认人基于不同目的结为团体的基础上,在宏观上做出营利与非营利两大区分。这一界分是以个体联合的目的不同为标准的,其从根本上将个体的联合拓展到了市民社会生活的全部领域。这一界分的重要意义还在于前述的责任承担方面:非营利团体(尤其是其中的公益性团体),即便尚未登记为法人,其成员也只承担有限责任,而对于未登记为法人的营利性团体而言,则应类推适用合伙的规定。在责任承担方面,合伙意味着债务对于个体的无限性与连带性,类推适用合伙制度的前提应当与适用连带债务的前提是一致的——即出于对债权人的保护和对交易安全的保障。对于非营利团体而言,其所进行的交易行为一般被称之为"收益活动",主要用以保障该团体的运营开支,因而只能作为一种"辅助业务",并且其所能参与交易的类型一般也受到限制,②在与相对方进行交易时,对作为营利性主体的相对方的谨慎与注意义务的要求应当高于非营利团体,同时,非营利团体一方还承载着公益及互益性的社会价值,与单纯的交易主体有本质的区别,就此而言,对非法人非营利团体没有特别保护债权人的必要,并且利益的衡量方面也不能单纯考虑交易安全,固而应采有限责任。

其次,改革法人登记制度,使非营利团体登记为法人更趋便利。各国民事主体立法革新的主要标志就是非营利组织的法人化,对于目的多样化的个体联合的主体建构,实现方式主要有两个:一是仍然遵循传统民事主体制度,以修正"无权利能力社团"的方式展开,时下主张将非法人组织全盘纳入民事主体结构之中的观点就是这一方式的极端表现;二是抛弃传统的市场交易主体理论,将社会日益需求的目的多样化的团体纳入到法人体系之中。对于前者,是一种较为落后的方式,因为即便如日本等传统大陆法系国家,也正以民事主体专门法的形式将诸多为传统主体立法理念所不容的社会性团体纳入到法人体系之中,而非在法人体系之外将所有团体一并纳入。法人的制度价值绝不在于有限责任,而在于通过法律的

---

① 龙卫球.民法总论[M].2版.北京:中国法制出版社,2002:413.
② 《日本特定非营利活动促进法(2003年修正)》第5条第1款:"特定非营利活动法人可以从事以取得用于特定非营利活动的经费为目的的活动(以下简称'收益活动'),但是该收益活动不得影响非营利活动的进行。"我国台湾地区"非营利组织发展法(草案)"(青辅会第六版)第12条第2款规定:"非营利组织得从事符合设立目的之销售货物或劳务活动,其所得除依法纳税外,全数列归法人之收入项下,并用于与组织章程所定业务项目有关之支出。"

拟制形成一个"目的性实在体",个体的人经由目的性联合而成为这一实在体的成员,基于他们的约定而创设内部的权利和义务,实体化的形态使对外缔约过程大为简化——各个成员将基于共同目的的缔约权利授权给团体的意思机关,而不必各自再对第三方发生单个的权利义务关系,而最终这种实体化的形态由登记程序为外界所承认。基尔克的理论从日耳曼的历史出发突破了交易主体的限制并放弃以登记注册作为判断是否为法人的标准,这具有理念上的创新意义,但对于民事主体的构建仍然缺乏可操作性。在个体联合需求日益膨胀的今天,改革法人登记制度,使类型多样化的个体联合更容易取得法人资格,才是民事主体立法革新的大势所趋。就各国法人登记制度来看,主要分为法院登记和主管机关登记两类,前一类以德国为代表,是传统的法人登记制度类型,以法院为登记机关,在 19 世纪法人类型单一、数量较少的情况下尚可接受,但在今时则难以施行。以主管机关为登记机关应当成为我国法人登记制度改革的方向,其优点在于:(1)避免主管机关与登记机关的不一致,从根本上解决双重管制问题,降低成本;(2)非营利法人往往以弥补某一方面政府部门的公共管理缺陷为己任,主管机关作为登记机关可以给予其必要的支持,同时便于市民团体与政府进行有效沟通;(3)提高登记效率,避免将此重担压于某一部门之身。法人的注册登记虽然最终是一个具体行政行为,但确是法人成立与否的关键所在,登记制度曾经成为抑制社会性团体发展之磐石,如今对其进行改革也就势在必行,倘若民事主体构建对此问题不加以重视,那新立之法典则难有进步可言。

再次,对于将哪些团体类型纳入到民事主体结构之中,应当做体系化的思考,而不应采取一种功利的态度。在目前国内关于民事主体制度革新的著述中,不少都主张将"非法人组织"全盘纳入民事主体结构之中,甚至主张将合伙组织也纳入进来。必须意识到,二元主体结构虽然有前述立法传统上的弊端,但这些弊端主要表现在立法理念上及登记制度方面,对其的改革也应当是针对性的,如果将非法人团体全盘纳入民事主体结构之中,那精心构建的法人制度也会随之瓦解殆尽。

3.我国对新类型民事主体在立法上所应采取的态度。在我国进行民事主体新类型的立法构建中,笔者主张应当持审慎的态度,并应当考虑这样一些问题:

其一,权利能力的设计。德国学者基于对抽象人格理论的反思,由法布里求斯(Fabricius)最早提出了"相对权利能力"理论,并得到了穆恩彻那尔(Muenchener)、吉特尔(Gitter)、帕兰特(Palandt)、海因雷彻斯(Heinrichs)及朴罗斯基(Powlowski)的呼应和发展,其核心内容是"承认更多元的主体设计,使用更具体的权利能力概念,使不同主体享有不同程度的权利能力"[①]。该理论的提出是因抽象人格理论不能应对现实而迫使传统理论所做出的修正,然而必须意识到,"权利能力"本身就是通过抽象来达至个体的平等,这是近代民法的基础价值的体现,"相对"只能是具体到某一抽象层面,而不可能具体与精确化,动辄希图

---

① 龙卫球.民法总论[M].2 版.北京:中国法制出版社,2002:168.

通过赋予不同的权利能力来创设新型的民事主体类型，从形式上必然破坏精心构建的民事主体结构，从实质上则将导致从新身份观向旧身份观的倒退，同时，权义归属者的混乱也将导致权利义务体系难以发挥其应有的效用。对"相对权利能力"理论而言，更应从其对抽象人格理论的批判中发现其进步的真意，而不应成为完全否弃传统民事主体建构的借口。

其二，关于"其他组织"。在我国民事立法中，以"其他组织"指称非法人组织，在理论上又肯认非法人组织就是非法人团体，并认为德国"无权利能力社团"只是非法人组织立法中的一种处理方式，理论上的矛盾就此产生。首先，《合同法》《合伙企业法》《著作权法》都规定了"其他组织"可以作为权利义务的承受者，从民商事下位法的角度决定了"其他组织"不可能是"无权利能力"者，因而我国的"其他组织"问题与"非法人团体"问题难以说是同一个问题。其次，在肯认"其他组织"具有权利能力的基础上，以责任能力之有无作为其与法人的区分标准，即法人"有自己独立的财产，能独立承担民事责任"，而非法人组织"有相对独立的财产，不能完全独立承担民事责任"，"当非法人组织不能清偿到期债务时，应由该非法人团体的出资人或开办单位承担连带责任"①。然而如本文前述，成员责任的有限与否并不能成为界分法人与非法人团体的标准，这里的责任承担方式只能适用于营利性的非法人团体。再次，对"其他组织"的讨论仍然局限于市场交易领域，其他组织所涵纳的范围主要是个体工商户、农村承包经营户、民事合伙、合伙企业、个人独资企业等等。以"其他组织"对它们进行概括的传统理由在于：(1)确认其缔约能力，避免无效合同的出现；(2)责任承担方式具有相似性，似乎可以归为一类。然而这都难以成立，因为：第一，对于缔约能力而言，根本无须为此创设民事主体，传统上认为以个体户及合伙的名义订立合同可能会导致相对方主张其没有权利能力而致合同无效，然而这种观点是对权利能力与行为能力相混淆所致。与无行为能力者订立合同不同，以无权利能力者(如合伙等)的名义订立的合同效力直接归属于事实上的订立者，而该合伙人又基于与其他合伙人的合伙协议而共同承受该权利义务，于此而言，民事合伙并无主体化的需要，缔约能力说不过是常识上的谬误。至于合伙企业则更宜从组织化程度较高的商事主体的角度来加以考量，商事主体的责任承担方式历来就是出资人无限责任与有限责任并存，更无须创设新型的主体类型。第二，责任承担方式相似，即最终都为无限责任或无限连带责任，这是传统民商事立法既已存在的，责任的连带性是为了维护债权人的利益，责任的无限性更是民事主体承担责任的常态，因为所谓"有限责任"乃是指出资人风险的有限性，作为主体的"法人"本身仍是承担无限责任的，以责任承担方式来作为划归主体的标准只能是一种概念上的区分，在权义承担方面没有意义。

其三，与诉讼法的配合。实体法上的权利能力与诉讼法上的当事人能力有着密切的关系，"具有民法上权利能力之人(自然人与法人)在诉讼法上也具有当事人能力。"②然而这并

---

① 魏振瀛.民法[M].北京:北京大学出版社,2000:95-96.
② 高桥宏志.民事诉讼法——制度与理论的深层分析[M].林剑锋,译.北京:法律出版社,2003:146.

不意味着为了使某一团体能够成为诉讼上的当事人就必须预先赋予该团体以实体法上的权利能力,因为诉讼法的制度价值重在诉讼经济与裁判公正。拉伦茨认为"在德国《民事诉讼法》中,当事人能力取决于权利能力。"①这是基于德国民事诉讼法学固守权利能力与当事人能力的一致性,但即便如此,《德国民事诉讼法》仍然规定了无权利能力社团有消极的当事人能力,能够成为诉讼中的被告。而在法国日本,关于当事人能力的理论则比德国更为进步,《日本民事诉讼法》第 29 条规定:"无法人格的社团与财团具有当事人能力",之所以这样规定,乃是因为日本学者认识到,"从团体成员来看,以团体的名义提起诉讼往往都是较为便利的做法",②在这里,诉讼经济是主要的考虑因素。然而,对于非法人团体当事人能力的确认仍然需要满足一定的条件,包括:"(1)团体成员是明确的;(2)为了保持团体的同一性,团体不因成员的加入与退出行为而发生变化(对内的独立性);(3)代表人是确定的,并且现实地实施代表的行为;(4)与其他的法律主体相互独立(对外独立性);(5)对于组织的运作作出规定;(6)通过大会等手段使团体成员的意思反映到团体的意思形成之中(内部组织性)。"③对诉讼法进行观察后可以发现,认为要给予"其他组织"诉讼主体资格就必须先给予其民事主体资格是完全没有必要的,但从另一方面可以认识到,时下我国诸多事实上的团体无法成为诉讼上的当事人主要有两方面原因:一是大量的团体因为法人登记制度的落后而不能成为民事主体;二是在如何对待非法人团体上仍然思路不清晰,更确切地说,对究竟何者才能够成为非法人团体仍然没有明确的判断标准。从日本民事诉讼法学者的概述中我们可以发现,非法人团体与法人在当事人能力问题上只有"一线之差",即二者的主要区别在于有没有进行登记,而与此同时,日本民法学者也开始重新思考非法人团体的权利能力问题,司法实务中已开始认为,非法人团体的"社员对社团债务不承担直接的个人责任"。④应当说,对于非法人团体的权利能力与当事人能力问题,民事实体法学者与诉讼法学者从不同的角度对同一事务加以了相当的关注,并在各自领域进行不同的阐释。诉讼法从诉讼经济的制度价值为出发点,在非法人团体尚未被赋予实体法上的权利能力之时即赋予其当事人能力来应对诉讼实践的需要;而民事实体法则在慎思中缓进,逐渐在实践中承认一些"事实法人"(即仅欠缺登记程序的法人)的主体资格。显然,实体法的考虑受到了法典体系化的影响才顾虑重重,然而,这种顾虑是绝对必要的。诉讼法与实体法的研究至少在一个重要问题上能够取得共识,即对非法人团体主体性的确认,必须以该团体的组织性为前提——而这正是法人制度得以创立乃至于一个具体法人得以被承认的事实前提。关于非法人团体主体性研究的发展,很可能得到的结论是,回到法人制度之初,去掉传统登记制度的弊害,而这是通过完善登记制度和承认事实法人来实现的。

① 卡尔·拉伦茨.德国民法通论[M].谢怀栻,王晓晔,等译.北京:法律出版社,2003:123.
② 高桥宏志.民事诉讼法——制度与理论的深层分析[M].林剑锋,译.北京:法律出版社,2003:151.
③ 伊藤真.民事诉讼的当事人[M].东京:弘文堂,昭和 53 年:26.
④ "日本最高法院判决",1974 年(昭和 48 年)10 月 9 日,民事判例集:第 27 卷 9 号:1129.

四、关于民事主体构建中的特殊民事主体资格问题
——农村集体组织与国家的民事主体资格

在关注民事主体发展大趋势的同时,不能忽视本土的特殊情况,我国农村集体组织就是极为重要的特殊情况之一。在民法学界的理论研讨中,对农村集体组织的关注首先是从物权领域开始的,如何看待"集体所有权"并将其纳入民法理论体系之中是讨论的核心所在。从农村集体组织的运作现实来看,村民集体行使管理和处分权能,村民成员行使使用和收益权能,村民权义的承受以其村民身份(也即集体成员身份)为前提,在村民身份既定的情况下,个体成员不能持分或请求分割。对于集体所有权的讨论,很大程度上是在我国现实基础上寻找其与传统物权法理论相对应的概念,而日耳曼法的总有制度与之最为相似,因而我国学者亦提出以总有来看待集体所有权问题。① 或有论者否认"总有说",其依据主要在于:其一,总有与所有相排斥,在总有的情况下,只有各个具体权能的归属,而没有完全的所有权存在,此与"集体所有权"相矛盾;其二,总有在历史上被限定在非法人团体内,因而缺乏相应的权利义务承受者。为了解决这两个问题,学者提出,可以先由法律"认定总有团体具有法人地位",再认定"总有权是总有团体法人所有权"。② 这固然可以实现理论上的自足,但确认集体组织的法人地位则意味着法人登记程序及一系列常规性审核程序的产生,在实践中难免增加集体负担并转嫁到成员头上。农村集体组织的改革重在两个方面:一是明晰主体身份,避免"乡村债务向农民转嫁";③二是防止集体所有权虚化所导致的个别部门与官员的权力滥用。说到底,就是实现真正意义上的村民自治,也就是一种具有本土特殊性的团体自治。笔者以为,总有制度可以借鉴来解释我国的集体所有状况,并在此基础上构筑村民自治形态,但农村集体组织没有成为民事法人的必要,这主要是从实践操作层面出发考虑的,立法可以直接确认农村集体组织的民事主体地位,并将其作为一种特殊的非法人团体加以对待。这一观点的主要理由在于:其一,从本文前述各国司法实践来看,非法人团体民事主体地位的认可都以相当程度的组织化为前提,而我国农村集体组织的组织化程度完全能够达到这一要求;其二,非法人团体的责任承担方式是各异的,并非一律是成员有限责任,如对于非营利非法人团体而言承担有限责任,而对于营利性非法人团体而言则承担无限连带责任,责任如何承担与主体并无直接关系,非法人团体的主体设计与总有不存在冲突;其三,最大限度地降低了立法成本,非法人团体到法人的转变很可能只是一个名称的变化,但为此而产生的登记、审核等程序却不可避免,立法不应图此名称变化而应将具体权利义务的设计作为重点,肯认农村集体组织的非法人民事主体地位即可达到此效果,也能为今后进一步完善组织内

---

① 持此观点者包括孟勤国教授、钱明星教授等,参见:孟勤国.物权二元结构论[M].北京:人民法院出版社,2004:164-169;钱明星,李富成.公有制财产的物权法构造[J].法商研究,2002(5).

② 孟勤国.物权二元结构论[M].北京:人民法院出版社,2004:166.

③ 1999年10月30日在第九届全国人民代表大会常务委员会第十二次会议上,农业部部长陈耀邦所做的《关于增加农民收入、减轻农民负担情况的报告》中指出:"农村'三乱'屡禁不止,乡村债务向农民转嫁的现象有所蔓延。"(引自《1999年全国人大常委会公报》第618页)

部关系奠定基础。

　　同农村集体组织具有特殊性一样,在公有制主体的环境下,国家作为国有财产的归属者,其是否有必要成为民事主体,一直是一个颇具争议的问题。由于国家的虚位性,国家所有权是通过代表国家的下级法人组织的占有来行使的,在含有国有股的企业中,国有股东权经由国资委来实现,在其他非企业性单位中,国家所有权经由该单位法人的占有使用来实现。在一般情况下,虽然国家是其所有权的归属者,但其一般不以民事主体的身份出现,或者说,其一般不需要以民事主体的身份出现,因为其所有权的各项权能均得由相应的法人组织来实现,国家的虚位性亦有助于在公有制主体下避免行政对经济的不当干预。但国家是否在任何时候都不必再以民事主体身份出现,仍值得思考。从国家财产占有使用的情况来看,存在着代理上的双重性,即一方面企业或非企业组织代表国家占有使用财产,另一方面又由该组织的管理层代表该组织作具体的使用,所导致的结果是管理层对国有资产戕害严重。对国有企业而言,改革的方式是通过使国资委层级化,由其行使国家作为出资人的权利,将国家与其他股东平等地对待。但对于其他仍然占有大量国家财产的非企业单位而言,并无相应的出资人代表。而实践中无论是企业还是非企业单位,组织内部对国有资产的侵害都相当严重,作为所有权人的国家在没有民事主体资格的情况下,难以在私法领域内维护"自己"的权利。在此情况下,对国家的私法地位亦应加以思考。在私有制条件下,国家所占有的财产主要用于公共福祉的实现,并不主导生产、经营,而在公有制主体下,国有财产必然介入生产经营之中,在此环境下,国家的私法地位比在私有制环境下更显重要。国家作为所有者的权利更应以私权的方式加以保护而不应动辄以行政权力加以干涉,尤其在国有财产遭受侵害而代表国家占有使用该部分财产的具体组织不主动予以保护(或者其本身就是侵害者)时,国家应以民事主体的身份出现以行使所有人的权利,这一处理方式亦可避免政府过度以行政手段干预占有者的具体事务。就此而言,笔者以为,国家保留民事主体身份是必要的,但其以民事主体身份出现须符合以下的条件,即国有财产遭受侵害;占有使用者消极不加以保护或占有使用者主动侵害;无其他更适合的救济途径。在其他情形下则不宜直接以国家的身份参与具体民事活动。

第五编

民法分则编

冷静而理性地看待物权法中的争议①

十届全国人大常委会第十六次会议决定把经过三审的物权法草案内容向全社会公布并广泛征求意见后,物权法成为社会最为关注的话题。围绕物权法的制定在理论界也引起了广泛的争议。大多数观点认为物权法体现了广大人民群众的根本利益,同时也充分反映了改革开放的基本成果。但也有少数人认为该法存在重大的制度缺陷,甚至认为物权法有违宪的嫌疑,其核心和重点是保护少数人的权利,并认为目前我国社会生活中存在的诸多问题,如分配不公问题、国有资产流失问题等,都归结为物权法作用的结果。这种不正确的观点既是对物权法作用的误解,同时在理论上也是十分有害的。因此有必要在理论上加以澄清。

一、如何看待物权法在市场经济中的作用

物权是民事主体依法对特定的物进行管领支配并享受物之利益的排他性权利,是一定社会的财产所有和支配关系的法律表现形式。按照理论界的通说,物权法的主要作用范围在于界定产权关系。产权制度或产权界定的基本功效就是给市场主体提供一个追求长期利益的稳定预期和重复博弈的规则,从而使市场交易主体对自己的资源有比较可靠、明晰的权利边界,并对财产的价值和收益及行使财产权所获得的利益形成合理的期待,其最终目的是为了鼓励人们积极创造社会财富。完备的物权制度和物权规则是民事主体从事交易活动的前提。物权制度的另一个特点是该种权利具有强烈的排他性,这种排他性决定了物权权利具有良好的可转让性,即权利边界明确的权利人可以根据市场规律以双方经过博弈后商定的价格自由地处分自己的权利。由于这种物权交易的实质是人们对利用资源的权利的选择和交换,因此,对物权的处分行为的实施结果可以使资源通过市场主体的意志流向出价最高的购买者,而这种出价最高者在大多数情况下又是自然资源的最高使用效率者。当然制度供给决策者必须对制度约束变量有较为深刻的认识,不仅仅要考虑到受制度的预期收益诱导,也要受制度创新的成本约束。

但另一方面我们不能不看到,与其他任何法律一样,物权法的作用同样具有有限性。这有几层含义:一是说取物权法作为民法的一个组成部分,主要调整的是静态的财产关系。换

---

① 原文载于《河南省政法管理干部学院学报》2006 年第 3 期。

言之,物权关系是财产流转关系发生的基础和结果,但它本身并不涉及财产流转的内容。二是说民法作为一个法律部门其作用具有有限性。由于社会关系的复杂性,任何一个法律部门都不可能对所有的社会关系都做出相应调整,从而使法律部门的划分成为必要。而任何法律部门的调整目标都具有特定性。不仅如此,传统民法所调整的人身关系和财产关系在现代社会中的界限已经不再如原来那样泾渭分明。财产权的范围在扩大,从有形走向无形;财产权的体系也在不断演变,人格权与财产权相互交叉,并逐渐向财产权渗透。加之因物权和债权的相互渗透而导致的物权关系的债权化和债权关系的物权化,也使物权法的作用越来越依赖于其他法律部门的综合作用。三是说法律本身的作用具有有限性。对社会关系的调整除了借助于法律手段之外,还必须借助于其他手段,特别是道德手段。在对社会关系的调整上,法律不是万能的。

二、如何看待物权法与构建和谐社会的关系问题

构建和谐社会是现代法律的基本目标之一,也是评价法律制度优劣的主要尺度。在和谐社会的构建中,物权法扮演着十分重要的作用。其原因在于,作为和谐社会的构成要素之一是要求社会公众必须有良好的行为结果预期。而要实现这种良好预期就要求公民必须有稳定的可支配财产、财产的权利边界比较明确且能够受到其他人的尊重。在没有法律之前,人对财产的利用是通过占有而实现的,但这种单纯的占有由于没有权利的外衣,因此具有不稳定性和易受侵害性。物权是物权法调整物的占有关系的结果。当人对物的占有受到法律的确认,占有人可以凭借国家公共权力排除他人对占有的侵犯、干涉、妨碍时,对物的占有也就不再是一种单纯的事实,而成为一种财产权利——物权。而物的归属关系是人类社会生活的重要财产关系。就全社会而言,重要生产资料的归属如何,不仅直接决定着一个国家的基本经济制度,同时也间接决定着一个国家的基本政治制度。就个人而言,将一定物质资料攫为己有,供其生产消费与生活消费之用,是人生存和发展的基本条件。因此人类社会自从有了国家和法律,物的归属关系便成为法律规定和调整的重要对象,自主占有人对物的占有也因此而成为国家公共权力保护的重要对象。马克思说:"私有财产的真正基础即占有,是一种事实,一个不可解释的事实,而不是权利。只是由于社会赋予实际占有以法律的规定,实际占有才具有合法占有的性质,才具有私有财产的性质。"[①]法律规定和调整物的归属关系的规范的总和,构成物权法的重要制度——所有权制度。法律通过充分保护财产特别是私有财产的所有权,通过建立明晰的产权制度,可以使个体的权利、义务和责任实现有机统一,从而能够帮助人们形成对财产的安全感和对自己未来的安全感。"民之为道也,有恒产者有恒心,无恒产者无恒心。苟无恒心,放辟邪侈,无不为己。"[②]不仅如此,作为物权法的主要作

---

① 马克思,恩格斯.马克思恩格斯全集:第1卷[M].北京:人民出版社,1958:382.

② 《孟子·滕文公上》.

用之一就在于"定分止争"。财产权属不清是一切纠纷产生的最根本原因。商鞅说:"一兔走,百人逐之,非以兔可分以为百也,由名分之未定也。"①慎到说:"一兔走街,而人追之,贪人俱存,人莫非之,以兔为未定分也。"②一旦产权界定清楚,就会使这种基于产权界定不清而引起的纷争得到最大限度的减少。"兔积满市,过而不顾,非不欲兔也,分定之后,虽鄙不争。"③"夫卖兔者满市,而盗不敢取,由名分已定也。故名分未定,尧、舜、禹、汤且皆如骛焉而逐之,名分已定,贫盗不取。"④

三、如何看待物权法与国有资产流失之间的关系

国有资产流失是目前社会极为关注的问题之一。全国人大常委会委员长吴邦国同志在2005年9月26日物权法草案修改意见座谈会上郑重提出,物权法制定的任务之一就要防止国有财产流失。这一论述对我国物权法的制定具有很大的指导意义。从实践来看,我国国有资产的流失按其流失方式可分为交易型国有资产流失和体制型国有资产流失。其中导致交易型国有资产流失的主要原因是信用制度的缺失和国有资产交易中的机会主义盛行。信用制度缺失的直接动因是利益主体的多元化。利益主体的多元化是市场经济的基础和发展的力量之源,而主体的多元结构必然导致利益趋向的冲突。信用秩序的作用就在于将市场主体自我对冲突的化解限定在一个可控的框架内,以免危及市场的交易安全。在计划经济体制下,信用秩序的作用可以由经济管制来完成,交易的安全性不容质疑,所以信用问题并不突出。但是一旦对市场主体的管制大大减少,丧失信用又能获得额外利益,一些不正当的手段就自然成为交易手段的选择。当相当的市场主体为避免受害而主动放弃信用或者减少交易的时候,我们就面临一个"囚徒困境"⑤。与信用缺失相伴而生的是市场主体的机会主义

---

① 《商鞅·商君书》.

② 《慎到·慎子逸文》.

③ 《慎到·慎子逸文》.

④ 《商鞅·商君书》.

⑤ 所谓"囚徒困境"是博弈论教材上的一个经典案例,是指警察抓住了两个罪犯,但警察局却无充足的证据指控他们所犯的罪行。如果罪犯中至少有一名招供,则指控他们的罪名就能成立。为了得到所需要的口供,警察将两名犯罪嫌疑人分别关押以防止他们串供或订立攻守同盟,并分别对他们讲清楚他们的处境和面临的选择:如果他们都拒不认罪,则他们将会被以较轻的妨碍公务罪各判一年徒刑;如果两人中只有一人坦白,则坦白者将被无罪释放而拒不坦白者将被重判8年徒刑;如果两人都坦白认罪,则他们将各被判处5年徒刑。在该案中两个罪犯都有两种可供作出的选择,但各方的得益不仅取决于自己的策略选择,而且取决于另一方的策略选择。对囚徒1来说,他虽然有坦白和不坦白两种选择,但假设囚徒2选择的不坦白,则对囚徒1来说,不坦白将服刑1年,坦白将不被判刑,因此他应当选择坦白;假设囚徒2选择的是坦白,则对囚徒1来说,不坦白将被判刑8年,坦白将被判刑5年,他还是应当选择坦白。对囚徒2来说情况一样,也是认为坦白给自己带来的得益最大。因此最后的博弈结果是两个罪犯同时选择了坦白,同时被判刑5年。因此无论是对这两个囚徒总体来讲,还是对个人来讲,最佳的结果不是同时坦白,而是都不坦白。俩囚徒决策时都以自己的最大利益为目标,结果是无法实现最大利益甚至较大利益。

倾向严重。"机会主义"行为在经济学中被定义为"用虚假的或空洞的,也就是用非真实的行为威胁或承诺来谋取个人利益的行为。"①"机会主义"行为不但存在于国有企业当中,而且存在于所有的市场主体中,只不过相对于其他市场主体而言,国有企业中的机会主义更加明显。国有财产的主要使用者是国有企业或公司,国家和公司作为不同的经济主体,各应有其专属的活动领域,因此二者之间的财产关系的实质就是确定各自所享权利的范围和界限,也就是如何在国家所有权与企业经营权之间找出二者的"黄金分界线",以便使国家所有权内部达到最优化结合。它又有两个基本的要求:一是公司相对独立的商品生产者地位,二是国家根本利益的实现。一方面,国家作为所有权主体,要想不丧失对国有财产的所有权,除了据此获得一定的经济利益即在利益上实现所有权外,还应当通过某种方式(如制定国有财产的使用规则等)将自己的意志直接达于国有财产,即在意志上实现自己的所有权。另一方面,公司作为社会化大生产的具体经营形式,要求必须享有一定的财产权,公司只有在享有独立财产权的情况下,才能于运动变化之中将生产各要素合理组织起来,达到最佳经济效益的结合。二者博弈的结果导致所有权和经营权的分离。当资本的所有权和控制权以及与此相关的经营管理权发生分离以后,可能导致的最大问题就是公司的经营管理人怠于履行义务。由于作为委托人的公司资本所有者和作为代理人的经营者在行为目标上的不一致性,因此,代理人(经营者)在公司经营行为中可能会主动追求自身利益的最大化,而不是去追求委托人(资本所有者)利益的最大化,甚至可能会为追求自身利益而侵害委托人利益。不仅如此,代理人基于职业的关系,可以拥有大量不为股东(代理人)所知晓的内部信息,因此在自己利益与股东或公司利益发生冲突而又缺乏必要监督的情况下,公司内部人就可以凭借自己所掌握的巨大权力和拥有的大量信息,作出不利于公司的自利、轻率甚至违法的行为,以实现自身利益的最大化,从而使公司不得不为此付出高昂的"代理成本"②。

虽然防止和堵塞国有资产流失的各种渠道是许多法律的共同任务。但相对于其他法律而言,物权法扮演着极为重要的作用。其原因在于,物权法不但是一种行为规范体系,而且也同时兼具裁判规范的性质。其内容除了要对物权行为的实施提供明确的指导之外,更重要的任务是对物权主体的物权利益提供强制性的法律保护。物权法对国有资产的保护主要通过两种方式加以实现:一是通过设立合理的物权体系,特别是通过建立完备的用益物权制度,强化物的合理利用方式,从制度层面使物的效用得到充分发挥,以实现国有财产的保值和增值。另一种方式是通过完善的制度构建,即通过明晰产权和实行完备的法律救济,从制度上堵塞国有资产流失的漏洞。值得说明的是,目前我国所出现的各种类型的国有资产流失,并不是物权法的过错。恰恰相反,国有资产的流失越演越烈,正是因为我国长期没有物权法律制度的必然结果。当然国有资产流失问题的彻底解决,仅靠物权法是远远不够的,还需要其他许多法律的共同规范,更需要其他政策和措施的共同作用。

---

① 加里·S.贝克尔.人类行为的经济分析[M].王业宇,译.上海:上海三联书店,1993:98.
② 布莱恩·R.柴芬斯.公司法:理论、结构和运作[M].林华伟,等译.北京:法律出版社,2001:652.

四、如何看待物的所有和物的利用之间的关系

传统的物权制度是建立在简单商品经济条件下。在以风车、水磨、马车为代表的生产工具和简单交易方式条件下，人们对于财产的认识更多地局限于财产的使用价值形态，并且财产的使用也主要局限于财产的所有人，由非所有人使用自己的财产，如地役权、地上权，那仅仅表现为一种例外，而且一般都在所有权人的控制之下进行。因此整个物权制度的设计是围绕所有权而展开的。他物权或称限制物权作为不完整的不充分的物权，是所有权的派生。他物权的存在虽然是对所有权的某种限制，但其本质仍然是为了更好地实现所有权。但在市场经济高度发达的今天，财产对于我们个人乃至社会，更多地不在于它的归属状态，而在于它的流转状态，即在流转中发挥其效用、在流转中得到增值。人们并不单单依靠占有更多的财产来满足自身的需要，而是通过不断地利用财产以实现人类的物质和精神需求，从而推动社会的发展。[①] 因此，在当今世界无论资本主义社会或社会主义社会，都存在物的他主利用的社会必然性和必要性。由于法律作为一种上层建筑，根源于物质的生活关系。其作用"只是表明和记载经济关系的要求而已"。[②] 因此调整物的利用关系也就成为物权法的另一重要任务。在物权法中，他物权制度是比所有权制度更为复杂的一项法律制度，需要我们更加耐心和理性地加以设计。值得注意的是，他物权制度的设计主要是针对土地，特别是农村土地而展开的。农村土地的权属关系和利用关系在我国更具有现实意义。我国的农村土地所有关系是集体所有，使用方式是承包经营。事实上早期的土地承包，只涉及农户的耕作权。其他的相关土地权利，包括农产品的市场交易权，以及承包土地的流转权等等，都是后来"改革深化"的结果。随着各种深化农村土地制度的改革措施的逐步展开，由于各地的人地关系结构、经济发展水平不一致，各地明显出现异质化倾向。比如，在各地，土地分配的办法及标准是不同的，农村集体对土地所有权行使实际不同，对于经营土地的继承、转让等权利，虽然法律没有规定，而事实上其已经在许多地方存在。因此，在目前这种状况下，制定物权法规则以确立土地上的权利结构，必须考虑农民的真实需要和社区的实际情况，在农村土地使用权内容、所有权主体、社区成员资格权实现方式上，不能够以国家意志来随意剪裁现实，否则法律规则的实际效果将会不尽人意。[③] 因此有关物权的立法应当谨慎而理性，在利用公共权力确定土地权利的时候，尽可能的获得各种影响土地利用效率的信息，在农村经济改革已经使市场经济有一定发育的前提下，由政府提供的制度安排，要实现预期净收益最大化，必须付出比需求诱致性更为高昂的成本。[④]

① 陈旭琴.关于物与建立我国物权制度的法律思考[J].杭州大学学报(哲社版),1996(1).
② 马克思,恩格斯.马克思恩格斯全集:第 4 卷[M].北京:人民出版社,1958:122.
③ 李周,蔡昉,金和辉,张元红,杜志雄.论我国农业由传统方式向现代方式的转化[J].经济研究,1997(4).
④ 张红宇.中国农村土地产权政策:持续创新——对农地使用制度变革的重新评[J].农业经济,1999(1).

五、如何看待物权法中的借鉴和继承的关系问题

在世界经济日益全球化的今天,社会经济文化的融合趋势越来越明显,因此任何一个国家法律的制定都不可能不受其他国家的影响。不仅如此,法律制度和法律文化作为社会文化的一部分,是人类共同的社会财富。因此在我国物权法的制定过程中,必须充分借鉴和移植其他国家的先进的法律制度和法律理念。这一观点不但适用于公司法、破产法等直接调整市场经济关系的法律,而且也适用于带有强烈私人色彩的民法制度。"物权"一词是由中世纪注释法学派首先提出来的,是注释法学派在研究罗马法时对罗马法规定的所有权、用益权、居住权、奴畜使用权、地役权等财产权的抽象。在法律上正式使用"物权"概念始于1811年制定的奥地利民法典。1896年制定的德国民法典以"物权"作为其第三编的编名,系统地规定了所有权、地上权、用益权、地役权、抵押权、质权等物权。自此之后,大陆法系各国纷纷仿效德国民法典,在自己的民法典中规定符合本国国情的物权制度。我国物权法的制定同样不能不对外国的成功经验和理性制度进行借鉴。另一方面来说,物权法作为与公民社会生活联系最为密切的法律,除了要注意对先进法律文化和法律制度的移植之外,还要求其规范内容必须与我国的传统伦理观念和道德要求相一致,并最大限度地尊重长期形成的各类民事习惯。其原因在于,任何法律制度和产权规则都必须考虑与以往法律制度和产权规则的衔接。任何社会中文明的进化包括法制文明的进化都不可能没有积累和继承。只有这样,经过长期积累而逐步成型的一些既定的财产权利、法律制度和产权规则才不至于因新订法律的不承认而引起社会关系的动荡。如果根本无视法律产生的社会需求和文化底蕴,而仅仅将所谓的外国的先进法律规定"移植"到异质社会中,法律必将与现实生活脱节,毫无实际效用。因此,正是基于对社会波动的担心和新旧法律制度在衔接上的困难,因此在法律的制定过程中常常采取保守的、渐进的举措。我们在物权立法中所需要做的应当是,在传统文化和传统习惯与现代法制精神之间建立起一个可以沟通的桥梁,在扬弃和继承的基础上构建出一套既适应现代市场经济体制的要求又可得到广泛社会接受的社会主义物权法律制度。

六、如何看待国家在物权法中的特殊地位问题

根据马克思主义法学观点,所有权作为一种法律制度,其本质是表现并保护一定社会形态下的所有制关系。而生产资料所有制关系乃是生产关系总和中的核心关系,或者说是在整个生产过程中产生其他生产关系的基本关系。[①] 生产资料所有制决定了所有权的性质、内容和形式,反过来所有权制度又起到确认、保护和促进所有制的作用。同时,所有权制度作为一种意志关系,具有相对独立性,不仅仅是社会物质关系的简单模拟和直观的反映。"虽

---

① 斯大林.斯大林选集[M].北京:人民出版社,1979:594.

然一定所有制关系所特有的法的观念是从这种关系中产生出来的,但另一方面同这种关系又不完全符合,而且也不可能完全符合。"① 这是因为所有权不仅是生产资料所有制的表现,而且也是对社会商品经济关系的反映。所有权不仅反映出静态的财产归属关系,也反映出动态的财产流转关系。所有权是商品生产和交换的前提,在商品经济条件下所有权从前提到结果的运动过程,表现了价值规律的客观作用。② 在我国的所有权关系中,最为基础和最为复杂的是国家所有权。

现阶段的国家作为财产主体可以表现为三种情况:一是对资源型财产的国家所有权;二是对营利型(或称国有企业支配型)财产的国家所有权;三是非营利型(或称行政事业型)财产的国家所有权。其中以第一种最为典型。自然资源的核心内容是土地。社会主义公有制是改革必须坚持的政治前提,所以土地私有化不可能得到社会的认同。土地作为农业大国的最重要的生产资料,权利制度的改革也只能在维护原有公有制的前提下,通过创新的土地权利来实现土地利用的高效率。③ 在财产的取得方式上,国家有着其他民事主体所不具备的优势。(1)国家可以采取强制手段取得所有权。国家可凭借其手中的公共权利,不顾原所有人的意志,采用征税、国有化、征收、没收等强制手段将公民个人或集体的财产收归国有。但国家采取强制措施取得所有权,须受到法律的严格限制,只有在因维护社会公益所必需的情况下,方可采取此种手段,而且,对于因此受到损失的公民,还须给予一定的补偿。(2)国家有权取得所有人不明的,埋藏物、隐藏物及无人认领的遗失物。我国《民法通则》第 19 条第 1 条规定:"所有人不明白的埋藏物、隐藏物,归国家所有。接收单位应当对上缴的单位或个人,给予表扬或者物质奖励。"(3)国家可以取得无人继承的财产。根据我国《继承法》第 32 条规定,公民死亡之后无人继承又无人受遗赠的财产,归国家所有,死者生前是集体所有制组织成员的,归所在集体组织所有。由于国家土地所有权在国民经济中占据重要地位,因此我国《宪法》《民法通则》《土地管理法》都非常重视对国家土地所有权的保护。《民法通则》第 73 条规定:"国家财产神圣不可侵犯,禁止任何组织或者个人侵占、哄抢、私分、截留、破坏。"在未来的物权立法中,我们应当采取更加有效和多样的手段,加强对国家所有权的保护。

七、如何看待物权法对公有财产和私有财产的平等保护问题

吴邦国同志在 2005 年 9 月 26 日物权法草案修改意见座谈会上提出的另一个要求是,物权法的制定要体现对国家、集体和私有财产平等保护的原则。这里的平等保护不但要求在保护手段和保护方式上具有一致性,而且在保护内容和保护强度上也应当具有相同性。物权法之所以要提出平等保护原则,其主要原因在于:公有制作为我国的社会基础无疑应受

---

① 马克思,恩格斯.马克思恩格斯全集:第 30 卷[M].北京:人民出版社,1974:608.
② 王利明.物权法论[M].北京:中国政法大学出版社,1998:246.
③ 盛洪.中国制度经济学[M].上海:上海三联书店,上海人民出版社,1996:21.

到法律的完备保护,但公民财产同样应得到法律的充分尊重。财产权之所以可以作为民法的核心内容,其主要原因就在于公民的财产权是限制国家权力滥用的最可靠和最有效的屏障,是建立法治、保障人权的基础。对公民财产权的有效确认,就从根本上限制了国家政府对公民财产权的任意侵害和剥夺。没有私人财产权,其他一切权利的实现都是不可能的或是非常困难的。不仅如此,私有财产权还使公民获得了自由发展的空间。它使每个人都可以按照自己的意愿自由行为,可以自由地把自己的财产与他人的财产进行交换,私人之间的财产交换凭借的是互惠和互利,拒绝的是强迫和专横,要求的是尊重和对权利的承认,最终可以促使一切创造社会财富的源泉充分涌流。诚如有学者所言,从最本质的层次上而言,物权法的平等保护实际上是对我国二十几年改革成果和改革理念的弘扬和肯认,因为我国改革的目标不是把现存的有产者变成无产者,而是把所有无产者都变成有产者,以实现共同富裕。

作为物权法的主要作用之一是它能够合理界定合法私产与合法公益之间的关系,特别是要明确公共利益与私人权益之间发生冲突时的解决办法。按照传统的观点,私人权益理应给公共利益让路,其主要理由是,公共利益是一个社会全体成员的共同利益,它关注的是社会的整体稳定和发展。但在现实生活中,不容忽视的是,很多侵害合法私有权益的行为,都是打着公共利益的旗号而实施的。在物权法制定中争议最大的一个问题就是如何来看待国家的征收征用问题。国家征收征用权属于公权力的范畴,是典型的对私权利进行限制的公权力。与所有的公权力一样,国家征收征用权力的行使必须具有正当性,且这种正当性应当从保障私权利的更好实现当中去寻求。征收征用以公共利益为目的,而公共利益正是私人利益之集合并且是私人利益更好地实现的保障。社会性是人的本质属性,人的生活总是在社会中进行的,离开社会,人依靠自身的力量根本不能或至少不能有效生存。人的个人利益存在于社会之中,脱离社会谈论任何一个特定个人的利益是没有意义的。而社会公共利益是不可能通过自由而任性的私人的行为而自动实现的。正因为如此,以实现公共利益需要为目的的国家征收征用才具有了正当性。另一方面,公共利益作为私人利益的集合体,其实现的结果必须是有利于个人利益的增长和个人福祉的实现。换言之,就公共利益而言,除了为最终满足全体社会成员的个人需要之外它不应当还有其他的目的。因此,为了防止各类公权主体以实现公共利益为借口肆意侵害个人利益现象的发生,必须对公共利益的实现方式进行必要限制,要求其必须具备目的、形式、程序、功能、手段和权利保障六个维度的正当性。

如何准确厘定国家所有权在物权法中的特殊地位^①

《中华人民共和国物权法(草案)》自 2005 年 6 月向社会公开征求意见以来,引起了广泛的社会关注。这个物权法草案从总体上说不但体现了广大人民群众的根本利益,同时也充分反映了改革开放的基本成果,因此社会各界给予了普遍肯定。但毋庸讳言,该法也存在一定的制度缺陷,因此也引发了一些不同意见。其主要的反对观点认为,由于目前的物权法草案中没有明确规定国有财产神圣不可侵犯原则,因此该规定有违宪之嫌,并认为现有物权法所采取的平等保护原则的核心和重点是保护少数人的权利。这种不正确的观点既是对物权法作用的误解,同时在理论上也是十分有害的,因此有必要在理论上加以澄清。

一、国家作为所有权主体的必要性

同农村集体组织具有特殊性一样,在公有制主体的环境下,国家作为国有财产的归属者,其是否有必要成为民事主体,一直是一个颇具争议的问题。否定国家具有民事主体资格的观点认为,由于民法以商品交换关系为其主要调整对象,因此,民事主体大多数都应当是从事商品交换活动的主体。而作为商品交换的主体,应当符合商品交换的一般要求,即任何类型的商品交换都必须以双方当事人达成合意为前提,并且这种交换必须具有双向的可选择性。这里的"双向"有两层含义:一是指交易双方都必须付出交易对价,二是指双方在交易中的位置在一般条件下是可以互换的。而现实生活中国家与其他民事主体在进行交易行为时通常并不具有这种互换性。例如国家出于实现社会公共利益的需要可以对私人财产进行征收和征用,但其他民事主体却无权按照相应的条件征收征用国家的财产。笔者认为虽然国家与其他民事主体之间通常并不具有这种互换性,但并不能当然得出国家不具有独立民事主体资格的结论。马克思主义理论是社会主义国家建立国家所有权的主要理论依据。马克思主义关于社会主义必须建立国家所有权的理论主要包括以下几个方面:(1)只有建立了国家所有权,才能使全体人民乃至全社会的共同利益得到维护和保障,从而最有效地协调个人利益和社会公共利益之间的矛盾,使社会向着有利于全体人民共同需要的方向发展。

---

① 本文以《论国家所有权在物权法中的特殊地位》为题,发表于《河南省政法管理干部学院学报》2007年第 1 期。后被人大复印报刊资料《民商法学》2007 年第 4 期转载。

（2）只有建立国家所有权，使主要生产资料由国家掌握，才能从根本上消除私有制和社会化大生产之间的矛盾，消除经济危机，使整个社会的生产有计划按比例地进行。（3）只有建立国家所有权，才能使资产阶级凭借资本所有权进行剥削的现象归于消灭，从而为实现社会中共同占有生产资料，以劳动为中心，按劳分配，人人平等的新型经济制度奠定基础。[①] 按照此种理论，苏俄在十月革命胜利后，第三次工农兵代表大会于 1918 年 1 月通过了由列宁亲自起草的《被剥削劳动人民权利宣言》，宣言宣布，生产资料国有化是当前的第一任务。根据这一宣言，工厂、矿山、铁路、银行以及其他生产资料和运输工具都被宣布为国家所有。列宁高度评价了这场国有化运动，将其称之为使劳动群众摆脱压迫和建立社会主义经济的必要条件。在我国，国家作为民事主体特别是作为所有权主体不但有其现实的必要性，而且也有其理论的可能性。国家作为所有权主体的最主要原因首先取决于我国特殊的社会制度。我国是社会主义国家，生产资料公有制是整个国家的基础。根据马克思主义的观点，所有权作为一种法律制度，其本质是表现并保护一定社会形态下的所有制关系。法律作为一种上层建筑，"根源于物质的生活关系"[②]。其作用"只是表明和记载经济关系的要求而已"[③]。因此，所有权的本质应从所有权与所有制的关系中把握。生产资料所有制决定了所有权的性质，内容和形式，反过来所有权制度又起到确认、保护和促进所有制的作用。同时，所有权制度作为一种意志关系，具有相对独立性，不仅仅是社会物质关系的简单模拟和直观的反映。"虽然一定所有制关系所特有的法的观念是从这种关系中产生出来的，但另一方面同这种关系又不完全符合，而且也不可能完全符合。"[④]这是因为所有权不仅是生产资料所有制的表现，而且也是对社会商品经济关系的反映。所有权作为商品生产和交换的前提，在商品经济条件下所有权从前提到结果的运动过程，表现了价值规律的客观作用。[⑤] 国家所有权独立存在的另一个重要原因则是为了实现社会公共利益的需要。一般认为社会公共利益是指涉及文化、教育、医疗、环境保护等社会公共事业和国防建设，且符合绝大多数人愿望和满足不特定多数人的需求的非直接商事性质的利益。也就是说，社会公共利益既不是某些个人的利益，也不是某些团体的利益，更不是直接具有商事性质的利益，而是涉及关系人们生活质量的环境、交通、医院、学校等社会公共事业或公众安全的国防事业等方面的利益。[⑥] 社会公共利益作为一种任何个人都无法排他地占有和消费的公共物品（Public goods），其受益主体具有多数性和不特定性。因此，一般民事主体通常不愿意为实现公共利益而由自己付费，市场主体也没有动力提供社会所需要的公共物品。换言之，市场不可能实现公共物品的有效供给，寄希望于一般民事主体的民事行为而保证公共利益的实现是不现实的。事实上，个人利益与社会整体利益之间在目标追求和价值取向上在许多情况下并不具有一致性，公共利益

---

① 吴文翰.国家所有权与企业经营权适度分离研究[M].兰州：兰州大学出版社，1991：23-24.

② 马克思，恩格斯.马克思恩格斯全集：第 2 卷[M].北京：人民出版社，1972：82.

③ 马克思，恩格斯.马克思恩格斯全集：第 4 卷[M].北京：人民出版社，1958：122.

④ 马克思，恩格斯.马克思恩格斯全集：第 30 卷[M].北京：人民出版社，1974：608.

⑤ 王利明.物权法论[M].北京：中国政法大学出版社，1998：246.

⑥ 费安玲.对不动产征收的私法思考[J].政法论坛，2003(1).

的实现只有通过对私人利益的让渡和牺牲才能够实现。即个体的利益和要求只有通过与其他个体的利益相结合,才能形成为国家和法律所认可的普遍的社会公共利益。由于私人民事主体并不能提供为社会所必需的社会公共利益,因此只有国家才能担负起公共利益的维护者这个神圣职责。事实上,国家所有权并非社会主义国家的特有产物,任何国家为了整个社会利益和公共事业的需要,都必须以享有一定的国家财产作为保障,同时国家财产也是实现国家公权力的物质基础。只不过在不同的社会制度下,国家所有权在物权法体系中的地位是不一样的。在私有制条件下,国家占有财产的目的主要是用于公共福祉的实现,通常并不介入和主导具体的生产、经营活动。而在公有制条件下,国有财产客体范围的广泛性和国有经济在社会经济中的特殊地位,决定了国有财产必然介入具体生产经营活动之中,在此环境下,国家的私法主体地位比在私有制环境下就显得更加重要。

相对于其他国家而言,作为以生产资料公有制为主体的社会主义国家,我国国家所有权的内容和范围都明显地较其他社会类型的国家更为宽泛。我国的国家所有权按其占有目的的不同可以分为三种情况:一是对资源型财产的国家所有权;二是对营利型(或称国有企业支配型)财产的国家所有权;三是非营利型(或称行政事业型)财产的国家所有权。其中以第一种最为典型。而在资源型财产的国家所有权中又以国家对土地的所有权最为典型。国家之所以必须享有对土地的所有权,其主要原因首先在于土地的重要性。土地是人类赖以生存和发展的物质基础,是社会生产的劳动资料,是农业生产的基本生产资料,是一切生产和一切存在的源泉,是不能出让的存在条件和再生产条件。同时土地是人类生产关系中的核心关系。在人类经济生活中,土地的所有制决定了以土地所有制为基础的生产关系,即再生产过程中人们之间的相互关系和分配关系。社会生产力的发展,不但不会降低土地问题的重要性,相反,土地已成为影响人类可持续发展的世界性重大问题。其次社会主义公有制是所有经济改革必须坚持的政治前提,而土地的国家所有无疑是社会主义公有制的最主要表现形式。

但值得注意的一点是,国家作为一个抽象的实体并没有自身独立的特殊利益,它的利益存在于众多的个体之间,国家对公共利益的维护最终还是为了维护私人利益的有效实现。

二、国家作为所有权主体的特殊性

与其他类型的所有权制度相比,国家所有权无论在其权利内容还是在其权利行使方面都有相当的特殊性。这种特殊性产生的原因一方面来源于国家身份的特殊性,另一方面则来源于国有财产内容的特殊性。国家所有权的特殊性主要表现在以下几个方面:

1.国家所有权在取得方式上具有特殊性。由于国家所有权的主体兼具有所有者和主权者的双重身份,因此国有财产的取得除使用传统的原始取得和继受取得方式外,还可使用以下方式:(1)国家可以采取强制手段取得所有权。国家可凭借其手中的公共权利,不顾原所有人的意志,采用征税、国有化、征收、没收等强制手段将公民个人或集体的财产收归国有。但国家采取强制措施取得所有权,须受到法律的严格限制,只有在因维护社会公益所必要的情况下,方可采取此种手段,而且,对于因此受到损失的公民,还须给予一定的补偿。(2)国家可以依法取得所有人不明的,埋藏物、隐藏物及无人认领的遗失物的所有权。我国《民法通则》第79条第1款规定:"所有人不明白的埋藏物、隐藏物,归国家所有。接收单位应当对上缴的单位或个人,给予表扬或者物质奖励。"(3)国家可以依法取得无人继承的财产的所有权。根据我国《继承法》第32条的规定,公民死亡之后无人继承又无人受遗赠的财产,归国家所有,死者生前是集体所有制组织成员的,归所在集体组织所有。

2.国家所有权在行使方式与实现方式上具有特殊性。国家所有权在实现方式上有两个基本特征:一是国家作为所有权主体具有虚位性;二是作为国家所有权运作对象的客体内容在类别上具有复杂性,在数量上具有庞大性。与此相适应,作为数以亿计的国有财产的主体,国家无法实现全社会范围内的劳动者和生产资料的直接结合,而只能通过创办企业或其他的委托形式使国有财产得到具体运用。换言之,由于国家的虚位性,国家所有权是通过代表国家的下级法人组织的占有来行使的,从而存在着国有财产代理上的双重性,即一方面企业或非企业组织代表国家占有使用财产,另一方面又由该组织的管理层代表该组织作具体的使用,而国家本身一般不直接以民事主体的身份出现。因此可以说,国家的虚位性既决定了国有财产使用方式的特殊性,同时亦有助于在公有制条件下避免出现行政权力对经济的不当干预。

国家实现所有权的根本目的,是为了生产出更多的产品以满足劳动者的物质文化生活需要。我国是生产资料全民所有制(当前采取的是国家所有制形式)占主导地位的社会主义公有制国家,国家的利益代表了全体人民的根本利益,国家的意志决定了社会的发展方向。因此整个社会的生产目的也首先在国家所有制中得到最充分体现。正是为了实现这一目的才由此决定了国家既要充分发挥作为商品生产者的企业的积极性以便为社会创造更多的价值和利润;同时又不放松对整个国民经济的宏观控制和调节,使企业生产不致偏离社会主义轨道,从而保证广大劳动者的需要得以满足。

国家权利的无限性,决定了国家实现所有权方式的多样性。国家除了要通过授权给企业权利以一定的权利之外,通常还要对企业行为施加必要的限制。这种限制主要是通过宏观管理的方式加以实现的。国家进行宏观管理的主要手段是制定国有财产的共同使用规则、协调和监督企业的活动等等。国家为了规划企业的活动,使其按国家所要求的方式使用国有财产,通常是针对不同类型、不同规模、不同行业的国有财产的使用方式做出不同的限定,赋予经营不同类型的企业以不同的权利义务。国家对企业活动进行宏观管理的另一个重要手段是对企业活动进行监督。国家实施监督的形式和手段多种多样,监督领域也已涉及企业活动的各个方面。

三、国家所有权的改革思路

1.国家所有权改革的理论基点。国家所有权的改革是一个系统的工程,既应当有利于国家所有人地位的巩固与加强;同时,也应当有利于国有财产的充分有效利用;更应当有利于社会公众福祉的增进。为此,首先应树立国家所有权为私人所有权服务的观念,确立物权法在民法中的核心地位。物权法调整的主要内容是静态的财产关系。关于什么是财产,不同领域的学者从不同的角度进行了不同的阐释,哲学家一般把财产理解为实现基本价值的工具。而按照法经济学的观点,"财产的法律概念就是一组所有者自由行使并且其行使不受他人干涉的关于资源的权利"[①]。值得注意的是,在西方国家,财产概念的一个很重要的含义是指公民所享有的排斥政府权力不正当侵害的基本权利,所以,以宪法的形式明示政府权力与公民财产的界限,是现代文明社会的重要标志,也是政治文明的基本内涵。几乎每一个现代化国家,在进入经济与社会的高速发展之前,都奠定了这一基本制度,如美国的"权利法案"、德国的"基本法"及其相关的宪法审查制度等,都保障了政治国家权力之下的市民社会的自由空间和公民的基本权利。作为资产阶级启蒙学者代表人物的卢梭不但认为财产、自由和生命是人类生存的三个最基本要素,而且他还认为,"财产权的确是所有公民权中最神圣的权利,它在某些方面,甚至比自由还重要"[②]。诺贝尔经济学奖获得者米尔顿·弗里德曼则认为:"财产权不仅是经济自由之源,它们也是政治自由之根。"[③]在法律安排上,保护公民依法获得财产不但是民法的最基本作用之一,而且也是各国民法中的最基本内容。对此,孟德斯鸠认为,"政治法使人类获得自由;民法使人类获得财产"[④]。财产权之所以可以作为民法的核心内容,其主要原因在于,公民的财产权是限制国家权力的最可靠和最有效的屏障,是建立法治、保障人权的基础。没有财产权,其他一切权利的实现都是不可能的或是非常困难的。由于财产权本质上是一种对他人的限制和束缚,从这一意义上说,没有财产权就没有法治。不仅如此,财产权还使公民获得了自由发展的空间。每个人都可以按照自己的意愿自由行为,可以自由地把自己的财产与他人的财产进行交换,个人间的财产交换凭借的是互惠和互利,拒绝的是强迫和专横,要求的是尊重和对权利的承认,由此带来的是民主与社会的和谐、繁荣。[⑤] 与私权利不同,公权力缺乏自然法上的价值基础,它所存在的价值需要通过自然法上的本原性价值来证明,也就是必须借助于对个人私权利的诠释来加以证明,更确切地说,公权力的存在必须是在能够更好地实现私权利的前提下才有其存在的价值。"在权利与权力的关系中,权利本位的法律精神意味着:公民的权利是国家权力的源泉,也是国家权力配置和运作的目的和界限,即国家权力的配置和运作,只有为了保障主体权利的实现,协调权利之间的冲突,制止权利之间的相互侵犯,维护和促进权利平衡,才是合法的和正当的。"[⑥]"在有关公共利益的问题上,公共利益绝不是用政治性的法律或法规去剥夺个人的财产,或是削减哪怕是他最微小的一部分。在这种场合,必须严格遵守民法;民法是财产的保障。因此,公家需要某一个人的财产的时候,绝对不应当凭借政治法采取行动;在这种场合,

---

① 罗伯特·考特,托马斯·尤伦.法和经济学[M].张军,等译.上海:三联书店,1991:160,125.

② 卢梭.论政治经济学[M].王运成,译.北京:商务印书馆,1962:25.

③ Milton Friedman. Preface: Economic Freedom behind the Scenes[R]//James Gwartney, Robert Lawson. Economic Freedom of the World 2002 Annual Report. Fraser Institute:Vancouver, B. C. Xvii.

④ 孟德斯鸠.论法的精神:下[M].张雁深,译.北京:商务印书馆,1982:189.

⑤ 赵万一.从民法与宪法关系的角度谈我国民法典制订的基本理念和制度架构[J].中国法学,2006(1).

⑥ 何增科.市民社会概念的历史演变[J].中国社会科学,1994(5).

应该以民法为根据;在民法的慈母般的眼里,每一个个人就是整个的国家。"①在国家所有权制度的设计上,同样应当树立为私权服务这个理念,把国家所有权改造成私人所有权实现的有效保障。其根本原因在于,国家作为一个抽象的实体从民事角度观察,它并没有凌驾于个人利益之上的独立的特殊利益,它的利益应当存在于众多的个体之间,也应当通过保障个体利益的实现而最终显现自身的价值。

2.国家所有权行使方式的改革。由于国家拥有的财产数量非常庞大,加之国家主体的虚位性,由此决定了国家不能直接对其所有的财产进行有效管理,而只能委托国有企业和其他组织对这些财产进行直接的占有和支配,从而在国家与国有财产的实际支配人之间形成了一种委托代理关系。根据委托代理理论,国家作为委托者构成博弈甲方,企业(代理者)构成博弈乙方。委托人和代理人之间存在着两个方面的不对称:一是利益的不对称;二是信息的不对称。由于双方目的不一致性及信息的非对称性,委托方与代理方之间总是难以实现理性双赢,代理方在非对称的信息环境中总是最大限度地增进自身利益。相对于委托人而言,代理人拥有更多的信息,形成了明显的信息不对称,其后果主要有两种,一是逆向选择,二是道德风险。其中逆向选择是指在建立委托人—代理人关系之前,代理人已经掌握某些委托人不了解的信息,而这些信息有可能是对委托人不利的。代理人有可能用这些对委托人不利的信息签订对自己有利的合同,而委托人由于信息劣势处于对已不利的选择位置上,从而可能导致逆向选择。道德风险是指代理人在使其自身效用最大化的同时损害委托人或其他代理人效用的行为,也就是在建立委托人—代理人关系后,代理人可能利用信息优势做出损害委托人利益的行为。逆向选择通常发生在交易前,其结果是出现类似"劣币驱逐良币"的现象;道德风险则往往发生在交易后。因为一旦双方签约,委托人的利益要取决于代理人的行为,委托人有可能只知道代理人的能力,但其努力水平并不知道。为了防止代理人损害自己的利益,客观上要求对代理人进行监督,但监督是要付出成本的,如果监督过于严厉,不仅成本过多而且对公司的正常经营也会产生不利影响;如果监督过于松懈,则所有者的权利得不到很好的保护。这样就需要建立一套既能够有效地约束代理人的行动,又能激励代理人按委托人的目标和为委托人利益而努力工作的机制或制度安排。这一制度安排就是让代理人成为剩余收益权利的拥有者。

笔者认为,基于这种委托代理关系,国家和国营企业作为不同的经济主体,各应有其专属的活动领域,因此二者之间的财产关系的实质就是确定各自所享权利的范围和界限,也就是如何在国家所有权与企业法人财产权之间找出二者的"黄金分界线",以便使国家所有权内部达到最优化结合。据此我们可以认定二者划分的最根本依据是社会主义商品经济的性质。如果企业的一切生产经营活动都听命于上级,那么企业最多不过是建筑物中的砖头或机器上的零部件,而不是能动的有机体。不仅如此,作为国有财产具体利用主体的企业职工集体的劳动力成为集体的谋生手段,使企业构成一个利益上的共同体。企业通过生产经营活动的主要目的是获得大于投入的产出,且这种对利益的获取构成企业的直接生产目的。

---

① 孟德斯鸠.论法的精神:下[M].张雁深,译.北京:商务印书馆,1982:191.

这种利益上的独立性,要求企业必须享有一定的独立财产权利。就整个社会而言,社会主义的生产目的是满足全体人民的物质文化生活需要,它是以国家利益的形式表现出来的,强调的是商品的使用价值。换言之,它所注重的是使用价值形态的收益。但从企业的角度而言,除了整体的目的之外,还应有自己的直接生产目的。这里的直接目的就是获取更多的利润,它所强调的应是价值形态的收益。企业法人财产权必须具有独立性,其主要表现在于:经营的范围一经确定即具有稳定性和排他性,它构成企业对外承担责任的基础。对这种权利不但其他单位和个人不得非法加以侵犯,就是所有人——国家非依法律亦不应任意对其加以更改和剥夺,而只能从外部进行干预和指导。

3.国家所有权行使目的的改革。代表国家行使所有权的主体,应区分类型分别确定。如依据物权法草案的规定,矿藏、水流、海域和国家所有的土地、草原等自然资源,由国务院代表国家行使所有权。国家投资设立的企业,由中央人民政府即国务院和地方人民政府依照法律、行政法规规定分别代表国家行使所有权。而国家机关对其直接支配的动产和不动产仅有依法占有、使用以及依照法律和国务院有关规定进行处分的权利。

无论何种类型的国家所有权行使主体,其共同任务是防止国有资产流失和实现国有财产的保值和增值。国有资产流失是长期困扰我国理论界和实务界的一个大问题。国有资产流失按其流失方式可分为交易型国有资产流失和体制型国有资产流失。全国人大常委会委员长吴邦国同志在 2005 年 9 月 26 日物权法草案修改意见座谈会上郑重提出,物权法的制定一方面要体现对国家、集体和私有财产平等保护的原则;另一方面则要针对当前存在的问题,尤其要防止国有财产流失。这一论述对我国物权法的制定具有很大的指导意义。经济体制改革的实质在于社会主义公有的改革和完善,而其唯一途径则是正确处理公有财产的归属关系与使用关系,这在法律上必须通过物权法中的所有权制度和各种用益物权制度、担保物权制度才能实现。不仅如此,物权法的制定不但要有利于国有财产的保值,更要有利于国有财产的增值。国家所有的财产的保值与增值意味着国家经济利益的实现。当然,不同的时代国家所有的财产实现保值、增值的方式不同。现代市场经济条件下,人们对物权的关心已经从静态的支配转向动态的用益物权。贯彻从归属到利用的原则,国家财产所有权的保护不能单纯地依靠对国家财产的控制、占有和支配实现,必须促使国家财产积极参与市场经济活动,并在不断流转中实现公有制财产总量的绝对增长和相对增长。

4.国家所有权取得方式的改革。国家除了通过对国有财产的有效利用而获得追加财产外,另外一种财产的取得方式是对个人财产和集体财产的征收征用。征收征用同样不是社会主义国家的特产。即使在实行土地私有制的西方国家,国家为实现带有公益目的的土地利用,也可以依法律将私人所有的土地转化为国家所有,这种制度在英国称为"强制收买",在法国、德国称为"土地征收",日本则称之为"官地回收"。[①] 只不过相对于其他国家而言,我国的征收征用制度无论是就其实施的频率还是就其适用对象上都远远大于其他国家。

对于征收征用制度的性质,学理上素有分歧,主要有行政法模式和民法模式两种观点。

---

① 张庆华.中国土地法操作实务[M].北京:法律出版社,2004:26.

前者认为不论是国家征收还是国家征用,国家与被征客体物权人之间是一种服从与被服从意义上的公权关系,不存在意思自治的空间。在征收征用过程中,国家行使的征收征用权并非私法意义上的权利,而是公法意义上的权力,其依据的不是国家的所有权,而是国家主权。^① 但也有一些观点认为应当将国家征收征用纳入到民事法律关系当中。这种观点认为国家征收征用实际上也是国家与物权人之间的一种商品交换关系,是一种民事权利义务关系。其理由主要在于:第一,国家是具有双重身份的主体,它一方面是拥有公权力的公共管理者的身份;另一方面是私法上的民事主体,与自然人、法人一样平等地参与民事法律关系,国家的民事主体身份使得将征收征用认定为民事法律关系具有了可能性。第二,在国家征收征用尤其是在国家征收的过程中,国家取得原属于私人的物权并不是无偿剥夺,而是要给予充分的补偿,"虽然是强行取得,你必须服从,但仍然是商品交换关系,仍然是民事权利义务关系"^②。第三,将国家征收征用的性质界定为民事法律关系有利于保护被征财产所有权人和他物权人的利益,尽管在征收征用中没有意思自治的空间,但可以民事法律关系中平等、公平和等价有偿的原则制约着国家不能滥用征收征用权,要求国家必须以足额的补偿来换取对私人财产的物权。将国家与普通的民事主体置于平等的地位上可以有力地保障物权人的利益不受国家公权力的肆意侵害。

当然,许多学者的上述主张是建立在对征收征用中的弱势一方即被征收征用的相对人的合法权益进行有效保护的目的之上的。我们承认在征收征用中极端漠视相对人的合法权益是当下中国最受社会非议和最迫切需要解决的问题,但如果简单地将征收征用界定为民事关系的方式作为解决这一问题的途径,其结果恐怕很难如人所愿。其原因在于,在任何国家和任何时候,基于公益目的的征收征用都必须是假公权力之手来实现,因为社会公共利益本身是一种任何个人都无法排他地占有和消费的公共物品,消费者常常不愿意为实现公共利益而由自己付费,市场主体也没有动力提供社会所需要的公共物品。作为"理性人"和"经济人"的财产权利人并不总会是自愿地将自己的财产拿出来与国家交换,更何况财产上还有可能负载着财产权人的非经济性利益。所以在征收征用制度中,事实上要求必须有排除自愿协商空间的国家强制力的存在。当然,值得说明的是,公权力主体本身并没有自己独立的利益,它的利益存在于私权主体的利益当中。公权力与私权利发生冲突的原因在于特定的私人利益的冲突与代表不特定多数人利益的公共利益的冲突,也就是说,冲突的本质仍然在于私权利主体之间的利益冲突。因为私人财产权受到限制的唯一正当性根据虽然其外在表现形式是为了实现公共利益,但在本质上仍然是为了保障更多数人私权利的实现,在这里,公权力只是实现私权利的手段而已。至于被征财产权利人的利益,当然需要进行充分的法律保护,但这种保护应当是通过严格限制国家的征收征用的适用范围、严格规范征收征用的适用程序等措施来实现,而不是通过人为地曲解征收征用的性质来实现。

---

① 江平.中国土地立法研究[M].北京:中国政法大学出版社,1999:395.
② 梁慧星.谈宪法修正案对征收和征用的规定[J].浙江学刊,2004(4).

对国家征收征用所作的第一个限制是目的上的限制。按照英美的宪政民主理念，公共利益的基础是个人的需求，公共利益并不是直接来自人民，而是以复数的个人或私人为基础形成的。[①] 这里的主体界定应当是私人群体当中合理的多数而非政府。第二个限制是要求其必须具有形式上的正当性。唯经法律明文规定或明确授权，国家机关方可对公民的财产权进行限制，这是一个法治国家的应有之义。为防止征收征用权的不恰当扩张，需要以法律规定来限制征收征用的范围和方式，也就是说，行使征收征用权必须有法律上的依据，存在法律上的漏洞时，依据宪法保护公民私有财产权的精神来解释。第三个限制是程序正当性的限制。在征收征用中，最重要的就是保障被征收征用财产权人的参与性。各国法律一般都规定，在征收征用的决定做出之前，必须先告知财产权人此决定的事实、依据和理由，给予其充分表达自身意见的机会。第四个限制是适当性原则。征收征用必须是为了公共利益目的，但符合公共利益目标并不意味着征收征用就是正当的。只有在相对于具体的公共利益目标是必要和适当的情况下，征收征用才具有正当性。第五个限制是合理补偿或充分补偿原则。国家征收征用是某特定的权利人在公共利益需要的原则下，在无可归责于其本人的情况下，而遭受的特别牺牲。基于公平正义的精神，这种牺牲应当由公众共同承担，以调节其个人损失。

值得注意的是，国家可以为国家利益之需要征收私人财产，从而使国家利益相对于私人财产权具有一定的优位性。可以作为征收私人财产依据的国家利益必须是涉及国家的安全等重大利益，这是各国立法的通例。对于何为重大的国家利益，我们认为应当在物权法或者物权法实施细则中详细地规定，或者至少应当规定确定重大国家利益的程序，从而防止出现借国家利益名义损害私人利益和私人财产权的现象。但国家利益优位于私人利益，并不意味着国家所有权优位于私人所有权。在追求重大国家利益时，首先应当使用或者动用国家所有的财产，只有在国家的财产不能毕其功的情况下，才可以征收私人财产。

5.国家所有权保护方式的改革。物权法不但是一种行为规范体系，而且也同时兼具有裁判规范的性质。因此其内容除了要对物权行为的实施提供明确的指导之外，更重要的任务是对物权主体的物权利益提供强制性的法律保护。[②]

实践中无论是具体占有国有财产的企业还是非企业单位，组织内部对国有资产的侵害都相当严重，作为所有权人的国家如果没有民事主体资格的情况下，则难以在私法领域内有效维护自己的权利。因此，国家作为所有者的权利更应以私权的方式加以保护而不应动辄以行政权力加以干涉，尤其在国有财产遭受侵害而代表国家占有使用该部分财产的具体组织不主动予以保护（或者其本身就是侵害者）时，国家更应以民事主体的身份出现以行使所有人的权利。

当国有财产的管理人和使用人之外的第三人侵犯国家财产所有权时，赋予国家所有权

① 布坎南,塔洛克.同意的计算[M].陈光金,译.北京:中国社会科学出版社,2000:272-267.
② 赵万一,赵信会.物权法对国家所有权的有效保护[N].法制日报,2005-12-08(10).

人以诉权在理论上说是适当的。但以抽象的国家作为诉权主体,难以解决如下问题:其一,国家通常并不直接对国有财产进行管理,而是交由具体的机构或组织对国有财产进行管理和使用。因此,在第三人侵犯国家所有权时,具体行使国家所有权的人可能会怠于行使诉权;其二,具体对国家财产进行管理的组织或个人为了自身的利益需要可能采用事实上对国家利益产生损害的方式行使国家所有权。因此,国家保留民事主体的身份是非常必要的,但其直接以民事主体的身份寻求法律救济时则必须符合以下条件:即国有财产遭受侵害,占有使用者消极不加以保护或占有使用者主动侵害,无其他更适合的救济途径。在其他情形下则不宜直接以国家的身份参与具体民事活动。不仅如此,我们认为,为了实现对国家所有权充分有效的保护,可以根据国家所有财产具体支配主体的不同,而采取类型化的处理方式。现行的物权法草案中也确实是将国家财产的支配主体分为三类,即国家机关、国家事业单位和国家投资设立的企业。对于国家机关、事业单位支配的国家财产受到侵害时,可以借鉴西方国家的先进的立法经验例外地赋予检察机关提起民事诉讼的权利。检察机关提起民事诉讼作为一种特殊的法定诉讼担当,已为大多数西方国家所认可。在中国把检察机关确立为公益诉讼的原告人,已获得了广泛的理论支持,实践中也有这方面的改革和探索。在物权法制定时,赋予检察机关以诉权,不仅符合保护国家财产所有权的需要,而且具有一定的前瞻性,并可防止因民事诉讼法修改所可能导致的对物权法的修改。我们认为,检察机关不仅可以提起通常的给付之诉,而且当行使国家所有权的人不正当地处分国家财产时,还可以直接提出确认处分行为无效的诉讼,以保证从没有直接实施侵害行为的第三人处收回国家财产或者其应得的利益。对于国家投资设立的独资企业或公司,可以赋予企业工会或职工提起诉讼的权利。国有企业职工,特别是国有企业的老职工对企业有深厚的感情,赋予他们诉权,以保护国有企业中的国家所有权在中国有现实的可行性。工会作为职工自愿结合的工人阶级的群众组织,其主要职能是代表和维护职工利益。《中华人民共和国工会法》第16条第2款规定:"工会可以派出代表对所属工会组织所在的企业、事业单位、机关就侵犯职工合法权益的问题进行调查,有关单位应当予以协助。"虽然该法并没有直接赋予工会以诉权,但我们认为通过诉讼方式保护职工的合法权益和维护国家利益是现代法治社会最有效的利益实现方式。当然,赋予国有企业职工、工会,提出确认处分国家财产无效的诉权,在理论上并没有像赋予检察机关以诉权那样具备无可争议的诉讼依据。在所有权和法人财产权分离和公司董事会法人财产权实在化的背景下,国有企业工会或职工直接提出确认处分行为无效的诉讼,客观上有干涉企业经营管理之嫌。但我们认为这样的担心虽有其逻辑基础,但却无现实基础。一方面中国民众普遍有厌诉或怕诉心理,一般只有在对国有企业财产权的侵害或者侵害的可能已非常明显时,普通个人才有可能提出诉讼;另一方面,在确认无效的诉讼中,败诉的原告,即使其不是实体权利义务主体,也会承担不利的法律后果,如诉讼费用的负担,对方损失的赔偿等;最后我们还可以借鉴美国等国家的特别诉讼委员会诉讼制度,在诉讼委员会认为工会和少数股股东的起诉不符合公司长远利益和整体利益时可以提出有效证据阻却诉讼的发生。

不作为侵权的民法典表达方式[①]

按照传统理论,民事侵权一般被认为是以作为的方式所进行的直接加害。但随着社会关系日益复杂化和人们权利保障意识的加强,新型法律关系不断衍生发展,以不作为方式所进行的侵权行为越来越突出。如何进一步加强对公民人身权益的保护,是现代侵权立法迫切需要解决的问题。其中建立完善的不作为侵权法律制度无疑是保护受害人合法权益、遏止侵权行为发生的有效途径之一。

一、不作为侵权的理论基础

通过分析各国的法律规定可以看出,侵犯权益、危害社会的行为有多种多样的表现形式,但归纳起来可分为"作为"和"不作为"两种方式。与此相对应,侵权行为也表现为作为侵权和不作为侵权两种基本类型。其中的不作为的侵权行为,按照学界的通说,"是指行为人在某种情况下,负有特定的作为义务而不履行其义务,并致他人损害。不作为的行为和损害后果之间具有因果关系,行为人应对损害结果负责"[②]。与作为侵权不同,不作为侵权行为主要有如下几个特征:(1)不作为行为人未履行义务在客观上具有相对静止和隐蔽的特点。因此该种违法行为有时也被称为隐性违法行为。(2)在构成要件上不作为侵权必须以不作为行为人负有明确肯定或潜在的作为义务为前提。(3)对不作为人责任的认定具有相当的不确定性。这不但因为各国对不作为侵权的责任追究本来就无统一标准,而且不作为行为人的义务来源也并非单一的法律规定,而是涵盖了公序良俗、诚实信用、道德、惯例、职业等诸多方面。加之不作为本身就是一种相对静止和隐蔽的状况,从而使得对不作为侵权责任的认定更加困难。

按照学界观点,任何法律责任的承担既需要有迫切的现实需要,同时也需要有雄厚的理论支持。不作为侵权责任的承担同样也不例外。学者间在对不作为侵权现实需要性的认识上观点比较一致,但对不作为侵权的理论基础在认识上却存在较大分歧,归纳起来主要有以

[①]　本文系与蒋英燕女士合作完成的作品,以《论不作为侵权及其法律完善》为题发表在《北方法学》2010 年第 1 期。

[②]　王利明.侵权行为法归责原则研究[M].北京:中国政法大学出版社,2003:260.

下几种观点。

1. 义务需求说。按照社会学的理论,每一个个体都是社会的一个组成部分,都有义务为社会的整体利益服务。这种利他行为不仅仅是为了满足他人的需要,而且从长远来看更能为自己的生存创造更加优越的条件。相反,如果只强调个人本位和个人价值至上,则会损害他人利益和社会利益,而且也会使自己的个人利益受到损害,其结果是从根本上违反了社会的公平正义要求。对此有学者总结道:"每个人都不是孤立的个体,彼此都处于相互联系之中。因而一旦有人不履行自己的义务,与社会正义背道而驰,受到法律的制裁,承担一定的责任是应该的。"①值得注意的是,义务需求理论不但是不作为侵权的理论基础,而且也是整个侵权行为理论大厦构筑的基石之一。对此可以提供佐证的是,在过错侵权责任法的发展中,英国的司法判例逐渐将义务这一概念看作是原告和被告之间的某种特定的关系。并据此认为没有此种义务关系的存在,即不可能存在过错侵权责任。正是基于这种义务责任理论,才使英国的侵权行为法逐渐成熟和完善起来,成为与大陆法鼎足而立的独特的侵权法责任体系。

2. 准契约说。准契约制度首先源于古罗马,后被大陆法系和英美法系所继承。按照古罗马人的看法,契约应以当事人的合意为要件,如果一方的行为并未得到他方的同意,当然不构成契约。"但若其行为不违法,不属于私犯的范畴,例如救护他人而使自己受伤、误偿不存在的债务等,当事人虽未缔结契约,但衡诸公平原则和公序良俗,其行为所发生的效果应与缔结契约相同,故查士丁尼在《法学阶梯》称此类行为为'准契约'。"②准契约是古罗马债的发生原因之一,最开始存在于不当得利、无因管理,后来逐渐扩展到监护和保佐、意外共有、继承与遗赠、船舶、旅店和马厩的业主对于旅客的物品、牲口的责任以及共同海损等非契约领域。现代有学者进一步将这一理论扩展到不作为侵权领域,认为"任何人在可以花费自己微不足道的成本的情况下如果可以警告危险或救助处于危险中的其他人的话,则别人都会要求他这样做,对于救助这种双方的允诺会产生一种契约……法院如果强加那些不对其他处于危险之中的人予以救助的旁观者以侵权责任,此种侵权责任充当了一种实现当事人最初愿望的手段,就好像正在执行的是一种明示契约一样"③。

3. 道德理论。也称(好)撒玛利亚人理论(The Good Samaritan)。撒玛利亚人居住在以色列境内和约旦河西岸,是历史遗留下来的一个小民族,属犹太人的一支。"撒玛利亚人"在希伯来语中读成"松罗宁"(Shomronin),意即居住在"撒玛利亚"(Samaria)的居民。撒玛利亚人理论来源于《圣经·路加福音》第十章第 25 节至第 37 节耶稣基督讲的寓言:有一个人从耶路撒冷到耶利哥去的路上,落在强盗手中。他们剥去其衣裳,劫掠其财物,把他打个半死,丢下他走了。有一个祭司偶然从这条路经过,看见他就从旁边过去了。又有一个利末人路过这地方,看见他,也照样从旁边过去了。唯有一个撒玛利亚人行路来到这里,看见此情

---

① 杨传兰.不作为侵权责任承担的法理分析[J].西南农业大学学报(社会科学版),2008(2).

② 周枏.罗马法原论(下卷)[M].北京:商务印书馆,2005:777.

③ 张民安.论不作为过错的侵权责任[J].法制与社会发展,2002(5).

况,动了恻隐之心。他上前用油和酒倒在他的伤处,包裹好了,扶他骑上自己的牲口,带到店里去照应他。第二天他还拿出银子来交给店主,说:"你且照应他,所有费用,我回来必还你。"这个故事从法律角度来看,是一个撒玛利亚人对一个陌生的受害人进行了救助,与在他前面的祭司和利末人相比,撒玛利亚人则应成为道德榜样。好撒玛利亚人实质上就是指那些乐善好施的人,他们是在没有任何法定义务的情况下,遇到突发事件,基于他人利益而积极作为。从 20 世纪 60 年代起,"好撒玛利亚人"成为一个法律术语,人们用它来指称帮助他人的人,尤其是在紧急情况下对他人施以援手的人,略近于我国实施见义勇为行为的人。美国等许多西方国家都有关于撒玛利亚好人法的规定。在我国,虽然没有一条法规或一部法律以"撒玛利亚好人法"的名称命名,但是,提倡互帮互助、鼓励见义勇为的法律精神在许多法律法规中都有所体现,更有许多地方性法规直接对见义勇为行为进行倡导和鼓励。

4.公序良俗。公序良俗是公共秩序与善良风俗的合称,源于社会公平公正之法理。公共秩序是国家和社会存在及其发展所必需的一般的秩序,善良风俗则是国家之存在及其发展所必要的一般道德,或某一特定社会所尊重的伦理要求。因此,公序良俗就其本质来说是以道德为核心而创设的一个概念。公序良俗表现出整个社会对于个人行为的影响与限制,它意味着人不仅是单独的个人,同时还是一种具有社会责任、履行社会义务的主体,就民事活动而言,就是要遵守公共秩序和尊重善良风俗,就不能"应为而不为""不得为而强为之"。不仅如此,由于公序良俗原则包含了法官自由裁量的因素,因此其适用具有极大的灵活性,一旦法院在司法审判实践中遇到立法当时未能预见到的一些扰乱社会秩序、有违社会公德的行为,而又缺乏相应的禁止性规定时,可直接适用公序良俗原则认定该行为无效。《德国民法典》第 138 条、《法国民法典》第 6 条、《日本民法典》第 90 条,都对此作了明确规定:违反公序良俗的契约或民事法律行为无效。与诚实信用原则相仿,公序良俗原则具有填补法律漏洞的功效。与诚实信用原则的主要区别是,公序良俗一般适用的是非交易领域,而诚实信用则主要作为市场交易的道德准则而发挥作用的。在我国现行的法律中,并没有直接使用"公序良俗"一语,而是以"社会公德、社会公共利益"来指称。如《民法通则》和《合同法》都将尊重社会公德、不得违反社会公共利益作为民事活动的基本准则加以规定,同时将损害社会公德和违反社会公共利益的民事行为视为无效。

二、不作为侵权的义务来源

确定不作为侵权行为的前提是行为人要负有某种特定的作为义务。不作为一般只在一些特殊情况下才被诉求应担负法律之责。这里所讲的特殊情况实指不作为侵权的义务来源。大多数国家都规定了不作为是侵权行为的一种类型,但对不作为侵权所违反的义务来源却有着不同的看法。事实上,作为义务的来源十分广泛,可能基于法律、合同、职业、特殊关系、身份、先前行为、民法的某种基本原则等,不一而足。根据我国的法学理论研究和司法实践的实际情况,构成不作为侵权的义务渊源主要有如下几种:

1.基于法律引起的义务。基于法律引起的义务即法定义务,是由法律的强行性规范、禁止性规范明文规定的作为义务。依此产生的义务一般较为明确、具体,容易查明和为人们所理解、接受。《民法通则》中有关不作为侵权的法条规定就是基于法律义务的很好范例。比如在第六章第三节里所列举的十种特殊的侵权行为中不作为侵权行为实际上就占了半数以上:由于产品质量不合格、从事高度危险作业、在公共场所施工未设安全措施、建筑物倒塌、对饲养的动物管理不善等原因致人损害的行为等。《消费者权益保障法》第18条规定经营者对消费者承担的人身和财产负有安全保障义务等均属之。《执业医师法》第3条的规定有医生必须承担的救死扶伤义务;《人民警察法》第2条的规定人民警察承担的保护公民人身、财产安全的义务等等。

2.基于合同引起的义务。它通常是指合同双方当事人约定的特定作为义务,对这种作为义务的违反通常会引起违约责任的承担,但也不排除产生侵权行为。即行为人的违约行为同时侵犯了他人的其他合法权益。例如运输公司未尽到保护乘客的安全义务以致乘客受伤,商家出售有瑕疵的产品未予说明致人损害。在此种情况下守约人订立合同的目的不但无法实现,而且还会因对方的违约而使自己遭受人身或财产权益的损害,此时即产生违约责任和侵权责任的竞合。一旦发生违约和侵权的竞合,当事人可以选择其一进行权利救济。

基于合同所引起的义务除包括主合同义务外,还包括附随合同义务。我国《合同法》第60条第2款规定,"当事人应当遵循诚实信用原则,根据合同的性质、目的和交易习惯,履行保护、照顾、通知、忠实通知、协助、保密等义务"。根据该法条的规定,合同的附随义务就是在既无法律明文规定,又无当事人之间明确约定的情况下,为了确保合同目的的实现并维护对方当事人的合法权益,根据诚实信用原则的要求,依据合同的性质、目的和交易习惯所承担的作为或不作为的义务。对合同附随义务的违反,既可能产生合同责任,也可能产生侵权责任。

3.基于先行行为引起的义务。先行行为也称在先行为,是指由行为人先期已经实施的,使某种由法律保护的合法权益处于遭受严重损害的危险状态的行为。"基于先行行为的作为义务"是指由于行为人的某种行为而使他人受保护的合法权益处于危险状态,行为人负有的采取有效措施排除危险或防止危害结果发生的特定积极作为义务。行为人的此种义务不仅包括保护义务也包括注意义务。值得注意的是,因先行行为产生的义务,不是基于法律或合同直接的、具体的规定,而是根源于公序良俗等民法基本精神而产生的。具体说来,"是因为是行为人的先前行为致使他人被动处于更加危险糟糕状态,或机会被剥夺状态的性质决定的"①。具体说来,构成该种侵权责任必须具备如下条件:行为人本来无作为的义务;行为人原无作为义务而实际进行了作为;行为人直接介入他人事务造成现存权益的变动;因在先行为而使作为人产生了继续作为的义务;因作为人的不作为而遭受的损害事实和该种不作为之间有因果关系。

---

① 范利平.不作为侵权中的因果关系[J].江西社会科学,2004(3).

4.基于特殊关系而产生的积极作为义务。任何一项作为义务都是特定人对特定人的，即便绝对义务也是如此。但如果当事人之间存在一定的法律上的合作关系、委任关系等等，则这种既有关系就是对其课以注意义务的必要条件，比如旅馆经营者对其旅客因存在住宿合同关系而负有人身安全保障义务。英美法院从公共政策的角度出发，为了使各种不同的公共利益之间达到相对的平衡，以特殊关系的存在为前提，给当事人课以积极作为的义务并将其作为侵权法上一般规则的例外。在美国的司法实践中，当双方当事人之间有特殊关系时，法院通常判决被告负有积极作为的义务。这种特殊关系大致存在于医生与病人、房东与房客、学校与学生、夫妻之间等。当然，按照美国第二次侵权法重述的解释，被告只有在知道或有理由知道原告处在危险中、生病或受伤时，才有义务提供第一时间的、合理的帮助，且并不要求行为人采取超出在当时情况下被认定为合理的行为。

5.基于职业或业务引起的义务。如果从事特定业务活动的人在其职业或业务活动中，即便没有违反自然认可的技术规范，但却违反了特定职业、业务所要求的特定操作惯例，也属于违反注意义务的范畴。该种义务来源主要存在于医生与病人、律师与当事人、记者与被采访对象等专业主体之间。因为受过专门教育与训练的、具有相应知识技能的专家，例如医生、律师、建筑师等专业技术人员，较普通人而言，他们承载了较高的社会安全期待，故往往肩负更为高度的注意义务。并且专家的知识和技能是普通人所无法达到的，专家提供的服务在大多数情况下对服务对象至关重要，如医生的医疗服务甚至关系到病人的性命。正因为"专业人士与其客户的关系较一般人之间的关系特殊，专业人士与其客户处于事实的不平等地位。因此，法律更严格要求专业人士要做到合理的注意和谨慎"①。

6.基于自愿履行引起的义务。责任的自愿履行也称为责任的自动承担，是指个人出于自己的真实意思而自愿承担的义务。如果没有特殊关系，被告一般没有救助他人的义务，但若行为人主动承担了救助义务，行为人的作为义务即由此开始，在救助过程中应付诸合理的谨慎，而不能半途而废，或使该人的情况更加恶化。故救助行为是一种不能随意中断的行为。如果行为人的中断行为使受害人受保护的合法权益造成或可能造成严重的危害结果，行为人理所当然地应当承担侵权之责。

7.基于惯例引起的义务。基于惯例而产生的规则在法国表现得十分典型。根据法国民法典第1382条，不仅违反制定法规定的民事义务属于其规定的过错范围，就是惯例和道德所规定的某些义务亦属于其规定的过错范围。法国学者认为，能够产生过错的民事义务主要有专业人员之间存在的惯例和因私人之间的关系而产生的规则，如基于公平竞赛而产生的规则。在英美法系各国，学者大多也承认惯例是产生民事义务和过错的重要标准。但在具体运用习惯、常理时，通常强调两点：一是确实存在某种习惯和常理；二是设定义务确实有助于避免比较严重的危害结果。我们不能无限制地对行为人提出过多的注意义务，否则就

---

① 李咏梅.英美法过失侵权之注意义务——政策因素的决定作用[J].当代法学,2001(9).

会限制人们的积极性,给行为人的生活带来诸多不便,从而不利于社会进步。①

8.基于一般注意要求而引起的义务。所谓基于一般注意要求引起的义务即指创设和持续特定危险源者,基于诚信原则、公序良俗、习惯等社会生活的不成文规则所要求,对此等危险负有的合理的注意要求,并基于该注意要求而对一般人负有去除或者防止危险的义务。一般注意义务是对不作为行为人侵权责任认定的重要根据。在大陆法系中称为一般安全注意义务,在英美法系中称为合理注意义务。前者肇始于德国,后来逐渐为其他大陆法系国家或地区所接受,如日本、中国台湾地区。一般注意义务的理论基石是诚实信用原则,在某种意义上说它是由诚信原则催生出来的。根据诚实信用原则的要求,自然人在不使自己或他人遭受巨大损失的情况下,负有尽力救助身处险境的人的义务。大陆法系的不少国家比如希腊、法国、荷兰的立法、判例或学说已将依诚信原则产生的作为义务用作认定不作为侵权责任的要件之一,德国法官则运用这一原则通过判例方式产生了一般交易安全义务和一般注意义务。② 在英美侵权法中,注意义务是一种法定的义务。但并非任何不谨慎的行为都构成侵权,也不是任何损害都可以获得法律上的补偿。只有那种没有尽到合理的谨慎,并造成了不合理危险的人,才可能负有过失侵权的责任。③ 所以在牛津法律大词典中"注意义务"被定义为:"一种为了避免造成损害而加以合理注意的法定责任。在侵权法中,行为人无须因疏忽而承担责任,除非其造成损害的行为或疏忽违反了应对原告承担的注意义务。如果一个人能够合理地预见到其行为可能对其他人造成人身上的伤害或财产上的损害,那么,在多数情况下他应对可能受其影响的人负有注意义务。因此,医生对其病人负有注意的义务;高速公路的驾车人应对其他人负有注意的义务。"④

三、不作为侵权的构成要件

不作为侵权责任构成要件是在传统的一般侵权责任构成要件的基础上发展起来的,二者在构成要件的理论基础上也是紧密相联的。但不作为因其具有独特的行为要求故而在构成要件上也与一般侵权责任有所区别,即应具备以下五个要件:行为人负有特定义务,行为人没有做出相应的作为行为,受保护的合法权益受到损害,不作为行为与损害后果之间存在因果关系,行为人主观上存在过错。

1.前提要件:不作为行为人负有某种特定义务。无论是法国法还是英美法均将义务看作是过错侵权责任的核心要素,并将过错界定为一种对民事义务的违反行为。在我国,民事义务要成为过错侵权责任的构成要件,必须以致害行为被界定为对某种客观法定义务的违

---

① 屈茂辉.论民法上的注意义务[J].北方法学,2007(1).
② 杨垠红.侵权法发展的新趋向——不履行救助义务之责任[J].美中法律评论,2005(7).
③ 李亚虹.美国侵权法[M].北京:法律出版社,1999:49.
④ A Dictionary Of Law[M]. Oxford University Press,1994:137.

反为条件。实际上违反义务既是侵权责任发生的前提,同时也是侵权责任构成的核心要件。没有对义务的违反,过错侵权责任就不可能产生。相对于作为侵权而言,不作为侵权更加注重对作为义务违反的界定。其原因在于,"在法律上讲,并非人们所为的一切不小心的行为均要使该行为人对受害人承担侵权责任;同样,也并非人们所为的导致他人损害的一切行为均要被责令承担侵权责任。法律认为,仅仅在行为人承担了法律上的注意义务时,行为人始有可能被责令对他人的损害承担侵权责任"①。因此"在界定一个行为是否构成过失侵权时,我们必须有一个前提,即:行为人注意义务的存在。只有行为人有注意义务,而又由于其行为未达到所需的行为标准而违反该义务,才构成过失,才可能向相对人承担责任"②。

2.客观要件:行为人没有做出相应的作为行为。不作为侵权中所说的不作为,是指行为人消极地不为特定行为,即"行为人没有做出相应的作为行为"。之所以要将不作为界定为一种客观要件,是因为在不作为侵权中对过错的判断是以是否履行了特定作为义务为根据的。而不作为侵权中所违反的作为义务是一种客观标尺,有其明确的行为指向和行为要求。较之作为侵权,不作为归责反倒不大看重不作为行为人主观状态的可责难性。所以日本牧野博士认为,不作为侵权在构成要件上并不必然以违法性为标志,只是在行为人违反了法定的或约定的不作为义务时这种不作为才构成违法。③ 值得一提的是,在不作为侵权中,并不是要求行为人身体处于绝对静止状态,行为人也可能是处于运动的状态,比如,医生在有生命危险的病人送来时,为了回避作为义务,故意做一些无关紧要的工作。此时医生的身体虽然处于运动状态,但相对于其负有挽救病人的积极行为而言,该种行为仍然是不作为。④

3.客体要件:受保护的合法权益遭受真实损害。受害人所受到的损害,大致可分为人身权益伤害和财产权益损害。人身权益损害即因加害人的行为而致受害人生命权、健康权和身体权受到侵犯并导致受害人伤残或死亡的后果。财产权益损害即基于加害人的行为而致受害人的合法财产权利遭到侵犯并造成经济的损失。可能涉及的具体权益客体包括人格权、亲属权、继承权、物权、债权、知识产权、纯粹经济损失等等。"损害事实要能够作为民事责任的构成要件必须具有可补救性、确定性,损害事实必须是已经发生的事实,损害未来的利益或尚未发生的损害事实因不具有确定性而不能构成侵权法上的损害事实。"⑤所谓"臆想""或然"等尚未实际发生的侵权行为都无法在事实上构成对相对人的损害。同理,对未来利益的损害或是尚未发生的损害事实因不具有确定性同样不能构成侵权法上的损害事实。

4.关系要件:不作为行为与损害后果之间存在因果关系。将因果关系作为民事侵权责任的构成要件是学界一致的看法。与一般侵权责任一样,在不作为侵权行为责任构成要件中也包含因果关系。在不作为侵权责任中,判断因果关系的主要依据行为人是否合格地履

---

① 屈茂辉.论民法上的注意义务[J].北方法学,2007(1).
② 李咏梅.英美法过失侵权之注意义务——政策因素的决定作用[J].当代法学,2001(9).
③ 福田平,大塚仁.日本刑法总论讲义[M].李乔,文石,周世铮,译.沈阳:辽宁人民出版社,1986:61.
④ 蔡唱.不作为侵权行为的要素与定义[J].湖南社会科学,2007(1).
⑤ 王利明.侵权行为法归责原则研究[M].北京:中国政法大学出版社,2003:375.

行了作为义务。如果行为人全面正确履行了作为义务,那么行为人的行为就不构成侵权行为,也没有进行因果关系判断的事实和法律基础。反之,倘若行为人未履行或者未全面正确履行作为义务,则行为人就存在法律上的不作为行为,如因此而给他人造成损害的,该行为与损害结果之间就可能产生因果关系,行为人也会因此而承担民事责任。

5.主观要件:行为人主观上存在不作为的过错。侵权责任法上的过错,从理论上说可包含故意和过失两种类型。但与一般侵权责任的构成要求不同,能够成为不作为侵权主观构成要件的过错仅指故意而言,并不包含过失在内。其原因在于,作为义务本来就是包含了相当多的道德评判要求,如果将不作为义务违反的主观过错范围界定得过于宽泛,那么其结果不但可能导致不作为侵权认定上的困难,而且会因为责任追究的过分严苛而产生"人人自危"的不合理结果。

四、不作为侵权与一般性民事救助义务

在不作为侵权的理论建构和制度设计中,对一般性民事救助义务的研究具有其他任何制度无可比拟的重要作用。其原因在于,一般性民事救助义务不但是不作为侵权义务违反的主要内容和产生不作为侵权责任追究的主要理论支点,同时也是构筑不作为侵权法律制度的核心内容。

1.一般性民事救助义务的理论基础。学术界关于一般性民事救助义务有肯定理论和否定理论之争。持肯定观点的学者认为,即使当事人之间不存在特殊的关系,行为人在法律上或契约上也并不对他人承担积极作为的义务。但当行为人发现他人身体或生命处于高度危险的紧急状态时,如果该种义务的承担不会对行为人的身体或生命构成危险的话,行为人应当对该人承担积极救助义务;如果行为人能够承担此种义务而没有承担,即应对他人因为自己的不作为而遭受的损害承担赔偿责任。[①] 这一观点的主要理论基础是撒马利亚人理论和准契约理论。按照 Ames 的说法,"任何人当其他人面临重大的死亡或严重的身体伤害危险时,如果他在对其本人根本不存在不方便之处时不去救助他人,他人因为其不作为而遭受死亡或严重的身体伤害的后果,即应承担刑事责任,也应对受到损害的一方或死亡一方的遗孀或其子女承担损害赔偿责任"[②]。

否定论则认为一般性民事救助义务给世人规定了过高的注意义务,实际上是将只有极少数道德高尚的人才能做到的行为课加给社会普通人,脱离了民法及侵权行为法赖以存在的社会基础,过分扩大了过失侵权的范围。认为是否对不相干的人承担救助义务完全应出于个人的自愿,是由个人的良心判断来决定的。这一问题本质上属于道德的问题,而道德问题与法律义务是不同的,法律不应过多干涉道德事务,法律与道德应当各司其职。

---

① 张民安.过错侵权责任制度研究[M].北京:中国政法大学出版社,2002:337-338.
② Ames.Law and Morals[J]. Harv. L. Rev,1908:972.

尽管学者对一般性民事救助义务的存废存在某种争议,但大多数学者认为,一般性民事救助义务虽有将法律义务的泛道德化之嫌,但它却是"人文主义的规定,彰显了法律对人的重视和关爱以及对人的生命等重大权利的保障。它体现为,在利益衡量的基础上,有选择地保护了较大、较重要的利益——受害人的生命或身体的完整,使其免于遭受巨大的无法挽回的伤害,充分尊重了人的存在价值和意义"。因此一般性"救助义务的规定具有强烈的人文主义关怀的色彩,因应了社会发展对人的关爱日剧加强的趋势,是进步性的规定"①。这一制度不但有其存在的必要性和制度价值,而且有其赖以运行的社会基础和观念条件。

2.关于义务救助人的救助标准。义务救助人的救助标准,实际上是对救助人不作为义务的"度"的界限。之所以要对救助人的不作为义务必须有"度"的限制,主要是基于以下原因的考虑:在现代社会,鉴于一般性救助注意义务的普遍设立会使行为人负担过重的责任拖累,会妨碍行为人进行正常交易行为和其他社会行为的积极性并因此而阻碍社会的进步和发展。因此现代侵权法一直以来不愿对非特定行为人强加此种普遍的注意义务,而是尽量限制一般注意义务的适用范围,既保障行为人的行为自由,同时通过适当手段和方法对行为人的行为可能给他人或社会造成的不利后果加以限制。在此问题上,两大法系的国家无论是使用抽象标准还是采取具体的标准,其目的都是为了将行为人的法律责任限制在公平和正义所许可的范围之内,以实现社会公共政策的需要。综合各国的法律规定和相关理论,关于义务救助人的限定标准主要有善良家父标准、合理人标准和邻人规则等几种理论。

(1)善良家父标准。"善良家父"最早可溯源于古罗马,后在法国法中得到了确认和加强。"善良家父"中的"善"或"善意"与作为民法帝王条款的诚实信用原则相关联,且与"勤谨注意义务"密不可分。根据这一标准,如果行为人尽到了一个善良家父应该尽到的勤谨注意义务,则其行为就是符合伦理的;否则即属于消极不作为的情形,行为人需要为此承担侵权责任。在这方面最为典型的是法国法的规定。在法国著名的 Branly v. Turpain lv.一案中,法国最高法院认为:"在欠缺法定作为义务的情况下,行为人是否对他人负有积极作为的义务,应以'善良家父'(bonus pater familias)的判断标准来加以确立。如果被告在一个善良家父会积极作为时却没有作为,即表明被告有过错,在符合其他责任构成的条件下即应承担过错侵权责任。"②在德国法中没有使用善良家父的概念,而是改用"以同职业、同年龄人的行为来衡量行为人的行为"的客观标准取而代之。

(2)合理人标准。"合理人"亦称"谨慎人"。按通常理解,合理人是某类人群中具有该人群通常的或普遍的智力水平、认知能力和知识经验的人。③ 合理人就其本质来说是属于法律上虚拟的人,其基本要求是他必须尽到通常人的注意义务。合理人标准主要来源于英美法系中的判例及可预见性理论。由于英美法上的过失侵权更强调一个人对他人的谨慎义务。谨慎义务要求每个人在行为时具有合理的谨慎,以避免给他人带来不合理的危险。而判断

①　杨垠红.侵权法发展的新趋向——不履行救助义务之责任[J].美中法律评论,2005(7).
②　张民安.论不作为过错的侵权责任[J].法制与社会发展,2002(5).
③　屈茂辉.论民法上的注意义务[J],北方法学,2007(1).

行为人是否尽到谨慎义务有多种标准,其中最重要的就是合理人标准。"过错实际上是行为人违反了某种民事义务的一种行为,而此种过错的行为标准实际上是说行为人应当像一个有理性的人那样采取各种具体的、合理的措施,防止损害的发生。"①从性质上说,合理人标准实质上仍属于客观标准,它强调被告的行为是否构成过失是由一个外部的、可以为社会公众所感知的标准来衡量的,而不是基于行为的主观判断来决定的。

(3)邻人规则。又称近邻性原理(proximity),它是将原告与被告在空间上的近邻性看作是决定被告对原告承担注意义务的主要依据。邻人规则产生在英国,是由 Lord Esher 在1887 年首次创设的,并经由 Lord Atkin 法官于 1932 年在"多诺桂诉斯蒂文森案件"(Donoghue v. Stevenson)中加以援引,从而成为现代英美侵权法中一个重要概念。阿特金(Atkin)勋爵所提出著名的"邻居公式"(neighbour formula),即"你必须采取合理注意以免你的可合理预见的作为或不作为可能伤及邻人"②。"你要爱你的邻居,你不能够损害你的邻居。如果你能合理地预见可能会损害你的邻居,那么你就必须采取合理的注意去避免某种作为或不作为。如果你没有能够尽到注意的义务,你就存在一种过失。"③邻人规则与中国传统的远亲不如近邻的观念是非常契合的,值得我们借鉴。其缺点是该规则对受害人的保护不够严密。

五、对我国不作为侵权法律制度的立法完善

目前我国的侵权责任立法正在紧锣密鼓地进行之中,而在已公布的侵权责任法草案中,对不作为侵权虽然也有所涉及,但规定得比较简略。鉴于大多数近现代国家都已将不作为侵权规定为侵权行为的一种类型,故建议在我国的侵权责任法立法中应大胆借鉴国外的先进理念,将不作为侵权纳入法律规制的范畴,谨慎而周全地进行相关的制度设计。

1.立法规制模式选择——概括法与列举法相结合。概括法和列举法是各国界定不作为侵权责任的两种具体表述方法。前者如《希腊民法典》第 914 条规定:一个人因过错以违法方式对他人造成损害的,应承担赔偿责任。希腊法院据此条创设了一般法定义务,涵盖了禁止法律权利滥用的规定(《希腊民法典》第 281 条)和关于基于诚信原则的作为义务的规定(《希腊民法典》第 288 条),由此将不作为的责任整合到一个法律制度之中。后者如新《荷兰民法典》第 6 章第 162 条规定:除非有理由证明下列行为是正当的,否则它们将被认定为侵权:侵犯权利,或者以作为或不作为方式违反法定义务,或者违反关于适当社会的不成文的规则。前者的好处是涵盖范围广,法官的自由裁量权较大。其缺点是法律适用标准不够明确,过大的自由裁量权也可能会妨碍法制的统一性。后者的好处是不作为侵权的义务主体

---

① 张民安,龚赛红.法定义务在过错侵权责任中的地位[J].学术研究,2002(8).

② W. L. Prosser, Law of Torts[M]. West Publishing,1984:324.

③ Mark Lunney, Ken Oliphant.Tort Law[M]. Oxford University Press,2000:87.

和义务内容界定明确,其缺点是法律适用上灵活性不足。在我国将来的侵权责任立法中,为各取所长起见,对不作为侵权责任的界定采用"概括法结合列举法"无疑是一种明智的选择。在具体立法技术上,首先应概括承认不作为行为也是构成侵权责任的一种形式,其次再详细地规定行为人作为义务的具体类型。这样,在今后的司法实践中,既为直接援用相关法律规定提供了条件,同时也为法官在个案中的自由裁量留下了一定空间。

2.对一般性民事救助义务的立法态度——谨慎引入。关于一般性民事救助义务,本文倾向于在我国谨慎地、有限度地加以引入,以期规范在危难情形下不具有特定法定关系的人之间也负有一定的救助义务。对这种谨慎地、有限度地的引入模式,可以将其暂定为"谨慎引入说"。

(1)谨慎引入的必要性。在当前,随着各种新技术的广泛采用和社会竞争的加剧,诸多社会风险被空前放大。如何化解社会主体无法控制的各种风险并最大限度地保护一般社会公众的人身安全和财产安全,是我国未来侵权责任法必须着力解决的问题。社会风险的防范和化解既有赖于正确的行为导向,也有赖于社会主体的共同努力。在诸多的风险控制措施中,使众多社会主体共同分担救助他人的义务无疑是防范和化解社会风险的一种最有效途径。尽管对是否应该设置一般性民事救助义务在我国的理论界一直存在争议,但毫无疑问的是,一般性民事救助义务的规定的确是可以提升社会道德水准的"良法"。而良的最大功用是,可以增强人们的正义信念和道德责任感,可以净化社会风气,可以将各种社会风险降到最低。因此民事救助义务的合理设置将有助于缓解人与人之间的冷漠状况,从而建立一个和谐、友爱和互助的社会。

但另一方面我们不能不看到,一般性民事救助义务就其本质来说是对非自愿主体附加的一项带有道德性质的义务,是社会对公民个人行为自由所施加的一种干预和限制。而根据"米尔原则",社会干预个人自由的唯一目的是为了自我保护。只有为了阻止对别人和公共利益产生伤害,法律对社会成员的自由限制才是合理的。而过于宽泛的一般民事救助义务则会妨碍个人的自由,并会混淆法律与道德的界限。因此,在对一般性民事救助义务的态度上,我们只能将属于最低限度的道德义务规定为一般民事救助义务,只有在违反该义务时才可以构成不作为侵权行为。

(2)一般性救助义务的限度。大胆引进不作为侵权理念入民事法律固然没有错,但在"一般性民事救助"这个问题上,既不能过于保守也不能过于激进,而是应达到某种"黄金分割线"般的恰切态度。即"将作为义务限制在法律、契约和其它特定注意义务产生的情形是必要的,因为,如果强加行为人过多的作为义务实际上是对人的自由的极大限制,也会妨害人们活动的积极性,对社会的发展和文明的进步极其不利"[①]。不仅如此,"过失侵权的责任构成要件中不仅应当包括责任成立的要素,还应当包括限制责任的'控制装置'。这恰如一辆状态良好的机动车不仅应当有发动机,还应当有刹车一样,而且我们很难说发动机与刹

---

① 张民安.论不作为过错的侵权责任[J].法制与社会发展,2002(5).

车哪一个更为重要"①。结合我国的实际情况,可以考虑将一般性救助义务限制在见义勇为的限度内。其原因在于,对施救义务人自由的限制,其目的是为了保障"危者"(被施救人)更大的自由(即生命权利)和社会秩序(即社会自由)。因此,无论是从防卫社会还是从保障"危者"人权的角度,规定"见危不救"者的作为道德义务是合法理的,也是公平正义的。当然"见危不救"者个人的自由在这里并不是作无谓地牺牲,社会和受其救助的"危者"应该有义务保障施救人的自由并对其进行适当的保护和经济补偿。这样形成的社会关系,协调了个人和社会及他人的利益矛盾,可以更好地维护社会的安定。并且从经济效益的角度分析,法律规定施救义务人的作为道德义务同样具有效益性。

(3)救助义务人的施救条件。作为救助义务人的施救条件,在谨慎借鉴各国法律规定的基础上,建议从以下几个方面进行具体限定,以期厘清法律义务与道德义务在该问题上的关系。1)救助义务应限于在他人生命和健康受到危险威胁时才应予以规定和要求。低于该要求的则属于道德义务的范畴。即如果是受害人的财产处于危险状态,财产虽然珍贵,但并不能构成行为人承担救助义务的前提条件。2)救助义务人实施救助行为时并不会因此而对本人和第三人产生危险。法律作这一要求的原因在于,法律不能要求每个人冒着生命危险或有可能给第三人的生命带来危险的风险来救助他人。有了这一限制,就可以在一定程度上将救助人和被救助人的利益平衡起来。3)救助义务人必须具备施救所必须的条件。这种条件因时因地而有所不同。

对施救条件的规定不需要过分刚性,可考虑通过判例的方式对施救条件进行细化、软化和补充。具体做法是,在遵循我国既有的立法原则和立法规定的基础上,允许法官将国外关于救助义务的理论和判例作为实施具体司法审判行为的参考。法官可以根据个案的具体情况,根据诚信原则或公序良俗的要求,认定当事人在面对他人的生命安全等重大人身利益面临或处于严重不利的情形下,应采取何种积极的救助行为。当然,无论是法定的还是判例确定的施救条件,其基本要求都是施救人采取的措施必须是最有效和最及时的。如果施救人不具备施救条件,那么他就有义务及时通知相关部门或人员对危者进行及时救助,并且从某种意义上说,这种及时通知要求也是救助义务人的法定义务之一。

3.不作为侵权的归责方法——英美式审慎。我们认为,在确定不作为侵权的归责方法上,我国不能采取法国法的模式过分扩大不作为侵权责任的承担对象,而应该学习英美法系国家的经验,采用谨慎严格的态度。具体说来:

(1)在不作为侵权的归责原则上建议采用"行为模式"。按照民事行为理论,某种法律事实如若具备了受思想意识支配而表现出来的外部活动的特质,那么该种法律事实就具有了行为性特征。对行为我们通常习惯于从积极的作为角度加以理解,实际上不作为同样具有行为性的特征。其原因在于,侵权责任法中所说的不作为并不是对行为人行为状态的简单

---

① 刘锐,孟利民.过失侵权责任的构成要件——为注意义务寻找合法席位[J].甘肃政法学院学报,2004(2).

描述,而是将其与特定的法律后果联系在一起的。如果我们单从"不作为"的字面来理解不作为的行为特点而无视它的特定法律后果的存在,那么我们就无法把握不作为侵权制度的精神实质。不仅如此,如果不承认不作为的行为性特征,那么要想从理论上认定不作为行为可以构成侵权就相当困难了。"行为模式"的优点是不但强调不作为的物理运动状态,而且更加重视不作为本身所引致的相应法律后果和意义。它既能克服大陆法系一般救助义务模式中责任追究过于宽泛的毛病,同时也能避免英美法系注意义务模式中对受害人救助过于狭窄的缺点。不仅如此,"行为模式"还暗含了"用事实说话"的意思,这也与我国司法实践中所一贯倡导的"以事实为根据,以法律为准绳"的精神完全吻合。在具体立法上,可明确规定侵权行为分为作为和不作为两种类型,不作为具有能产生法律效果的行为性,这样,在处理不作为侵权行为时就可做到有法可依。在归责方法上应以客观上的过错行为为标准来界定行为人是否对法定或约定的作为义务构成违反,而无须强调行为人作为义务的违反必须是基于主观的故意或过失所致。法律上采取此种模式的好处是,既对受害人的合法利益实施有效保护,同时又能最大限度地维护行为人的行为自由。

(2)在责任承担方法上应采取直接责任和补充责任结合使用的方式。1)同时采取两种责任承担方式结合使用的必要性。所谓直接责任,是指违法行为人对因自己实施的行为所造成的他人人身损害和财产损害的后果应由自己承担的一种侵权责任承担方式。由于这一责任的承担主体就是行为人自己,因此这一责任在学理上又称为"自己责任"。这一责任的基本要求是:任何有行为能力的人均应对自己的行为后果负责;谁的行为造成不法侵害,就由谁直接承担民事责任。而补充责任则是指多数行为人基于不同原因而产生的同一给付内容的数个责任,在直接责任人的财产不足以承担其应负的责任时,由间接责任人对不足部分依法给予补充的责任。对于不作为侵权来说,单独采用直接责任是不适宜的。其原因在于单纯的直接责任不足以有效保护受害人的合法权益。如若对两个以上的不作为行为人采取一般性连带责任承担方式,则又对不作为行为人的要求失之过严,因为不作为行为人违反作为义务大多数都非基于故意行为,它与基于故意实施的积极侵权行为在性质上是有本质差别的。而且数个不作为行为人之间在意思上也无牵连关系,若对其要求相互之间承担连带责任,则不但责任过重,而且也有悖于连带责任之法理。故应规定在有第三人实施积极侵权行为的场合,积极侵权人要承担直接责任,而不作为行为人仅在违反作为义务的范围内承担补充责任。2)继续沿用已有的被实践证明是科学合理的法律规定。在侵权责任的承担方式上,我国现有的地方性立法中已经提供了较为明确具体的规定,即行为人为维护他人或社会公共利益免遭侵害而使自己的利益遭受损失的,利益受损的行为人除了可以要求侵害人对自己的损失承担赔偿责任外,还可以要求受益人给予适当的补偿。按照这一规定,救助人在自己利益受损的情况下可以分别向侵害人和受益请求赔偿和补偿。这就从法律上为救助人的权益救济提供了明确的制度保障,也有利于鼓励见义勇为人积极对陷于危境的他人实施救助行为。实际上,这种观点不但为理论界所广泛赞同,同时也被有关司法解释予以接受和确认。如最高人民法院就在《关于审理人身损害赔偿案件适用法律若干问题的解释》第 6 条中明确规定:"因第三人侵权导致损害结果发生的,由实施侵权行为的第三人承担赔偿责任。安全保障义务人有过错的,应当在其能够防止或者制止损害的范围内承担相应的补充赔偿责任。安全保障义务人承担责任后,可以向第三人追偿。赔偿权利人起诉安全保障义务人的,应当将第三人作为共同被告,但第三人不能确定的除外。"这一规定明确具体、科学合理,体现了直接责任和补充责任相结合的原则,建议在未来的侵权责任法中加以吸收和沿用。

不作为侵权不但是一个理论问题,更是一个实践问题。在这一制度的构建中,对外国法的必要借鉴无疑是必不可少的,但任何借鉴都必须以有利于促进本国的经济发展和道德提升为条件。因此,在对不作为侵权进行制度设计时,我们不但要考虑制度设计的科学性和合理性,更应当考虑这一制度在中国适用的可行性和社会大众的可接受性。只有在吸收和继承并重,妥善解决法律移植和法律本土化关系的基础上,才能构建起既科学合理又符合中国国情的不作为侵权责任制度体系。

后　记

　　编纂一部既能充分满足中国需要同时又能引领世界民事立法发展趋势的民法典,既是几代民法人孜孜以求的痴念和梦想,同时也是中国作为负责任大国对世界法治文明应尽的神圣义务。在民法典被列入全国人大立法规划并明确给出了立法进度的时间表和线路图之后,中国民法典将在不久后面世已成为几无悬念的超大概率事件。此时此刻,作为一个长期关注民法典立法进程的民法人,既为中国法治的超常规进步而欢呼雀跃,同时也为这种运动式立法可能带来的杂芜舛漏和价值错位而心怀忧虑。一部重要法典如果未经深思熟虑基础上的反复雕琢和广纳言路后的博采众长,是很难成为具有持久生命力的成功法典的。退一步说,举全国之力制定出来的这部承载太多希望和使命的民法典,即使达不到名垂青史的完美程度,至少应处于有缺陷艺术品的水平,而绝不能沦落为残次复制品或鸡肋的境地。正是基于这种杞人忧天般的忧患意识,我曾在不同场合多次呼吁应理性评价目前中国民法典制定的内外部环境条件和需求条件,高度重视中国民法典的科学立法和精准立法问题。但可惜知音甚少,应者寥寥,为此我一直深以为憾。

　　我与民法的结缘可以追溯到 20 世纪 80 年代中早期。在 1983 年我跨入西南政法大学的校门之后,导师金平教授就不止一次地谆谆告诫我要关注中国的改革开放对民法的影响,关注中国民法的前途和相关立法工作。正是在这个学术氛围浓烈的三年研究生学习阶段,在导师和高年级学长的影响下,我开始将研究的视角聚焦在民法的基础理论方面。1985 年我和金平教授等人一起,合写了一篇《论我国民法的调整对象》的文章,针对征求意见中的《民法通则》,提出我国民法调整的对象应限定在民事主体间的平等财产关系和平等人身关系。虽然此种说法和其后不久颁布的《民法通则》在具体表述上稍有差异,但我始终认为通过萃取法律关系的平等属性来界定民法的调整对象,远比通过设定民事主体的平等地位来确定民法的适用范围科学合理。

　　20 世纪 90 年代以后虽然我在教学和科研的重点上逐步向商法方向倾斜,但对民法的情愫并未因时间的推移而减弱,对民法典的执念和信仰一直是推动我潜心问道、明道、修道的强大精神动力,并时时鞭策自己不断将对民法的点滴所思所想及时表达出来。在对民法的不断探究和体味过程中,不但逐步深化了对民法性质、理念、地位、作用、结构、内容的认识,而且使自己在民法价值论和方法论上也有不少斩获。经过数十年的不懈努力,虽不敢说已经在民法学理论上取得了什么重大建树和造诣,但至少基本上形成了自己独特的以价值先导为表征的具象思维模式。奉献给读者的这本论文集,既是我最近十余年来有关民法典价值论和本体论方面的主要感悟和认知,同时也是作为一个学者向社会交出的一份服务于职责、服膺于初心、服从于良知的初步答卷。

收入本论文集的作品绝大部分起自于 2003 年,其原因在于,在 2002 年的 12 月 24 日,第九届全国人大常委会第三十一次会议第一次将汇编而成的《民法典(草案)》提交会议审议,以此为标志正式拉开了中国民法典编纂的历史序幕。虽然其后全国人大及其常委会根据中国的实际情况调整了有关民法典的具体立法思路,其技术线路是放弃一步到位的大而全的立法模式,改批发为零售,根据现实紧迫性的强弱程度依次制定、修改和完善作为民法典组成内容的单行法律。在这一立法思想指导下我国先后于 2005 年和 2009 年制定和颁布了《物权法》和《侵权责任法》。在这一阶段,为了配合相关法律的制定,我也曾对作为民法典重要组成部分的物权法和侵权责任法做了一些研究,并发表了 10 余篇涉及这方面的论文,但这些研究大多属于浅尝辄止的层面,很多并未进行持续性的追踪研究。其原因既有自己知识结构方面的缺陷,更主要的还在于我的研究兴趣一直局限于民商法基础理论等方面,我在民法中的研究重点长期游弋在我国民法典的价值定位,民法的性质、地位、作用,民法与其他法律部门(包括宪法)的关系等几个主要领域。本论文集收录的也主要是这方面的文章。值得说明的一点是,《对经济法若干基本理论问题的重新思考》一文虽然发表在 2002 年 12 月份之前(原文发表在《现代法学》2002 年第 4 期),但考虑到该文既涉及我对经济法本体的一些理解,也涉及我所主张的经济法和民法的功能分工问题,透过该文和其他几篇文章,基本上可以完整了解我对民法与相关法律部门关系的一些基本看法,因此一并予以收录。

特别应当予以说明的是,收入本论文集中的有些文章系与学生共同完成的成果,这些学生不但贡献了自己的智慧,而且承担了内容多寡不一的写作任务。这些学生的名字已在具体篇目的注释部分做了说明。特此昭告,以避掠人之美嫌疑。在论文的具体整理过程中,我的硕士研究生李苗苗和彭嘉怡同学承担了繁重的整理校对工作。她们不但帮助我统一了注释,而且校订、补正了一些错误和遗漏,使我极大减少了误导读者的可能性。中国政法大学的柳经纬教授,厦门大学出版社副社长施高翔先生和责任编辑甘世恒先生对本书的出版给予了很大帮助,努力促成本书忝列《中国民法典争鸣》系列丛书并如期出版。在此一并表示衷心感谢。

赵万一

2017 年 12 月 16 日